GW00889421

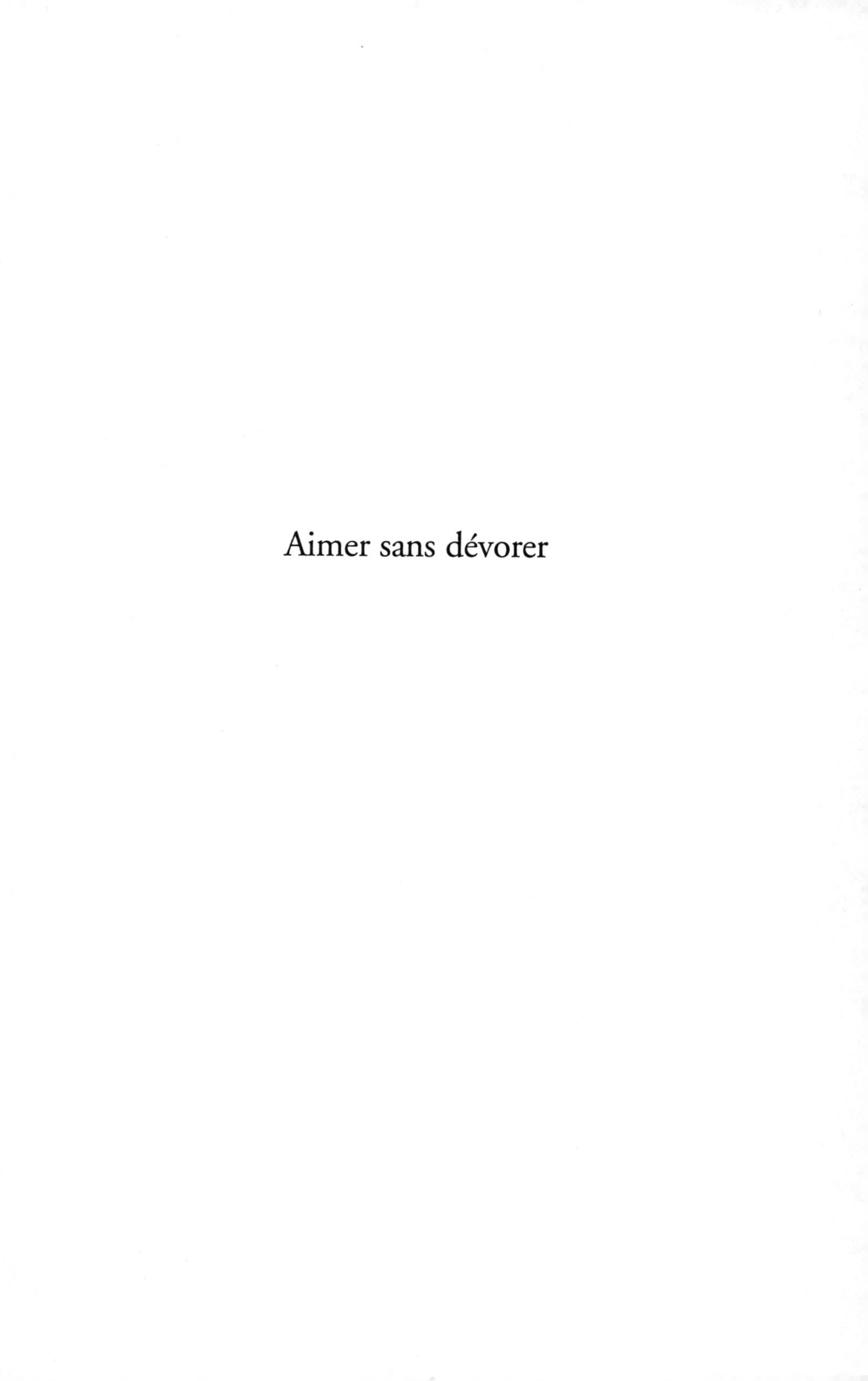

Aimer sans dévorer

Lytta Basset

Aimer sans dévorer

Albin Michel

Avant-propos

J'avoue qu'il m'a fallu du temps, beaucoup de temps. Des combats à répétition, dont je me serais bien passée. Des ornières où je m'enfonçais tant et plus. La pesanteur de situations sans lendemain, quand « l'enfer c'est les autres ». Et, au fil des saisons, cette évolution si lente, si laborieuse vers des relations humaines viables… Tout cela pour parvenir à lâcher la hantise d'être aimée, vraiment aimée. Et, par la même occasion, celle d'aimer suffisamment. Je pourrais dire aujourd'hui que les obstacles ont fini par s'envoler, tels des monceaux de feuilles mortes chassées par le vent. Je me tiens dans l'Amour. Et je nous y vois tous, les moins aimables aussi.

Cela peut paraître d'une banalité affligeante : je ne doute plus d'être aimée ni d'être capable d'aimer. Facile à dire ! Pourtant je fais partie de tous ceux pour qui cela ne va pas de soi, n'est longtemps pas allé de soi. Je peux voir maintenant ce que j'ai laissé derrière moi. Me voilà à l'abri de tout amour dévorant : la peur d'être dévorée m'a peu à peu quittée sans que j'aie besoin de me fabriquer une armure. Par ailleurs, je suis libérée de mon propre besoin de fusionner, donc de dévorer… sans pour autant m'enliser dans l'indifférence. En chemin, les repères m'ont souvent fait défaut, les clés de compréhension, les connaissances psychologiques, les impulsions de vie, les éclairages spirituels. Ils m'auraient évité beaucoup d'impasses, de gâchis relationnels, d'errance et de désolation. Je souhaite vivement partager avec les lectrices et les lecteurs ce qui m'a aidée à avancer vers une manière d'aimer bonne à vivre - sans que la suite des chapitres de ce livre corresponde, d'ailleurs, à une quelconque indication chronologique.

L'aptitude à aimer sans dévorer serait-elle un bénéfice automatique de l'âge ? Je ne le crois pas. Comme toute aptitude, elle demande qu'on s'y applique. L'expérience montre qu'en la laissant à l'abandon, on s'enferre dans des relations de plus en plus problématiques. Le film intitulé *Le Chat*, avec Simone Signoret et Jean Gabin, en est une illustration particulièrement réaliste ! Mais ce qui me réjouit et dissout en moi toute velléité de désespérer d'une situation interpersonnelle quelle qu'elle soit, c'est que la capacité à aimer sans dévorer demeure en chaque être humain jusqu'au bout. Je ne pose pas cela comme un credo, mais comme un constat : comme beaucoup d'autres, je suis témoin d'évolutions stupéfiantes accomplies à un âge fort avancé. Cela me fait dire qu'il n'est jamais trop tard pour développer son potentiel d'amour authentique.

Il n'est jamais trop tôt non plus. On ne compte plus aujourd'hui les jeunes et jeunes couples engagés dans un tel apprentissage. C'est qu'il y a toujours de la marge. Une marge entre ce que nous croyons pouvoir faire ou ne pas faire, connaître ou être incapables de connaître, et la réalité en gestation. À aucune période de la vie les jeux ne sont faits.

Personnellement je dirais : tant qu'il y a de la vie, il y a du souffle qui fait bouger, qui entraîne là où l'on ne savait pas, là où personne ne pouvait prévoir... Plus tard, on s'apercevra que le possible débordait des prisons affectives les plus définitives. De quel droit peut-on penser – pire, dire ! – que quelqu'un est trop jeune ou trop vieux pour apprendre et réussir à aimer sans dévorer ?

Certains, cependant, pourraient ne pas se sentir concernés par ce livre. Ils disent avoir reçu tellement d'amour, connaître le grand privilège de vivre des relations aimantes pleines d'harmonie. Je le reconnais : il sera passablement question ici de ce qui paralyse, pervertit, met en péril nos liens affectifs. Il me semble pourtant que chacun peut se demander honnêtement s'il plafonne dans sa manière d'aimer : « Est-il absolument certain que j'exploite tout mon capital ? Comment savoir si des réserves de tendresse, de sollicitude, d'amour désintéressé ne dorment pas en moi, alors même que je me crois parfaitement épanoui-e ? Qu'est-ce qui me fait décider que j'ai terminé ma croissance en amour, que je ne gagnerai plus jamais en intensité de vie relationnelle ? »

Par ailleurs, beaucoup seront motivés par la détresse de proches ou moins proches qui n'en finissent pas de conjuguer à tous les modes le verbe « souffrir d'aimer » ou « souffrir de ne pas se sentir aimé ». J'aimerais qu'ils trouvent dans ce livre de quoi apporter un peu de clarté à leur entourage souffrant et dysfonctionnant. Qu'ils puissent, selon leur situation propre, se faire humbles flammes, réverbères ou phares dans la nuit de leurs semblables.

« C'est si simple d'aimer, de sourire à la vie... » Tels sont les mots d'un chant patriotique suisse. Tant mieux si c'est le cas pour certains. Pour moi, c'est plutôt la tâche humaine la plus périlleuse… et cependant la plus prometteuse. Voie étroite que j'ai tenté de suivre en écrivant autant que possible dans le souffle de l'Évangile. Chemin exigeant, à la mesure de ce dont on rêve quand on est fatigué des guerres quotidiennes qui tiennent lieu d'amour ou d'amitié. Fatigué des ruptures à répétition, des feux de paille amoureux, du goût amer laissé par une série d'échecs relationnels, de l'isolement qui sent la mort. Fatigué d'un quotidien sans âme, quand on ne se résout pas au fameux « mieux vaut être seul que mal accompagné ». Et, pour tout dire, fatigué de ne pas trouver la bonne distance avec l'être aimé, d'osciller constamment entre l'envie de rejeter et celle de se rapprocher.

Au minimum, ce livre vise à rendre la vie quotidienne un peu plus respirable. Plus profondément, j'ai voulu suggérer que toute relation aimante, même modeste, ouvre à un absolu d'amour dont elle ne sait rien ou si peu. Ce qui encourage à valoriser la moindre affection humaine. Rien de spectaculaire donc, mais une extrême attention à la réalité quotidienne. Au désir de connaître un jour un amour non dévorant. À la plus infime tentative de sortir de la nécrose relationnelle, de l'enfer ordinaire.

À titre d'exemple, il me revient un incident vécu il y a un bon nombre d'années, à une époque où mon avenir était bouché de tous côtés, et mon présent infernal. C'était un de ces jours où l'on ne sait plus où puiser le courage pour se lever. Je faisais des courses dans la grande surface où j'allais très régulièrement. Détail important : sans avoir jamais fait connaissance avec l'une ou l'autre vendeuse, même si les visages des clients réguliers comme ceux des caissières avaient pu devenir mutuellement familiers. Arrivée à l'une des nombreuses caisses, je déposais mes achats quand j'ai entendu la vendeuse me dire à brûle-pourpoint : « Je profite que vous soyez là pour vous le dire : je vous aime beaucoup. » J'ai gardé la mémoire de quelque chose de fulgurant : en un éclair j'avais repris pied dans la vie, vu les cieux se déchirer, ma chape de plomb s'envoler, dans une soudaineté qui m'étonne encore aujourd'hui. Une autre réalité m'atteignait, m'était destinée, à moi seule, dans ces circonstances-là. Cette femme ne savait rien de moi ni de mon état d'âme. Qu'est-ce qui – ou qui – l'avait chargée de me dire, dans une situation des plus triviales, les mots que j'avais tant besoin d'entendre ? Simplicité et souveraineté de la parole d'amour quand elle vient d'Ailleurs et traverse un humain disponible, pour en réchauffer un autre.

De l'extérieur, beaucoup n'y verraient qu'un « non-événement ». Tout dépend de l'espace intérieur. Quand la souffrance, le manque, le désespoir transforment le dedans de soi en un trou béant, une parole peut s'y loger, ou un geste parlant. On bascule du côté de la vie. D'autres épisodes suivront, parce qu'on en est affamé. Ainsi écrit-on son histoire personnelle, et celle des autres, sans le savoir : « ma » vendeuse n'en a jamais rien su. Or, il se trouve que lors d'une balade en montagne, deux amies d'enfance m'ont raconté avoir vécu, dans des contextes différents, quelque chose de tout à fait similaire ! J'entends que cela peut arriver à n'importe qui n'importe quand, de recevoir une parole d'amour qui fera date dans sa propre vie, ou d'en transmettre une quand on s'y sent poussé sans comprendre pourquoi. Ainsi va l'Amour, de « non-événement » en « non-événement » : dans une discrétion parfaite…

Avertissement

Concernant les textes bibliques, sans indication il s'agira de ma propre traduction. Sinon, je mentionnerai la source.

On trouvera dans la bibliographie générale, à la fin du livre, les références exactes des citations. Quand l'ouvrage cité n'est pas en lien direct avec le sujet de ce livre, les références complètes figureront en note.

Introduction

Les temps ont changé. On a renvoyé l'enfer et le paradis dos à dos. Nietzsche a annoncé la « mort de Dieu », Camus l'« homme révolté ». Les « lendemains qui chantent » n'ont pas chanté. Le Ciel s'est vidé. Les regards se tournent désormais vers la planète et son devenir. Serait-ce le moment d'investir notre énergie dans le « vivre ensemble » ? Justement, l'énergie semble manquer. On dénonce tant et plus la tendance occidentale au repli sur soi. Et les mises en garde se font pressantes : sans lien fécond avec les autres, sans appartenance à un groupe, une communauté, une société, nul ne vit vraiment. Or, cet individualisme, si souvent montré du doigt, fait souffrir davantage d'année en année : on a mal à ces autres avec lesquels on ne trouve pourtant plus la force de se lier. C'est que l'absence d'autre(s), et même de désir d'autre(s), a une histoire. Personne ne décrète, un beau matin, la fermeture sur soi. Cela se fait peu à peu, parfois par une sorte de réflexe de survie, brusque ou progressif, parfois depuis l'enfance sans qu'on y prenne garde. Les autres, proches ou moins proches, ont déçu, trahi, détruit la confiance. Et le cœur s'est refroidi : « Plus rien ne me touche », ose-t-on à peine avouer. On ne croit pas – ou plus – à cet amour censé irriguer le lien avec autrui. Et plus on est tombé de haut, plus on s'est fermé. Au moins dans un premier temps, qui peut durer…

Avec ce livre, je m'adresse à quiconque ne prend pas son parti de l'absence de véritables liens affectifs dans sa vie, à quiconque peut déjà nommer la fermeture à l'amour dont il souffre. Mais je voudrais aussi rejoindre les personnes qui ne parviennent pas à faire rimer amour et joie. Parce qu'elles se trouvent noyées dans des relations où règnent fusion et confusion. Ou parce qu'elles se battent sans fin contre les caricatures de l'amour que sont la manipulation, la possessivité, la perversion. Ou encore parce qu'elles sont restées otages d'une haine, d'un ressentiment devenus autodestructeurs.

Ma longue expérience des accompagnements spirituels m'a montré que nos contemporains ne sont plus, comme aux siècles passés, désespérés par la perspective du Jugement dernier. Ce qui leur importe, c'est de se sentir aimés. Or, là aussi, les temps ont changé. Le Dieu impuissant à éviter les malheurs de l'histoire récente, ainsi que les drames personnels, est de plus en plus perçu comme indifférent, donc inexistant. Quand on est en quête de spiritualité, aujourd'hui, on se heurte moins au sentiment de culpabilité qu'à l'incapacité d'être touché en profondeur. On pourrait presque parler de « mort de Dieu » au fond de soi – mort du lien affectif avec l'autre, avec tout Autre quel qu'il soit. Si, autrefois, on avait de la peine à se croire blanchi, réhabilité, accueilli sans condition par Quelqu'un qu'on croyait bien connaître, aujourd'hui on a au moins autant de peine à se croire aimé par Quelqu'un qu'on ne connaît pas ! Pour peu que nous interrogions le fond de notre fond, nous en sommes tous au même point : l'amour bon à vivre existe, sans nul doute, mais il nous fait trop souvent défaut ; nous voudrions être capables d'aimer vraiment, de nous sentir aimés… mais nous allons d'échecs en désillusions. « Il n'y a guère d'activité, d'entreprise, dans laquelle on s'engage avec des espoirs et attentes aussi démesurés et qui pourtant échoue aussi régulièrement que l'amour », notait déjà Erich Fromm en 1968[1].

Besoin de souffle

N'est-ce pas l'indigence, la perversion ou l'impossibilité de l'amour qui fait aspirer à un souffle nouveau ? à un espace pour respirer librement et parvenir à se parler sans s'étouffer mutuellement ? N'est-ce pas la soif de relation, de proximité, d'amour sans confusion qui creuse le désir de ce souffle inconnu ? Et si celui-ci existe, comment pourrait-il (ré)générer l'amour de l'intérieur ? J'imagine qu'il devrait lui ressembler : investir tout amour, même le balbutiant, le déficient, le caricatural… pour le conduire vers un ailleurs viable. Mettons côte à côte ce qu'on peut dire de l'amour et ce qu'on peut dire d'un tel souffle. L'amour ne se voit pas : plus ce souffle interviendrait, moins on le verrait. L'amour est sans raison : ce souffle viendrait on ne sait d'où. L'amour ne programme pas tout l'avenir : ce souffle emmènerait là où l'on ne sait pas. L'amour peut échoir à n'importe qui : ce souffle traverserait tout un chacun. L'amour ne se mérite pas – ni aimer ni être aimé : ce souffle ne pourrait pas s'obtenir. L'amour différencie – on choisit, on est choisi . ce souffle mettrait à part pour valoriser l'unique que l'on est. L'amour est pris de compassion et prend la défense : ce souffle serait consolant et défenseur. L'amour bâtit ponts ou passerelles, tisse des liens : ce souffle décuplerait la capacité humaine de communion.

Or, depuis plus de quatre mille ans, le peuple juif a lui aussi besoin de ce souffle, un besoin aussi vital que de respirer. « [Rua*h*] signifie communication ; c'est la capacité de communion d'un être (...) Physiquement et spirituellement, j'ai besoin de l'inspiration d'un souffle frais à chaque instant ; mais [rua*h*] souffle où il veut[2]. » Au temps de Jésus, le mot se disait presque autant pour désigner le vent que pour parler du souffle, de l'esprit des humains ou de celui de Dieu[3]. Mais dans le judaïsme de cette époque, on parlait déjà de Dieu comme d'un « souffle d'amour » planant sur les eaux dès la genèse du monde[4]. Pour ma part, j'ai le sentiment qu'à l'aube du christianisme, le souffle de Jésus – son esprit vivant parmi ceux qui l'avaient connu et ceux qui en entendaient parler – passait comme une brise d'amour : sa vie entière n'avait-elle pas été amour sans retenue ni calcul, décuplé par un souffle venu d'ailleurs, menant vers des contrées imprévisibles ?

Traditionnellement, on appelait le souffle de Dieu [pneuma], « souffle saint ». C'est l'apôtre Paul, le premier, suivi par l'évangéliste Luc, qui a osé parler du « souffle de Jésus ». Les premiers chrétiens n'avaient pas besoin d'événements spectaculaires. Ils entendaient Jésus, ils le voyaient, et cela leur suffisait pour dire en même temps : « c'est le Christ » et « il a reçu la plénitude du souffle »[5]. Plus tard, pour l'évangéliste Jean et tout le Nouveau Testament, le souffle saint, c'était le souffle de Jésus[6] – deux appellations interchangeables, une manière identique de venir en aide aux humains, de consoler, restaurer, aimer. « Être dans le souffle », « être en Jésus », « avoir le souffle de Jésus », cela revenait quasiment au même[7]. Aujourd'hui je pense à ce que certains vivent après la mort d'un proche particulièrement aimant et bienveillant. C'est comme si le souffle de cette personne les traversait, leur donnant ce dynamisme qui déjà émanait d'elle de son vivant. L'être qu'ils ont « perdu » vit en eux un peu à la manière dont Jésus insufflait en ses amis cette même respiration d'amour qui l'avait traversé.

Saint Augustin fut le premier, au IVe siècle, à voir la Trinité (Père, Fils et Souffle) comme Amour, et le souffle saint comme le lien d'amour entre le Père et le Fils : « L'amour qui est de Dieu et qui est Dieu est donc proprement le souffle* saint : c'est par lui que se répand dans nos cœurs la charité de Dieu, par laquelle la Trinité tout entière habite en nous[8]. » Autrement dit, quand nous sommes touchés par les autres ou portés vers eux, il nous est soufflé à l'oreille que Dieu dans son immensité est entré chez nous. Ou encore c'est comme si un souffle d'amour nous parlait de ce Jésus que nous n'avons pas connu. Comme si Jésus nous communiquait ce souffle qui lui avait donné de vivre l'amour dans toute sa richesse : « L'œuvre propre de l'Esprit (du souffle), note un théologien orthodoxe contemporain, est la pédagogie des profondeurs, l'éveil à la lumière dans le secret du cœur[9]. » Dieu, personne ne l'a jamais vu. Jésus, peu l'ont connu et fort peu de temps. Dans ces conditions, il serait étonnant que le souffle d'amour entre lui et ce dieu

* Le mot latin [spiritus], « esprit », est l'équivalent du grec [pneuma], « souffle ».

qu'il appelait son Père ait le caractère d'une évidence, au sens étymologique ! Aussi un autre théologien orthodoxe l'évoque-t-il comme un presque rien : « Si Dieu (...) est Amour, le Souffle saint est l'Amour de l'amour (...), le milieu limpide, invisible dans sa transparence (...), tout entier dans les Autres (...) Son propre être est comme un non-être[10]. » Tel est bien le souffle que je cherchais pour (ré)générer l'amour : j'imaginais que plus il agirait, moins on le verrait !

Alors, comment parler des potentialités de l'amour sans s'intéresser au souffle d'amour ? Comment espérer vivre un amour, une amitié, une affection aux couleurs divines sans être animé par ce souffle capable de décupler l'énergie humaine ? « En effet, l'amour divin* a été répandu dans nos cœurs à travers le souffle saint qui nous a été donné (...) quand nous étions encore sans force (...)[11] » : on a là le verset biblique le plus explicite sur l'affinité entre l'amour et le souffle. J'avoue que si le souffle saint n'était pas le souffle qui crée du lien solide, le bon lien du vivre ensemble, je ne pourrais rien en dire. Tant de chrétiens aujourd'hui ne savent que faire de ce Saint-Esprit qu'ils ont hérité de leur tradition ! Peut-être avons-nous depuis longtemps perdu de vue que c'est essentiellement et avant tout un souffle d'amour ?

Quand on me demande qui est Dieu, je ne suis pas loin, maintenant, de penser que c'est une question superflue. Je préfère parler de son souffle qui me déplace, me bouscule, me transforme, me conteste ou m'apaise, me jette à terre et me fait avancer vaille que vaille sur le sentier accidenté de

* Littéralement « du dieu ».

mon apprentissage de l'authentique amour. On ne voit pas davantage Dieu que son souffle. Mais c'est un peu comme entendre et sentir quelqu'un, dans l'obscurité, respirer à ses côtés. Nul n'est capable de définir le souffle divin – d'où le désintérêt de la majorité des théologiens et des philosophes d'inspiration chrétienne.

Mais chacun peut remarquer qu'il est passé : l'amour (re)fleurit dans son sillage ou, tout au moins, il germe… « Le fruit du souffle, c'est l'amour (…)[12] » et beaucoup d'autres bonnes choses qui naissent de l'amour en vérité. Le fruit peut tarder à mûrir, est-ce pour cela que je me tairais ? J'attendrais d'être toute aimante pour me donner le droit de parler du souffle qui « travaille » mes amours, mes amitiés, toutes mes relations affectives ? Ce serait oublier ma condition humaine : quelle que soit la fécondité de mes expériences, je ne serai jamais « arrivée » ; dit positivement, je grandis et grandirai encore dans ma manière d'aimer. Alors pourquoi ne pas partager ce qui m'a fait mettre un terme aux caricatures de l'amour, sortir des ornières où s'était fourvoyé mon désir d'être aimée, abandonner le fantasme d'un amour humain absolu ?

Un souffle pour tous

Sous les fanfaronnades et les attitudes dénotant un narcissisme hypertrophié, beaucoup cachent une image de soi fort négative. C'est que nous faisons partie d'une société malade du lien. Nous mettons alors en cause le mode de vie matérialiste qui nous isole les uns des autres : la technologie vise à nous rendre autosuffisants et nous nous retrouvons piégés. En fait, les contacts avec nos semblables se révèlent finalement moins superflus qu'il n'y paraissait, mais le pli est pris : c'est à qui s'étiole dans son coin, incapable de s'extraire de ce monde sans amour, sans flamme, sans souffle.

Besoin de souffle, disions-nous. Tout est là. Tout part de là. Prendre la pleine mesure de cette aspiration. Refuser l'idée qu'on devrait, au départ, posséder un stock de croyances. Chacun peut se trouver « atteint, rejoint, touché » par ce royaume de l'amour[13] qui lui fait cruellement défaut : la conscience du manque est déjà une mise en route, un mouvement. Une toute petite part de soi a pris de la distance, et même de la hauteur, pour pouvoir dire : « J'ai besoin de souffle dans mes relations avec les autres. » C'est donc que ce souffle a déjà fait bouger quelque chose, trouvé un point d'impact là où l'on se sentait hermétique. L'expérience est à la portée de tout être humain attentif à lui-même. Un capital de qualités morales telles que la générosité, l'altruisme, la bonté, n'est pas davantage requis pour entrer dans ce livre. À celui qui l'appelait « bon maître », Jésus lui-même répliquait : « Nul n'est bon que Dieu seul[14] ! » J'en déduis qu'aucun humain, fût-il le plus aimant, n'est assez bon pour se passer de ce souffle. Pour ma part, le jour où je n'éprouverai plus ce besoin brûlant, je commencerai à m'inquiéter.

« Il souffle où il veut et tu ne sais où il va[15] », affirmait Jésus. On ne dira donc jamais assez qu'il n'est la propriété ni des Églises ni des chrétiens. Cela me réjouit profondément : n'importe qui peut en faire l'expérience, même s'il n'en a jamais entendu parler. On « voit » le vent à la manière dont bougent les arbres. Et on « voit » le souffle à la manière dont quelqu'un, au-dedans de soi, change sa façon de voir et d'agir, s'ouvre aux autres, devient plus lucide, accepte ses limites, gagne en confiance, découvre son potentiel d'amour, se désencombre de ce qui cassait ses élans. De quel droit dirions-nous – parce que cette personne n'a ni Dieu, ni Jésus, ni le Saint-Esprit à la bouche ou même en tête – que cela n'a rien à voir avec le souffle saint ?

Venons-en aux mots « saint », « sainteté », « sanctification » – langage chrétien traditionnel pour qualifier le souffle d'amour. Force venue on ne sait d'où, qui déplace, qui crée et recrée du lien, il semble n'avoir en vue que notre croissance dans l'amour, un amour de plus en plus libre, c'est-à-dire « sanctifié », devenu saint – le mot hébreu [qadosh] signifiant « mis à part », « différencié ». Mis à part, sanctifié, non parce qu'on serait meilleur que les autres, ni pour figurer sur une liste sélective de saints, mais pour apprendre à devenir qui l'on est en vérité, différent des autres, et pouvoir grandir en humanité, c'est-à-dire en capacité d'aimer et d'être aimé.

Processus universel que cette sanctification susceptible de mettre en mouvement des humains de tous bords, de toutes cultures croyantes ou incroyantes, de toutes religions. Courant dans lequel chacun peut s'immerger sans en être digne, sans s'en juger digne. Épreuve de vérité dans laquelle s'engage toute personne désireuse de connaître enfin l'amour qui fait vivre. Là, on est aux antipodes de l'ésotérisme ! « Doux souffle » ou « tempête », « flamme de veilleuse » ou « feu d'incendie », « toujours à l'œuvre » pour « unifier ce qui était dispersé », « en tout homme, chrétien ou païen »[16], il est le souffle d'amour que Jésus a voulu faire connaître à tous ceux qui étaient prêts à l'écouter : « Tout ce que j'ai entendu, je vous l'ai fait connaître*. »

Oui, mais... Si l'aspiration est générale et le souffle d'amour destiné à tous les humains, pourquoi se référer à la tradition judéo-chrétienne ? Parce que c'est celle qui m'a nourrie, qui a forgé ma spiritualité, que je connais le moins mal... et qui m'a permis de ne pas disparaître définitivement dans les effondrement de mon histoire personnelle. J'ajoute que plus je revisite cette tradition, plus je suis sensible à l'universalité de ce qui se dit là. Pour moi, la pire falsification que l'histoire du christianisme a fait et fait encore subir au message de Jésus, c'est d'y introduire un germe d'exclusion. Je n'ai jamais senti en Jésus, dans sa manière d'être, ses gestes, ses paroles, quoi que ce soit d'apparenté à une exclusion, une exclusive, une excommunication : c'est à cela que je « vois » le souffle d'amour l'animer tout entier.

On me rétorquera qu'un certain nombre de paroles mises dans la bouche de Jésus par les évangélistes sonnent comme un rejet ou une condamnation. Là, je reconnais mon parti pris : si le souffle d'amour « souffle où il veut », quelles barrières pourraient l'empêcher de traverser la personne la plus hermétique ou réfractaire, de redresser la plus déformée dans un simulacre d'amour ? Pour moi, les paroles de Jésus teintées d'exclusion ne font que décrire les enfers réels où nous nous sentons exclus de l'amour. Mais elles sont aussi là pour nous rappeler que, jusqu'à nos derniers instants, nous aurons toujours la liberté de ne pas nous soustraire à son souffle.

---

* Jn 15,15. Cf. aussi Jn 17,19 : « ... afin qu'eux aussi soient sanctifiés par la vérité », car l'amour authentique ne va pas sans la vérité.

Pas si facile...

Admettons que Jésus n'ait exclu personne, n'ait jamais parlé au nom d'un Dieu qui exclut. Du coup chacun se trouve renvoyé à sa responsabilité. J'en arrive à penser que c'est plus reposant de se dire : « Je suis interdit-e d'amour mais je me suis fait une raison. » Car si aucune instance supérieure ne nous élimine, il n'appartient qu'à nous de chercher à nous exposer au souffle d'amour. Et mon parti pris n'ouvre décidément pas une voie de facilité. Pour commencer, il en coûte de reconnaître qu'on a besoin de ce souffle. C'est mettre fin aux efforts déployés avec conviction pour aimer l'autre malgré tout. C'est avouer l'échec d'une volonté d'aimer qu'on croyait inépuisable. En outre, cela coûte de se fier à un souffle dont on ne sait strictement rien. On connaît ce qu'on veut quitter – l'amour irrespirable –, mais rien ne prouve qu'on va y gagner : un souffle n'est qu'un souffle, qu'est-ce qui garantit qu'on va accéder à l'authentique amour ?

Il n'est pas davantage facile de prendre acte de ce qui bouge et se développe positivement entre les humains, aujourd'hui, dans tous les secteurs de la société... ni d'admettre que cela se passe hors de nos schémas de pensée, hors de nos sphères d'action et, de plus en plus souvent, hors de nos institutions ecclésiales. Cela renvoie chacun à sa propre pénurie de liens vivants, ou plutôt à son manque de souffle. Le chrétien est alors tenté de se rassurer sans saisir sa chance de croissance : « Ce qu'ils font est bien, mais ils n'ont pas le souffle saint puisqu'ils ne confessent pas Jésus ! » Avouer que l'état de nos relations interpersonnelles et sociales reflète celui de notre vie spirituelle requiert un certain courage.

Enfin, on commence à peine à envisager que nos sociétés occidentales se meurent d'être exclusivement basées sur la recherche du profit et la course à la consommation. Voilà une étonnante perte de mémoire, car il n'en a pas toujours été ainsi. Le christianisme qui a modelé notre civilisation est porteur d'un trésor qu'il n'a pas toujours su préserver : le souci du prochain, l'amour désintéressé envers tous sans distinction, cette *agapè* qui avait tant frappé les peuples environnants au temps des premières communautés chrétiennes.

Le sociologue Jean-Claude Kaufmann nous rappelle que pendant des siècles, l'amour rêva de guider le monde et fut l'un des thèmes les plus débattus dans l'espoir de le changer. Pour lui, la « défaite politique de l'amour » commence avec les débuts de la Renaissance, quand s'impose peu à peu un nouveau personnage : l'« individu rationnel ». Et c'est au XVIIIe siècle, au temps des « Lumières froides », que la raison est parvenue à marginaliser l'amour : « Ce qu'on pouvait lui rattacher, l'éclosion d'une plus grande sensibilité envers l'autre ou une éthique de la générosité, tout ce véritable potentiel politique fut mis de côté »[17].

Mais, conclut-il, on n'en a jamais fini avec l'amour : aujourd'hui encore, il ne cesse d'inventer de nouvelles formes, plus modestes peut-être, mais s'inscrivant davantage dans la temporalité humaine. C'est qu'il a toujours fallu reprendre les choses à la base, c'est-à-dire balayer devant chez soi, chaque jour. Là encore, un certain courage est requis pour cesser de diaboliser la « société » et son système d'économie libérale, les « politiques » et leur cynisme.

Comment exiger davantage de solidarité, de justice et d'amour dans la société et dans le monde sans y travailler d'abord et sans tarder dans sa propre vie ?

L'amour mais lequel ?

Première difficulté, on appelle « amour » des expériences très variées. Il ne sera pas question de les passer toutes en revue, encore moins de les évaluer. Chacune porte sa part de vérité et correspond soit à une étape de l'évolution humaine, soit à des circonstances de vie particulières. En ouvrant rapidement l'éventail des principaux types d'amour, nous garderons à l'esprit la même question : comment le souffle inconnu peut-il « travailler » chacune de ces expériences ? Comment guide-t-il la personne vers ce qu'elle est en vérité ? Comment l'aide-t-il à transformer de fond en comble sa manière d'aimer, vers davantage de liberté et d'épanouissement ?

– L'amour « anthropophage » est celui du bébé au sein qui, fusionné à sa mère, la « mange » sans la savoir autre que lui. L'adulte peut avoir gardé quelque chose de cela : en amour, il consomme.

– L'amour « chérissement » – dans le monde grec classique [storgè][18] – est tendresse et attachement dans les relations familiales ou amicales : amour parental, amour fraternel…

– L'amour « passion et désir » – en grec [eros] – entre deux êtres humains peut aussi dès Platon désigner le désir du Bien : on passe de l'amour des corps à l'amour de la beauté puis à l'amour des âmes. *Éros* peut donc ouvrir à ce qui est inconsommable. Notons déjà que cet amour est fondé sur le manque*.

– L'amour « d'amitié » – en grec [philia] – est affection, complaisance, bienveillance : amour d'échange, où l'on aime l'autre en tant qu'autre et non avant tout pour combler un manque. Il peut se vivre entre amis mais aussi entre conjoints. Le latin distingue [amor], correspondant au grec [philia], qui ne se commande pas, et [dilectio], correspondant au grec [agapè] dont je vais parler, qui peut relever de la volonté comme *acte* d'amour[19].

– L'amour « gratuit » – en grec [agapè], terme choisi d'abord par les traducteurs grecs de la Bible hébraïque parce que suffisamment neutre et rare – désigne depuis le Nouveau Testament à la fois l'amour de Dieu et l'amour humain de tous les jours. Il pointe vers l'amour inconditionnel, vient irriguer en quelque sorte toutes les amours humaines. « Banalité transfigurée », selon une exégète contemporaine[20], « *éros* transfiguré », selon un commentateur de Grégoire de Nysse, Père de l'Église au IVe siècle[21]. L'amour *agapè* s'immisce dans n'importe quelle forme de vie aimante pour l'élever plus haut, vers un amour de plus en plus désintéressé. Ainsi chacune de nos expériences, même (très) limitées, de l'amour est-elle potentiellement porteuse d'*agapè*, y compris [eros] qu'on ne saurait réduire à la dimension sexuelle. Ce que dit Erich Fromm de la tendresse pourrait s'entendre de l'amour *agapè* : « Contrairement à ce que pensait Freud, la tendresse n'est nullement une sublimation de l'instinct sexuel ; elle découle directement de l'amour frater-

* Dans la mythologie grecque, Éros est un dieu, fils de Pauvreté (manque) et Habileté.

nel et se trouve présente dans toutes les formes d'amour, qu'elles impliquent ou non une participation charnelle[22]. »

Passé dans la langue chrétienne primitive*, l'amour *agapè* connut un grand succès dans le monde gréco-romain. Il disait une expérience inédite, une manière d'aimer sans exiger la réciprocité, inspirée de la vie de Jésus. Et depuis la Pentecôte, cette manière d'aimer, apparemment si difficile à vivre aujourd'hui, s'était répandue comme ce puissant souffle d'amour auquel nous sommes encore nombreux à aspirer. Au XIIe siècle, Guillaume de Saint-Thierry voyait dans l'*agapè* divine la source inépuisable de toutes nos amours : « (Cet amour de Dieu) les régit et les illumine, commente Marie-Madeleine Davy, de telle sorte qu'il n'y ait rien en eux qui se dérobe à sa chaleur et à sa lumière[23]. »

Certains contestent qu'il soit possible d'aimer en toute gratuité. Un bon indice, dans les évangiles et de tout temps, c'est l'amour des ennemis. Pour Jean-Yves Leloup, « là, nous touchons le divin en nous ». Et voici son commentaire de la recommandation de Jésus. « Aimez-vous les uns les autres comme je vous ai aimés » : « Exercez-vous à aimer pour rien, puis à aimer ceux qui ne vous aiment pas. Vous verrez où cela vous conduira. Cela vous conduira jusqu'à Dieu[24] ! » Mais l'exercice est des plus ardus. Telle est la question brûlante de ce livre : comment s'y prend le souffle d'amour – avec notre désir et notre consentement – pour nous ouvrir à cet amour-là ?

Une seconde difficulté surgit : comment parler de ce que *pourrait* être l'amour quand on est tellement conditionné

---

* [Agapè] et le verbe correspondant [agapân] sont rares dans le grec hellénistique, encore plus dans le grec classique.

par celui qu'on a reçu ou pas reçu ? De plus, on connaît aujourd'hui la tendance dramatique à rechercher et répéter, dans ce domaine en particulier, le type d'expériences faites dans l'enfance. La fille (mal)aimée par un père violent « choisit » souvent un partenaire violent… et il lui sera difficile de se représenter une manière d'aimer authentique. Prenons deux cas de figure diamétralement opposés au premier abord, et nous verrons combien il est malaisé de définir l'amour. D'un côté, il y a la mère glacée, coupée de ses sentiments en raison de sa propre histoire, incapable de donner l'amour qu'elle n'a jamais reçu. Voici ce qu'en dit Boris Cyrulnik : « Un bébé qui se développe dans un monde glacé s'attend à ce que les autres lui apportent la glace. Il pense presque : "Toute relation affective provoque le froid." À l'inverse, un enfant qui se sent aimé se croit aimable puisqu'il a été aimé[25]. »

À l'opposé, nous avons la personne qui aime trop. Là, on pourrait parler d'une overdose d'amour : « Il y a tant de personnes qui croient donner, avec tellement d'amour. Elles sont sincères mais elles n'ont rien donné parce que ce n'est pas ce que l'autre pouvait manger, recevoir, digérer ! Je t'ai donné ce que j'avais de meilleur… – Oui, mais ce qui est le meilleur pour toi n'est pas le meilleur pour moi[26]. » Qu'est-ce que l'amour, pour un fils qui a été gentiment dévoré par sa mère ? On peut mentionner ici les développements fort utiles du psychanalyste Guy Corneau sur les difficultés d'un tel fils. « J'ai tout fait pour lui faire plaisir », se plaindra la mère, mais on peut entendre : « J'étouffais pour lui faire plaisir[27]. » Le fils, lui, ne se sent pas plus aimé, sans doute, que s'il avait eu une mère glacée ! Mais tant qu'il ne prend pas conscience de cet amour dévorant dont il a souffert, il risque de le reproduire dans sa vie de couple, sincèrement convaincu que l'amour n'est rien d'autre que ce qu'il a connu. Christiane Olivier rattache une telle « dévoration-appropriation » à la pression sociale qui nous oblige à « jouir de tout et comme tous » et s'inquiète de la fragilisation actuelle du couple, « régi par la loi unique de la passion la plus extrême, par la pulsion de dévoration de l'autre »[28]. Mais quand et comment a-t-on appris qu'aimer se résume à dévorer – ou, pour le premier cas, à faire ce qu'il faut mais de manière glacée ? Il est certain que nos premiers modèles d'amour pèsent lourd.

Qu'est-ce que la « normalité » dans ce domaine ? Nul ne peut le dire. Tant mieux : on évitera de tomber dans des affirmations idéalistes, stériles et écrasantes. Ce livre en décevra peut-être certains : il n'est pas une ode de plus à l'amour – je préfère laisser cela aux poètes, aux philosophes, aux maîtres spirituels ; ma seule ambition, en restant sur le terrain réel de nos amours ordinaires, est de dégager quelques voies d'accès à des liens affectifs viables. Je crois possible de déparasiter, désencombrer, désamorcer..., de manière à laisser passer ce souffle d'amour que nul n'a inventé et qui est la vie même. Mais c'est sans doute une tâche des plus périlleuses : c'est renoncer à instaurer l'amour soi-même, accepter de ne pouvoir le créer de toutes pièces, se laisser conduire vers le « royaume d'amour » qu'on ne savait pas déjà là, « au-dedans de soi »[29]...

Quelques remarques encore, avant d'entrer dans le vif du sujet : l'aventure d'un amour humain qui trouve un souffle neuf – dont l'origine ultime, pourtant, lui échappe à jamais. Je n'emploierai pas le mot « esprit » – du latin [spiritus] –

qui me paraît trop statique en français. Je vais garder la notion antique de « souffle » – [rua*h*] en hébreu, [pneuma] en grec – qui désigne d'abord le vent. On a là quelque chose de très incarné, susceptible d'être expérimenté dans toutes les dimensions de l'être, y compris corporelles. Et quand on remplace « esprit » par « souffle » dans les textes bibliques, on devient sensible au dynamisme de ce qui se dit là.

D'autre part, je parlerai du « souffle d'amour » plutôt que du « Saint-Esprit ». On a vu que pour les premières générations de chrétiens, cela revenait au même. J'ajoute ici que, dans la mouvance biblique, le souffle d'amour est avant tout un souffle qui « différencie », « met à part », valorise tout être humain pour l'orienter vers sa propre tâche ou vocation, son propre accomplissement. Et tel est bien, à l'origine, le sens du mot « saint ». Mais je préfère renoncer à parler du souffle « saint » tant ce terme a été déformé, est devenu difficile à comprendre même parmi les chrétiens. L'un des enjeux de ce livre est aussi de suggérer qu'avec un langage différent, peut-être plus accessible aujourd'hui, on ne change pas essentiellement de cap.

I

L'anesthésie des sentiments

Le désespoir du cœur de pierre

La souffrance de ne pas aimer

« Amour, nom commun à toutes les tendances attractives », indique le dictionnaire philosophique A. Lalande[1], comme s'il s'agissait de la pente naturelle de tout être humain. Mais si personne ne m'attire ? Ne me tire hors de moi ? S'installe alors subrepticement le sentiment de mon anormalité : « Je suis un monstre, au minimum un imposteur : si les autres savaient ! »* Difficile d'avouer qu'on ne ressent rien pour autrui, surtout quand il s'agit des proches ! Désespoir accru par l'autocondamnation morale d'égoïsme et d'indifférence. Pire encore, par l'autocondamnation religieuse : « Et tu te prétends croyant-e ! » Moyen infaillible de se couper davantage encore de soi-même.

* Voir aussi Bellet (2009), p. 39 : « On garde la face ; derrière se creuse l'abîme de désolation. On ne sent plus rien : la glaciation a fait son effet. Il y a ainsi des gens qui "vont très bien", merci, et qui portent en eux cet effroyable cancer : d'une faim d'amour qui ravage tout. »

Réflexe dévastateur qui fait repousser ce dont on a honte au lieu de l'accueillir.

Accueillir, mais comment ? Ce serait explorer ce qui fait mal, mesurer l'étendue de son incapacité à aimer et se sentir aimé : on est muré, on fait semblant, on regarde les autres vibrer sans pouvoir s'ouvrir en profondeur. La volonté n'y fait rien – les « y a qu'à » enfoncent un peu plus. On se dénigre, on se sent exclu, et cela tourne au désespoir quand on est soupçonné de s'exclure soi-même. Voilà pourtant un sentiment bien réel : il n'est pas totalement mort, le cœur qui désespère de soi. Il reste tout de même un « je » encore capable de nommer sa souffrance – un « je » qui est donc autre et plus vaste que le cœur de pierre. Une telle pensée n'est pas réconfortante en elle-même, mais elle permet de ne pas se laisser noyer dans le *sentiment* désespérant.

Accueillir, c'est aussi partager son « anesthésie » avec celui ou celle qui a des oreilles pour l'entendre. Regarder en face les séquelles du passé avec leur tonalité d'irrémédiable : « Je ne peux plus y croire, j'ai trop souffert d'aimer. » Quelque chose bouge vraiment si, en cet instant, on est valorisé *avec* son cœur de pierre, béni tel que l'on est sans l'ombre d'un jugement, d'une exhortation. La personne à qui nous avons confié notre expérience nous fait faire connaissance avec ce « je » plus grand que notre cœur. Par son regard bienveillant et son empathie, elle nous reflète cette part de nous qui n'est *pas* caillou puisqu'elle-même en a été touchée.

Le besoin du souffle d'amour se fait sentir. Ne plus lutter désormais, demeurer là, dans cette radicale impuissance à faire naître l'amour au-dedans de soi. Il brûle par son absence : le laisser brûler, et advienne que pourra ! Luther, qui a beaucoup inspiré Kierkegaard, disait que personne ne peut comprendre Dieu ni la Bible sans avoir expérimenté ce souffle, l'avoir senti passer, car sinon les mots restent des mots. On sort de l'église aussi glacé qu'on y est entré ; on entend l'amie, le conjoint, le proche dire son amitié, son amour, son affection… et ce n'est que du vent. Mais surtout ne pas céder à la tentation de voir dans cette dureté de cœur une fermeture délibérée au souffle d'amour. Dire plutôt, avec Karl Barth : « Là où il est vraiment attendu et désiré, c'est qu'il a déjà commencé son œuvre et que nous nous trouvons devant la marque indubitable de sa présence[2]. » Quelque chose s'est déjà déplacé : jusqu'ici on n'était pas (aussi) conscient de son manque.

Toute prise de conscience n'est-elle pas l'expérience d'un souffle neuf ? Qu'est-ce qui peut bien nous faire passer des ténèbres de l'inconscient à la vue lucide de ce qui, après coup, nous paraît é-vident ? Comment expliquer pourquoi, un beau jour, les écailles nous tombent des yeux ? Il arrive qu'on reste sa vie durant aveugle à certaines réalités. Nul ne peut prédire l'heure de l'illumination, ni pour soi-même ni pour autrui, le moment de l'ouverture au réel tel qu'il est. S'apercevoir de ce qui jusque-là était occulté, voilé, insu – à commencer par le besoin criant du souffle d'amour –, c'est chaque fois pour moi de l'ordre du miracle.

Quand un auteur biblique fait dire à Dieu qu'il désire transformer notre cœur sec en un cœur vivant, je crois qu'on est dans le même registre. Le souffle d'amour, dans la Bible, n'a de cesse de renouveler tout être humain en son centre – le cœur. « Un cœur de pierre, écrit un exégète reconnu, n'est sans doute pas, comme nous le pensons dans notre psychologie du XXe siècle, un cœur dur c'est-à-dire méchant, mais plus simplement et complètement, un cœur inerte (…) C'est le don du Souffle qui fera de ce cœur mort un cœur vivant[3]. » Les prises de conscience sont autant d'étapes sur ce chemin. On peut grandement les préparer, les faciliter. Mais au moment où elles surviennent, d'abord dans la douleur, elles sont comme un don surgi d'ailleurs. Un éclair inattendu.

Le besoin d'être aimé

Un besoin universel. Jésus lui-même l'a exprimé, on le voit dans l'évangile de Jean, au chapitre 8. Il parle avec des « juifs qui ont cru en lui », donc des personnes qui lui sont devenues proches. Dialogue de sourds, pourtant : « Ma parole n'entre pas en vous, vous cherchez à me faire mourir »… et ils finiront en effet par ramasser des pierres. La haine, qui n'est pas nommée, contraste chez Jésus avec le besoin d'être aimé : « Moi, un être humain (comme vous !) qui vous ai dit la vérité », « si Dieu était votre père, vous m'aimeriez », « pourquoi ne comprenez-vous pas mon langage ? », « si je dis la vérité, pourquoi vous, vous ne me croyez pas ? »[4]. Paroles qui résonnent comme un cri en moi. Compassion et sentiment de proximité avec cet « humain » qui parlait vrai.

Les relations avec les proches ne sont-elles pas l'occasion des pires blessures d'amour ? Et plus on y a cru, plus on s'est investi corps et âme, de tout son souffle, plus on a mal. Comment se croire aimé quand on n'est ni « compris » ni « cru » ? J'ai souvent posé la question à des auditoires : entre être aimé et être cru, s'il faut choisir, que préférez-vous ? La réponse est unanime : être cru. Tant il est vrai que « si je dis la vérité » – celle qui émane de mon être profond – et que

« vous ne me croyez pas », peu importe que vous prétendiez m'aimer : ce ne sont que des mots. Aimer, à l'inverse, n'est-ce pas aspirer à entendre autrui dans ce qu'il a de plus personnel, au minimum à tenter de le comprendre ? Tôt dans la vie on peut ainsi se fermer à l'amour : « Mes parents ne m'aiment pas puisqu'ils ne me croient pas ; et si ma parole ne vaut rien, autant me taire. » Il faut parfois creuser profond pour retrouver la cause ancienne d'un refus ou, plus souvent, d'une incapacité chronique à communiquer.

« Vous m'aimeriez » d'*agapè* – puisque le verbe ici est [agapaô] –, d'un amour qui m'accueillerait comme un sujet parlant traversé par une parole à respecter, à valoriser. Pour cela, il faudrait avoir Dieu pour père, le parfaitement Un connu du peuple hébreu : Celui qui se tient hors de toute division, confusion, mensonge. Il faudrait se reconnaître du même bord, avoir envie de lui ressembler. Malheureusement, constate Jésus, « votre père est le diviseur » et « vous faites ce que vous avez entendu auprès de lui »[5]. Comment dire plus clairement qu'on reproduit ce qu'on a connu, même si c'est mensonger et destructeur ? Quiconque a eu pour père – pour modèle de vie et référence en matière de liens affectifs – une personne non unifiée intérieurement, semant confusion et division autour d'elle, ne peut pas aimer d'*agapè* sans faire de grandes prises de conscience.

Le besoin d'être aimé se heurte donc à l'incapacité des autres à aimer d'*agapè*. Tristesse lestée de désespoir. Certains, d'autant plus assoiffés d'amour gratuit, absolu, en arrivent à mettre fin à leurs jours. On peut suivre une autre voie : orienter son abyssal besoin d'être aimé vers... sa Source. Même si c'est « de nuit », comme disait Jean de la Croix. Même si la carence – le sentiment de ne pas être aimé

– est telle qu'on se croit privé d'amour à donner. Allons plus loin : et si la Source était le lieu d'où vient l'abyssal besoin d'être aimé ? C'est tout ce qui resterait mais ce serait énorme : au moins nous *aimons l'amour* puisque nous le valorisons au point de nous en sentir dépourvus et d'y aspirer. N'est-ce pas cela, se tourner vers la Source ?

Peu à peu, le souffle d'amour amplifiera le mouvement, affirment de grands priants. « Cet amour conquiert et possède tous les replis de nos affections (…) il convertit à lui et *sanctifie* toutes nos affections » (il les différencie de tout ce qui les aliène et les déforme), écrit Marie-Madeleine Davy. Elle commente ainsi la pensée de Guillaume de Saint-Thierry, ce moine du XIIe siècle convaincu que le plus clair indice de l'amour de Dieu pour nous, c'est d'avoir fait que nous l'aimions[6] ; je dirais plutôt, là où nous en sommes quand domine l'anesthésie des sentiments : c'est d'avoir fait que dans le pire des cas nous soyons encore capables d'aimer l'amour !

La déchirure d'amour

Maurice Bellet l'évoque en ces termes : « Quelquefois la déchirure vient de si haut que toute la vie a baigné dedans. » On est « faussement froid ». Soit on a été préservé de cette douleur d'amour, soit on l'a enfouie « sous tant de tonnes de ciment » qu'elle est devenue « insensible, alors qu'elle ravage tout (…) En vérité, tout au fond la brûlure demeure (…), cette souffrance dont on se défend par glaciation »[7].

Les blessures d'amour peuvent être enfouies parce que liées à des traumatismes dont on a perdu la trace. Comment s'en douter ? À quels signes deviner qu'il y a eu une déchirure des liens affectifs ? Bien des personnes font allusion à une zone « morte » en elles – une part « retranchée de la terre des vivants »[8]. Il est établi aujourd'hui que, pour survivre, l'être humain « retranche » de lui l'insupportable. On peut donc s'exercer à voir autrement : ce proche apparemment insensible, froid, cynique, cache sans aucun doute des plaies anciennes. Il ne le sait peut-être pas. Ou bien il ne s'en approche pas. Cela parasite la relation.

Est-ce sans espoir ? Oui, si nous cultivons l'illusion qu'à force de l'aimer nous pourrons à nous seuls lui (re)donner la saveur de l'amour. Non, si au jour le jour nous laissons faire le souffle qui déjà a modifié notre regard sur lui. L'avenir de la relation ne nous désespère plus puisqu'il n'est pas dans nos mains. Le même souffle qui nous rend de plus en plus sensibles aux meurtrissures d'amour de notre proche travaille également en nous : il nous assure régulièrement notre espace propre et nous recentre sur nos propres déchirures.

Les blessures affectives sont aussi à chercher sous l'obsession de l'*avoir*. Quelqu'un qui n'a jamais assez n'a vraisemblablement jamais eu la certitude d'être aimé pour lui-même. Il compense comme il peut : « Donne-moi ma part d'héritage ! », « tu ne m'as jamais donné un chevreau », s'exclament à tour de rôle les deux fils d'une parabole bien connue[9], comme si leur père n'entendait pas leur douleur d'amour. Combien d'adolescents aujourd'hui, qui n'ont jamais assez d'argent, ne savent pas qu'ils souffrent d'autre chose ? Et combien de parents s'y laissent prendre ?

Encore plus répandue, peut-être, la déchirure d'amour occultée par la hantise de mériter. Dans la même histoire, le fils cadet parti au loin rêve d'être réintégré chez son père à titre de « salarié ». En principe, un salarié est quelqu'un qui mérite son salaire. Donc voilà un fils qui, pensant à son père, ne peut imaginer qu'une relation basée sur le mérite. La blessure est similaire chez son frère : n'ayant jamais « désobéi », il pensait avoir droit au moins à un chevreau ! Ainsi vient au jour la douleur de n'avoir pas été aimé « pour rien » : on m'aime pour ce que je fais, ce que je rapporte, on m'aime dans la mesure exacte où je réponds aux attentes.

Inutile de chercher à convaincre du contraire quiconque se trouve dans une telle détresse ! On s'aperçoit rapidement que l'amour ne se prouve pas – ni sa présence ni son absence. La seule boussole est le témoignage de chacun. On perdrait son temps à expliquer à une personne déchirée dans ses liens affectifs que son sentiment – l'absence totale d'amour *agapè* – ne correspond pas à toute la réalité, que nul ne peut évaluer cela, au fond… C'est *ainsi* qu'elle le vit et c'est à respecter, infiniment. Pour le moment, elle fait face à la souffrance – d'autant plus intense qu'elle est longtemps restée occultée – de n'avoir jamais bénéficié de cet amour *agapè* dont elle avait besoin pour aimer la vie.

Venir à bout de la douleur d'amour : s'y plonger, vider le bateau de cette eau stagnante, jusqu'à épuisement. La partager comme elle se donne, sans la minimiser sous prétexte qu'« y en a de plus malheureux ». La laisser colorer toutes les relations, avoir mal aux autres, à tous les autres. Il est frappant qu'en hébreu, deux consonnes désignent – en fonction des voyelles qu'on y met – ou bien le « mal » ou bien le « prochain ». Comme si le prochain, le proche, était celui qui peut faire mal : proximité, blessure potentielle !

Mettre à nu la déchirure d'amour va jusque-là. La simple altérité de l'autre nous blesse : il est tellement autre que nous ne parvenons pas à le rejoindre ni à nous sentir rejoints. Mais un doute peut se faufiler : après tout, peut-être qu'il n'y peut rien, il est sur une autre planète, comment aimerait-il ce qu'il ne connaît pas ? Un souffle nouveau pousse alors à inverser : « Et si lui aussi me percevait désespérément autre, séquestré-e par ma propre histoire ? S'il doutait, de son côté, d'être aimé pour ce qu'il est ? »

Se poser la question indique qu'on a déjà moins mal. Plus on se laissera traverser par le souffle d'amour, plus on relira son expérience avec d'autres yeux, sans jamais renier, cependant, l'authenticité de ce qui fut la déchirure d'amour. Un exemple : à la suite d'un traumatisme accompagné d'un interdit de parole, nombreux sont ceux qui ont survécu grâce à l'anesthésie affective ; personne ne les avait entendus, compris, aidés à intégrer le traumatisme. Beaucoup plus tard, ils vont découvrir deux types de douleur : d'abord leur carence abyssale d'amour face à ces proches dont ils s'étaient sentis complètement abandonnés ; puis, peu à peu, leur propre fermeture à tout amour *agapè* dont ils avaient pu être l'objet par la suite : leur glaciation intime les empêchait d'accueillir la moindre marque d'affection, et surtout d'y croire !

Faire le deuil de l'amour idéologique

L'anesthésie des sentiments se tapit souvent sous un amour qu'on ne savait pas idéologique : on croyait sincèrement qu'on aimait, mais c'était seulement dans la tête. Logiquement, on aime son enfant puisqu'on est devenu parent. Mais, s'insurge la psychanalyste Claude Halmos, « quiconque écoute des familles et accepte d'entendre ce qui se joue en leur sein se rend compte très vite que la vision angélique et idyllique des rapports parents-enfants que l'on nous présente généralement est très éloignée de la réalité » : en fait, elle a affaire à des enfants qui pour survivre sont « devenus comme des pierres (...) anesthésiés pour éviter de mourir ou de sombrer dans la folie »[10]. Ainsi, quand on entame une démarche psychanalytique ou un travail de guérison intérieure, on commence en général par faire état d'une enfance sans problème, où rien n'a manqué.

Retraçant l'histoire de l'amour maternel, Élisabeth Badinter signale qu'on a désormais renoncé à parler d'instincts humains mais qu'on continue pourtant à croire à l'amour maternel « naturel et spontané » : il suffirait de mettre au monde un enfant pour automatiquement l'aimer. Aujourd'hui, « on a changé de vocabulaire mais pas d'illusions (...) Peut-être parce que nous refusons de remettre en cause l'amour absolu de notre propre mère[11] ». Ravages de l'amour idéologique qui empêche de regarder en face la réalité de sa propre histoire, mais, en même temps, protection pour survivre. C'est pourquoi il faut beaucoup de sollicitude – et, surtout, que le souffle d'amour s'en mêle – pour accompagner une personne en quête de sa vérité. Ne pas prendre les devants en se croyant investi d'une mission de démolition.

Ravages de l'amour idéologique, également, du côté de ces mères qui par malheur n'entendent pas le soi-disant « cri de la nature » : « Il faudra, à la fin du XVIIIe siècle, déployer beaucoup d'arguments pour rappeler la mère à son activité "instinctive". Faire appel à son sens du devoir, la culpabiliser et même la menacer pour la ramener à sa fonction nourricière et maternante, dite naturelle et spontanée. » Élisabeth Badinter dénonçait là, en 1980, une « fabuleuse pression sociale pour que la femme ne puisse s'accomplir que dans la maternité »[12]. Avec pour résultat, chez d'innombrables mères assez lucides pour constater qu'elles ne débordaient pas d'amour *agapè* – de dévouement, de générosité, d'oubli de soi –, une plongée dramatique dans l'angoisse, la culpabilité et le sentiment de monstruosité.

Personnellement, je ne compte plus le nombre de personnes qui m'ont confié n'avoir pas été désirées par leur mère et/ou avoir fait l'objet d'une tentative d'avortement. Qu'arrive-t-il quand ces personnes ont elles-mêmes des enfants ? Pourquoi, lorsqu'on parle d'amour, fait-on comme si la réalité n'existait pas ? Comme s'il s'agissait là d'exceptions ne valant pas la peine qu'on s'y attarde ? Et si la déchirure d'amour dont témoignent ces personnes nous renseignait bien mieux sur l'amour humain que les envolées lyriques des idéologues de l'amour ? À propos d'idéologie, je ne résiste pas, en passant, à citer le philosophe Alain : « L'amour maternel est le seul amour qui soit pleinement de nature parce que les deux êtres n'en font d'abord qu'un[13]. » Quand on pense aux milliers, pour ne pas dire millions d'enfants dans le monde qui, en temps de paix et surtout en temps de guerre, sont le fruit d'un viol, on a envie de hurler ! Il suffirait d'avoir un bébé dans son ventre pour, de façon « pleinement naturelle », déborder d'amour maternel ?

Je disais que je préférais me tourner vers les personnes meurtries par l'absence d'amour pour en apprendre davantage sur l'amour humain. Parce que j'en suis venue peu à peu à chérir la réalité, le réel, les humains en chair et en os : c'est là et nulle part ailleurs qu'il se passe quelque chose. Les théories sur l'amour idéal, tel qu'il devrait être, m'écrasent et me laissent un goût de mort. Je n'y rencontre personne.

En revanche, quand un de mes semblables me parle de ses meurtrissures, il s'approche de mes propres cicatrices et nous partageons côte à côte la même soif de liens bienfaisants, le même besoin vital de souffle. Quelque chose arrive on ne sait d'où, qui vibre entre nous et ressemble à l'amour sans conditions.

Au plan spirituel, l'amour idéologique s'observe par exemple quand des chrétiens pérorent ainsi : « Les Juifs ont la Loi, nous on a l'amour. Le christianisme, c'est la religion de l'amour. » D'abord c'est faux : l'amour communion, non motivé, au sein d'une société religieuse, n'est pas une innovation chrétienne. À l'époque, on le trouvait dans la littérature intertestamentaire, notamment dans les *Testaments des Douze Patriarches*, mais également dans la morale païenne, chez Cicéron, Marc Aurèle et même en Assyrie[14]. Ensuite, je pense que rien n'est jamais acquis dans ce domaine : on n'hérite pas de l'amour en héritant de la culture chrétienne. Rien n'est plus anti-évangélique : Jésus ne cessait de s'adresser à chaque personne en particulier. Dans la confrontation que nous avons évoquée en Jn 8, il disait à ses contemporains juifs : ce n'est pas parce que vous êtes descendants d'Abraham que vous êtes naturellement libres, par hérédité. Transposons : ce n'est pas parce que l'Occident chrétien a prêché l'amour pendant des siècles que vous en êtes nécessairement pleins !

Concernant les chrétiens, Maurice Bellet lui aussi dénonce « une espèce d'évidence. Puisqu'on est chrétien (...) il est posé *a priori*, en quelque sorte, qu'on aime ». Il arrive surtout que ce soit « une pieuse fiction ». « Tout se passe alors comme si le langage de la charité, au lieu de l'effectuer, en dispensait, comme si cet "amour" toujours rappelé, répété, déclaré, servait à empêcher l'amour »[15]. Tout à l'heure, il suffisait d'avoir l'*idée* de l'amour tel qu'il devait être, et il y était (ou avait été). Ici, il suffit d'avoir le *langage* de l'amour, et il y est. Dans les deux cas, on est dans le fantasme. À quoi le voit-on ?

La tentation récurrente est de mettre la volonté au service de l'idéologie. Jadis, raconte Maurice Bellet, « le vrai amour était paraît-il une question de volonté ». Mais « même chez les chrétiens, qui ont facilement l'amour à la bouche, la morale d'amour devient facilement le corset serré des obligations et des interdits » et le devoir d'aimer peut « s'accompagner d'une indifférence de fer envers autrui »[16] – je reviendrai plus loin sur ce devoir d'aimer qui torpille l'amour à coup sûr. Notons encore la parenté entre l'amour idéologique, l'appel à la volonté, le déni de la réalité et le refoulement psychique. On en arrive à dire, la bouche en cœur, qu'on n'a pas d'ennemis. Comme le note finement Macha Chmakoff, « il n'est pas rare de voir des chrétiens qui pour honorer de leur mieux le commandement “aimer ses ennemis” refoulent tout sentiment agressif et imaginent ainsi aimer tout le monde ; ils confondent le message évangélique “aimer ses ennemis” avec l'injonction imaginaire “ne pas avoir d'ennemis” qui, on le sait, n'a jamais été formulée par le Christ*. »

Comme il fallait s'y attendre, nous projetons aussi l'amour idéologique sur les textes bibliques. La famille

* Chmakoff, p. 44. À propos d'agressivité et d'inimitié, on peut se demander si la position de Freud, dans *Malaise dans la civilisation*, ne relève pas, à l'inverse, d'une idéologie de non-amour. Selon lui, la « nature humaine primitive » est « hostile » et « cruelle », il suffit de regarder l'histoire de l'humanité pour s'en convaincre : « Quiconque (constatant cela) devra s'incliner devant notre conception et en reconnaître le bien-fondé » (1971, p. 64 *sq.*). Personnellement, je ne m'incline pas.

ordinaire de la parabole dont nous parlions, celle dite du fils prodigue, devient une famille modèle, si harmonieuse et comblante qu'on se demande pourquoi le cadet éprouve le besoin de disparaître. À ma connaissance, la Bible ne laisse pas entendre que nous baignons dans l'amour authentique naturellement et sans y travailler. Elle est assez réaliste pour ne pas recommander d'« aimer son père et sa mère » mais, plus modestement, de les « honorer » – je reviendrai là-dessus. Quand on étudie les histoires bibliques de couples, d'amitiés, de relations parents-enfants, on est loin d'être édifié. Il y a de quoi s'en réjouir : ce dont on nous parle ressemble terriblement à nos propres histoires, avec leurs plus beaux moments, leurs crises, leurs déficiences. Et il apparaît clairement, au fil des pages, que ces textes ne combattent pas le mélange inextricable d'amour, d'agressivité, de rejet et de recherche de lien qui constitue la pâte de l'amour humain. Ce qu'ils combattent sans relâche, c'est l'idéologie de l'amour, avec un appel répété à la prise de conscience.

Mais comment repérer le dérapage dans l'amour idéologique ? Premier indice, on oublie que la recommandation divine est en hébreu au mode inaccompli : « Tu *aimeras* le Seigneur ton Dieu de tout ton cœur, de tout ton être animé/ton âme, de toute ta force/ton intensité[17]. » C'est un présent-futur, un présent gros de futur, un « inaccompli » destiné à rester inaccompli. Et puisque la recommandation a été entendue naguère et continue de l'être, génération après génération, c'est que l'amour pour l'Autre* n'est

* Je crois l'amour pour l'Autre indissociable de l'amour pour les autres humains. La similitude est telle que la manière d'aimer autrui en dit long sur la relation qu'on a réellement avec l'Autre.

jamais définitivement acquis sauf dans nos fantasmes. Tout amour, aussi radieux soit-il, porte la marque de l'inaccompli.

Quand on le sait et qu'on l'accepte, on reste dans le réel, ouvert à toute éventualité. Et on savoure l'expérience modeste mais bien concrète de pouvoir *s'orienter vers* l'amour à chaque instant, quand bien même on est à sec : tu aimeras, tu es destiné-e à aimer. Cela résonne presque comme une promesse. Or, la même recommandation figure dans les évangiles, où le verbe grec est clairement au futur : contente-toi d'aspirer à l'amour, te tournant autant que possible dans sa direction et – une fois encore – le souffle d'amour fera le reste.

Ensuite, on glisse dans l'idéologie quand on réduit l'amour à une seule de ses dimensions. Par exemple, on entend seulement « tu aimeras de tout ton cœur », et on survalorise l'affectivité, les sentiments. Claude Halmos met ainsi en garde contre cette « croyance en un amour parental réduit aux sentiments », dont les effets se révèlent pervers : aimer son enfant n'est pas lui laisser faire n'importe quoi sous prétexte qu'on l'aime[18]. Autre exemple : la facilité à décider une séparation ou un divorce « parce qu'on ne s'aime plus ». Amour idéologique, ici également, parce qu'on croit savoir parfaitement bien ce qu'est l'amour. Le voilà donc réduit à l'*idée* qu'on en a. Mais comment être parfaitement sûr de son absence, de sa disparition définitive ? Le réel n'est-il pas infiniment plus mystérieux que nos conceptions, nos idéaux, nos évidences* ?

---

* « Le *sentiment* de l'amour éprouvé n'est pourtant pas nécessairement la vérité de l'Amour, écrit Denis Vasse. (...) La vérité de l'Amour

Dans l'anthropologie biblique, le cœur est avant tout l'intelligence, la réflexion, la compréhension qui mobilisent la volonté et la décision, et c'est aussi le siège de l'affectivité. Alors pourquoi l'antique recommandation est-elle complétée par : « (tu aimeras) de toute ta pensée » dans les évangiles ? Sans doute parce que ceux-ci s'adressaient à des lecteurs dont la culture grecque, à l'inverse, séparait la pensée, le savoir, du « cœur ». Opposition qui deviendra ruineuse dans l'histoire occidentale : le philosophe Kant finira par réduire l'amour à un amour rationnel – l'attachement à la loi morale –, considérant l'amour tout court comme pathologique ! Et des générations de chrétiens ont sincèrement cru qu'aimer, c'était faire son devoir (y compris conjugal) !

Amour idéologique, encore, lorsque nous hypertrophions le « (tu aimeras) de tout ton *être animé* » : quand nous croyons qu'il n'y a plus rien de « vivant » dans la relation, que le « vécu » ne correspond pas ou plus à nos attentes, nous décrétons que l'amour est mort, le lien affectif défait. Enfin, quand nous réduisons l'amour à la passion dans sa dimension la plus charnelle – « (tu aimeras) de toute ta force, ton intensité » –, quand l'attirance physique est le seul critère, on a vite fait de déclarer l'amour disparu.

Revenons à ce qui précède notre fameuse recommandation : « Écoute, Israël ! Le Seigneur notre Dieu est le Seigneur Un. Tu aimeras… » Tout est dans ce « Un ». Personnellement, la spiritualité qui me convient est celle qui mobilise toutes les composantes de mon être. La Bible me

---

– s'il est Dieu et si Dieu est – ne peut être fondée sur le seul "ressenti" de l'amour » (*L'Autre du désir et le dieu de la foi. Lire aujourd'hui Thérèse d'Avila*, Paris, Le Seuil, 1991, p. 122 *sq.*).

parle de Quelqu'un à qui je peux progressivement ressembler, qui avant tout est *Un*, sans division intérieure, sans confusion avec quoi que ce soit, qui que ce soit. Quelqu'un qui m'invite à lui ressembler, donc à devenir *une* moi aussi, à trouver mon unification en refusant de me cloisonner. Longtemps, l'amour pour Dieu a été essentiellement cela : aspirer à ne plus me faire la guerre, à ne plus devoir faire abstraction d'une quelconque partie de moi, à ne plus renier mes sentiments, ou ma pensée, ou mon intuition, ou mon corps, au gré des attentes d'autrui ; m'ouvrir au Désir qui du dedans m'aidait à me (re)trouver *une*. J'entrevoyais qu'un jour, sans doute très lointain, la Bénédiction viendrait : le sentiment d'être aimée, tout entière…

La clôture en soi-même

Une manière de porter la faute d'autrui

Les évangiles nous ont habitués à associer l'amour du prochain à l'amour pour Dieu. Dans la Bible hébraïque, les deux ne sont pas mentionnés au même endroit. Et surtout, l'amour du prochain est loin d'y être présenté comme une tâche impossible. Il est précédé d'une recommandation fort intéressante : « Tu ne haïras pas ton frère dans ton cœur*. Pour reprocher tu reprocheras à ton concitoyen et tu ne porteras pas de faute pour lui/à cause de lui. Tu ne te vengeras pas et ne garderas pas de colère contre les fils de ton

* Je traiterai la question de la haine au chapitre suivant.

peuple et (ainsi) tu aimeras ton compagnon comme toi-même. Moi le Seigneur[19]. » Ce qui vient donc en premier, en amont de l'amour, c'est la réalité du mal subi, de l'offense, du tort infligé par autrui, en particulier par un prochain (frère, concitoyen, fils de ton peuple, compagnon)*.

Il existe bien des manières de « porter la faute » d'autrui : on peut vivre envahi par la haine, la rancune, le besoin de vengeance, sans que cela se voie. Mais ce qui se voit encore moins, c'est la clôture en soi-même, avec l'anesthésie progressive des sentiments. Le texte biblique prend cela tellement au sérieux qu'il en est question avant même la mention de l'amour du prochain : tu feras reproche, et plutôt deux fois qu'une (le verbe est redoublé !), sans quoi tu ne seras plus capable d'aimer ce proche. Et lui « faire reproche », c'est lui rendre ce qui lui appartient, peu importe la gravité de la faute – il n'y a pas de complément d'objet direct ! –, c'est restituer à autrui ce qui désormais obstrue l'accès à l'amour...

L'alternative est claire : soit on rend à autrui l'entière responsabilité de son comportement, soit on « porte la faute pour lui/à cause de lui », donc à sa place... et on dérape dans la confusion. Confusion que reflète le texte : « Tu ne porteras pas *une* faute. » À qui est-elle ? Est-ce la sienne, serait-ce la mienne ? La porte est ouverte à la division intérieure, on se sent coupable de ce qu'on a subi. On porte soi-même la faute puisque l'offenseur ne la porte pas. Et un jour on ne saura même plus pourquoi on se sent coupable. La faute, c'est aussi le « péché », c'est-à-dire la « division d'avec

* Le prochain, dans ce texte, est bien ce mot de deux consonnes déjà mentionné qui, en fonction des voyelles, peut désigner le « mal » ou le « prochain ».

l'Autre » : on se retrouve « divisé », coupé des autres, incapable de les aimer puisqu'une partie de soi est restée otage de quelqu'un.

J'aimerais me tromper mais je crains qu'une grande partie des humains portent la faute d'autrui sans le savoir. Le drame n'est pas qu'ils l'aient refoulée : le plus souvent, c'est à ce refoulement qu'ils doivent leur survie. Le drame, c'est que par la suite leur fermeture à l'amour soit devenue définitive. Ils n'y croient pas mais ne savent plus pourquoi. Faire reproche, en effet, suppose tout un travail de prise de conscience, qu'on ait retrouvé la parole et le goût de se risquer encore à aimer.

Il me semble, cependant, qu'on peut s'y exercer dans les péripéties du quotidien, prendre le mécanisme sur le vif et le démonter. Un proche nous a fait du tort, nous rongeons notre frein dans un coin, rêvant de représailles et de réparations. Nous ne l'aimons plus mais il envahit notre intériorité. Moins nous le voyons, plus nous ressassons. Le temps passe et nous nous passons de lui. Mais quelque chose s'est fermé en nous. L'endroit où se déployait notre amitié est comme anesthésié. Au final il y a moins de vie en nous. À nous de décider si la fermeture à l'amour est définitivement la solution la plus épanouissante pour nous !

Aujourd'hui je crois qu'il existe diverses manières de faire reproche, qui ne passent pas toutes par la confrontation directe : le proche en question peut être décédé ; une tierce personne peut avoir joué le rôle d'un punching-ball consentant ; on peut s'être déchargé de la faute d'autrui dans une démarche symbolique, au sein d'une communauté aimante, avoir retrouvé son unité et sa paix… Comment savoir qu'on ne porte plus la faute de ce proche ? On constate que rien au-dedans de soi, ni dans le concret des rencontres, ne fait plus obstacle à la libre circulation du souffle d'amour : l'avenir de la relation est ouvert.

Pour moi, la clôture en soi-même est une expérience qui *fait partie* de l'amour, et non un épisode regrettable qu'on aurait parfaitement pu éviter. J'y vois trois raisons. L'existence humaine est indissociable de la souffrance : en refusant l'amour qui peut faire mal, on refuse la vie, et ce refus n'est pas tenable à long terme. On ne saurait donc faire commencer l'amour là où prennent fin les temps de fermeture à l'amour. Disons plutôt que, dès la naissance, l'alternance est constante entre amour et fermeture à l'amour. Deuxième raison : cette clôture est la conséquence d'un lien d'amour déchiré ; elle révèle l'endroit précis où était l'amour, on pourrait dire qu'elle en est l'empreinte. Troisième raison : quand on peut nommer sa manière propre de porter la faute d'autrui, on a déjà fait un pas en direction du prochain, on est un peu moins fermé. C'est un grand pas puisque le texte parle justement d'orientation : « tu aimeras *pour/vers/en direction de* ton compagnon comme toi-même », pourrait-on traduire littéralement. Préposition qu'on remarque à peine (une seule lettre en hébreu !) mais qui change tout.

Personnellement, je ne sais jamais, au fond, jusqu'où va la fermeture à l'amour que je porte à quelqu'un, même si je crois l'aimer énormément. Lucidité et humilité me viennent plus facilement quand je suis sensible au souffle de la petite préposition de rien du tout : de toutes façons je ne peux, au mieux, aimer mon prochain qu'en me tournant *dans sa direction*, jamais en prétendant le rejoindre tel qu'il est avec tout ce que je suis. Ainsi, la pensée de ce qui en moi est encore fermé à l'amour ne me désespère pas. Elle stimule plutôt mon côté tournesol : l'envie de me tourner *vers* le soleil de la relation aimante.

Le nécessaire amour de soi

Dans les fondations de toute affection, jusqu'à la plus altruiste, on trouve immanquablement un amour exclusif pour soi-même. La découverte ne date pas d'hier. Les grands spirituels qui ont marqué l'histoire chrétienne le savaient – Augustin, Bernard de Clairvaux, Thomas d'Aquin, Luther... Nous commençons tous par un amour de besoin, de dévoration d'autrui pour notre propre besoin. Et quand nous en avons été privés dans la petite enfance, nous le cherchons sans relâche. Soit nous dévorons sans le savoir, soit nous devenons conscients de ce besoin. Inutile d'en avoir honte, nous n'avancerons pas en direction du lien de réciprocité sans avoir traversé et satisfait, d'une manière ou d'une autre, cet amour de besoin.

Grâce à la psychanalyse et à l'accroissement des connaissances dans le domaine de la psychologie des enfants et des adolescents, on a pu explorer les soubassements de l'amour. On sait dorénavant que tout enfant, tout adolescent passe par des phases d'agressivité envers ses proches, avec pour toile de fond un solide égocentrisme et une apparente indifférence aux autres. Il y a un peu (ou beaucoup) de cela chez la personne qui est en pleine psychothérapie. Rien de plus normal. En fait, l'enfant, l'adolescent, l'adulte en question vit un véritable arrachement à la nostalgie de la fusion, une naissance à lui-même qui ne se fait de loin pas sans douleur.

L'expérience montre ici la stérilité des leçons de morale. Avant de se donner, disait le théologien protestant Alexandre Vinet, encore faut-il s'appartenir. Sans ce « narcissisme primaire », selon l'expression consacrée, personne n'accéderait à un amour authentique, intégrant à la fois la sexualité, l'ensemble des pulsions, les sentiments, la pensée consciente, la volonté, le sens éthique et la spiritualité. Nous sommes à nouveau au bénéfice d'une vision holistique de l'humain – vision qui s'est d'ailleurs maintenue bien davantage dans la tradition orthodoxe que dans le christianisme occidental. On n'en est plus à opposer radicalement (comme le faisait la théologie scolastique) un « amour de complaisance » (amour pour soi) à un « amour de bienveillance » (amour pour autrui) – position plutôt idéologique permettant d'ignorer prudemment l'extraordinaire complexité de l'amour réel !

Thomas d'Aquin, toutefois, refusait un tel dualisme. Pour lui, la base de la nature humaine était l'amour de soi, et l'amitié ou l'amour d'autrui une simple extension. Pour une bonne raison : « Nous aimant nous-mêmes, nous aimons forcément ce qui nous ressemble (…) Nous pouvons aimer notre ami à la fois pour lui-même et pour nous, parce qu'il y a en lui quelque chose de nous[20]. » Dans la même ligne, je paraphrase ainsi la recommandation de Jésus « tu aimeras ton prochain comme toi-même » : tu aimeras en ton prochain le fait qu'il est un « comme toi-même », un qui te ressemble, dont tu perçois et reconnais la parenté. Au siècle suivant, Grégoire Palamas disait la même chose : l'amour vient de la ressemblance*, à commencer par l'amour entre

* Cf. Mantzaridis, *in* Grégoire Palamas, p. 149, note 45 : il s'inscrit

l'humain et Dieu, rendu possible par leur parenté d'origine. En m'aimant, j'aime donc autrui qui me ressemble.

Or, une analyse philosophique contemporaine aboutit au même résultat : « L'amour s'identifie aux vécus de ma conscience, non par un excès de mon égoïsme qu'un peu d'altruisme pourrait compenser, mais par une loi de ma conscience, écrit Jean-Luc Marion (…) Il ne s'agit pas de morale mais de phénoménologie. Ainsi, lorsque j'éprouve l'amour, même sincère, de l'autre, j'éprouve d'abord non l'autre mais *mon vécu de conscience*. À supposer qu'ainsi j'aime encore un autre que moi, du moins je l'aime *en moi*[21]. » Autrement dit, c'est à l'intérieur de moi que cela se passe. C'est bien moi qui, en aimant autrui, éprouve de la joie. Quand autrui m'aime, c'est encore moi qui le sens – au risque de me tromper. Et je peux même me croire, moi et moi seul-e, aimé-e par quelqu'un qui n'a pas conscience de m'aimer !

Tout se passe au-dedans de moi, d'accord. Mais ce dedans, *en même temps*, se trouve modifié, rendu autre, « altéré[22] » par ces personnes que j'aime ou qui m'aiment. En termes familiers, nul n'a jamais vécu dans un bocal : les autres ont interféré dès la naissance, l'amour de soi n'a pas cessé de se transformer à leur contact. Pour Jean-Luc Marion, l'autre m'apparaît vraiment autre au moment où il échappe à ma conscience : impossible de le ramener tout en entier à l'intérieur de moi ; il existe quelque chose d'invisible, en lui, dont *moi* je ne peux pas prendre conscience[23]. Le défi sera de parvenir à aimer – à chérir par-dessus tout –

---

dans une vieille tradition orale qui remonte à Homère, Platon, Aristote et qui était encore vivace au XIe siècle.

cette part invisible qui ne deviendra jamais un vécu de *ma* conscience.

Quand l'amour de soi n'est plus montré du doigt, on ne se préoccupe plus, quand on aime, de savoir si l'on est orienté vers soi-même, les autres ou le tout Autre. On est attentif à se laisser mobiliser dans toutes ses potentialités, physiques, psychologiques, intellectuelles, spirituelles. Or, il arrive que se sentant diminué par la maladie, les traumatismes, les handicaps ou la vieillesse, on soit trop occupé à faire face à la situation pour s'ouvrir à la relation aimante. L'amour de soi peut alors se muer en autocompassion.

Je l'avoue, il ne m'a pas été plus facile qu'aux autres de me prendre en compassion. Toute notre histoire culturelle et religieuse s'y oppose, sans parler du conditionnement éducatif. Dans les périodes où je me trouvais le moins capable de vibrer pour quiconque, l'« amour de soi » était, paradoxalement, au plus bas. J'ai appris à m'accueillir – au lieu de me blâmer – dans les limites de ma capacité aimante. Sans aucune « complaisance », pour reprendre le terme théologique médiéval : cela ne me plaisait pas du tout ! Mais telle était la seule démarche encore à ma portée : envelopper de compassion cet être handicapé que j'étais devenue. Il me semblait que j'enveloppais alors de compassion un Autre en moi, quelqu'un d'infiniment démuni, sans ressources... Dans n'importe quelles circonstances, on peut donc aimer l'Autre « de tout son être », dans les limites qui sont les siennes. Plusieurs commentateurs juifs traduisent ainsi Dt 6,5 : « Tu aimeras (...) de tout ton cœur, de toute ton âme et de tout ton *pouvoir.* » Chacun peut... ce qu'il peut, qu'il soit en dépression, souffre d'un handicap mental ou s'adonne à la boisson.

Nicole Jeammet va jusqu'à considérer l'amour de soi comme « la forme la plus achevée et la plus difficile de l'amour. Nous sommes toujours pour nous-même le "prochain" le plus difficile à aimer et à respecter[24] ». Notons le chemin parcouru depuis Luther qui, au XVIe siècle, écrivait que l'humain est fondamentalement *incurvatus in se**, « courbé sur lui-même », n'aimant que lui-même. N'aimant que lui-même ? L'expérience dit le contraire : quand on vit ainsi, on ne respire pas vraiment la joie. Le repli sur soi est l'un des indices essentiels de douleur extrême ou de dépression : on est loin d'apprécier sa propre compagnie !

Pour ma part, je ne suis pas sûre qu'il m'aurait suffi d'adopter le regard de Dieu sur moi pour apprendre à m'aimer. Mon néant et ma non-valeur occupaient le terrain, ne laissant aucune échappée pour que perce un autre regard. J'ai lu ceci, sous la plume de Maurice Bellet : « À m'aimer moi-même, je reconnais cet amour de Dieu pour moi. Mon amour envers moi est justifié en Dieu », à cause de ma « filiation essentielle », et, ajoute-t-il, je n'ai donc pas à redouter que cet amour pour moi soit égoïste[25]. Il était capital, bien entendu, de lever l'interdit divin sur l'amour de soi : la Source de tout amour ne peut que bénir l'amour, le respect, la valorisation que chacun se porte à soi-même – « tu aimeras ton prochain *comme toi-même* ». Mais une fois cet obstacle traditionnel levé, comment m'aimer moi-même quand rien en moi ne me paraît aimable ?

Comme beaucoup, je n'aurais pas demandé mieux que de pouvoir poser sur moi ce regard bienveillant, respectueux et aimant. Je crois que l'autocompassion m'est

* À l'origine, l'expression est de saint Augustin.

devenue possible grâce à une sorte de dédoublement. Je disais plus haut qu'en consentant à entourer de mes bras cet être si peu aimable au lieu de le fuir, j'avais l'impression de prendre soin d'un Autre en moi. Comme s'il y avait plus en moi que ce moi entièrement voué au rejet et à l'oubli, Quelqu'un qui me suppliait de m'occuper de lui…

Relativiser les liens biologiques

On aurait tort de croire que l'amour entre proches est toujours allé de soi. Les travaux d'Élisabeth Badinter et de Jean-Louis Flandrin révèlent que dans l'histoire occidentale l'amour conjugal et l'amour pour les enfants sont des phénomènes relativement récents. C'est à la fin du XIXe siècle seulement que le mariage d'amour a remplacé le mariage de convenance*. Il semble qu'au XVIIe siècle la peur dominait les relations familiales, femmes et enfants étant « normalement » battus. On n'éprouvait pas de chagrin à la mort du conjoint et l'on se remariait aussitôt. Quant aux enfants, au XVIIIe siècle encore, il était normal de ne pas en prendre soin et la forte mortalité infantile peut s'expliquer, en partie au moins, par de la négligence liée à une profonde indifférence. Indices éloquents de cet état d'esprit : l'absence des parents à l'enterrement de leurs enfants et leur « amour » terriblement sélectif, l'enfant étant explicitement aimé pour ce qu'il rapportait.

---

* Kaufmann (2009), p. 132 : « En 1959 encore, un sondage révèle que seul un mariage sur cinq est ouvertement revendiqué comme un mariage d'amour. »

Aujourd'hui, en revanche, nous survalorisons les liens familiaux, au risque de basculer dans l'autre extrême. Personnellement, je trouve dans la cinquième des Dix Paroles* révélées à Moïse l'expression d'une sagesse qui n'a pas pris une ride : « Honore ton père et ta mère afin que tes jours se prolongent sur la terre que Dieu te donne[26]. » Il s'agit d'honorer et non d'aimer : il n'y a pas lieu de faire des efforts pour aimer son père et sa mère. De plus, c'est la motivation qui prime : « afin que » tu vives plus longtemps, pour augmenter ton espérance de vie ! Prosaïque mais très juste. Combien de personnes ravagées par des souffrances et des conflits liés à leurs parents finissent par y perdre la santé, l'épanouissement personnel, la paix du cœur et de la tête, l'harmonie dans leur vie relationnelle ? « Sur la terre que Dieu te donne » : tu pourrais avoir ton territoire propre, qui n'appartiendrait qu'à toi, que plus personne ne violerait. Un bonheur pour chacun de « tes jours », dont tu ne serais redevable ni à ton père ni à ta mère, mais au tout Autre – la Source de l'amour sans conditions.

Mais que signifie « honorer » ? Le verbe hébreu [kavad] est d'abord très concret : être lourd, avoir du poids. Il évoque le poids économique, moral ou politique de quelqu'un, le « poids de son influence auprès des autres[27] ». Une note de la *TOB* indique pourquoi on traduit le nom correspondant, [kavôd], par « gloire » : la gloire d'une personne, c'est sa valeur réelle, et la « glorifier », c'est lui donner tout son poids, toute son importance. « Honore ton père et ta mère… » Je suppose que si cette recommandation fait partie des Dix Paroles, c'est

* En hébreu, les « Dix Paroles » (Décalogue) – et non les « Dix Commandements » : toutes sont des paroles de vie, qui rendent possible le vivre ensemble.

que la chose ne va pas de soi. À cette époque comme de tout temps, il n'était pas si facile de reconnaître à son père et à sa mère le poids qu'ils avaient (eu) dans sa propre histoire, leur influence réelle en positif comme en négatif.

Dans la Bible, le verbe concerne Dieu dans la moitié des cas environ : il « pèse lourd » ou il « a du poids » dans l'existence des humains ; parfois c'est intimidant, parfois c'est étonnamment discret. Je suis souvent frappée par la « glorification » de parents par leurs enfants devenus adultes, surtout lorsqu'ils sont décédés. Il serait navrant que notre cinquième Parole vienne maintenant renforcer l'amour idéologique ! Je crois qu'on a plutôt là un puissant antidote : donne à ton père et à ta mère leur importance *réelle*, celle que chacun a eue dans ta vie – bénéfique, médiocre ou désastreuse –, sans majorer et sans minimiser ! Sur la terre qui est la tienne, bâtis ta maison avec ces fondations-là, même si les blessures d'amour et les comportements destructeurs ont terriblement pesé.

À l'inverse, si tu estimes que tendresse et respect ont dominé, garde-toi de les idéaliser, de leur donner la gloire qui est celle de l'Amour inconditionnel. Évite de te fabriquer un père idéal, une mère idéale qui n'ont pas réellement été les tiens ! En les déifiant, quelle réalité douloureuse occultes-tu ? Il se trouve qu'un autre mot, construit sur la même racine, [kaved], désigne le foie, siège des émotions dans l'anthropologie hébraïque. Encouragement à donner de l'importance à *toutes* les émotions que suscitent en nous ce père et cette mère !

Trop de personnes souffrent de ne pouvoir aimer leur père et/ou leur mère en raison de tout ce qu'elles ont enduré. Mais les honorer est à la portée de tous : reconnaître, avec courage et lucidité, le mal qu'ils ont fait ; s'accueillir soi-même avec ses séquelles, son tourment, son anesthésie… et laisser faire le souffle d'amour. Puis, longtemps après, entrevoir le moment où il sera possible, en honorant ses deux parents, d'honorer l'appel de la vie qui a passé à travers eux, malgré eux. L'amour qu'ils n'ont pas su donner, le territoire qu'ils n'ont pas su respecter, la joie de vivre qu'ils ont détruite ou assombrie, pourra-t-on les recevoir d'ailleurs, d'un tout Autre avide de « donner » la plénitude des « jours » et une « terre » habitable où il fasse bon vivre ?

Comment Jésus a-t-il mis en pratique la cinquième recommandation divine ? Dans l'évangile de Marc[28], il « vient à la maison » et cela se passe mal : ses proches parents le traitent de « fou » et sa famille religieuse (les scribes venus de Jérusalem) dit qu'il a le diable au corps – « il est possédé ». Dans ce passage, je suis frappée par la fréquence du verbe grec qu'on traduit par « se tenir debout, se maintenir, tenir ». En effet, comment parvenait-il à « se tenir debout » quand, au moment où il enseignait la foule, accomplissant la tâche qui lui était destinée, les « gens de sa parenté » le déclaraient « hors de lui-même » et cherchaient à le « maîtriser »[29] ? Telle est l'arme la plus répandue pour faire taire – par amour, pour son bien ! – une personne, jeune ou moins jeune, qui tente d'être fidèle à ce qu'elle porte en elle : « Elle n'est pas normale ». « Il a perdu la tête ». « Il faut l'enfermer, en tout cas le soigner ».

L'attitude de Jésus envers sa parenté biologique est étonnamment subversive. Dans ce même passage, sa famille revient un peu plus tard à la charge : « Viennent sa mère et ses frères. Ils se tiennent dehors et l'envoient appeler. Une foule est assise autour de lui. Ils lui disent : “Voici ta mère, tes frères et tes sœurs ; ils sont dehors et te cherchent." Il leur répond et dit : "Qui sont ma mère et mes frères ?" Il regarde à la ronde ceux qui sont assis en cercle autour de lui et dit : "Voici ma mère et mes frères. Qui fait le vouloir d'Élohim (de Dieu), celui-là est mon frère, ma sœur, ma mère[30]." »

Autrement dit, l'essentiel est l'amour qui crée un lien de parenté spirituelle. Un souffle de liberté et de gratuité épouse alors le désir humain, de part et d'autre. Quels que soient les ratés des liens de chair, nous rencontrons un père, une mère, des sœurs, des frères spirituels. Par la qualité de leur affection, ils nous font percevoir le désir divin en nous, ce Vouloir puissant qui nous désire tout entiers vivants, capables d'aimer. D'innombrables personnes ont ainsi été « sauvées » par un père spirituel, ou une mère, un frère, une sœur.

Jésus lui-même a dû faire preuve de vigilance. Le désir divin – profonde aspiration à la liberté et à la vie dans des relations aimantes – se trouve si souvent étouffé par des proches ! Et il n'est pas rare de voir une personne extérieure à la famille encourager quelqu'un à « désobéir », à concrétiser ce Vouloir qui l'attire vers sa propre voie. Les actes qu'on pose, les paroles qu'on prononce peuvent s'inspirer de Jésus. On ne se laissera pas arrêter par les accusations de dureté, d'égoïsme ou d'ingratitude.

« En vain nous chercherions une exception à la règle, note France Quéré : Jésus néglige ses parentés réelles, il ne les nomme pas, il les fuit, si l'on en juge à la régularité avec laquelle ses contacts avec les siens donnent lieu en fait à des scènes de séparation. Mais il ne cesse de rejoindre la multitude anonyme, et sur le terreau de ses rencontres, qu'elles soient occasionnelles ou définitives, les titres de parenté fleurissent[31]. » Ailleurs encore, il relativise les liens de parenté. Par exemple : « Or, comme il disait cela, une femme éleva la voix du milieu de la foule et lui dit : "Heureuse celle qui t'a porté et allaité !" Mais lui, il dit : "Heureux plutôt ceux qui écoutent la parole de Dieu et qui l'observent[32] !" » Quant aux liens de parenté spirituelle, il suffit de rappeler le thème de « devenir enfants du Père » et l'omniprésence des « frères » dans le Nouveau Testament.

Cela dit, rien n'empêche qu'un authentique lien de parenté spirituelle s'instaure entre deux personnes de la même famille. Pourquoi faudrait-il accuser Jésus de dureté envers sa mère dans le récit que nous venons d'entendre ? Comme tout être humain, il devait se différencier d'elle ; l'épisode de sa fugue à l'âge de douze ans en dit long là-dessus[33]. Mais son message d'amour aurait-il été crédible s'il s'était fermé à sa mère tout en se donnant sans conditions à la multitude ? À quoi voit-on que le lien de chair ne pose plus problème ? À l'absence de possessivité, de jalousie, de méfiance et de rejet. L'autre, fût-il notre père ou notre mère, ne nous appartient pas. Nous saluons sa liberté et la nôtre, et nous laissons passer le souffle d'amour qui fait le lien entre nous.

Ainsi Jésus a-t-il désabsolutisé les liens de chair au profit de l'amour le plus généreux qui soit. Voici une de ses dernières paroles sur la croix, racontée par l'évangéliste Jean : « Voyant ainsi *la* mère et près d'elle le disciple qu'il aimait, Jésus dit à *la* mère : "Femme, voici ton fils !" Il dit ensuite au disciple : "Voici ta mère !" Et depuis cette heure-là le disciple la prit chez lui[34]. » Acceptons-nous facilement que notre père soit « comme un père » pour quelqu'un d'autre ? Que notre mère devienne « la » mère et non plus seulement « ma » mère ? Surtout quand ils n'ont pas vraiment été un père et une mère pour nous ? Voilà un bon test, me semble-t-il.

La fermeture à certains proches est inévitable pour un temps, pour longtemps parfois, mais elle n'est pas une fatalité. Dans ma propre vie, elle se fait sentir comme une épine dans le pied. Pourquoi rester fermée à telle personne de ma parenté sous prétexte que de toutes façons elle fait partie de la famille, de mon héritage… un peu comme un meuble, que je le veuille ou non ? Les liens de chair ne se discutent pas, on ne les a pas choisis. Mais pourquoi ne pas travailler sur cette fermeture-là ? Mon regard a changé quand j'ai décidé de voir *aussi* dans une personne de ma famille un prochain, et non plus une relation qui va de soi parce que « c'est mon frère, c'est ma cousine », etc., comme si le lien de sang se suffisait à lui-même. Si je rencontrais ce proche-là ailleurs pour la première fois, ne serais-je pas beaucoup plus ouverte à son altérité, à sa déchirure d'amour, à son besoin de souffle ?

Les travaux du sociologue François de Singly sur les familles contemporaines fournissent une information réjouissante : selon un sondage CSA-*La Croix* de 1993, il apparaît que ce qui unit le plus la famille, pour 80 % des personnes interrogées, c'est « le fait de vivre ensemble les mêmes joies et les mêmes peines » ; pour 9 %, c'est de recevoir la même éducation, les mêmes valeurs ; *pour 7 % seulement, ce sont les liens du sang*[35]. Or, partager les joies et les peines suppose qu'on ne se replie pas ou plus sur soi-même. Ce n'est pas avant tout la solidarité et la fidélité qui me frappent dans cette réponse massivement majoritaire, c'est le travail accompli en amont chez beaucoup de nos contemporains : on dirait que le réflexe de se fermer aux autres, y compris aux plus proches, est désormais en bonne voie de disparition, au moins au niveau des déclarations de principe. Et on dirait que nous sommes de plus en plus intéressés par une sorte de parenté spirituelle – vivre ensemble avec les proches les joies et les peines d'une existence humaine traversée par un souffle qui nous unit. Le souffle d'amour n'est pas nommé. Et pourtant il souffle…

Un tout Autre au plus intime de nous

L'intériorité inviolable

Tout porte à croire que le « royaume de Dieu » perçu, accueilli et annoncé par Jésus, était le royaume de l'Amour. Mais comment repérer sa présence sans le confondre avec ses déguisements ? « Le royaume de Dieu ne vient pas comme un fait observable. On ne dira pas : “Le voici” ou : “Le voilà”. En effet, le royaume de Dieu est au-dedans de vous[36]. » Autant dire qu'en amour mieux vaut ne pas se fier aux apparences : on n'a pas là un objet de connaissance, qu'on pourrait observer de l'extérieur. L'amour ne s'évalue pas : les autres peuvent nous juger insensible, mais qu'en savent-ils ? Ont-ils accès à notre for intérieur ?

L'amour ne s'auto-évalue pas davantage – n'est-ce pas la pire des illusions ? Nous croyons nous connaître, mais au moment où nous nous décernons blâmes ou félicitations, nous avons éliminé tout regard *autre*. Et les autres se chargent chaque jour de démentir nos « jugements derniers » sur notre manière d'aimer, dans un sens ou dans l'autre. J'ai entendu une femme âgée raconter que toute sa vie elle avait souffert de se sentir exclue de l'amour mais que plusieurs personnes lui avaient dit combien à leurs yeux elle incarnait l'amour chrétien ! L'inverse arrive aussi : on pensait sincèrement donner à autrui des preuves d'amour mais lui affirme que cela n'en était pas.

Alors qu'est-ce que ce « royaume au-dedans de nous » ? Se pourrait-il qu'au moment de notre pire enfermement, il reste un lieu en nous – mais inconnu de nous – qui échappe à toute évaluation et auto-évaluation ? « Au-dedans » de nous : un adverbe grec, [entos], de la même racine que [entosthia], les « intestins ». Un espace au plus caché de nous, à l'abri de toute emprise, de tout regard dévorant, où seul « régnerait » l'Amour. Un « royaume de Dieu » là où personne n'aurait eu l'idée de le chercher. Or, il se trouve qu'un des plus grands prophètes d'Israël, Osée, en avait déjà fait l'expérience. Voici le texte qui pour moi résonne en écho avec celui de l'évangile : « Je ne donnerai pas cours à l'ardeur de ma colère, dit Dieu, je ne reviendrai pas détruire Éphraïm (mon peuple) car Je suis Dieu et non un humain. Dans tes entrailles/au milieu de toi/à l'intérieur de toi Je suis saint – Je suis tout Autre – et je ne viendrai pas dans l'hostilité[37]. »

Moment rare, infiniment précieux : la peur a cédé. Destruction, colère et hostilité, qui avaient provoqué le repli sur soi, la fermeture à l'amour, rentrent leurs griffes. L'autre n'est plus un envahisseur, un violeur de territoire, un cauchemar permanent qui glacerait l'amour le plus brûlant. Un autre se fait entendre, mais c'est un tout Autre, « non un humain ». C'est l'expérience de Quelqu'un, dans nos « entrailles », qui ne s'impose pas de l'extérieur, qui ne force pas notre porte – un tout Autre que la violence et la peur...

Oui, mais comment le vivre quand on est pris dans les caricatures de l'amour ? Pour m'être moi-même cognée sans fin aux murs de ma cellule, je sais par expérience qu'il ne suffit pas de croire en Dieu pour entrevoir une issue. Il m'a fallu croire en un être humain, qui *respectait en moi cet espace inviolable*. Quelqu'un qui défendait mon altérité en demeurant, en toutes circonstances, attentif à ma parole, mon intériorité, mon devenir. Était-ce plus facile de croire en cette personne* que de croire en Dieu ? Pas au début : de mon côté, aucun « autre » n'était crédible, ne pouvait me sauver de l'implacable enfermement.

Mais pour la première fois, un être humain, par son attitude, par son engagement « à la vie à la mort » à mes côtés, me sensibilisait à l'espace sacré en moi. En le *respectant* infiniment, passionnément, définitivement, il me faisait peu à peu penser que cet espace existait. Davantage, il me donnait envie de le percevoir moi aussi. C'était une alchimie. Croire en un autre m'était, au départ, impossible, mais la crédibilité de *cet* être humain – à laquelle il travaillait de son côté – m'entraînait dans une sorte de rééducation spirituelle de ma capacité à faire confiance. Je comprends, aujourd'hui, que l'enjeu brûlant était d'accéder à ce « dedans » imprenable dont je ne soupçonnais même pas l'existence. Avec le temps, j'ai *intériorisé* cette personne. Désormais, un autre existait qui en quelque sorte faisait partie de mon for intérieur pour toujours. Je pouvais le laisser partir...

---

* Je parle d'*un* être humain pour simplifier, mais c'est un pluriel qui conviendrait.

Quel rapport avec le texte d'Osée ? L'image de cet autre, en moi, s'est fondue mystérieusement dans ce lieu sacré dont il m'avait révélé l'existence. Au début, quand j'évoquais cet espace, c'est à lui que je pensais ; c'est le souvenir de ses traits, de sa personne qui m'habitait... Puis, en douceur, cet humain, mon autre et mon semblable, a laissé place au tout Autre « dans mes entrailles ». Ce qui longtemps n'avait été que des mots devenait expérience de chair et de souffle : Quelqu'un se tenait au-dedans de moi et sa parfaite altérité garantissait la mienne. « Dans tes entrailles Je suis saint » – « à part, différencié » de toute hostilité, de toute malveillance.

La personne qui m'avait fait connaître mon espace sacré n'était plus là pour défendre mon altérité. C'était comme si le tout Autre avait pris le relais, occupant pour toujours cet intérieur que personne ne pourrait désormais « connaître », envahir, s'approprier. J'allais m'ouvrir à l'amour, sans redouter le chaos où entraîne la confusion, sans appréhender les agressions qui à coup sûr viendraient puisque la vie est ainsi faite. « Dans tes entrailles je suis tout Autre », c'était l'expérience inédite de ne plus être seule, tout au fond. Par la suite, chaque fois que j'ai été envahie ou agressée, l'énergie pour défendre ma part amoindrie est venue de ce tout Autre au plus intime de moi. Mon altérité et mon intégrité n'étaient plus menacées, Il se tenait là pour les défendre, hors de portée de quiconque. Il y avait en moi davantage que moi et je n'étais plus obligée de me fermer à l'amour : désormais, « autre » signifiait plus, infiniment plus qu'« envahisseur » ou « agresseur ».

Le discours chrétien, trop souvent, met la charrue avant les bœufs. Le Dieu amour n'est pas une évidence première pour tous, loin de là. Il faut du temps, beaucoup de temps parfois, pour cheminer – fort de l'expérience du tout Autre – vers l'Amour sans conditions. Il arrive qu'au lieu de respecter notre rythme, on nous jette l'amour de Dieu à la figure, alors que nous sommes encore largement dans l'anesthésie des sentiments : « Oui, mais Dieu t'aime ! » C'est à décrypter : ainsi autrui se rassure-t-il à bon compte et fait-il taire le désespoir de notre cœur de pierre – attitude qui ne fait pas avancer d'un centimètre. Dans ces cas-là, je faisais abstraction. Je ne comprenais pas cette langue étrangère. J'étais ailleurs, en ce lieu sacré de mes entrailles où Quelqu'un me tenait à l'abri des caricatures de l'amour. Quelqu'un de tout autre que les relations affectives où je me noyais. Pour le moment, c'était tout… et je devais sans doute m'en contenter.

Un des noms traditionnels que les Juifs donnent à Dieu est « le Lieu ». Quand l'amour a blessé à mort, que la fermeture sur soi est devenue mortelle, découvrir ce lieu suffit grandement. Comment s'attendre à éprouver de l'amour quand on est encore dans la peur de l'autre, qu'on ne peut s'empêcher d'être constamment sur le qui-vive ? L'essentiel est de savoir qu'on a un endroit où aller, où l'on sera à l'abri. Quand on parvient à percevoir ce lieu au plus intime de soi, il ne s'agit pas de brûler les étapes. L'amour viendra, à son heure. Comme l'écrit Maurice Zundel, l'Amour « ne peut être reconnu par nous que dans la mesure où Son intimité s'enracine dans la nôtre[38] ». Si, à petits pas, nous sommes entrés dans ce lieu en nous qui garantit notre parfaite altérité, la force du sentiment de sécurité nous entraînera plus loin. « Moi, disait Angelus Silesius, je vais en pèlerinage vers l'*ami* qui demeure en moi[39]. »

Comment savoir si l'on est bien en contact avec le Lieu et non avec un fantasme de plus ? C'est notre corps qui le confirme. L'intimité que nous expérimentons est si neuve que notre « nature corporelle elle-même » devient « une amie de tout repos » [40]. Personnellement, j'ai pris l'habitude de sonder ainsi le Lieu en moi : « Que me dis-tu, toi, le Fond de mon fond ? » Quand la paix du corps me répond, je sais que les turbulences dans mes relations affectives sont de surface et que le tout Autre me tient. Et la question devient : « Que me dis-tu d'Autre, que maintenant je puisse entendre ? »

Nous apprenons à chérir le Lieu, même si pour l'instant notre cœur est encore de pierre. L'envie de nous y retrouver grandira au fil du temps. Parfois nous y entrerons comme dans un havre de sécurité. Parfois nous le laisserons nous envahir, élargir, ouvrir, et nous pressentirons qu'il est immense. Telle est l'expérience de Syméon le Nouveau Théologien, au XIe siècle : « Celui qui est séparé* de toute la création me prend au-dedans de lui et me cache dans ses bras, et dès lors je me trouve en dehors du monde entier. Mais à mon tour, moi mortel, moi tout petit dans le monde, je contemple *en moi-même*, tout entier, le créateur du monde, et je sais que je ne mourrai pas, puisque je suis *au-dedans* de la vie et que j'ai la vie tout entière qui jaillit *au-dedans de moi*. Il est dans mon cœur, il demeure dans le ciel (…) Mais de quelle façon tout cela arrive, comment le comprendrais-je exactement ? (…) Ce sont choses indicibles, en vérité, absolument ineffables[41]. »

* Je rappelle que « saint » signifie en hébreu « séparé, mis à part, différencié ».

Un hôte inconnu

Qu'a-t-on gagné ? Le désespoir qu'avait entretenu la fermeture à l'amour a perdu du terrain, est en voie de disparition. Un lieu existe, un for intérieur, où se tient un tout Autre que le trop connu. On commence à percevoir qu'il est seul à s'y tenir. Or, notre Occident voit se multiplier les pratiques occultes, les expériences de voyance et de spiritisme, et des personnes en nombre grandissant, se croyant « possédées », ne parviennent plus à vivre paisiblement leurs relations affectives. Sans doute leur faudra-t-il du temps – et le témoignage de ceux qui sont passés par là – pour découvrir elles aussi ce Lieu en elles qui échappe à toute possession. La tâche peut leur sembler surhumaine : comment croire à l'existence de ce Lieu quand on se sent aliéné dans son être entier, donc verrouillé face à l'amour ?

Il faut dire ici que les images bibliques ont leurs limites, comme toutes les images. On s'est peut-être épuisé à tenter d'ouvrir sa porte à l'amour, stimulé par un verset bien connu de l'Apocalypse : « Voici. Je me tiens à la porte et je frappe. Si quelqu'un entend ma voix et ouvre la porte, j'entrerai chez lui et je prendrai le repas avec lui et lui avec moi[42]. » On s'est bien culpabilisé de ne pas y arriver. Mais l'échec était garanti : qui peut aimer, se sentir aimé sur commande ? Comment entendre l'amour frapper à sa porte quand la peur des autres couvre toute voix ? Le texte d'Osée offre alors l'image inverse à quiconque se sent désespérément cadenassé : le tout Autre n'est pas à l'extérieur, il est *déjà au-dedans de soi*.

Inutile, donc, de chercher à forcer ta porte de l'intérieur. Au-dedans de toi je suis tout Autre avant même que tu en prennes conscience. Tu n'y es pour rien : le fond de toi, c'est le Lieu où je me tiens caché. Tu peux cesser de te faire violence, te tourmenter de ne rien ressentir, en particulier pour tes proches. Avec l'aide d'un humain, tu deviendras de plus en plus attentif-ve à ce Lieu. Un jour tu sauras que l'amour avait élu domicile dans tes entrailles, avant même que tu aies conscience de l'existence de tes entrailles. Voilà pourquoi l'évangéliste Jean pouvait affirmer qu'on « a » l'amour, comme on « a » la paix ou la lumière. Telle était aussi l'expérience de Maître Eckhart : « J'ai affirmé autrefois et j'affirme encore que je *possède* déjà *maintenant* tout ce qui me sera accordé dans l'éternité[43] » – c'est-à-dire en plénitude.

Oui, mais quand on ne souffre même plus de son cœur de pierre ? Quand l'anesthésie des sentiments semble définitive ? La question première est : à qui cela pose-t-il problème ? Si ce n'est pas à l'intéressé – qui apparemment en a pris son parti ou n'en est même pas conscient –, c'est à l'entourage. Dans ce cas-là, pour ma part, j'y vais sur la pointe des pieds, en m'inspirant d'un verset du Cantique des cantiques : « Ne réveillez pas l'amour avant qu'il le décide[44] ! » Pour une bonne raison : on se ferme à l'amour parce qu'il a trop blessé, et quand il revient, il rouvre les plaies. Comme le sang fait mal quand il se remet à circuler dans des membres gelés ou ankylosés. Je n'ai aucun moyen de savoir si mon proche est prêt à s'ouvrir, s'il en a le désir profond. Le risque est qu'il se ferme encore davantage.

Là aussi, j'ai appris à ne pas désespérer, en me concentrant sur cela seul qui est dans mes mains : lui offrir cette qualité de respect dont j'ai moi-même pu bénéficier, respect pour cet espace inviolable au plus insu de lui. Un jour peut-être, il retrouvera l'accès à ce lieu où un tout Autre lui parlera d'un amour d'entrailles auquel il ne croyait plus. Mais cela ne m'appartient pas : c'est *son* devenir, c'est l'histoire de *son* désir. Et je me sens d'autant plus libérée, face à sa fermeture, que j'avoue n'en rien savoir dans le fond : qui suis-je pour décider que mon proche est fermé à l'amour ? Et jusqu'à quel point il l'est ? J'ai assez à faire avec moi-même dans ce domaine !

Que le tout Autre soit déjà là, cela change tout. Son Lieu, en nous, est désormais ce qui retient notre attention. Nous cessons de faire des bilans définitifs de nos relations. Des verrous sautent qui nous fermaient à l'amour… au moment où nous renonçons à nous en occuper. S'il nous semble que nous n'aimons plus quelqu'un, nous ne réduisons plus l'amour à notre seul sentiment. Nous laissons l'avenir nous surprendre. C'est qu'au-dedans de nous, comme d'autrui, se tient un hôte inconnu qui pourrait bien être la Source de l'amour. Tout peut arriver : ni nous-mêmes ni cet autre que nous aimions n'est l'alpha et l'oméga de notre lien affectif. Il y a du tout Autre là-dedans.

Autre chose qui bouge : la culpabilité de n'avoir pas assez aimé. Rien de tel, pour devenir imperméable à l'amour de chaque jour, que l'enfermement dans l'autocondamnation : « Si j'avais mieux aimé mon proche, il n'aurait pas rompu la relation, ou pas sombré dans la drogue, ou pas divorcé, ou pas mis fin à ses jours… » Mais quand nous approchons ce Lieu vierge de condamnation et de performance où Quelqu'un nous respecte infiniment dans les limites de qui nous sommes, l'horizon s'élargit :

nous ne sommes pas, ne serons jamais à nous seuls l'alpha et l'oméga de l'affection qui nous unissait à autrui. « L'amour n'est pas l'œuvre de l'un ou de l'autre de ceux qu'il joint (…) Ils en sont mutuellement précédés et nul ne sait d'où il est venu ni où il va[45]. »

Il devient possible de renoncer à une autre forme d'autocondamnation, le reniement de l'amour qu'on a porté à autrui : « Je n'aurais jamais dû y croire, c'était du mensonge. » Il faudra le temps de la fermeture, prendre soin de la blessure, (re)trouver le lieu du tout Autre. Pourquoi se fermerait-on définitivement à l'amour, continuerait-on à se mépriser de s'être « laissé prendre » ? Que dit l'hôte inconnu dans le silence des entrailles ? « Apprends à t'aimer aimant-e. Personne ne se trompe en aimant. L'amour qui t'a traversé-e est venu d'un Ailleurs et il va plus loin, mais tu ne le sais pas. Laisse-le faire son chemin… »

Enfin, il est une forme de repli sur soi très répandue, qu'il est possible d'abandonner : les autres ont tellement déçu et blessé qu'on s'est barricadé dans sa relation intime avec « Dieu ». Je mets des guillemets parce que ce Dieu devient imaginaire. On a glissé dans l'amour idéologique : « Moi et mon Dieu, mon Dieu et moi, en direct ! Un "Dieu" qui me fait du bien dans la mesure où il me ressemble. » En fait, une relation qu'aucune altérité ne risque de déranger. Une « spiritualité » dévastatrice pour soi-même et pour l'entourage. La parole d'Osée fait brèche dans cet enfermement plus difficile à repérer que les autres : « Moi je suis Dieu et non un humain. Dans tes entrailles je suis tout Autre. » Les auteurs bibliques reviennent constamment là-dessus : avec lui il faut s'attendre à ce que les choses bougent. Il nous fait connaître l'espace inviolable pour nous ouvrir, de l'intérieur, à *ce que nous ne savons pas.* Le Lieu en nous n'est pas censé devenir notre tombeau. Il est habité par un Autre que notre connaissance de ces autres trop connus dont il n'y a rien à attendre. Jusqu'où serons-nous entraînés ?

Jusque-là on souffrait, mais le terrain était sans surprise. L'inconnu peut inquiéter. En parlant du Dieu « saint », tout Autre que nos conceptions, les auteurs bibliques partageaient leur expérience de Quelqu'un de « puissant », « vrai », « juste », « jaloux » au sens de « désirant »... mais pas nécessairement à notre manière. Autrement dit, sortir de l'anesthésie des sentiments ne va pas sans peine, qu'on soit croyant ou non. Faire confiance à cette altérité en nous, qui est appel à vivre autrement : telle est pour moi la marque d'une spiritualité féconde, accessible à chacun. Laisser faire le souffle sans savoir comment il s'y prendra : « Je donne et donnerai (en hébreu, un présent qui dure) ma torah *en leur sein* (les Dix Paroles et les autres, qui ouvrent à un amour bon à vivre). Je l'écrirai sur leur cœur[46] ». « Je leur donne et donnerai un cœur *un* (non divisé, unique, différencié) ; je donne et donnerai *en leur sein* un souffle nouveau (mon souffle d'amour, dont ils ne savent rien). J'écarte et écarterai le cœur de pierre de leur chair, je leur donne et donnerai un cœur de chair[47] ».

Expérience privilégiée, fugace souvent, que celle des larmes dans le désert du « cœur de pierre ». Révélation soudaine de ce « cœur de chair » au-dedans de soi – comme un hôte dont on n'avait pas soupçonné la présence. Quelques minutes suffisent. On se souviendra qu'on n'est pas glacé à tout jamais. On ne se mettra pas à l'abri du souffle. On ne se raidira plus... Catherine Chalier rappelle que pour les Sages juifs les pleurs sont une bénédiction, l'indice d'une

« passivité méritoire » : « Les larmes proviennent de la présence de l'Infini dans l'être humain. » Souvent cela dure quelques instants seulement : « La source de la vie (...) se fraie soudain, sous l'effet de cette passivité, un mince passage dans la glaciation entretenue par la suffisance à soi. Divine est l'eau d'où proviennent de telles larmes »[48].

II

La traversée de la haine

Sortir du « je te haime »

L'inévitable ambivalence

N'avoir même plus envie d'aimer : nous avons déjà évoqué cet au-delà du cœur de pierre. L'autre ne peut plus blesser, on a cessé de lui en vouloir. On se dit que tout est bien ainsi, par-delà l'amour et la haine. Mais on apprend par l'expérience qu'avec l'amour, on a aussi congelé la haine. On ne décide pas nécessairement, un beau jour, de rompre la relation. C'est beaucoup plus pernicieux : on croit le problème réglé, puisqu'on ne ressent plus rien. On est sincère. En réalité, on n'est plus en relation et, en dessous, la haine est intacte.

« Ne dis pas : "Je ne hais pas mon frère" si tu rejettes de toi sa mémoire ! », conseillait déjà Maxime le Confesseur au VIIe siècle[1]. Difficile à repérer, la haine se cache dans l'oubli – refoulement inconscient ou volonté d'oublier. Comment savons-nous qu'elle est prête à sortir de sa tanière ? Quand la violence de nos paroles nous prend de court, quand nous nous découvrons une envie de frapper, d'éliminer. Et si la censure de notre conscient est efficace, nos rêves, eux, ne mentent pas. La haine inattendue qui s'exprime ne vient de personne d'autre, c'est bien nous qui rêvons !

Mais quand on ouvre les vannes ? Alors c'est le chaos. On aime et on déteste, les deux à la fois. On passe d'un sommet à l'autre, et c'est ingérable. Chacun des sentiments est aussi authentique que l'autre. On ne sait plus où on en est. Ni qui on est ni qui est l'autre *vraiment* – détestable ou aimable ? La confusion est telle que chaque bilan est suivi d'un autre diamétralement opposé. Crise d'adolescence ? Oui, mais qu'on peut vivre à tout âge, et répétitivement tant que les racines n'ont pas été travaillées. Dans ce cas, amour et haine, haine et amour continuent de se nourrir mutuellement, longtemps. « De l'inconscience, comme on dit, surgissent des envies, des fureurs, des jalousies incontrôlables (…) Et la force même du lien devient force de la haine, des ressentiments, des exclusions réciproques[2]. »

Quand on a de la peine à nommer crûment la haine, on entre peut-être plus facilement en matière sur l'ambivalence des relations affectives. Si la haine éclôt plus souvent en temps de crise, le composé instable de l'amour et de l'hostilité est pour les jours ordinaires. Nos amours, nos amitiés, nos liens les plus sacrés ne sont-ils pas régulièrement traversés par des envies de rejet, de mise à distance, que nous canalisons plus ou moins bien ? Quand la complexité des sentiments est assumée, il n'y a pas péril en la demeure : nous savons que les courants froids sont de surface, les grands fonds ne vont pas disparaître. En revanche, quand les réactions d'agressivité sont systématiquement étouffées (d'abord par l'entourage, ensuite par l'autocensure), le réservoir de la haine commence à se remplir.

Bien des personnes aujourd'hui encore, en particulier dans les milieux chrétiens, ne peuvent ou ne veulent pas aborder ce sujet. Si je suis honnête, je reconnais que ce n'est pas simplement affaire de mauvaise volonté. Il m'a personnellement fallu plusieurs décennies avant d'accéder, à ma grande surprise, au sentiment de haine, d'abord dans des rêves. Or, cela s'est produit quand je commençais à aller beaucoup mieux. L'amour idéologique en prenait un coup : moi qui me croyais étrangère à toute violence, même intérieure... Paradoxalement, cette découverte m'a réjouie : enfin, j'étais comme tout le monde, capable de réagir aux invasions et agressions. Je n'étais plus condamnée au mutisme, à une passivité de victime juste bonne à être traitée ainsi. Pour la première fois, je contactais ma capacité d'opposition et, potentiellement, d'autodéfense. Je dis « potentiellement » parce que la haine est d'abord vécue dans l'impuissance : quand on ne peut rien faire, il reste la possibilité de haïr.

Pour des raisons liées à ma propre histoire, tout mouvement d'hostilité était tué dans l'œuf, représentait même un danger de mort. Là encore, j'ai pu accéder à la haine accumulée à mon insu grâce à une sorte de rééducation spirituelle. Dans le présent de ma vie, plusieurs proches accueillaient mes manifestations de rejet sans que la Terre s'écroule – sans mettre fin à la relation aimante. À d'autres moments, eux-mêmes se permettaient des réactions similaires... qui peu à peu n'ont plus signifié pour moi un arrêt de mort (affective). J'ai fini par lâcher le tout ou rien – ou l'amour ou la haine – et pris mon parti d'un clair-obscur qui progressivement m'interdisait de porter un jugement définitif sur la valeur de mes relations affectives. En consentant à l'ambivalence indépassable des liens humains, j'avançais sur le chemin de mon individuation. C'est comme si les moments passagers d'aversion me faisaient de mieux en mieux prendre conscience de qui j'étais, différente de ce proche qu'habituellement j'aimais. « La haine sépare, a-t-on coutume de dire, l'amour unit ; la haine fait perdre l'objet aimé, écrit Nicole Jeammet. Mais ce qu'on dit moins souvent, c'est que sans conscience de la haine, l'amour fait perdre aussi l'objet aimé par impossibilité à se distinguer de lui[3]. »

Depuis longtemps, la psychologie a découvert et souligné l'importance de l'agressivité dans la quête de l'identité. Activité conflictuelle qui permet de se constituer en sujet. C'est « normal », même si c'est difficile à vivre, et pour la personne concernée (enfant, adolescent ou adulte), et pour ses proches qui, dans le meilleur des cas, travaillent alors eux aussi à assumer l'ambivalence de l'amour. « Le psychisme, explique Léon Cassiers, s'enracine dans la biologie et ne peut se dispenser de ses lois de structure. Une de celles-ci semble bien être la nécessité – la fatalité ? – pour tout vivant d'un double rapport d'opposition et d'alliance envers ce qui n'est pas lui[4]. »

Il me semble que les turbulences sont vécues moins douloureusement quand on peut en déchiffrer le sens. Une « fatalité » ? Oui, mais si c'est pour la bonne cause, au bout du compte ? La seule question est de savoir si j'ai vraiment envie que mon proche accède à son autonomie, devienne un sujet libre de mener sa vie, un vis-à-vis qui ne dépende plus de moi. Si tel est le cas, je ne vivrai pas les temps de rejet comme un déni de ma valeur : c'est avec lui-même, au fond, que mon proche se bat. Comme dans un accouchement, il a mal et il me fait mal parce qu'il est en train de naître à lui-même : « Une identité humaine naît dans le chaos, note le psychanalyste canadien Guy Corneau. Elle se trouve au départ collée à d'autres identités, submergée par des éléments dont elle doit se différencier graduellement pour prendre forme[5]. »

Parlons de la mère ! Certains auteurs voient dans la relation à la mère l'origine de la plus radicale ambivalence de l'amour. Parce que c'est l'être au monde dont nous avons été le plus dépendants, c'est donc l'être dont nous avons le plus à nous différencier par la suite. Pour peu qu'elle lutte (consciemment ou non) contre cette dé-fusion, pour peu que son enfant (y compris adulte) ne s'y autorise pas, il peut adopter une attitude constante de rejet, à la mesure de son attirance envers elle et de la nostalgie de la fusion : « Ce qui fait qu'on lui est indéfectiblement attaché et qu'on dépend radicalement d'elle (j'ajoute : dans les structures profondes de soi), cela même fait qu'on la hait d'une haine qui nous lie à elle de façon tout aussi indéfectible et nous rend tout aussi radicalement dépendants d'elle[6]. »

Le jour où l'un de nos fils, encore enfant, m'a lancé à la figure : « Je te déteste », j'ai mesuré le chemin parcouru dans mon acceptation de l'ambivalence de l'amour. « Oui, c'est vrai, en ce moment tu me détestes », lui ai-je répondu avec calme et empathie. Quelque temps plus tard, nous étions dans les meilleurs termes. Dans les générations passées, il était impensable non seulement d'exprimer un tel sentiment mais même de l'éprouver. Cet in-nommable explique sans doute pourquoi tant de personnes ne voient pas à quoi il correspond. On ne leur a pas appris à identifier un sentiment qui ne *devait* pas être. Or, comme dit Christian Bobin, ce qui ne peut danser sur les lèvres s'en va hurler au fond de l'âme… et peu à peu le hurlement fait place à une paix glacée. En revanche, encourager autrui à s'approprier ce qu'il ressent – au lieu de lui en faire honte –, c'est l'initier à l'ambivalence des sentiments qui est le lot de tous les humains. C'est, en renonçant au « tout ou rien » imaginaire, donner une chance à l'amour réel dans sa riche et surprenante complexité.

Les temps de crise, vécus dans l'urgence de devenir soi-même, correspondent, je pense, au « processus d'individuation » dont parlait Jung. Succès garanti quand prend fin l'épuisante lutte entre nostalgie de fusion et besoin de séparation. Cette fois le moi a atteint le niveau le plus profond de l'être, là où il n'y a plus de division entre soi-même et autrui. Dans mes termes, le lien avec autrui a gagné ; l'amour devient viable ; l'expérience montre qu'alors seulement il tient ses promesses. Évolution naturelle, prévisible même. Tout le monde le sait en principe. Alors pourquoi est-ce encore si difficile à accueillir ?

Pour trois raisons au moins, à mon avis. La première est historique : en Occident, un interdit massif, pendant vingt siècles, nous a poussés à refouler la colère, donc à la nier ; et dans nos bas-fonds elle s'est muée en haine – celle-ci n'est-elle pas une colère refroidie, frappée de mutisme[7] ? Une raison psychologique ensuite : un tel sentiment fait peur à celui qui l'éprouve, il peut contacter en lui une véritable envie de tuer, et rien n'est plus déstabilisant. Si personne n'est là pour lui offrir son empathie et l'aider à apprivoiser ce qu'il ressent, il peut redouter de vivre un enfer intérieur, d'être la proie d'un débordement ingérable. À cette peur peut s'ajouter celle ressentie par le proche qui n'assume pas sa propre ambivalence. La troisième raison, théologique, c'est l'hypertrophie traditionnelle du Dieu juge. L'Occident chrétien a tellement baigné dans la culpabilité devant ce Dieu-là qu'il n'a pas remarqué le nombre de textes bibliques où s'expriment en toute liberté la haine, la violence verbale, l'hostilité, le besoin de vengeance. Dans la société fondamentalement religieuse des siècles passés, il aurait été très libérateur d'entendre l'autorisation divine d'éprouver ce qu'on éprouve ! La Bible ne censure aucun de ces sentiments... théoriquement fort peu religieux. Ils ont même leur place dans la prière, en particulier dans les Psaumes. Et pourquoi le Dieu biblique interdirait-il aux humains d'exprimer des sentiments qui le traversent lui-même ?

Oui, je sais, on est en plein anthropomorphisme. Mais enfin, personne ne se prive de parler de l'« amour de Dieu ». Eh bien, les auteurs bibliques restaient en phase avec la condition humaine quand ils décrivaient les moments où ils ne percevaient plus son amour mais seulement sa colère, son ressentiment, son hostilité, son envie de rejeter et de détruire une humanité décevante. Il ne leur serait pas venu à l'esprit que c'était incompatible avec son amour. Une fois de plus, on aurait donc tort de confondre la Bible avec l'enseignement de l'Église. Je me demande si les drames de l'amour dont nous sommes si souvent témoins aujourd'hui n'ont pas, en partie au moins, à voir avec cette culture qui prônait, génération après génération, l'étouffement de tout mouvement de colère, d'hostilité ou de haine. Culture qui continue à nous imprégner – inconscient collectif ! – quand bien même la majorité de la population ne connaît plus le message d'origine, pourtant libérateur au plus haut point.

Mais une fois le processus d'individuation achevé, qu'en est-il de l'ambivalence de l'amour ? Le piège serait de croire que, le temps des grandes crises étant passé, l'amour irait de soi. La vigilance reste de mise : on est vite repris par le réflexe de répondre systématiquement à l'attente d'autrui. « Gentillesse morbide », selon Boris Cyrulnik, qui en réalité masque de la haine. Ou encore « amour autosacrificiel » qui est déguisement d'une hostilité retournée contre soi : quand elle dure trop longtemps, la haine, qui était un progrès, devient un poison, mais quand on fuit la haine, on « bascule dans un amour délirant »[8].

En revanche, si l'on s'attend à éprouver, tout au long de sa vie, des sentiments passagers d'aversion, voire de haine – parce qu'ils font partie de chaque relation aimante –, on pourra faire de la prévention. Les personnes bénéficiant d'un capital de générosité et de gentillesse, au lieu de renier leur nature, veilleront à rester elles-mêmes, à se donner sans se noyer, à « s'arracher » quand la relation s'enlise dans une telle confusion que leur être profond en est menacé. Celles qui ont (eu) une propension à la grève de la communication seront alertées par leur repli sur elles-mêmes – serait-ce là l'indice d'une « haine* » en voie de refroidissement ? Pour ma part, je vois ces moments se raréfier et se raccourcir depuis que j'ai pris l'habitude de les entendre comme des sonnettes d'alarme : ils m'indiquent chaque fois la situation où je n'ai plus pu être moi-même. Et quand je suis l'objet de la « haine » d'un proche, j'apprends à me poser la même

* Je mets des guillemets pour englober toutes les variantes affectives : agacement, rejet, hostilité, ressentiment, mise à distance, etc.

question : « Dans quelles circonstances s'est-il renié, un peu ou beaucoup ? »

La séparation problématique

En cherchant les racines de la haine du côté d'une séparation mal faite ou pas faite du tout d'avec les parents ou de ceux qui en ont tenu lieu, je ne veux pas passer sous silence les personnes qui ont été élevées dans des institutions, orphelinats ou autres. Mais on sait aujourd'hui que, pour grandir, tout être humain a dû s'attacher au minimum à quelqu'un puis s'en séparer pour devenir lui-même. Au-delà des histoires individuelles, ce sont les aléas d'une telle évolution que je vais aborder. On peut bien se douter que plus les circonstances ont empêché un enfant de s'attacher dans la durée à la même personne, plus cette évolution est mise en péril. Mais ici comme pour tous les cas où la séparation n'a pas pu se faire, il est toujours possible à l'âge adulte de s'engager dans le processus d'attachement-séparation-lien d'amour durable, avec un parent de remplacement, professionnel ou non.

Dans le cas de figure très répandu de l'enfant « parentifié », la séparation est rendue difficile par le fait qu'il n'a pas pu être enfant : c'est lui qui veillait sur son parent (mère, père ou les deux) trop malheureux, déstructuré, déresponsabilisé pour assumer son rôle. L'enfant a aussi pu être utilisé comme mari ou épouse de substitution quand le conjoint du parent était trop frustrant. Devenue adulte, la personne continue à protéger sa mère ou son père, sans jamais prendre sa propre place. « Je ne peux pas lui faire cela », disent souvent les anciens enfants parentifiés. La « haine » n'éclatera pas nécessairement au grand jour, sauf si le parent, de son côté, a commencé à s'autonomiser. « Les hommes et les femmes les plus désespérés que j'ai rencontrés dans ma vie de thérapeute, note Guy Corneau, étaient presque immanquablement des fils et des filles parentifiés par leur père ou par leur mère[9]. »

Combien d'entre nous ont voulu (sans en être conscients, souvent) sauver leur parent, le guérir de son malheur, et ont grandi en se culpabilisant de ne pas y arriver – s'accusant de ne pas l'avoir assez aimé, s'empêchant de vivre pour mieux rester auprès de lui ? Au temps des prises de conscience viendra en pleine lumière le sentiment déchirant d'une enfance volée, à jamais perdue. Il faudra traverser le deuil de ce qui n'a pas pu être et laisser le souffle d'amour innover. Mais quand tarde le réveil, l'insondable empathie qui était celle de l'enfant à l'égard de son parent se met peu à peu à rancir. « Compassion désastreuse, mêlée de ce qui ressemble à de la haine – et peut le devenir (…) Il faudrait (…) briser tous les non-dits, les bons sentiments qui ont recouvert cette violence », car il fallait bien « masquer l'intense ressentiment »[10].

Dans d'autres cas, on comprend pourquoi l'absence d'amour – indifférence, hostilité, maltraitance – rend la séparation problématique : l'enfant devenu adulte s'est forgé un parent idéal, tant le réel était insupportable. Le travail de séparation sera double : par rapport à ce parent imaginaire, et ensuite par rapport à ce parent réel qui éveille maintenant en lui une « haine » longtemps refoulée. Il aura envie de la dépasser le jour où il verra clairement qu'elle le maintient dans la dépendance. Mais à l'opposé, on peut être détruit par un excès d'amour, une manière dévorante d'aimer, comme celle de « ces mères pour qui "leur enfant est tout" – et l'enfant ne peut qu'en mourir (...) Il existe une façon féminine, insidieuse, secrète, d'abord invisible, de capter, enserrer, dévorer – qui est aussi "violante" que l'agression manifeste. Et, bien entendu, cette façon-là peut se rencontrer... chez des hommes[11] ».

Ici, la moindre velléité de séparation est taxée de monstrueuse ingratitude : « Après tout ce que j'ai fait pour toi ! » Il m'arrive de rencontrer des adultes éteints, qui ne comprennent pas pourquoi ils n'aiment pas la vie : ils n'ont rien, absolument rien à reprocher à leurs parents qui se sont coupés en quatre pour les élever. On ne le dit pas assez, le fameux « enfant roi » est malheureux. Sa prison est dorée et il ignore qu'il est en prison. Tout le monde l'envie d'avoir des parents si prévenants, mais lui ne sait pas qui il est. Il lui faudra beaucoup de temps pour identifier ces « agresseurs dévoués », pour savoir *qui* affronter, de *qui* se démarquer.

« Être aimé de cette manière, c'est être empêché d'apprendre à aimer quelqu'un d'autre, c'est une capture affective », écrit Boris Cyrulnik qui rapporte la parole d'un patient : « Mes parents m'adoraient. J'aurais préféré qu'ils m'aiment »[12]. On prend si souvent cette manière d'aimer pour de l'amour authentique qu'on a de la peine à croire ce qu'il recouvre : la privation affective de ces enfants-là est comparable à celle des enfants abandonnés ; dans les deux cas, la vie est inhibée, affirme le même auteur sur la base de ses études et observations.

La séparation ne va pas de soi du côté des parents. À la différence des animaux qui, eux aussi, se séparent de leurs petits, les humains gardent la mémoire de leur long investissement éducatif. Or, il leur est demandé de se désinvestir.

Tzvetan Todorov parle du syndrome du nid vide : avec les enfants devenus adultes, « dans le meilleur des cas, un rapport de réciprocité vient à la place du rapport asymétrique précédent ; mais on ne peut dire que l'un compense l'autre : la perte des enfants, puisque ce ne sont plus des enfants, est, en un sens, irréparable[13] ».

Étant passée par là, je suis devenue sensible à la souffrance des personnes qui n'arrivent pas à lâcher leurs enfants. Sait-on seulement qu'il s'agit là d'un véritable deuil ? Ne serait-il pas facilité par la prise en compte sociale et individuelle des sentiments qui l'accompagnent ? Comme d'autres, j'ai été envahie par une nostalgie parfois déchirante en pensant à nos enfants qui ne seraient plus jamais des enfants. Les moments de grâce, la tendresse et les rires francs, la fraîcheur des mots, les occasions manquées, les paroles malheureuses sans retour en arrière possible... Ce petit bout du royaume de l'Amour à peine entrevu, si vite estompé. Et l'inconnu de l'avenir pour toute consolation. Alors, là encore, laisser le souffle d'amour innover...

On gagnerait, je crois, à dire aux parents, en particulier aux mères, que l'éducation « réussie » est celle qui conduit l'enfant à progressivement se séparer, ne plus avoir *besoin* de ses parents : on a là sinon un sujet tabou, en tout cas un non-dit qui ne favorise pas l'autonomisation des jeunes. C'est que le bât blesse souvent au même endroit : la mère a été une fillette privée d'affection authentique avec son père, est restée dépendante de sa mère, a épousé – par compulsion de répétition – un homme qui à nouveau la frustre d'une relation épanouissante, s'est rabattue sur son fils, ou sa fille, dont elle attend toujours cet amour dans le respect de la différence qu'elle n'a encore jamais connu. La boucle est fermée. Cependant, à chaque génération, l'enfant devenu adulte peut décider de se séparer et cesser de chercher à combler l'attente de son parent.

Du côté des fils, la difficulté consiste à suffisamment se différencier de la mère avec laquelle, enfants, ils fusionnaient, pour ne pas confondre leur femme et leur mère – cas de figure fréquent puisque les deux sont de même sexe. Quand le père manque et que la mère a une histoire particulièrement peu gratifiante, le risque s'accroît d'un inceste affectif. Le fils ne peut pas dire sa haine, donc pas non plus son amour : « Je te haime », ou plutôt je n'ose jamais dire ce que je ressens[14]. On entend parler d'hommes « taiseux », et de la souffrance de leurs proches qui se heurtent à leur mutisme. On évoque alors le caractère, le sexe, l'hérédité. Mais qu'en est-il de la relation à leur mère ? Je remarque qu'une telle paralysie de la communication affective – en profondeur – se rencontre également chez des femmes, quoique plus rarement.

« Le devoir de toute vie est de ne pas être dévoré », note la poétesse brésilienne Clarice Lispector[15]. Oui, mais quand on l'a été ? En général, on continue à se laisser dévorer, tout en s'en défendant. Et on a tendance à s'enliser dans le « je te haime » avec les plus proches. Pour ceux-ci, l'atmosphère devient irrespirable : amour et hostilité leur tombent dessus à tour de rôle sans logique apparente. Il importe surtout de savoir que la personne lutte à son insu contre une menace de dévoration. Dans ces cas-là, je cherche pour ma part à être très au clair sur moi-même : je n'ai nul besoin de dévorer ce proche, c'est *sa* peur qui lui dicte de me rejeter. Je m'appuie sur qui je suis dans ma différence – seule, en quelque sorte, sur ma planète. Je suis alors mue par le désir de garder le lien dans une distance respectueuse de *qui il est* – quand bien même je ne comprends pas nécessairement son attitude. Une distance que je sais rassurante pour lui, étant donné la dévoration dont il a jadis été l'objet.

Malheureusement, dans de trop nombreux cas, l'amour tourne carrément à la haine. La relation aux autres est maintenue, mais avec dans le cœur ce que certains auteurs appellent une « haine de l'amour » lui-même. Il ne s'agit plus du sentiment massif dont on souhaite ardemment sortir tôt ou tard : « Cette haine-ci est en sa substance destruction, parce qu'elle est l'amour lui-même devenu impossible, se déchirant du dedans (...) finalement une haine de l'amour, un ressentiment effrayant contre lui[16]. » Cela peut se produire entre conjoints, parents et enfants, frères et sœurs, amis... C'est le lien d'amour lui-même qui est tourné en son contraire, per-verti. On peut imaginer la gravité des traumatismes et des blessures à l'origine d'une telle perversion relationnelle.

Maurice Hurni et Giovanna Stoll, deux psychiatres suisses s'inspirant des travaux de Paul-Claude Racamier, ont fait état de leur approche thérapeutique des personnes perverses dans un livre fort éclairant. La haine de l'amour est pour celles-ci « une tentative aussi désespérée que totalitaire de confirmation de leur credo selon lequel la relation humaine, la rencontre, l'amour mutuel, l'apport réciproque non seulement n'ont aucune valeur mais n'existent pas ». L'union de deux pervers constitue pour les auteurs « un lien puissant entre deux êtres humains, quoique fondé sur *l'horreur et le déni* de la relation humaine dans son ensemble »[17].

J'ai eu récemment sous les yeux un psaume qui montre une fois de plus combien les auteurs bibliques étaient dans le réel ; la perversion du lien y est clairement évoquée, et elle est le fait d'un proche : « Ce n'est pas un ennemi qui m'insulte car je le supporterais. Ce n'est pas un adversaire qui triomphe de moi, je me déroberais à lui. Mais c'est toi, un homme de mon rang, mon familier, mon intime (...) Les compliments glissent de sa bouche mais son cœur fait la guerre. Ses paroles sont plus douces que l'huile mais ce sont des poignards[18]. »

Comment « se séparer » – se différencier – d'un proche qui (sur)vit ainsi ? Reconnaître et nommer le fonctionnement pervers, c'est déjà un pas de géant. Cela suppose qu'on a pris assez de distance pour ne plus être soi-même englué dedans, pour le voir *hors de soi*. Si la « haine » vient, elle peut grandement contribuer à une telle prise de distance. Mais quand elle menace de s'installer pour de bon ou que, par-delà sa disparition, on continue à faire les frais d'une entreprise de destruction au quotidien, le moment est peut-être venu d'écouter la Parole divine adressée à Abraham : « Pars vers toi-même, de ton pays, de ta famille et de la maison de ton père, vers la terre que je te ferai voir[19]. »

Se séparer pour pouvoir aimer

On constate que, dès la maternelle, toute relation interpersonnelle comporte des moments d'hostilité, de conflit, de rejet. Certains ne manquent pas de brandir cela comme la preuve irréfutable de la méchanceté humaine. Pour ma part, je préfère m'abstenir de condamnation morale et prendre la chose positivement : voilà que, dès les débuts de la vie, l'humain est en quête de son territoire propre, sans qu'on le lui ait enseigné ! Cela semble inscrit en lui. Il n'en a pas encore conscience, mais c'est comme s'il savait déjà qu'une terre lui est destinée, à ne pas confondre avec celle des autres. Toutes les guerres ne sont-elles pas des guerres de territoire[20] ? Chacun cherche donc très tôt à repérer son propre espace : l'enjeu est essentiel et il n'est d'ailleurs jamais trop tard pour commencer.

La psychanalyse nous a habitués à reconnaître le désir de la fille pour son père et celui du fils pour sa mère. Mais on est de plus en plus sensible aujourd'hui au désir de l'enfant de se séparer de son parent, notamment de sa mère, pour pouvoir grandir. Le psychanalyste J.D. Lichtenberg considère le *besoin de dire non* comme l'un des cinq besoins fondamentaux, à côté des besoins physiologiques, des besoins affectifs et d'appartenance, des besoins d'autonomie et d'affirmation, des besoins sexuels et sensuels[21]. Cette capacité de refus – qu'on discerne déjà chez le nourrisson détournant la tête du sein quand il n'a plus faim – se heurte trop souvent à l'incapacité de la mère à supporter la séparation. Incapacité qui finit par lui faire confondre amour et servilité. Ce type d'esclavage peut aller très loin. Plusieurs auteurs font état de parents battus par leurs propres enfants aux États-Unis mais aussi en Europe. Guy Corneau évoque le « drame d'une séparation interdite » qui signifie pour l'enfant devenu adulte beaucoup de culpabilité et le sentiment d'une dette insolvable. Nous verrons un peu plus loin le bienfait que représente, pour une personne prise dans cette « logique infernale[22] », l'autorisation divine de se séparer, explicite dans les évangiles.

Il importe, alors, de re-susciter chez la mère (ou le père, plus rarement) son propre besoin de se séparer. Elle a tout à y gagner : il est temps pour elle d'accéder à sa propre autonomie – elle ne sera pas une mauvaise mère si elle lâche son enfant devenu adulte. Bien des mères disent qu'elles ne demanderaient pas mieux, mais que lui est dans une telle souffrance, un tel dysfonctionnement, que la bonne séparation est impossible : ce serait l'abandonner. Et si le pire devait arriver, elles ne se le pardonneraient jamais.

Le sujet me touche particulièrement. Quand notre fils Samuel allait de plus en plus mal, quelque chose en moi – ou Quelqu'un – m'a interdit de me laisser entraîner dans sa noyade. Je pressentais que je ne pourrais pas le sauver, ni moi ni personne. Et c'est la conscience aiguë de cette impuissance qui m'a enracinée, presque de force, dans ma propre terre : il ne m'était pas demandé de vivre à *sa* place. Être pieds et poings liés devant la détresse de son propre enfant : j'ai bu cette coupe amère jusqu'à la dernière goutte. Jusqu'au jour où Samuel a mis fin à ses jours, je peux dire que le souffle d'amour a envahi l'espace qui s'était dégagé entre nous deux : il restait la com-passion, la puissance de la compassion dont l'origine est Ailleurs, une proximité neuve, rendue possible par la séparation consentie. Je crois aujourd'hui qu'avoir « perdu » Samuel avant sa mort a préparé la différenciation qui allait restaurer le lien vivant entre nous par la suite[23].

Se séparer pour pouvoir s'aimer, ce passage se fait plus ou moins en douceur. Si je parle de traversée de la « haine », c'est qu'elle se révèle féconde pour autant qu'elle soit passagère. On sort ses griffes, on prend ses distances pour se recentrer sur soi-même, puis on se rapproche pour aimer et être aimé : comment se sentir aimé, dans son identité propre, sans conscience de qui l'on est ? Mais quand dure la « haine », la question est simple : ai-je le désir que cela cesse ? Si tel est le cas, l'image de l'abcès qui se vide peut être aidante. Laisser la haine sortir, en sachant qu'un jour il n'y en aura plus. « Je les hais d'une haine parfaite », s'écrit un palmiste dans sa prière[24] – phrase trop souvent censurée dans les liturgies. Littéralement : « de la totalité de (ma) haine je les hais ». Pour ma part, j'entends ici la possibilité d'aller jusqu'au bout de la haine qu'on porte en soi, de la nommer « tout entière » devant le tout Autre pour s'en décharger.

À quoi voit-on qu'on aspire désormais à en sortir ? On souffre encore : c'est que l'amour n'est pas mort. En revanche, la haine qui ne fait plus mal est redoutable : refroidie et installée, elle finit par nous tenir lieu d'identité. Mais notre dépendance peut aussi nous peser : l'autre, devenu notre obsession, occupe un terrain qui n'est pas le sien ; c'est lui donner bien trop d'importance. Pourtant, quand nous testons l'idée de nous défaire de cette haine, de la considérer comme une intruse stérile, nous pouvons nous trouver confrontés à une terrible béance à l'endroit où elle se tenait, à un besoin déchirant d'être aimés pour nous-mêmes, respectés, reconnus. Qu'avons-nous gagné ? Au moins le sentiment d'être libérés de la personne haïe, décolonisés, défusionnés. Nous ne savions peut-être pas, jusque-là, combien la haine, autant que l'amour, nous maintenait esclaves de l'autre.

Or, quelque chose vibre dans ce grand vide intérieur. Sans doute ne savons-nous pas encore que c'est le souffle d'amour, en nous et dans l'espace interpersonnel. Vient le moment où nous nous sentons capables de laisser s'évanouir les sentiments qui nous collaient à autrui. Le souffle d'amour, lui, se charge de couper les liens de mort qui, en profondeur, nous enserraient. Ce que Christian Bobin dit de la mélancolie vaut aussi, je crois, pour la haine et d'autres sentiments dits négatifs : « Le sentiment comme la mélancolie adhère, attache, fusionne. L'amour (personnellement je dirais : l'Amour) coupe, tranche, détache, vole. Par le sentiment, je suis englué dans moi-même. Par l'amour, j'en suis détaché, arraché[25]. »

Le passage de l'épée

Personne ne bouge sans motivation. Mais chercher une motivation, n'est-ce pas déjà bouger ? Deux raisons essentielles peuvent réveiller le besoin de différenciation. D'abord la perspective de (re)trouver notre unité. Ne plus être en guerre avec nous-mêmes. Goûter la paix d'une unification que nous n'espérions plus. Nous découvrir divinement un ou une, au moins par moments. Pressentir qu'un tout Autre, éternellement Un, nous insuffle constamment l'envie d'être unifiés nous aussi. « Écoute, Israël ! Le Seigneur notre Dieu (est) le Seigneur Un. Tu aimeras… » Tel est notre deuxième levier : la perspective de parvenir à aimer cette pierre d'achoppement qu'est notre proche. Hors du champ de bataille, dans un espace sécurisé. Être mis au large, exposé à ce souffle qui balaierait les peurs, les hostilités récurrentes. Entrevoir un lien d'amour avec autrui, qui serait porteur d'un Amour sans conditions*. Or, les maîtres juifs ont remarqué que la valeur numérique du mot « un », en hébreu,

* Aimer le prochain et le lointain, un des fondements du judaïsme : on ne peut aimer Dieu sans le reconnaître dans son prochain et son lointain (cf. Guigui, p. 58 *sq.*).

correspond à celle du mot « amour ». « Comme la valeur numérique d'un mot représente son essence, son "écriture secrète", on voit clairement comment l'unicité conduit à l'amour[26]. » Autrement dit, moins on est divisé intérieurement, mieux on aime. Les deux vont ensemble, sans chronologie ni hiérarchie.

Le travail de différenciation

Voici une parole forte de Jésus, trop souvent passée sous silence : « Ne vous figurez pas que je sois venu jeter la paix sur la terre ! Je ne suis pas venu jeter la paix mais l'épée. En effet, je suis venu séparer l'humain de son père et la fille de sa mère et la belle-fille de sa belle-mère. Et les ennemis de l'humain : les gens de sa maison[27]. » Beaucoup sont choqués par la violence de cette déclaration. Certains croient pouvoir s'en débarrasser en invoquant le contexte historique : il s'agirait exclusivement de l'annonce des persécutions que les premiers chrétiens allaient endurer, à commencer par le rejet de leurs proches et coreligionnaires juifs. Somme toute, cela ressemblerait aujourd'hui aux divisions provoquées dans les familles par l'adhésion d'un de leurs membres à une « secte ». Mais la fécondité des textes bibliques ne s'arrête pas à une époque particulière. Pour ma part, j'ai entendu plusieurs fois ces versets comme un encouragement à supporter le processus déséquilibrant de la séparation, en pressentant qu'il était béni… et qu'au bout du compte il serait bénéfique.

Moi aussi je suis sensible à la violence des mots utilisés : « jeter », « épée », « séparer ». Pourtant ils sont crédibles : il en est bien ainsi dans la réalité. L'épée évoque quelque chose de tranchant qui fait mal : pensons au mal-être des adolescents et des personnes qui consentent à cette séparation à l'âge adulte ! « Jeter » fait penser à jeter à terre, renverser, frapper : la paix qui adviendra – on l'espère –, la pacification qui accompagnera le travail d'unification ne sera en aucun cas une paix facile, idéologique, doucereuse ; elle sera conquise de haute lutte, au prix de nombreuses chutes. « Dans la douleur tu enfantes des *fils*. Et ton mari, lui, en toi domine », est-il dit à Ève en Gn 3 : l'accouchement le plus douloureux ne consiste-t-il pas à se séparer d'un « fils » dépendant que la mère pouvait « dominer » pour compenser le « mari » dont elle se sentait « dominée » ?

« Je suis venu séparer », d'un verbe grec [dichazein] introuvable ailleurs dans cet évangile. Processus qu'on ne peut donc comparer à rien, opération délicate, unique pour chaque personne et chaque relation, sans modèle, sans précédent. Je ne saurais en minimiser le caractère vertigineux. Personnellement, j'ai pu reprendre pied en me laissant envahir par le « je suis venu ». C'était l'intuition fugitive, au plus profond de moi, de Quelqu'un qui me tirait, me poussait dans la direction de la différenciation, avait initié tout le processus. Je ne pouvais plus reculer. Bien des fois, ce Quelqu'un « est venu » à travers un autre, des autres dont le comportement m'acculait, pour ainsi dire, à me différencier. Il n'a jamais été question de manier moi-même l'épée. Un tel volontarisme aurait engendré des blessures inutiles. Le processus fait déjà assez mal. Le laisser s'effectuer, y consentir est largement suffisant. Et on s'étonne d'en voir les fruits, tôt ou tard.

C'est bien beau, objectera-t-on, mais comment savoir si, dans le quotidien d'une relation problématique, on a raison de dire telle parole, de poser tel acte à tel moment ? Pour ma part, je ne vois qu'un moyen : écouter, autant de jours que nécessaire, interroger le fond de mon fond... L'heure vient où le sentiment d'unification est si fort que l'attitude adéquate s'impose, en quelque sorte : c'est *de cette manière-là* que je vais me différencier. Manière qui n'est pas juste en soi, mais juste par rapport à qui je suis, par rapport à ce tout Autre que moi qui me parle du dedans et qui en même temps prend soin de mon proche. Dès ce moment-là, aucune culpabilisation, aucune réaction perverse de la part du proche en question ne peut entraver le nouveau pas que je m'apprête à franchir en vue de ma différenciation.

Cela dit, j'avoue que dans les débuts d'un tel parcours, sans le « je suis venu », je n'aurais jamais eu le courage, peut-être même le désir, de me séparer pour pouvoir vivre et aimer. Je découvre maintenant la tendresse qui enveloppe ce « je suis venu » : [paraginomaï], c'est « venir auprès, assister, venir en aide, secourir » ! En Jésus, l'Amour venait prêter main-forte à ses proches dans leur travail de différenciation. Aujourd'hui, c'est comme s'il continuait à venir au travers de ces autres qui nous soutiennent dans cette marche déstabilisante.

Séparer l'humain de son père, la fille de sa mère, la belle-fille de sa belle-mère, c'est entre deux générations, donc à la suite d'un rapport de dépendance normal et nécessaire. Et pourquoi pas aussi entre conjoints, quand le « je te haime », avec sa codépendance, pourrit le quotidien ? Omission instructive : tant de couples se déchirent de ne pas savoir que le problème essentiel est en amont, du côté d'une séparation problématique ou interdite avec la génération précédente ! Mais l'expérience montre que la dynamique de séparation est communicative : en défusionnant avec son conjoint ou son ami ou son enfant – en cessant de le dévorer et de se laisser dévorer –, on prend conscience d'autres relations de dévoration, à commencer par celles vécues avec la famille d'origine, qu'on n'avait jamais eu l'idée de mettre en question ! C'est ainsi que tout rapport interpersonnel, en raison de ses résonances affectives, peut déclencher un processus de différenciation qui n'aura de cesse de s'attaquer aux racines : le lien d'amour avec les parents ou ceux qui en ont tenu lieu.

Dans le meilleur des cas, la « haine » – aversion, mise à distance plus ou moins violente – aboutit finalement à une redéfinition des territoires et le mode d'attachement s'en trouve rénové de fond en comble : « Transformée par la stabilité du lien à un objet aimé, cette haine perd son caractère destructeur, dont le meilleur aliment était dans l'angoisse d'une perte ; puis, découvrir, sans oser le croire, que sa propre haine n'a pas tout envahi... mais que l'autre est là, que l'amour renaît, est capital à toute relation comme à toute expérience de soi-même ; de vivre que l'amour est plus fort que la haine change sa perception du monde[28]. » Autrement dit, c'est l'expérience d'un souffle d'amour plus puissant que nos pires prévisions. Il passe par une qualité humaine d'accueil qui pour moi n'a pas de prix : offrir à un autre ravagé par l'hostilité et la haine l'assurance d'un lien d'amour qui tient bon...

Et dans le pire des cas ? Les travaux de Maurice Hurni et Giovanna Stoll concernent en premier lieu les situations de perversion narcissique caractérisée dans les familles, mais il est bien entendu qu'à des degrés moindres, bien des personnes pervertissent les relations affectives par leur refus de laisser autrui vivre sa vie : « La logique perverse ne reconnaît pas le droit à un individu d'exister indépendamment, d'avoir droit à une autonomie ni à une dignité. Il est destiné à être utilisé comme objet partiel, comme fétiche. Ces abus de droit lui seront imposés soit par violence et intimidation, soit par séduction. » La perversion consiste ici à « exécrer » le deuil « autant que l'amour ou la tendresse »[29] : autrement dit, il n'est pas question de faire le deuil d'un enfant devenu adulte, pas question de « perdre » un statut de dominant-e, pas question de supporter le processus de différenciation que suppose tout amour authentique.

Inutile de se voiler la face, ces situations sont légion ! Je crois essentiel ici de mesurer la gravité du refus de la séparation. Ne pas avoir froid aux yeux. Regarder en face le fonctionnement de son proche, sans s'imaginer qu'on va pouvoir le changer. Céder la place au souffle d'amour. Lui confier sa désolation, son amour meurtri. Assumer l'effroyable solitude. Mais bénir le passage de l'épée : il était temps que soit coupé le lien de mort. Apprendre qu'on a soi-même une vie à vivre, un chemin à découvrir. Souhaiter ardemment que son proche trouve le sien, un jour peut-être, qui sait ? Se souvenir de lui fidèlement, au temps de la prière. Et surtout, par-dessus tout, prendre appui sur la ou les personnes qui, dans cette traversée aride, incarnent le « je suis venu » de l'Évangile.

Se séparer… et avoir les moyens de choisir ses proches au lieu de les subir, l'idée n'est pas neuve. Rousseau pensait que l'enfant devenu adulte était désormais apte à nouer d'autres liens avec ses parents, consciemment et librement voulus cette fois. Dans son *Discours sur l'origine de l'inégalité parmi les hommes*, il écrivait ceci : « Chaque famille devint une petite Société d'autant mieux unie que l'attachement réciproque et la liberté en étaient les seuls liens[30]. » À ses yeux, ces retrouvailles familiales dans l'amitié symbolisaient au plan affectif la parfaite société politique : comme les citoyens de cette dernière, les membres de la société familiale étaient libres de contracter, libres aussi de s'en aller[31].

Quelles sont les familles, aujourd'hui, où règne une telle indépendance, où l'on en a fini avec les sentiments de dette et les contentieux qui empêchent de s'aimer sans arrière-pensée ? Comme Rousseau, je vois une continuité entre le domaine familial et le domaine socio-politique. Le bonheur d'être soi-même n'est-il pas contagieux, en famille comme dans la sphère publique ? Si nous nous différencions afin de ne plus subir autrui mais l'adopter, notre évolution sera tout bénéfice pour lui, tôt ou tard. Nous aurons réveillé en lui son aptitude à être authentiquement lui-même. Du coup, ses choix professionnels et citoyens ne seront plus affectivement parasités par les modèles ou les repoussoirs dont il avait été dépendant jusque-là.

Que l'épée précède la paix, au fond, cela ne me surprend guère. Nous avons entendu Guy Corneau dire que toute identité naît dans un chaos où l'on est fusionné aux autres. Dans la symbolique biblique, c'est la mer qui représente cet « élément indifférencié », ce « chaos » des origines auquel met fin le Créateur par son « action de séparer » : ainsi « prend valeur dans la Bible », dès la Genèse, « l'acte de diviser, cloisonner, différencier »[32]. Alors est rendu viable le monde extérieur et il en sera de même pour le vivre ensemble des humains. Il n'y a d'authentique paix qu'après le passage de l'épée, quand nous sommes sortis pour de bon du ventre maternel – de la mère/mer – ou de ce qui en faisait office.

Or, bibliquement parlant, être séparé signifie être mis à part, distingué, différencié… pour être consacré – pour pouvoir se consacrer à une tâche, une œuvre, une mission aussi modeste soit-elle, qu'aucun autre ne saurait accomplir. Tel est le sens profond de la « sainteté », comme je le mentionnais dès les premières pages de ce livre. Chacun est appelé, élu pour vivre sa vie et non celle d'un autre* : « sanctifié », dira Jésus en écho aux textes hébreux... Le piège est toujours de croire que la paix, l'unité, l'amour viennent en premier et vont de soi. On est alors pris dans une paix glacée comme dans un amour idéologique – surface lisse qui cache des abîmes de violence. Et l'expérience montre qu'on peut détruire autrui de fond en comble sans qu'il y paraisse. Voilà pourquoi l'amour vrai est in-quiet, ne dort pas sur ses lauriers mais s'interroge en silence : « Ne suis-je pas en train d'annexer cette personne en croyant l'aimer ? Suis-je d'accord qu'elle suive son chemin, que je n'approuve pas ? Ou alors, à quel moment ai-je laissé autrui me dévorer, me coloniser ? »

Un apprentissage douloureux et fécond

Voici encore deux versets qui fâchent. Jésus s'adresse aux « foules nombreuses » qui marchent avec lui : « Si quelqu'un vient à moi et ne hait pas son père, sa mère, sa femme**, ses enfants, ses frères et ses sœurs, et sa propre personne aussi, il ne peut être mon disciple. Quiconque n'emporte pas sa propre croix et ne vient pas derrière moi ne peut être mon disciple[33]. » « Il ne peut », au sens de « il n'y arrive pas, il n'en

* Selon Beauchamp, « le lien entre la mise à part et la notion de sainteté est ferme » (p. 239).

** C'est une société patriarcale, où l'on s'adresse à l'homme. Aujourd'hui on pourrait ajouter « son mari ».

a pas les moyens ». Un peu plus loin, Jésus ajoute : « Chacun d'entre vous qui ne se *sépare* pas de tous ses biens ne peut être mon disciple. »

Tel est toujours l'enjeu essentiel : se séparer au sens de se différencier, de se rendre in-dépendant. On peut rester fortuné ou cultiver d'intenses relations familiales, pourvu que ces biens – matériels, affectifs – ne deviennent pas la seule raison de vivre. C'est l'antidote au fameux « mon enfant ou mon conjoint, ma mère, mon père, est tout pour moi ». Le verbe grec [apotassô] signifie « se tenir à distance, s'éloigner, abandonner, se séparer »..., et « *tous* ses biens » va encore davantage dans le sens d'une différenciation radicale, donc en profondeur. Comment sait-on que l'épée est passée ? On devient capable d'envisager la mort de son proche, la perte définitive de son bien : on est décidé à vivre quand même, malgré la douleur. On a renoncé au pouvoir laissé à autrui sur sa propre vie et, du même coup, à son propre pouvoir sur lui.

Très bien, mais pourquoi faudrait-il « haïr » ? Et là, inutile de chercher à atténuer, c'est de [misô] qu'il s'agit, qui a donné en français « misanthropie », la haine du genre humain. Langage réaliste, à nouveau : quand on a idolâtré quelqu'un et qu'on en prend conscience, c'est souvent la haine qui déferle. Certes toutes les nuances existent – hostilité, rejet, indifférence glacée, allergie à la personne –, pourvu que le lien de dépendance soit coupé avec chacun des proches, là où le risque de fusion-dévoration est le plus grand. Mais pourquoi haïr sa propre personne ? Parce qu'il en est ainsi : quand on est dévasté par la haine, on finit souvent par se détester soi-même.

Personnellement, je trouve cette parole de Jésus déculpabilisante. Elle est adressée à ceux et celles qui sont déjà en chemin, attirés par une autre manière d'aimer : « Si quelqu'un vient à moi... », si quelqu'un avance vers un « moi » libre d'aimer, il commencera par goûter à l'amère liberté de haïr, « il ne peut pas » faire autrement. En termes familiers, cela fait partie du programme ! Rude apprentissage : être « disciple* » de Jésus, apprendre quelque chose de lui, ce serait consentir à ce que la haine fasse partie de l'amour, soit une étape inévitable vers le véritable amour.

On connaît l'usage doloriste que la tradition chrétienne a fait de l'expression « porter sa croix ». Or j'ai découvert avec bonheur que le verbe [bastazô] signifie en réalité « mettre en mouvement, (re)lever, emporter, enlever » ! Cela change tout, en particulier quand on laisse le conseil dans son contexte, celui de la haine si souvent vécue comme une véritable crucifixion, une paralysie de la vie : « Quiconque ne met pas en mouvement, ne lève pas, n'emporte pas (cette haine qui est devenue) sa croix », quiconque reste cloué dessus, immobilisé dedans, « ne peut pas me suivre ». Donc, à peine Jésus a-t-il parlé de la haine nécessaire, il indique aussitôt qu'elle a un avenir : on ne peut pas aimer à la manière du souffle d'amour sans passer par la haine, et on ne va pas dans celle-ci sans apprendre à la faire bouger, à la dépasser, à bâtir autre chose, sur d'autres fondations.

Telles sont justement les images que Jésus emploie maintenant : « Car qui d'entre vous, voulant construire une tour, s'étant d'abord assis, ne compte-t-il pas la dépense pour savoir s'il a de quoi mener à bien son entreprise[34] ? » C'est qu'il doit savoir si, après avoir « posé les fondations », il aura « les moyens d'achever l'ouvrage » (v. 29). [Oikodomeô],

---

* L'expression revient trois fois dans ce passage de Lc 14,25-35

c'est « bâtir une maison » : symboliquement, il s'agit d'être bien chez soi. Encore une histoire de fondations !

À propos de « honore ton mère et ta mère », j'avais suggéré l'idée d'édifier sa maison sur ces fondations que sont le père et la mère réels, non idéalisés. Ici, on voit le coût élevé de la démarche : on est averti, en « comptant la dépense », que la traversée de la haine ne sera pas une solution de facilité. Pour moi, voilà un travail éminemment spirituel : Jésus continue en parlant de « s'engager dans une guerre », de s'enquérir des « conditions de la paix », pour revenir à la recommandation de « se séparer de tous ses biens ». Autrement dit, sans cette guerre très particulière, nous pouvons dire adieu à la pacification intérieure – au niveau de notre structure de base – et à la paix réelle avec nos proches. Mais alors, que deviendra notre (belle) spiritualité ?

Le contraste frappe entre les « foules nombreuses » du début et l'insistance du « je » par la suite : « si quelqu'un », « quiconque », « qui d'entre vous », « chacun d'entre vous », « que celui qui a des oreilles »[35]. Appel appuyé à la prise de conscience, éminemment individuelle : personne, même le plus aimé, même celui qui nous adore, ne peut le faire à notre place. Mais nous avons « les moyens d'achever l'ouvrage » : il est fortement suggéré de ne pas nous charger de la « croix » d'autrui. De déplacer et « emporter » uniquement la nôtre. D'assumer notre propre haine, pas celle de notre père, notre mère, notre conjoint, notre enfant… Parole libératrice, qui facilite grandement la périlleuse traversée, valable pour tous les cas de figure, qu'on ait été un enfant parentifié, que la personne aimée soit dévorante, perverse, suicidaire, etc.

Enfin, je suis très sensible au « si » qui place la démarche entière sous le signe de la liberté. « Si quelqu'un vient à moi... » et s'il veut aller plus loin : rien ne l'y oblige, jamais, jusqu'au jour où ce sera plus fort que lui. Le désir personnel est clairement nommé dans un autre passage de Luc très proche de celui-ci : « Jésus dit à tous : *Si quelqu'un désire* venir à ma suite, qu'il renonce à lui-même (à sa manière d'être jusqu'ici), qu'il lève sa croix chaque jour et qu'il me suive[36] ! » Pourquoi « chaque jour » si l'épée a différencié jusqu'aux fondations ? Permettez-moi une illustration moderne : la voiture est en bon état de marche, encore faut-il veiller à son entretien ! Et pourquoi « venir derrière » quelqu'un, le « suivre » ? Nous sommes ainsi faits que pour sortir de nous-mêmes et faire du chemin, nous avons besoin d'un être humain à qui ressembler. Les contemporains de Jésus sentaient en lui un être radicalement libre : différencié de ses proches, n'obéissant qu'à la Voix du dedans. Il avait le don de réveiller en eux le désir d'être eux-mêmes, unifiés, pacifiés, libérés des relations de possession. Il leur apprenait comment s'y prendre par sa simple manière d'être.

Je crois qu'il en est encore ainsi : au contact d'une personne qui nous précède, le gros œuvre de la séparation étant déjà réalisé, il se passe comme un appel d'air, une brusque envie de devenir, comme elle, un in-dividu, une personne non divisible. Ainsi le philosophe Kierkegaard « exige que chaque homme soit traité en créature spirituelle (...), qu'on le reconnaisse comme *Unique*, rendu à sa dignité d'enfant de Dieu et sollicité d'aimer à son tour[37] ». Pour lui, si la plupart des humains ne peuvent pas aimer en vérité, c'est qu'ils n'ont pas accès à leur individualité : « Leur différence d'individualité est trop insignifiante[38]. »

Abandonner père et mère ?

En fait de paroles choquantes, il ne faudrait pas croire que la Bible hébraïque soit en reste ! Et cela dès le livre de la Genèse, où il est dit : « L'homme *abandonnera* son père et sa mère et s'attachera fortement à sa femme : ils seront pour une seule chair[39] ». On a une fâcheuse tendance à édulcorer les textes dérangeants, ce qui donne ici dans les traductions usuelles : « L'homme quittera son père et sa mère... », comme s'il s'agissait d'un simple déménagement. Si tel était le cas, on ne voit pas bien l'intérêt d'une telle déclaration. Or, il se trouve en outre que le verbe ['azav] signifie « abandonner (divorcer), laisser derrière, laisser aller ». Coupure radicale, la plus impopulaire qui soit quand on n'a pas entamé un travail de séparation.

Disons et redisons qu'en aucun cas il n'est question de rompre les relations. Prendre le texte au premier degré contredirait bien évidemment la cinquième des Dix Paroles : « Tu honoreras ton père et ta mère... » Selon Eugen Drewermann, « pour quitter vraiment son père et sa mère, il ne suffit pas de s'en séparer extérieurement pour fonder son propre foyer (...) Du point de vue psychanalytique, le père et la mère sont des figures archétypales du désir de se sentir totalement accueilli et accepté (...) Ceux que blessent les flèches du dieu Éros restent irrémédiablement des enfants qui se raccrochent désespérément les uns aux autres comme à leur père et à leur mère ; ceux que Yahvé, le Dieu biblique, conduit l'un à l'autre sont des adultes qui ont quitté leurs parents[40] ». En d'autres termes, pour pouvoir aimer d'amour vivant, nous avons tôt ou tard à abandonner le rêve de l'amour parental absolu qui nous a fait et nous fera toujours défaut. Et beaucoup savent par expérience combien un tel deuil ou abandon définitif de ce qu'on n'a jamais eu libère du même coup les relations affectives présentes : on ne pèsera plus désormais sur son conjoint, son enfant, son ami, sa sœur…, pour qu'il ou elle nous donne cet amour impossible.

Ici se pose la question que formule ainsi Christian Bobin : pour l'amour de qui avons-nous fait de notre vie ce qu'elle est ? « Pour la plupart, il n'y aura jamais eu qu'un seul interlocuteur : le père ou la mère, figures souveraines par leur absence, écrasant la vie de tout le poids de ce qu'elles n'ont pas su donner. Regarde ce que je fais. C'est pour toi, c'est pour obtenir ton amour, c'est pour qu'enfin tu tournes les yeux vers moi, que tu me donnes avec la pleine lumière de tes yeux la certitude d'exister. Beaucoup sont ainsi soumis à une ombre, reclus au jardin de leur père, dans la chambre de leur mère, poursuivant jusqu'au soir de leur vie les suppliques à l'absent[41]. »

Pour ma part, j'ai pu traverser le deuil d'un amour absolu longtemps attendu de mes parents, vivre l'abandon de ce qui n'avait pas pu être, grâce à cette parenté spirituelle dont j'ai parlé précédemment. Je n'ai pourtant jamais renoncé à l'amour absolu. Simplement, j'ai peu à peu cessé de l'attendre d'un humain en particulier, même du compagnon de ma vie. Être entendue, vraiment comprise jusqu'au fond, en tous temps crue sur parole, valorisée pour qui je suis sans comparaison, sans contrainte, être espérée dans ce que je suis capable de devenir, attendue par des bras toujours ouverts, accompagnée sans trêve là où me pousse la vie par monts et par abîmes, jamais perdue de vue, être infiniment bénie d'exister… Voilà une soif que personne sur terre ne saurait étancher !

Soif de grand prix, pourtant, souffle brûlant du désert d'amour qui creuse en moi chaque jour davantage le désir de l'Amour. Je crois aujourd'hui que le même souffle nous aide à « abandonner père et mère » et nous fait faire connaissance avec l'amour divin, le seul véritablement sans conditions. « Fondamentalement, nul ne saurait jamais renoncer à une telle attente, poursuit Drewermann ; la seule manière de trouver une réponse à cette soif de repos total, c'est de renoncer à la chercher dans le monde intermédiaire des hommes pour l'ancrer dans l'absolu (…) et cela pour rendre possible l'amour humain lui-même[42]. »

On le voit bien, l'abandon en question se passe dans les structures profondes, se vit en grande solitude. Il est fait de multiples prises de conscience, de découvertes douloureuses, d'acceptations, de maturation. Inutile de claironner : « Je suis en train de vous abandonner. » On est d'ailleurs bien trop occupé à explorer les raisons pour lesquelles on n'a jamais pu se séparer. Des peurs, des terreurs surgissent on ne sait d'où. On est parfois conduit à découvrir des traumatismes occultés qui sont à l'origine de l'impossibilité de grandir. On était resté l'enfant qui, sans le savoir, attendait toujours le secours et le soutien de ses parents pour surmonter ces traumatismes. On va peut-être prendre conscience de l'interdit de se séparer : le parent était trop dépendant, déstructuré, désespéré, ou encore, il continuait de terroriser, *de l'intérieur* désormais, et ses paroles de malédiction tonitruaient dans le silence.

Dans tous les cas, on n'a pas appris à abandonner, perdre, renoncer à l'ancien pour se hisser vers du neuf : on avait pour seuls modèles des parents qui ne l'avaient eux-mêmes pas appris. Si « aimer un enfant, c'est faire en sorte de lui être au fil des jours de moins en moins indispensable[43] », on comprend que l'apprentissage commence dès le plus jeune âge. D'une certaine manière, le parent « abandonne » son enfant dès qu'il lui laisse faire seul ce qu'auparavant lui-même faisait à sa place. Pour Françoise Dolto, il s'agit de multiples « castrations » qui sont autant d'épreuves aussi pour les parents : l'enfant apprend à se séparer pendant que le parent apprend à le laisser aller et supporte de le voir souffrir pour s'autonomiser. Quand le processus a été entravé ou carrément interdit, l'enfant devenu adulte n'a pas la tâche facile : désormais, il va l'assumer tout seul.

Il est temps de parler des motivations : pourquoi se lancer dans une telle aventure ? Tout de suite après, notre verset de la Genèse parle de « s'attacher-fortement » à sa femme*. Il arrive très souvent que des difficultés dans la vie de couple poussent l'un ou/et l'autre à entamer le travail de séparation d'avec ses parents : on est très motivé par la perspective de pouvoir vivre une relation intense et harmonieuse, déparasitée des relations problématiques avec les mères et pères respectifs. Mais pourquoi le texte ne mentionne-t-il que l'amour entre conjoints ? Je crois la démarche valable pour tous les rapports affectifs, quels qu'ils soient. Mais le couple qui vient de « se mettre ensemble » n'est-il pas le lieu de la plus grande rivalité avec le couple parental ? D'autant plus que l'« attachement » va en principe** beaucoup plus

* Je me permettrai de transposer en parlant dorénavant de « conjoint ».

** Je dis « en principe » à cause de la réalité des incestes et autres abus sexuels dont les parents sont les auteurs. Là, la rivalité est d'autant plus dramatique.

loin, en incluant toute la dimension corporelle-sexuelle. Il y a donc urgence !

Cependant, bien des conjoints reproduisent la fusion-indifférenciation-dévoration qu'ils vivaient avec leurs parents. Ils croient sincèrement avoir « abandonné père et mère » et s'être engagés tout entiers dans leur vie conjugale. À quoi voit-on que le travail de séparation n'a pas été fait ? Ils ne parviennent pas à établir ce lien d'amour heureux et respectueux de l'altérité de chacun, auquel ils aspirent pourtant. Ici à nouveau, une petite préposition de rien du tout, dans le texte hébreu, ouvre un horizon inattendu : « ils sont *pour* une seule chair », « vers, en direction d'une seule chair ». On a parfois compris cette chair comme une manière de parler de l'enfant, fruit du couple. Cela me paraît restrictif. D'abord, qu'en serait-il des couples stériles ? Seraient-ils dispensés du travail de séparation d'avec leurs parents ? Privés du fort attachement de l'un à l'autre ? Et le lien conjugal n'aurait-il qu'une seule finalité, la procréation ?

Ensuite, quand on comprend « une seule chair » comme l'évocation d'une intense union, d'une harmonie relationnelle incarnée dans le réel des jours, la préposition résonne comme un remarquable garde-fou : les conjoints ne sont pas « attachés » dans une fusion imaginaire et mortifère – n'être plus qu'un –, ils sont « (orientés) vers, pour, en direction d'une seule chair ». Leur communion n'est pas un engloutissement dans la pensée unique. Ils sont toujours *tendus vers* un accord fécond, ils y aspirent et le concrétisent plus ou moins mais n'y parviennent jamais parfaitement. L'altérité de chacun est sauvée. Ils n'attendent pas l'un de l'autre l'amour absolu qu'ils attendaient de leurs parents. Ils restent réalistes : aussi unis soient-ils, ce sont des êtres de « chair », mot qui dans la Bible désigne la condition humaine fragile, mortelle, limitée.

J'ai à cœur de mentionner ici une deuxième motivation. On entreprend le travail de séparation d'avec son père et sa mère quand on est convaincu de l'absence de toute autre issue. La Bible le dit, la psychologie et ses nombreuses écoles aussi. L'expérience des uns et des autres en apporte la preuve quotidienne : nous n'avons aucun autre moyen, pour vivre avec bonheur nos amitiés et nos amours, que d'apprendre à « laisser derrière » les personnes avec lesquelles nous étions en dépendance par la fusion ou l'opposition systématique. L'évolution est plus ou moins chaotique mais sa dimension systémique peut constituer une troisième motivation, liée à la précédente : on sait aujourd'hui que personne ne change en profondeur sans que les effets s'en fassent sentir dans l'entourage. Je ne prétends pas que dans tous les cas – loin de là ! – il suffit de commencer à défusionner pour que le parent en fasse autant. Mais il est bon de savoir que la séparation est bénéfique de part et d'autre. Le parent peut, s'il le désire, à son rythme, parfois beaucoup plus tard, (re)trouver sa liberté d'être différent, se concentrer sur sa propre histoire, vivre enfin sa vie. À lui de saisir l'occasion ! L'enfant devenu adulte lui aura en tout cas facilité la tâche.

Il n'empêche. On aurait tort de minimiser la souffrance liée à ce processus, celle de l'enfant, celle du parent. Pour prendre encore une image biblique, c'est une « épée à double tranchant » : qui blesse des deux côtés. Il semble qu'on va mourir, quand bien même on se sait engagé dans un processus salutaire, un arrachement à la mort. C'est à se demander parfois si le remède n'est pas pire que le mal ! « Vivante est la parole de Dieu (du souffle d'amour qui initie tout cela), énergique et plus tranchante que toute épée à *double tranchant*[44]. » Rien n'est authentiquement vivant qui n'apporte de la vie à *tous*, ici au parent (potentiellement au moins) comme à l'enfant. Et le travail se fait au-dedans de chacun : [en-ergès], « én-ergique », littéralement « travaillant dedans » et nulle part ailleurs. « Elle pénètre jusqu'à séparer l'être animé [psuché] et le souffle [pneuma], les articulations et les moelles. » Les séparer de qui ? De quoi ? De ce qui n'est pas nous. Et toutes les dimensions de l'être sont donc concernées : notre psychisme, notre spiritualité, notre corps (membres, articulations et système nerveux) qui garde si fidèlement la mémoire de notre passé. La différenciation fait mal partout. On peut se sentir dés-articulé, sans moelle (familièrement, on n'a « plus de jus »).

J'ai évoqué plusieurs fois la radicalité d'un tel travail. Ainsi continue le texte de l'épître : « La parole de Dieu (le souffle d'amour qui nous laboure profond) passe au crible ([kritikos], critique !) les désirs et les pensées du cœur. Et aucune créature n'est soustraite à sa vue : à ses yeux tout est nu et maîtrisé. » En effet, en cours de route, nos blessures et nos dysfonctionnements sont tous mis à nu. Mais désormais la parole divine maîtrise ce qui nous détruisait et que nous n'avions jamais pu assumer. Et voici la conclusion : « Auprès de (la parole divine), la parole est à nous. » Autrement dit, elle nous rend la parole. Pendant la traversée, nous redoutions la noyade, mais le souffle d'amour nous pousse jusqu'à ce sol ferme où nous (re)trouvons la parole face à ce père et/ou cette mère dont nous n'avions jamais pu être un vrai vis-à-vis.

Ce tout Autre qui travaille la haine

Un souffle purificateur

À la suite d'une expérience spirituelle intense, saint Silouane, moine du mont Athos (1866-1938), vécut toute sa vie dans la conviction que Dieu n'est connaissable que par le souffle d'amour. Comment sait-on qu'on « connaît » Dieu ? Quand on devient capable d'aimer ses ennemis. Dès qu'un grand spirituel mentionne les ennemis, on peut être assuré que le Dieu dont il vit n'est pas un gentil Père Noël. La réalité humaine n'est pas escamotée au profit d'une spiritualité éthérée. S'il y a un tout Autre en nous, et si sa présence a un impact dans nos vies, le problème de la haine est aussi son problème. Comment travaillerait-il notre haine sans s'y plonger, sans en mesurer la profondeur, la violence, la désespérance ?

J'évoquais plus haut, à propos du processus de différenciation, cette impression déroutante que le remède est peut-être pire que le mal. C'est que nous ne lisons pas tout de suite les événements de nos vies comme des occasions à saisir pour nous différencier. Nous commençons souvent par les déplorer et nous y opposer. Il faut du temps pour apprendre à discerner comment le souffle d'amour utilise notre haine pour nous aider à prendre nos distances et nous séparer de ce qui n'est pas nous en vérité. Du temps pour comprendre pourquoi le tout Autre se montre si dur.

Plus complète est la fusion-confusion avec notre proche, plus ferme, inébranlable, inflexible nous paraît le tout Autre qui, au-dedans de nous, la combat… jusqu'à l'éliminer. Dureté qui est celle de la vie quand elle force le passage. « C'est qu'il faut la séparation, la coupure absolue, entre ce qui est mort et ce qui est vie. Il faut que cela soit dit à l'homme avec la plus intraitable fermeté. Sinon, il est perdu, le chaos l'avale[45]. » Le bébé n'est pas méchant parce qu'il fait souffrir sa mère en naissant. La mère n'est pas mauvaise parce qu'elle laisse son bébé endurer ce que plusieurs appellent le traumatisme de la naissance. C'est que, décidément, il n'existe pas d'autre issue si l'on désire que chacun vive.

Comme beaucoup d'autres, je supporte mal le côté sermonneur de certains textes chrétiens actuels ou hérités de la tradition. Il arrive alors qu'on méconnaisse de superbes écrits des Pères des premiers siècles en raison d'un vocabulaire qui ne passe plus. Je crois pourtant qu'on peut « traduire » certains mots désormais piégés, en restant sensible au souffle dont leurs auteurs vivaient. Il en est ainsi de la « purification ». J'ai pris l'habitude, en lisant ces textes anciens, de mettre entre parenthèses la charge moralisatrice de ce terme et de l'entendre au sens chimique : un corps est pur quand il est séparé des éléments qui lui sont étrangers, pur de tout mélange. Or, il se trouve que tel est le sens profond des interdits posés dans la loi mosaïque : il ne s'agit pas d'« exclure des objets considérés comme impurs » ; l'impureté, c'est le « mélange des objets »[46], c'est-à-dire la non-différenciation.

Commencer par le commencement, ce serait œuvrer au niveau de l'être, accéder à notre identité unique… et agir en conséquence de cette unification, adopter une morale féconde en accord avec qui nous sommes. De très anciens textes spirituels deviennent alors parlants. Voici comment

Grégoire de Nysse, au IVe siècle, voyait le retour à soi-même comme la tâche humaine essentielle : « Celui qui a purifié son propre cœur de toutes les créatures voit dans sa propre beauté l'image de la nature divine[47]. » Dans mes propres termes, quiconque n'est plus « mélangé » avec ces autres qu'il n'est pas perçoit le reflet, dans sa personne unifiée, de l'Un divin dont il se découvre l'image. Il a « abandonné » ce qui lui était étranger. Il « voit sa propre beauté » : il se sent aimé, valorisé tel qu'il est. Il s'est beaucoup efforcé de devenir pur de tout mélange… pour se découvrir *déjà* habité par un tout Autre parfaitement différencié qui l'incitait tout bas, depuis longtemps, à être enfin lui-même : « Ce n'est plus la pureté qui amène la présence de Dieu, mais c'est la présence de Dieu qui amène la pureté[48] », écrit Alain Durel en commentant la pensée de Grégoire de Nysse.

Déjà chez les Pères alexandrins et leurs disciples, l'amour avait à voir avec un travail de purification menant à une spiritualité de contemplation. Pour Évagre, Cassien, Maxime, parmi d'autres, on parvient normalement à l'amour vivant en purifiant son être de ce avec quoi il est confondu. En consentant à trois grands renoncements, qui sont des manières de sortir de la fusion-dépendance. Je crois pouvoir les actualiser ainsi : se différencier de son avoir (« renoncement aux biens terrestres »), se différencier des personnes ou des choses qui aliènent (« renoncement aux passions »), se différencier de ses propres comportements pervers ou destructeurs de liens, des dysfonctionnements où l'on agit sans être véritablement soi-même (« renoncement aux vices »)[49].

Dernière illustration, un commentateur de Grégoire Palamas (XIVe siècle) note le thème d'une purification brûlante qui nous met à distance, creuse en nous un espace que pourra investir le souffle d'amour : « Les adversités deviennent (j'ajoute : si nous y consentons et y travaillons) un feu purificateur sous lequel la pureté du fidèle augmente, sous lequel il devient comme un vase plus spacieux pour l'Esprit (le souffle d'amour)[50]. » On retrouve ici l'expérience d'un tout Autre qui commence par ressembler terriblement à ce qu'on hait, qui empiète sur nous et nous empêche de vivre notre vie ! Mais qui, du même coup, nous vide de notre haine accumulée et nous fait contacter, jusque dans les entrailles, un besoin brûlant de nous différencier.

Déparasiter l'amour de la confusion

L'obstacle semble insurmontable : plus on est dans la confusion, moins on est capable de la repérer. Et le souffle d'amour lui-même n'y échappe pas : nous projetons si souvent sur lui l'hostilité et la « haine » qui nous tourmentent – en même temps que nous projetons sur des personnes de notre entourage présent l'aversion, le besoin d'éliminer que nous n'avons jamais pu adresser à nos parents ou éducateurs ! Nous sommes alors incapables de distinguer ce que *nous* ressentons de ce que nous attribuons à autrui : celui-ci nous hait, le tout Autre aussi ! Parce que personne ne se propose pour accueillir avec empathie notre haine et nous refléter qu'elle est bien en nous, la confusion perdure.

Tel est l'enfer de Job quand ses quatre amis – le seul entourage qui lui reste – se bouchent les oreilles pour ne pas entendre son ressentiment envers Dieu. Ressentiment à la mesure du lien d'amour qu'auparavant il entretenait avec lui. On voit bien, par là, que toute vie sociale tend à occulter la haine tant elle fait peur. C'est alors que Job se croit doux comme un agneau et voit le tout Autre – devenu tout Même à son insu – comme un « briseur de crânes », un « fauve qui déchire », un « archer tendant son arc », un « guerrier à l'assaut »[51]. Confusion universelle : « La plupart des grands textes religieux de l'humanité contiennent des récits dans lesquels une divinité s'acharne contre un homme, souvent sans raison apparente[52]. » Job est dans l'atroce incompréhension de celui qui croit son proche – au sein d'une relation aimante – devenu hostile et destructeur, mais ne peut de son côté contacter sa propre « haine ». La confusion paralyse l'amour : « Il m'a démoli de toutes parts. Il enflamme contre moi sa colère et me considère comme son adversaire », « j'étais tranquille et Il m'a rompu »[53].

On « épuise » la haine en allant d'abord jusqu'au bout de la confusion, là où sa propre envie de tuer est attribuée à autrui. Job touche le fond quand il parvient à dire de Dieu : « Il va me tuer, soit ! Je l'attends[54]. » C'est le fond parce que désormais il n'a plus rien à perdre. Et tel est son premier contact avec sa propre consistance, sa première décision de faire face, de se séparer de ce « Il » mortifère avec lequel il n'est même plus en dialogue. On est déjà moins dans l'imaginaire quand tout cela se passe avec un être humain. Quand on est resté longtemps dans l'incapacité à assumer sa haine, se l'avouer peut être vécu comme une véritable transgression. La peur d'être tué est souvent un indice qu'on a *déjà* été tué et qu'on est terrifié à l'idée que « ça recommence ». La simple éventualité d'un sentiment personnel hostile déclenche tout de suite la peur des représailles. Mais se permettre de détester quelqu'un, sans censure ni retenue, peut conduire à intégrer qu'on n'en meurt pas… et à sortir de la confusion.

En revanche, la confusion est à son comble quand on est sous l'emprise de personnes « croyantes » qui, le plus souvent sans le savoir, annexent Dieu pour mieux dévorer. Loin d'être ce tout Autre qui garantit notre altérité au plus caché de nos entrailles, Dieu devient alors le Pervers cautionnant toutes les perversions. Le jour où nous ouvrons les yeux, nous mesurons l'étendue du désastre : l'amour avec ces personnes n'est plus crédible, et leur Dieu encore moins. Pour peu que la confiance dans le lien d'amour ait été ainsi rongée depuis l'enfance, les prises de conscience à l'âge adulte sont dévastatrices : l'altérité elle-même n'est plus digne de foi ; la relation aimante avec un autre, humain ou divin, doit être fuie car c'est le pire des pièges.

Je crois qu'il serait temps de faire un rapprochement entre la désertion massive des Églises et la destruction de la confiance dans les milieux chrétiens. Le plus souvent, l'expression de la haine n'y a strictement aucune place. En rompant avec les personnes qui s'étaient approprié Dieu pour mieux nous manipuler et nous maintenir dans la dépendance, il arrive souvent que, du même coup, nous fermions portes et fenêtres au souffle d'amour. Confusion dramatique qui nous rend hermétiques à cette présence, dans nos entrailles, d'un Autre-que-toute-confusion.

Cela dit, la haine à l'égard de Dieu peut être liée simplement à la façon de se le représenter. Quand on fait confiance à un Dieu gentil et prévenant dont on se sent entièrement dépendant et que le malheur frappe, il se peut qu'une haine innommable à son égard chasse jusqu'au souvenir du lien d'amour : on n'y croit plus ; apparemment il est aimant mais au fond il se montre hostile et malveillant. Dans la Bible, c'est surtout Job qui ne s'est pas gêné pour lui reprocher sa

« perversité ». Et pourtant, « mon serviteur Job a bien parlé de moi », déclare Dieu à deux reprises à la fin du livre[55]. Pourquoi ? Parce que Job en a parlé comme d'une épée qui fait mal, d'une brûlure purificatrice qui élimine les éléments étrangers, d'un tout Autre qui voit l'hostilité, l'aversion, le rejet faire partie de l'amour, d'une tempête qui brouille les repères, se montre incompréhensible, emmène là où l'on ne voulait surtout pas aller. Job a vécu cette traversée en ignorant ce que faisait cet Autre beaucoup trop autre pour ne pas susciter la pire des oppositions. Mais il n'a jamais refusé de s'exposer à ce courant d'air qui apparemment n'avait plus rien d'un souffle d'amour. En termes plus traditionnels, il n'a pas rompu la relation avec Dieu, quitte à lui dire tout le mal qu'il pensait de lui. C'est ainsi que, sans le savoir, il laissait le Souffle travailler sa haine et bouleverser de fond en comble sa conception de l'amour.

Pourquoi parler de « déparasitage » ? Parce que la haine prolongée maintient dépendant, fusionné à la personne détestée, confondu avec elle. Ici, une parole de Jésus est à revisiter ; elle est plus aidante qu'il y paraît : « Aimez vos ennemis et priez pour ceux qui vous persécutent afin de devenir fils – et filles ! – de votre Père qui est dans les cieux[56] ! » Comme toujours, avec la recommandation vient la motivation : pourquoi le ferions-nous ? Afin de devenir enfants du Père céleste. Langue de bois ? Patois de Canaan ? Alors essayons autre chose : afin d'hériter du souffle d'amour, ou de voir nos amitiés, nos amours, nos affections couler de « Source autre que nous-mêmes ». Essentiellement donc, afin de devenir qui nous sommes, comme chaque enfant est destiné à se différencier, être reconnu unique.

On n'est pas là dans une exhortation morale, dans le fantasme de devenir bon, c'est-à-dire meilleur que les autres. On est dans une question d'identité – accéder à ce qu'on est profondément. Par la suite, Jésus assure que nous avons tout à gagner : à l'en croire, aimer son ennemi – quand on y parvient – comporte sa « récompense », c'est bien plus payant qu'aimer son ami. Là encore, j'avoue pour ma part avoir pris cet autre chemin pour la seule raison que le mien était sans issue : je voyais bien, en définitive, qu'entretenir la haine de mon ennemi ne m'avançait à rien. L'aspiration profonde à ne plus m'en sentir dépendante, je la mets sur le compte de ce labeur du souffle d'amour au plus près de mon désir de relations vivantes. Mais la véritable révélation, pour moi, c'est quand le mot « ennemi » a pris la première place, avant le verbe « aimer » : ainsi, j'avais le droit de considérer autrui, ce proche que j'étais censée aimer, comme un véritable ennemi ! J'étais même encouragée à le faire. Du coup, j'ai cessé de m'épuiser à lutter contre mes sentiments hostiles. Aimer – ici [agapaô], l'amour sans conditions – apparaissait comme une affaire de longue haleine. Pour l'instant, il m'était seulement suggéré de nommer autrui pour ce qu'il était à ce moment à mes yeux : une personne ennemie qui n'avait rien d'aimable, qui me faisait mal, quand bien même nous étions habituellement dans une relation aimante. Alors seulement un espace s'ouvrait entre nous deux : elle était elle, j'étais moi, sans confusion possible. La distance ainsi créée me mettait en sécurité sur mon territoire… et ma haine fondait à mesure que s'éloignait la menace d'invasion-confusion.

Ainsi faut-il, pour aimer son ennemi, s'en être auparavant différencié en osant le reconnaître comme ennemi, au moins dans les circonstances présentes. À quoi voit-on qu'on n'est plus dans la confusion ? On y a « gagné » de pouvoir assumer sa solitude. On se sent libre. On n'est plus dans la peur – peur de l'hostilité d'autrui, de ses propres sentiments. On lâche l'esprit de jugement qui classait les humains en « bons » et « méchants », « justes » et « injustes ». En effet, Jésus continue ainsi en parlant de Dieu : « Car il fait lever son soleil sur les méchants et sur les bons, et tomber la pluie sur les justes et les injustes[57]. » On peut supporter désormais que l'ennemi ait comme soi-même l'occasion de grandir, de s'accomplir, qu'il bénéficie lui aussi du souffle d'amour. On n'est plus dans le fantasme d'être foncièrement meilleur que l'ennemi. On s'aperçoit de la seule chose qui importe réellement : retrouver son espace propre, y goûter une solitude habitée par ce tout Autre jaloux de l'altérité de chacun. La voie de l'amour se dégage, en tout cas pour un temps – un amour différencié, émondé, sans illusion. Rien n'empêche le souffle d'amour – qui nous a accompagnés dans la traversée de la haine – d'aller beaucoup plus loin que dans nos rêves les plus fous : il arrive qu'on (re)devienne les meilleurs amis du monde…

Il devient clair maintenant que la démarche de « faire reproche », préconisée dans un passage déjà mentionné, n'a aucun sens tant qu'on est dans la confusion. Le piège serait de croire que la haine nous protège de la confusion. Dans un premier temps, elle nous pousse à prendre distance, rejeter, mettre dehors ce qui n'est pas nous, ceux qui ne sont pas nous. Mais le risque de nous y établir ne peut être minimisé. En amont de l'expression du reproche à l'être blessant, une grande attention est à accorder à ce qui se passe à l'intérieur de nous : « Tu ne haïras pas ton frère *dans ton cœur*[58]. » On sait l'importance du cœur dans l'anthropologie hébraïque – siège de l'intelligence, de la volonté, de l'affectivité et, je dirais, même, haut lieu du discernement spirituel. On pourrait donc entendre dans cette recommandation : tu ne laisseras pas la haine s'incruster dans le centre vital de ta personne. Et voici comment : tu iras trouver ton proche pour achever de prendre conscience qu'il est *lui* et que tu es *toi*, en somme pour nommer la distance salvatrice qui s'est instaurée entre toi et lui. Et ce que le souffle d'amour fera entre vous deux ne t'appartient pas.

Même encouragement à « faire reproche » dans l'Évangile[59] pour se retrouver soi-même, « gagner un frère » au lieu de rester aliéné, dépendant d'un ennemi occupant le terrain intérieur. Il s'agit de se délier de lui : « Tout ce que vous lierez sur la terre sera lié dans le ciel et tout ce que vous lâcherez sur la terre sera lâché dans le ciel. » On ne peut mieux dire combien l'amour le plus « terrien » rime avec le souffle d'amour. Et on ne peut mieux dire l'universalité du lien entre les deux, par-delà religions et non-religions, cultures et particularismes : « dans le ciel », rien de plus vaste ! Priorité à l'être humain « sur la terre », simplement pour rappeler combien sa liberté est sacrée : « *Si* quelqu'un vient vers moi... » Il suffit qu'il veuille profondément lâcher la haine. Alors se tisse une collaboration discrète et efficace avec ce souffle tout Autre sans lequel il n'aurait pas eu le moindre désir de bouger. Promesse de voir un tel processus aboutir : lâche, reprends ton souffle... et ce sera lâché dans le ciel, c'est-à-dire de manière radicale et définitive !

Oui, mais « tout ce que vous lierez sera lié »... fatalement lié ? Le « ciel » viendra renforcer encore le lien mortifère de dépendance ? Je crois que cela dit simplement l'impression si répandue d'un « ciel » qui ne fait rien pour nous libérer du « je te haime ». En réalité, nous restons liés, englués dans la confusion, jusqu'au jour où nous contactons *notre* désir d'en sortir. En revanche, si nous prenons notre parti de cette caricature de l'amour, nous sommes tentés de séquestrer « le ciel » dans la prison que devient la vie à notre insu : *Gott mit uns*, mes ennemis sont les ennemis de Dieu. Aveuglante confusion, trop connue, contagieuse – passages à l'acte violents, bûchers et génocides…

Ne faut-il pas une contre-violence ? Fructueuse parce que tout Autre ? Jésus en parlait clairement : « Depuis les jours de Jean-Baptiste jusqu'à présent, le royaume des cieux est forcé/contraint/pris d'assaut et des forts s'en emparent[60]. » On le sait, Jean-Baptiste prêchait la Colère à venir et la repentance. Jésus, lui, annonce le royaume invisible de l'amour, mais sans l'édulcorer le moins du monde. Un amour qui n'est pas une évidence. La paix des cœurs, certes, mais en consentant au passage de l'épée. Un regard neuf sur la fécondité possible de la haine. Il est normal que l'amour soit « forcé » – du verbe [biazô] – par des « forts », [biastaï]. Telle est la violence de la vie elle-même quand elle casse les portes de mort : [bia], à la racine de ces mots, signifie bien la force vitale, évoque ici la seule contre-violence bénéfique – celle de la personne qui s'oppose, rejette, se sépare de ce qui était en passe de devenir son tombeau. Bénédiction sur un processus qui rappelle décidément la violence inévitable de la naissance. Quiconque ne pourrait se résoudre à souffrir et à faire souffrir sa mère mourrait *in utero*.

Renoncement définitif à la haine en actes – vengeances et représailles. Consentement non moins radical au puissant travail en cours au-dedans de soi. « Depuis (Jean), la bonne nouvelle du royaume de Dieu est annoncée et chacun y entre de (sa) force vitale[61] », rapporte l'évangéliste Luc. Même verbe, [biazetaï], « entrer de force, ouvrir un passage », pour dire combien le passage de l'épée – qui nous fera connaître une manière d'aimer digne de ce nom – peut nous faire violence. Il importe donc de nous souvenir que le souffle d'amour est le grand initiateur de cette violence dont nous pressentons à peine pour le moment la fécondité. C'est une « bonne nouvelle », littéralement un « évangile* », l'annonce d'un bonheur qui vient, d'un lien d'amour décapé de ce qui n'est pas l'amour, grâce au labeur puissant, vital, irrépressible, de la différenciation.

Pour reprendre une expression chère à l'Ecclésiaste – « Il y a un temps pour ceci, ou pour cela » –, je dirais qu'il y a un temps pour se différencier. Quand arrive ce temps, la question du texte matthéen se fait brûlante : qui rejoindra sans tarder ces « forts qui s'emparent » du royaume de l'Amour ? Le verbe [harpazô], « saisir à la hâte, s'emparer vivement », vient du nom [harpax], « pillard, rapace ». Il est normal qu'un rapace fonde sur ce dont il a besoin pour vivre. J'entends ici une notion d'urgence, d'occasion à saisir avant qu'il ne soit trop tard. Or, l'occasion se présente, un jour ou l'autre, à « tout être humain », à « chacun », selon Luc. Souffle d'amour sans frontières, à nouveau…

* « Bonne nouvelle » du royaume de l'Amour : [eu] signifie « bon, bien », [angellein] « annoncer ».

III

Qui me le fera connaître ?

Quiconque me révélera ma part de feu

Comme des langues de feu

Comment en savoir davantage sur le souffle qui traverse toute expérience d'amour ? Ceux qui confessent depuis des siècles « croire en l'Esprit saint » sont eux-mêmes incapables de dire comment il s'y prend pour réveiller l'amour en nous. Et on chercherait en vain une réponse dans le Nouveau Testament lui-même, avoue Karl Barth[1]. On a tôt fait de stigmatiser les personnes qu'il dynamise : plus elles dérangent, plus ce sont des « illuminées » ; plus elles se différencient, plus elles ont « perdu la tête ». Mais la question est sérieuse : on connaît les débordements de toutes sortes légitimés par la présence du souffle saint dès les premiers temps du christianisme. Aujourd'hui, on appelle de ses vœux des personnalités charismatiques, une vie communautaire et sociale plus inspirée. Du charisme… mais pas trop ! Que l'Esprit souffle, mais à notre idée !

Je sais, ce n'est pas si simple. Il y a les fragilités psychiques, les phénomènes d'envoûtement, la nécessité de donner des repères au vivre ensemble. Mais la fermeture à l'amour ne commence-t-elle pas par la fermeture à l'expérience d'autrui ? « Ils sont pleins de vin doux[2] », disait-on de ceux que le souffle d'amour avait investis au jour de la première Pentecôte. Exclure « ceux qui portent en eux le feu redoutable » ne revient-il pas à s'en priver soi-même ? Par peur, par inertie, par désintérêt pour la part de vérité qu'on porte en soi et qui pourrait remodeler sa manière d'aimer ? À l'inverse, leur prêter l'oreille – quand bien même ils ne comprennent pas bien ce qui leur est arrivé –, ce serait « se tenir prêt à la vérité comme vérité : obéir à (...) la part qu'on en a, à ce qui se donne d'elle aujourd'hui[3] ».

Je suis frappée par l'emploi de la voie passive aux moments décisifs des évangiles : Jésus, vivant par-delà sa mort, « a été vu[4] » par exemple par Simon. « Des langues comme de feu ont été vues par eux[5] » à la Pentecôte. L'accent est mis sur la personne susceptible de voir. Si l'on traduit : « Jésus apparut à Simon », l'accent est sur Jésus. Cela change tout. Les premiers témoins ont vu leur ami, leur proche, leur maître, dans l'incandescence de sa nouvelle vie. Et, plus tard, chacun a vu une « part » de feu sur la tête des autres. On dirait que la même lumière s'est propagée de Jésus à ceux qui l'avaient aimé. Une même qualité de présence, un même brasier. Pourquoi une part ? À cause du récit des Actes : « Des langues comme de feu furent vues d'eux, se *départageant*, et il s'en posa une sur chacun d'eux. » Le mot grec, comme en français, contient la « part »*. En termes familiers, chacun avait sa part du gâteau, et en était comblé, « rempli » – plénitude mentionnée sept fois dans le

* Du verbe [diamerizô], « partager », et [meris], la « part ».

récit. Une part limitée, adaptée à chacun, juste la sienne : pas plus mais pas moins. Exactement ce qu'il faut pour goûter une vie relationnelle intense : les barrières tombent, on se met à partager même avec des inconnus, des personnes d'autres bords. On parle arabe avec les Arabes, on parle enfant avec les enfants, pauvre avec les pauvres. Et on se comprend !

Pour moi, communiquer – vraiment communiquer – est un acte d'amour. Quand j'ai un grand désir de rejoindre mes interlocuteurs et que nos références, nos expériences, nos cultures ne sont pas les mêmes, j'invoque ce souffle toujours prêt à nous traverser et nous relier. En fait, cela m'arrive à peu près pour chacune de mes conférences : ce qui m'est alors soufflé à l'oreille, et qui me stupéfie, ce sont les mots d'une langue commune que nous découvrons ensemble. « Stupéfaits » et « hors d'eux-mêmes »*, raconte justement Luc, l'auteur des Actes, à propos de « tous » les participants. Par quel miracle les autres – de véritables étrangers – comprennent-ils *notre* langue ? Quand nous en sommes déstabilisés au point de nous poser cette question, c'est que le souffle d'amour nous a déjà déplacés, mis hors de nous-mêmes, ouverts aux autres, au tout Autre. Rien de tel que d'être rejoint et compris dans sa langue maternelle – son identité particulière – pour commencer à se sentir aimé. On le voit quand on séjourne à l'étranger : dès qu'on manifeste son intérêt en apprenant et pratiquant quelques mots de la langue, les cœurs s'ouvrent et du lien se tisse…

Revenons à ces « langues comme de feu ». Je n'arrive pas à me dire qu'ils ont bien eu de la chance, eux. Pour la bonne

* [Ex-istèmi] mentionné deux fois dans ce passage (Ac 2,7 ; 12).

raison que personne ne pouvait voir *sa propre* « langue comme de feu ». Chacun voyait celle des autres. En tous temps nous avons donc besoin de quelqu'un d'autre pour nous le dire, nous révéler la part de feu dont nous sommes habités. Déjà quand Moïse descendait du Sinaï avec les tables de la Loi, « il ne savait pas, lui, que la peau de son visage rayonnait d'avoir parlé avec le Seigneur[6] ». Renversement imprévisible : nous pensions être privés du souffle d'amour, nous l'attendions sans trop y croire, nous faisions peut-être des efforts pour le recevoir, mais voilà, autrui nous apprend qu'il est déjà sur nous*. C'est à croire que les autres en savent beaucoup plus que nous-mêmes sur le capital d'amour dont nous sommes porteurs ! Bienfaisante inconnaissance, qui nous ôte le réflexe de mesurer l'amour en nous, et dirige immédiatement notre attention ailleurs : « Qu'est-ce qui lui prend de me dire cela ? Pourtant il semble dans son état normal. » Alors sa parole fait du chemin et notre question se transforme : « S'il y avait du vrai là-dedans ? Qu'a-t-il *vu* en moi que je suis incapable de voir ? »

Comme beaucoup, j'ai été personnellement abasourdie par ce qu'on me reflétait de temps à autre de ma part de feu, parfaitement inconnue à l'époque. Cela ne correspondait tellement pas à mon image de moi, mais c'était une telle évidence pour ces autres, que j'ai longtemps gardé leurs paroles comme un trésor scellé. Jusqu'au jour où j'ai pu reconnaître cette part de feu et la faire mienne. Mais comment ces autres auraient-ils été sensibles à cette « langue comme de feu » posée sur moi si le souffle d'amour ne leur

* Cf. l'intuition d'Osée : « Dans tes entrailles Je suis saint » – déjà là, comme le tout Autre.

avait pas donné des yeux pour voir ? Renversement encore plus inattendu : la simple éventualité de cette flamme ardente a aiguisé en moi la perception de celle des autres. J'ai été poussée à dire à autrui combien d'amour passait à travers ses gestes, son langage, son corps… Je voudrais le faire bien davantage. Dépréoccupée de mon propre rayonnement, me recentrer chaque fois sur l'amour qui se dégage de la personne en face de moi ; deviner la braise sous la cendre, le lui dire « dans sa propre langue »…

« Nous les entendons raconter dans nos langues les grandeurs de Dieu[7]. » On pourrait aussi traduire : « les merveilles divines ». Refléter à une personne la « langue comme de feu » qui repose sur elle, n'est-ce pas lui parler de la grandeur divine ? En effet, en cet instant privilégié, nous comprenons son langage d'amour, aussi pauvre soit-il. Nous en devinons le prix. Nous nous avouons rejoints, touchés, et cela nous rapproche aussitôt : elle se dit qu'elle n'est pas si mauvaise. Nous nous disons que le souffle d'amour n'est pas si loin. Cela jette un jour nouveau sur l'évangélisation : ce serait lire les traces de feu dans chaque « langue » étrangère – dans l'existence de nos semblables de tous bords –, se réjouir de devenir ainsi les prochains, les semblables que nous étions déjà sans le savoir.

Selon la tradition orthodoxe, il importe beaucoup de reconnaître que chacun reçoit sa part propre mais non le souffle d'amour tout entier. Preuve en est la formulation symbolique : au baptême de Jésus, « le Saint esprit n'était pas descendu » *dans* une colombe, mais seulement « *comme* une colombe » ; les « langues » posées sur chacun étaient simplement « *comme* de feu »[8]. Signes, expressions personnelles qui ne prétendent pas saisir le souffle d'amour à jamais insaisissable. Chacun raconte dans sa propre langue, avec ses métaphores et ses images, comment il a eu la révélation de sa part de feu. Révélation fugitive, discrète mais insistante, ou parfois intense et unique.

Personnellement, rien ne m'émeut autant que ces moments où autrui fait le récit de ses pentecôtes – je mets à dessein une minuscule et un pluriel : le souffle d'amour affectionne nos vies ordinaires et s'y engouffre aussi souvent que possible. Il est, je crois, de notre responsabilité d'humains en voie d'humanisation de nous intéresser suffisamment à l'être unique d'autrui pour éveiller en lui le désir d'un tel partage : nous avons besoin des autres pour prendre pleinement conscience du feu qui nous a embrasés ne serait-ce qu'une fois.

Il n'empêche. « La Face du Saint esprit reste voilée de mystère, elle est inconnaissable, irrévélée en soi[9] », insiste le théologien orthodoxe Serge Boulgakov. Aussi intense ait été notre expérience, nous ne saurions prétendre avoir eu accès au souffle d'amour. Faut-il qu'il demeure hors de notre emprise ? Certainement. Ainsi se soustrait-il à toute dévoration… Ouf ! Il existe au moins un lieu non envahissable, Quelqu'un qui s'offre sans se laisser engloutir. Du coup, la limite ainsi posée découpe notre propre part. Nous ne serons ni confondus ni noyés dans le grand Tout : le souffle d'amour nous désire différenciés de lui. Je pense ici à l'épisode du lavement des pieds[10]. Jésus, le maître, se baisse à la manière d'un esclave pour laver les pieds de tous ses disciples. Simon Pierre s'insurge, Jésus insiste : sans cela, « tu n'auras pas de part avec moi ».

Et voilà à nouveau [meros], la « part », comme dans [diamerizomenaï], les « langues comme de feu » se « départageant » ! Toujours le même enjeu : avoir notre part de feu avec Jésus, ce semblable qui nous fait découvrir la nôtre. L'expérience se fait, encore une fois, grâce au travail de différenciation : en effet, ajoute Jésus, il s'agit d'être « entièrement pur », [katharos holos] – [katharos] qui a donné en français « catharsis ». J'ai proposé plus haut de comprendre la purification au sens chimique de devenir pur de tout mélange, clairement différencié. Quand vous vous distinguez de ce qui n'est pas vous et que vous devenez « tout entiers » vous-mêmes, semble dire Jésus, vous accédez à votre part… et vous parvenez à vous aimer sans vous menacer mutuellement, au point de faire ce que je suis en train de vous faire.

Boulgakov note également que le souffle d'amour ne parle jamais en « je » dans la Bible : on le désigne à la troisième personne. C'est qu'il est beaucoup moins un vis-à-vis qu'un entre-deux. Je le vois s'effacer d'autant plus qu'il travaille à nous rapprocher les uns des autres. Il disparaît en cédant la place à la véritable rencontre dont il a créé les conditions : le face-à-face entre les humains. Dès que deux personnes s'approprient leur part de feu, il se tient discrètement dans l'espace inviolable entre elles. Si elles sont reprises dans un épisode de confusion, elles le voient « posé » à nouveau sur chacune des deux tel un feu dans la nuit, les rendant in-consommables l'une par l'autre.

Plusieurs auteurs, notamment orthodoxes, croient que le souffle d'amour demeure dans son mystère parce que s'il se faisait connaître dans toute sa force, les humains ne pourraient pas le supporter. Au XIVe siècle, Grégoire Palamas expliquait ainsi pourquoi nous ne recevons qu'une part de l'Amour : « Aucune des créatures ne peut contenir la puissance infinie de l'Esprit* », sauf Jésus qui a contenu la diversité dans sa plénitude. Est-ce en contradiction avec le récit de la Pentecôte : « Ils furent tous remplis de souffle saint[11] » ? Au contraire ! Chacun vit une expérience comblante, se sent embrasé, en lien intense avec les autres. Mais telle est la part qui *lui* correspond. À vin nouveau, outres neuves, disait Jésus. Il y aura d'autres pentecôtes. On a peut-être reçu peu, mais on l'a reçu dans tout son être. Plus l'outre sera rénovée et consolidée, plus elle contiendra de vin. À chaque étape on s'appropriera seulement ce dont on est capable. En effet, quand on a été dévoré, même par un « agresseur dévoué », et qu'on a dû s'enfermer pour se protéger, l'Amour qui s'approche fait terriblement peur.

On trouve une intuition similaire dans la tradition juive. Pour le Rabbi de Gur (1847-1905), chacun est animé intérieurement par la vitalité divine. Pourtant cela ne relève pas de la perception sensible « car l'éclat de cette vitalité serait insoutenable ». Voilà pourquoi « l'Éternel a envoyé un rayon de sa Face éclairer les visages, comme jadis il fit rayonner celui de Moïse »[12]. J'ajoute : voilà pourquoi, peut-être, nous commençons par voir la part de feu sur la tête des autres, bien avant de pouvoir reconnaître et accueillir la nôtre.

Faisons un pas de plus : la limitation que nous constatons dans notre expérience du souffle d'amour n'est-elle pas elle-même un acte d'amour ? Il nous est donné seulement ce que nous pouvons supporter. Trop d'amour tue l'amour quand on n'est pas prêt : le souffle d'amour occulte donc

---

* Mantzaridis, *in* Grégoire Palamas, p. 68. Cf. Jn 1,16 : « *De* sa plénitude tous nous avons reçu » – [ek], « à partir de » sa plénitude, donc une part d'elle.

son intensité. « Selon la belle parole de Rabbi Menahem Nahum de Tchernobyl, il faut voir là l'indispensable retenue de Son amour infini afin de permettre l'émergence à l'être de créatures différentes de Lui, autres que Lui, distinctes entre elles, grâce à l'effet de la mesure de rigueur qui introduit une limite en toutes choses pour que la vie soit possible[13]. »

On peut aller plus loin encore : certains affirment qu'il en coûte au souffle d'amour de devoir se restreindre. C'est le cas de Boulgakov qui, pour parler du souffle saint, s'inspire de la parole de Paul sur la « kénose » de Jésus, son désir de « se vider lui-même » pour nous rejoindre et devenir semblable à nous, au plus aliéné de nous[14] : « La kénose du Saint esprit consiste (…) à soumettre le Démesuré à une mesure (…), kénose de l'amour (…) qui est de faire entrer l'absolu divin en relation avec la relativité de la créature. » Ainsi s'accommode-t-il aux personnes qu'il vient « remplir » : cela se passe « de mesure en mesure »[15], juste à la mesure de chacune, en toutes circonstances.

Mais comment connaître la souffrance de l'Amour dans cette autolimitation ? Par notre propre expérience quand nous débordons d'amour pour quelqu'un qui se montre pour le moment incapable d'en être touché, nourri. Si pour nous la liberté de l'aimé est sacrée et son territoire à respecter sans compromis, nous avons mal à notre amour mais nous continuons à exprimer ce petit peu qui trouve son chemin jusqu'à lui. « Si par notre expérience de l'amour, humaine et bornée, nous savons combien douloureuses sont la contrainte de l'amour, l'impossibilité de le manifester dans sa plénitude, la nécessité de le renfermer, de le laisser inexprimé, nous sommes à même d'en conclure quelque chose quant à l'Amour divin qui a soif de se répandre et qui ne le peut pas, car il est arrêté par le mur de la réceptivité humaine (...) L'amour préfère ne faire preuve que d'une révélation incomplète, afin de ne pas ruiner la forme de l'être créé par sa force incoercible, en brisant le rythme intérieur de celui-ci et sa liberté[16]. »

La bonne part

En dehors du récit de la Pentecôte, cette histoire de « part » revient quatre fois dans l'évangile de Luc, qui semble y tenir plus qu'aucun des autres évangélistes*. On dirait que l'humain est toujours, plus ou moins confusément, à la recherche de cette « part qui lui échoit ». Mais, comme le fils cadet de la célèbre parabole de Lc 15, il se trompe souvent de part, faute de savoir qu'elle est déjà « posée » sur lui, parce que personne ne le lui a reflété. Dans cette histoire**, je doute que le père ait davantage révélé au fils aîné sa part de feu, à en juger par l'état de dépendance de ce fils adulte et son enfermement dans le « je te haime ». On est alors tenté de prendre sa part de force : « Père, donne-moi ma part [meros] d'héritage[17] ! » En réalité, le fils cadet prend le pouvoir en provoquant un partage d'héritage prévu après la mort du père dans la société de l'époque. Il n'est pas diffé-

* Ni Matthieu ni Marc n'emploient ces mots [meros] et [meris]. En dehors du passage sur le lavement des pieds, Jean utilise [meros] pour les habits de Jésus dont les soldats firent quatre parts (Jn 19,23).

** Dans les évangiles, une parabole est une histoire ordinaire et le père est donc ici, avant tout, un être humain. Pour plus de détails, voir Lytta Basset, *La joie imprenable*, *op. cit.*

rencié de ses proches, qui ne sont pas de vrais vis-à-vis ; il est donc inconscient du mal qu'il leur fait par ce geste. Et le père se laisse « tuer » sans se montrer capable de dire non en prenant sa place de vivant, quitte à s'opposer à son fils et susciter sa « haine ».

Quant au fils aîné, qu'il faudrait consulter puisque le domaine lui appartiendra désormais – le père en ayant l'usufruit jusqu'à sa mort –, il n'a pas voix au chapitre. Je perçois là aussi quelque chose de fusionnel, comme si le fils aîné était confondu avec le père, non reconnu dans son altérité. La colère de ce fils éclatera au retour du frère et s'exprimera exactement dans ces termes d'annexion et de dépendance. Ce qui advient par la suite de cette part prise de force par le cadet montre qu'il s'était illusionné à ce sujet. Il a beau « se remplir de caroubes » – seule nourriture encore disponible, celle des cochons –, rien ne lui donne le sentiment d'être « rempli » de la part à laquelle il pensait avoir droit.

Mais revenons au père. Pour Boris Bobrinskoy, la parenté spirituelle est une véritable expérience d'engendrement. « Ce qui se transmet, c'est du feu (…) Seul ce qui brûle peut éclairer, allumer plus loin[18]. » Transmettre l'essentiel à nos enfants, qu'ils soient biologiques ou spirituels, ce serait donc nous aimer comme nous sommes en vérité et laisser notre part de feu embraser la leur, au rythme qui est le leur. Et si nous n'en avons encore aucune expérience, accueillir les crises et les déchirements comme autant d'occasions de nous différencier. Penser au père de la parabole, « enflammé » jusqu'aux entrailles au retour de son fils. Visualiser l'épée qui est passée entre les deux pendant l'interminable exil. S'inspirer de la pentecôte de ce père ordinaire devenu porteur de l'Amour, désormais capable de refléter à chacun de ses fils sa part de feu.

Est-ce un hasard ? L'évangéliste qui s'intéresse tant à la part de chacun affectionne particulièrement les histoires de famille. Voici maintenant deux sœurs, Marthe et Marie[19]. Jésus est en visite chez Marthe, l'aînée, qui « le reçoit dans sa maison ». Elle file à la cuisine « se crisper sur un service multiple » et ne tarde pas à se sentir frustrée en sachant Marie tranquillement « assise aux pieds de Jésus, écoutant sa parole ». Je ne la sens pas clairement différenciée de sa sœur : au lieu de lui demander de l'aide directement, elle s'adresse à Jésus pour que *lui* prenne d'abord son parti : « Dis (à Marie) de prendre mon parti ! » On dirait qu'elle n'ose pas déplaire à sa sœur, exprimer ce qui pourrait ressembler à un reproche : *tu* me « laisses seule à servir » et, par la même occasion, à *te* servir ; tu as le beau rôle et moi je dois étouffer mon désir ! Amertume que je comprends de l'intérieur. Combien d'entre nous vivent dans cette terrible frustration de ne pas avoir accès à leur part de feu ? Frustration (très mal) compensée par un perfectionnisme qui maintient dans la confusion : ce n'est pas notre proche qui nous ôte notre part de feu en découvrant la sienne. À l'évidence, c'est arrivé à Marie au contact de Jésus qui la lui a reflétée. Et Marthe, comme par contraste, sent bien qu'elle en est privée. En se précipitant à la cuisine pour combler son attente, Marie n'aiderait pas sa sœur à se différencier : elle la conforterait plutôt dans ce qui l'aliène.

Quand Jésus s'en ira, qu'est-ce qui aura bougé chez les deux sœurs dans leur manière de s'aimer ? Imaginons que Marthe ait perçu le souffle d'amour dans les paroles de Jésus : « Marthe, Marthe, tu t'inquiètes et tu es perturbée (littéralement : tu es faite bruit) pour beaucoup de choses, mais il est besoin d'une seule. C'est bien Marie qui a choisi la bonne part [meris], celle qui ne lui sera pas enlevée. » On sait que dans la bouche de Jésus, un nom répété à l'adresse de quelqu'un traduit tendresse et sollicitude. Si Marthe se sent aimée de Jésus, c'est un bon début. Mais elle seule peut « choisir » la part que personne jamais ne lui prendra – cette flamme qui la différencie radicalement de sa sœur, de ses proches, et qui l'autorise à cesser de se rendre esclave des attentes des autres, du qu'en-dira-t-on, des modèles sociaux et éducatifs destructeurs de son identité. Comment y parviendra-t-elle ?

Imaginons encore que Marie, confirmée par la parole de Jésus sur sa part de feu, sorte d'une attitude de soumission par rapport à sa sœur aînée : peut-être était-ce la première fois qu'elle lui désobéissait ? En restant désormais elle-même, dans cette petite part d'altérité indestructible, elle instaurera sans même y penser un lien d'amour nouveau avec Marthe. Elle lui donnera ainsi envie d'avoir la sienne : Marthe voit déjà que c'est une « bonne » part, qui fait du bien, qui bonifie les relations affectives – elle n'a eu qu'à regarder le souffle aller et venir entre Jésus et sa sœur. « Il est besoin d'une seule chose », a affirmé Jésus avec son autorité contagieuse. Certains manuscrits ont : « Il est besoin de peu. » D'autres combinent les deux : « Il est besoin de peu, et même d'une seule. » On retrouve là le petit peu dont on parlait plus haut : chaque jour nous inspirons le souffle d'amour que nous sommes capables de supporter, comme on prend juste le bol d'air qu'on peut contenir. Notre premier pas hors de la confusion répond à un « besoin » vital. Il est notre nécessité du moment. D'autres suivront. Un seul pas à la fois. Cela paraît peu. C'est suffisant.

Un texte de Marc l'Ascète, moine qui vécut entre le Vᵉ et le VIᵉ siècle, illustre bien ce « nécessaire » propre à chacun, unique à chaque instant de la vie, cette « bonne part » réfractaire à toute définition : « Quand tu entends l'Écriture dire du Saint Esprit (du souffle d'amour) qu'il s'est posé sur chacun des apôtres, qu'il est descendu sur le prophète ou qu'il agit, ou qu'il est triste, ou qu'il est éteint ou qu'il s'irrite, ou encore que les uns ont les prémices et que les autres en sont remplis, ne considère pas que l'Esprit se divise, change ou s'altère, mais crois (…) qu'il est immuable, invariable et tout-puissant. C'est pourquoi, dans ses énergies, il demeure ce qu'il est et il assure divinement à chacun ce qui lui est nécessaire[20]. »

Entre l'histoire des deux sœurs et celle des deux frères, Luc intercale la bonne séparation nécessaire[21] : « S'il y a cinq personnes dans une maison, elles seront partagées, réparties, séparées » – du même verbe que dans le récit de la Pentecôte, [dia*meri*zô], où l'on reconnaît la fameuse « part », [meris]. Et, comme chez Matthieu, cela se passe entre père et fils, mère et fille, belle-mère et belle-fille. Mais ici Jésus a commencé par parler d'un « feu » : « C'est un feu que je suis venu jeter sur la terre (…) Vous croyez que je suis venu donner la paix sur la terre ? Non, je vous dis, mais plutôt la séparation » [dia*meri*smon], le nom correspondant au verbe. Son premier sens est « partage, distribution » ; son deuxième « division, dissension ». C'est bien là que peut aboutir le passage de l'épée entre des proches : quelqu'un commence par se départager en profondeur, recevoir et prendre sa part (de feu !), mais cela crée de la division quand la famille, fusionnelle, ne supporte pas la liberté qu'il se permet.

En fait, une existence humaine est jalonnée de temps de séparation. Quand on les refuse, l'atmosphère devient irrespirable. Les choix de vie que font des personnes pourtant adultes provoquent alors agressivité, rejet, haine – comme à l'époque des évangiles quand des juifs devenaient chrétiens, mais aussi de tout temps et aujourd'hui encore, qu'il s'agisse d'orientation professionnelle, politique, sexuelle ou religieuse. Nous pouvons mesurer notre degré de « fusionite » à la violence de notre réaction quand un proche prend une décision ne concernant pourtant que lui. Il me plaît que chez Luc les plus âgés soient mentionnés en premier. C'est que, pris dans la confusion ambiante, les enfants devenus adultes arrivent parfois à interdire à leur mère (ou père) de se remarier ou de diriger sa vie à sa guise. La bonne séparation se fait de part et d'autre, comme l'épée est à double tranchant.

Dans ces paroles fortes de Jésus, le verbe « donner » m'atteint particulièrement. Dans le temps de différenciation que j'ai à traverser, j'ai envie de le laisser résonner et se loger en moi : « Je suis venu donner la séparation. » C'est à prendre comme une bénédiction et un cadeau, non comme une catastrophe. Voilà un être humain rempli du souffle d'amour qui vient aider chacun à se départager de ses proches. Et n'importe qui, mû par le même souffle, peut nous y entraîner aujourd'hui. Nous révéler que nous sommes différents, essentiellement autres que le produit de notre hérédité, de notre éducation, de notre culture. Nous apprendre non seulement notre droit, mais notre plus haute exigence spirituelle : accéder à qui nous sommes en vérité, n'en déplaise à notre entourage. « Que puis-je désirer de plus, déclare Jésus, si (ce feu) est déjà allumé ? »

N'est-ce pas renversant ? On a tellement réduit l'Évangile à une paix, un amour, une joie coulant de source. Devant le spectacle du monde, on a tellement accusé les humains de s'ingénier à obstruer la Source. On leur a tellement dit qu'ils n'avaient qu'à s'efforcer d'instaurer la paix, l'amour, la joie. Mais Jésus dit autre chose. Je vous « donne » cela seul qui vous permettra d'accéder à cet essentiel que vous désirez ardemment : la bonne séparation, la parole divine qui tranche les liens mortifères avec vos proches et bénit chacun de part et d'autre dans son unicité, son altérité. On dirait même que Jésus n'est pas « venu » pour autre chose : il fallait d'urgence créer les *conditions* de la paix, la seule qui ne soit pas de surface. Mais pour transmettre ce feu, il devait se laisser embraser lui-même, passer le premier par ce « baptême de feu ». Il a été désapprouvé par sa parenté, qui a tenté de le détourner de sa voie, l'a suspecté de folie. Il s'est tourné vers ceux et celles qui « écoutaient et suivaient le Désir divin » en eux. Il les a encouragés et bénis dans leur décision de sortir de la confusion.

Comment savoir qu'on a choisi la bonne part en s'engageant sur cette route ? Je discerne trois indices dans le texte. Jésus dit qu'il est venu donner la séparation « plutôt que » la paix. J'entends par là que les deux ne sont pas incompatibles. C'est « plutôt » par la séparation qu'il faut commencer ! La paix viendra, à n'en pas douter, Jésus en parle souvent dans les évangiles. Mais la paix est de Dieu, le souffle d'amour est d'Ailleurs. Jésus, un humain parmi les autres, vient préparer le terrain de la paix, « donner » – nous faire découvrir – le seul outil dont nous ayons un besoin vital pour travailler ce terrain.

Ensuite, un détail en grec n'apparaît pas en français concernant les personnes séparées. La deuxième fois qu'elles sont mentionnées, le verbe est à la voix passive : « Ils seront séparés, le père face au fils[22] », etc. Or, dans la Bible, quand on veut évoquer la main cachée de Dieu dans ce qui est raconté, il arrive souvent qu'on utilise la voix passive par respect – on évite ainsi de le nommer en direct : « Ils seront séparés »... par Dieu ! Ici, c'est pour moi l'indice que le souffle d'amour lui-même est à l'œuvre dans ce processus de différenciation : il ne peut donc être que bénéfique. Comment lui faire confiance ? S'appuyer sur quelqu'un qui lui fait confiance !

J'en viens enfin à la préposition qui dit la division entre les proches : « le père *face* [epi] au fils, et le fils *face* au père[23] » – de même pour mère-fille, belle-mère/belle-fille. Le premier sens, « contre », suggère l'hostilité. Dans le second, « en vue de, en ce qui regarde », je perçois une opposition qui s'oriente vers un face-à-face avec autrui. C'est comme si l'hostilité, la haine même, était porteuse du désir de *faire face :* le père se départage du fils pour en faire un vis-à-vis, et vice versa. Chez Matthieu, on n'a pas la réciprocité : cela fait très mal quand le proche refuse la différenciation pour lui-même. Luc, lui, aime raconter des relations interpersonnelles problématiques où l'on finit par trouver une issue. Je retrouve ici son optimisme, ou son espérance : dans le meilleur des cas, la démarche se fait de part et d'autre et une bonne réciprocité voit le jour. Peu importe que ce soit le père, la mère, la belle-mère ou le fils, la fille, la belle-fille qui commence à se différencier, l'autre peut en profiter pour s'engager aussi dans la séparation bénéfique, faire face et s'approprier sa bonne part.

Je note dans cet évangile que le feu vient *avant* la séparation. Cela me paraît fidèle à nos expériences. Il faut bien que, sous l'effet du souffle d'amour, le feu ait déjà pris dans nos profondeurs. À mesure que le désir grandit – « cette situation ne peut plus durer » –, une distance commence à se creuser au-dedans de nous. Premier grief : « Tu as changé. » En fait, c'est : « Tu m'échappes. » Si le proche ne se laisse pas gagner par le feu de la différenciation, il peut devenir le pire des ennemis. À propos de feu et d'ennemi, il me revient un verset énigmatique de la Bible hébraïque repris par l'apôtre Paul : « Si ton ennemi a faim, donne-lui à manger ; s'il a soif, donne-lui à boire. Car tu amasses ainsi des braises sur sa tête. Le Seigneur te récompensera[24]. » La bonne séparation n'est donc pas celle qui rompt la relation. Quand le proche se comporte en ennemi, rien n'empêche de poser des *actes* d'amour, de prendre soin de lui dans ses besoins vitaux – pourvu que l'on reste fermement attaché à sa propre part de feu. En agissant ainsi, on souffle sur les « braises » de ce proche – sur sa « langue comme de feu posée sur (sa tête) ». On espère que s'éveillera son désir d'accéder à sa « propre part ». Mais rien n'est automatique : seul le souffle d'amour peut « récompenser » de continuer à souffler ainsi sur les cendres.

Revenons, pour terminer, au symbolisme inépuisable de ces « langues comme de feu ». Autant de langues que de personnes présentes. Découverte, pour chacune, de sa part de feu à nulle autre pareille. Foisonnement des manières d'aimer, de brûler pour les autres. « Parce que c'était lui, parce que c'était moi », disait Montaigne. Parce que la « flamme » que j'ai pour quelqu'un correspond exactement à qui je suis dans mon altérité, n'est pas à comparer avec d'autres flammes. En revanche, le « comme de feu » est notre lien sacré. Chacun de nous a « part » au même brasier d'Amour.

Ainsi Jésus était-il parmi ses contemporains ce « feu dévorant » qui dans la Bible hébraïque pouvait désigner Dieu[25].

Son amour pour ses proches ne les dévorait pas. C'est son feu intérieur qui se propageait – parce qu'en eux aussi il y avait de la matière inflammable ! Voilà pourquoi recevoir et choisir notre part – « celle que personne ne nous ôtera » –, ce n'est *jamais* en priver notre proche. Au contraire ! En nous laissant enflammer, nous permettons au souffle d'amour de mettre le feu en lui, « (...) feu inextinguible qui se conserve en se communiquant, celui que tu es venu jeter sur terre (Luc 12,49), à cause de l'océan incomparable de ton amour pour les hommes. C'est à ce feu que participent les esprits qui te servent (Ps 103,4)[26] ».

Le souffle de vérité

Priorité à la vérité de la personne

Dans son célèbre hymne à l'amour *agapè*, l'apôtre Paul déclare : « L'amour ne se réjouit pas de l'injustice mais se *réjouit-avec* la vérité[27]. » En grec, c'est une préposition, et elle fait partie du verbe : [sugchairô]. Certains traduisent : l'amour « se réjouit de la vérité ». Mais cela risque d'induire qu'amour et vérité sont deux choses différentes. Paul, en grand accord avec la Bible hébraïque, affirme qu'un amour sans vérité n'est pas un amour heureux : en fait, il n'en est pas un !

La première injustice faite à la personne aimée est de lui mentir. Étroite interdépendance entre vérité et justice : « Amour et vérité se rencontrent. Justice et paix s'embrassent. La vérité germe de la terre et la Justice se penche du ciel[28]. » Le travail de vérité nous revient, sur la terre, et il passe par la parole. Il restaure le lien granitique entre le réel et la parole. Or, dès que nous nous y employons – il suffit d'un « germe » –, alors la Justice se penche du ciel. On peut y mettre une majuscule puisque nous, sur terre, nous ne goûterons jamais qu'une justice relative : en se « penchant », la justice parfaite ne fait que s'approcher de nous autant que possible. Quand Jésus vivait en Palestine, de nombreuses personnes ont connu, grâce au bien qu'il leur faisait, le sentiment qu'on leur avait profondément rendu justice. Peu avant son arrestation, il a promis à ses amis le souffle d'un « autre défenseur ». Je crois qu'il parlait de ce que ferait le souffle d'amour après son départ. Mais n'anticipons pas ; pour le moment, la tâche qui à mon avis nous incombe pardessus tout, c'est de répondre à notre exigence de vérité. Le grand vent de l'Amour, lui, se chargera de féconder nos combats pour la justice.

« Le sceau de Dieu, c'est la vérité », lit-on dans le Talmud[29]. Voilà sans doute pourquoi tant de personnes ne font pas l'expérience de la présence divine : on ne leur a pas parlé vrai ; elles n'ont jamais osé être, s'exprimer, agir selon leur vérité. Et comme amour et vérité sont inséparables (« s'embrassent » pour l'éternité), ces personnes ne peuvent pas croire au souffle d'amour. Aucune relation n'est crédible. Alors, à quoi bon des développements philosophiques sur la vérité ? De toutes façons, on ne pourra jamais prouver que la réalité correspond parfaitement à ce que l'on sait : « C'est la vérité ! » affirme l'un. « C'est toi qui le dis », rétorque l'autre.

Pourtant, je ne hausserai pas les épaules, comme Ponce Pilate : « Qu'est-ce que la vérité ? » Son relativisme désabusé était un bon alibi pour n'entendre ni la vérité de Jésus ni la sienne. Je vais plutôt m'inspirer de la pensée juive, qui est étrangère aux concepts abstraits. Par exemple, la Bible hébraïque n'emploie pas le mot « liberté » : il n'est question que de « libération ». Les Dix Paroles – autant de balises pour rendre possible le vivre ensemble – sont proférées par Celui qui « t'a fait sortir du pays[30] » de l'aliénation. Processus de libération plutôt que liberté théorique, idéale, inaccessible !

Dans toute la Bible, on connaît la vérité par la parole vraie de quelqu'un. Et telle est bien notre expérience : si nous croyons quelqu'un, faisons confiance à sa parole, et si lui nous croit, alors la vérité se met à exister pour nous. En hébreu, la « vérité » se dit ['emet], c'est du « solide », du « fiable », on peut s'appuyer dessus. La parole est vraie parce qu'elle est sincère – elle émane de la personne entière, sans quoi le langage non verbal en trahirait la fausseté. Une parole vraie est « une », « accomplie », mûrie jusqu'à ce que le dedans corresponde au dehors. On retrouve donc ici cette unification progressive que suppose tout amour véritable. L'idée de quelque chose qui va vers son unité et sa cohérence encourage à introduire de la durée. On ne possède pas la vérité une fois pour toutes. On n'est pas définitivement vrai face à quelqu'un ou face à tous, on va d'erreurs en nouvelles prises de conscience : quand on aspire à une relation affective authentique, on peut s'attendre à une vérité qui se donne en cours de route, dans le souffle instable des rencontres, des événements, des évolutions personnelles. Ma vérité, ta vérité, sont en mouvement constant, se cherchent, se perdent, font un bout de chemin ensemble. Vigilance de chaque jour !

Pourquoi Jésus n'a-t-il pas dit : « moi je suis l'amour. Personne ne vient à la source d'amour sinon par moi ; en me connaissant vous La connaissez » ? Pourquoi s'est-il contenté de : « moi je suis le chemin, la vérité et la vie[31] » ? C'est qu'en amour, la vérité nous est essentielle. Nous avons besoin d'être crus, sans quoi l'amour n'est plus crédible. Notre « vérité » se découvre en « chemin », à mesure que nous marchons dans la direction de la « vie ». C'est une vérité qui se déplace en nous déplaçant. Qui va devant, en quête de liens affectifs toujours plus vivants. Voilà sans doute pourquoi Jésus a très peu parlé à ses proches et moins proches de son amour pour eux*.

L'expérience montre qu'un excès de déclarations peut cacher une pénurie d'amour : plus on le proclame, moins on le vit et plus on a besoin de s'en convaincre. Les amis de Jésus pouvaient voir qu'il les aimait à sa manière d'être en lien avec eux : il leur montrait un « chemin » de « vie » en étant « vrai » avec chacun d'eux. Crédible, il l'était par la cohérence entre ses paroles et ses actes, et parce qu'il s'adressait à chacun dans sa vérité propre. Trois fois seulement il leur a dit son amour, mais avec un verbe au passé, peu avant sa mort : « Comme le Père m'a aimé, je vous ai aimés », « comme je vous ai aimés, vous, aimez-vous aussi les uns et les autres ! »[32]. Amour si discret qu'ils en sentiraient la brûlure des jours plus tard, en particulier sur le chemin d'Emmaüs – une « langue comme de feu » dans le cœur. Ils se souviendraient alors de ses paroles d'adieu : comme j'ai été valorisé, accompagné, vivifié dans ma vérité

---

* Les évangélistes rapportent son « amour » pour un homme riche, pour Marthe, Marie et Lazare, pour un disciple qui n'est pas nommé, et son « amitié » pour les publicains et les pécheurs. C'est tout. Quelques passages mentionnent en outre qu'il fut « pris aux entrailles » par une ou plusieurs personnes. J'y reviendrai.

profonde par Celui d'où je viens, comme vous avez vous-mêmes été valorisés, accompagnés, vivifiés dans votre vérité profonde par celui que j'ai été pour vous, offrez la même qualité d'accueil aux personnes que vous rencontrerez, dès que vous le pourrez, à la mesure de ce que vous avez reçu ! C'est un même souffle d'amour de Lui à moi, de moi à vous, de vous à d'autres…

Un récit des évangiles me paraît illustrer à merveille cette intuition biblique selon laquelle le cœur battant de l'amour est la vérité. Je le prends chez Marc, le plus ancien des évangiles, dont la langue un peu rugueuse me semble un gage de fidélité aux faits relatés.

Mc 5,24b-34 :

24. Une foule nombreuse suit Jésus et l'écrase.
25. Là, une femme dans un flux de sang depuis douze ans.
26. Elle a beaucoup souffert avec beaucoup de médecins.
Elle a dépensé tout son avoir sans aucune amélioration.
Elle va plutôt plus mal.
27. Elle avait entendu parler de Jésus.
Elle vient dans la foule par-derrière
et touche son vêtement.
28. Elle dit en effet :
« Si je touche au moins ses vêtements, je serai sauvée. »
29. Aussitôt la source de son sang s'arrête et elle sait par son corps qu'elle est guérie du fouet.
30. Et aussitôt Jésus sait par lui-même que la force est sortie de lui.
Il se tourne dans la foule et dit :
« Qui a touché mes vêtements ? »

31. Ses disciples lui disent :
« Tu vois la foule qui t'écrase et tu demandes : qui m'a touché ? »
32. Et il regarde autour pour voir celle qui a fait cela.
33. La femme, prise de peur et tremblant,
sachant ce qui lui est arrivé
vient, tombe devant lui
et lui dit toute la vérité.
34. Il lui dit : « Fille, ta foi/ta confiance t'a sauvée.
Va en paix
et sois rendue saine loin de ton fouet ! »

Son corps est guéri. La peur, pourtant, ne cède pas. Et qui dit peur dit division intérieure, obstacle majeur à l'authenticité, à la pacification. C'est alors que Jésus la « cherche », dans les deux sens du terme. Elle finira par lui avouer « toute la vérité ». De quoi a-t-elle honte ? On dirait qu'elle vivait sa maladie comme un « fouet ». Le mot utilisé, [mastix], est à mon avis très éloquent : c'est le fouet dont on frappe les animaux, qu'on utilise pour torturer… et c'est le châtiment divin ! Quelle « vérité » se cachait donc derrière cette saignée sans fin ? On est si souvent piégé par les apparences. On donnerait cher, dans bien des situations, pour comprendre ce qu'il y a en dessous des « évidences », connaître la réalité, aussi déplaisante soit-elle*. Quel traumatisme, quelle maltraitance avait-elle subis pour que son corps hurle pareillement la perte de sa vie ? Langage du

* Selon une étymologie possible, [alètheia], la « vérité » – du verbe [lanthanô] – pourrait signifier « ce qui n'est pas, ne demeure pas caché ou inconnu ».

corps assourdissant, que personne n'entend, pas même elle sans doute.

On aurait tort de ne voir dans ce récit qu'une « histoire de bonne femme ». Il peut arriver à n'importe qui, homme ou femme, d'avouer des années après un malheur : « Mon cœur saigne encore ; ma vérité n'a pas été dite, ou pas suffisamment entendue ; je continue à perdre ma vitalité. » On sait aujourd'hui que nos cellules gardent les traces de notre histoire. Les spécialistes parlent de « mémoire corporelle » ou de « mémoire cellulaire ». C'est comme si notre corps malade ou dysfonctionnant nous interrogeait – jusqu'à ce que nous lui prêtions l'oreille : « Qu'est-ce que tu n'as jamais pu dire à personne ? Quelle part de ton passé réclame à cor et à cri le souffle d'amour, qui est en même temps souffle de vérité ? » Et si nous tendons vraiment l'oreille, la question se fait murmure : « Qu'est-ce qui t'empêche de m'aimer ? »

Détresse de celle qui aspire à être une vraie femme, une personne à part entière. Qui se heurte à un corps rétif lui interdisant la fécondité – seul moyen d'avoir une place dans la société de son époque. De thérapie en nouvelle thérapie, elle n'arrive pas à être comme les autres. Pire, la loi juive la désigne comme « impure », rendant impur tout ce qu'elle touche aussi longtemps que dure l'écoulement de son sang[33]. Interminable exclusion sociale. Honte d'être qui elle est. Compulsion à se cacher. Hantise de contaminer les autres, en particulier les plus proches. Transposons. Les règles concernant l'impureté religieuse ne sont plus. Mais le *sentiment* d'impureté et d'indignité demeure. La vie sociale nous contraint à faire bonne figure, à enfouir ce qui nous pèse et nous humilie. Jusqu'au jour où le corps nous lâche, lui qui

« ne ment jamais* ». Le voilà devenu notre ennemi. Il nous piège, un point c'est tout. L'idée ne nous effleure pas qu'il puisse avoir quelque chose à nous dire. Nous comptons sur notre artillerie médicale pour faire taire ce domestique récalcitrant. Certains s'arrêtent pourtant, se mettent à l'écoute de leurs entrailles chaotiques, se demandent quelle vérité leur corps tente d'exprimer par la maladie, le dysfonctionnement, tout un langage non verbal.

À quoi repère-t-on que l'inconnue s'est épuisée à mériter sa place au soleil ? S'est cravachée pour se donner le droit d'exister ? À l'emploi du mot « fouet ». Pathologie de tous les temps : la transformation du malheur en faute, sentiment contre lequel on lutte en vain – « je suis malade parce que mauvaise ». Bien entendu, cela échappe le plus souvent à la conscience. Comme d'ailleurs à une lecture superficielle du texte : on traduit généralement « guérie du mal » et non « du fouet** ». Maladie vécue dans la culpabilité qui décuple la souffrance et qui, demeurant non dite et méconnue, réduit d'autant les chances de guérison. La pathologie physique est déjà difficile à vivre, mais le pire est sans doute d'en faire une punition, une condamnation, une malédiction.

On pourrait croire que l'évangéliste a lu Alice Miller ! Il nous raconte la vérité des corps, celle de la femme, celle de Jésus. Elle sait « par son corps » qu'elle est guérie du fouet. Et Jésus sait en même temps la force qui est sortie de lui. Cependant, invitée à prendre la parole, la voilà prise de peur

---

* Titre d'un livre de la psychanalyste Alice Miller.

** Le nom [mastix], dont j'ai donné plus haut la définition, vient du verbe [mastigoô] qui signifie clairement « fouetter, punir du fouet, châtier ».

et de tremblements. C'est alors que le narrateur répète : « sachant ce qui lui est arrivé ». N'est-ce pas étrange ? N'avions-nous pas compris qu'elle le savait parfaitement, « par son corps » ? « La femme, prise de peur et tremblant, sachant ce qui lui est arrivé, vient, tombe devant lui et lui dit toute la vérité. » C'est que, maintenant, elle peut s'appuyer sur la vérité de son corps : « sachant » cela, s'appropriant cette guérison physique, elle entend dans son intimité qu'elle peut lâcher le fouet, être elle-même, se démasquer, « dire toute (sa) vérité ». Elle ne risque plus rien.

Nous évoquions, à propos de l'Évangile, une vérité toujours en chemin. À ceux qui objectent à juste titre qu'on n'a jamais accès à *toute* sa vérité et qu'on ne peut donc pas la *dire*, je répondrai ceci. Voilà une femme qui ce jour-là, dans sa situation du moment, a pu dire à quelqu'un ce qui était vrai pour elle : ayant intériorisé la règle qui la bannissait de la société, elle avait fini par s'infliger le fouet elle-même. Portant une culpabilité qui n'était pas la sienne, elle vivait sous le poids de l'interdit d'aller bien. « Va *en paix*, lui dit Jésus, et sois *rendue saine* loin de ton fouet ! » On ne peut être plus explicite : sois guérie non seulement dans ton corps – c'est déjà fait –, mais aussi dans le secret de tes profondeurs affectives et spirituelles, dans ton être social et religieux !

Deux mots qu'on ne trouve nulle part ailleurs dans cet évangile, comme si la libération de cette femme était une expérience unique et incomparable : n'en est-il pas ainsi dans la réalité ? Le premier dit la fameuse « paix » équivalant au *shalom* hébreu, qui est plénitude de la personne unifiée, intégrale et intègre. Le deuxième, [hugiès], désigne la santé physique et mentale* : sois rendue saine, robuste, raisonnable, sage, sensée « *loin de* ton fouet », ajoute Jésus, ou « *en partant de* ton fouet ». La préposition indique l'espace et le temps : d'une part, on accède à des relations saines et vraies en prenant ses distances par rapport à ses exclusions et auto-exclusions ; d'autre part, il a fallu et il faut du temps pour s'en aller loin d'un tel fonctionnement de mort. Dans cette manière de parler, je perçois le *processus* dans lequel la femme se trouve maintenant engagée. Elle s'éloignera de plus en plus de ce « fouet » qui lui collait à la peau. Elle « ira vers la paix », dans sa paix du corps et du cœur, en sachant qu'elle est dans la bonne voie.

Quand autrui me parle vrai

« Ta foi/ta confiance t'a sauvée », dit Jésus à une femme qui ne voyait plus rien de bon en elle. Parole de vérité qui l'atteint au plus intime et la réhabilite à ses propres yeux. Pourquoi ? Telle est la densité de la parole humaine quand, tout à coup emportée par le souffle d'amour, elle va taper dans le mille, le plus souvent à notre insu. Autrui la reçoit pour lui seul, comme venue d'Ailleurs. Il n'en doute pas : elle lui est destinée. Quelque chose se dénoue en lui instantanément : c'était la bonne chose à dire au bon moment, mais il n'attendait pas ces mots-là et, surtout, il aurait été incapable d'imaginer un tel effet. Il arrive que ce soit une parole entendue maintes fois. Mais là, sans s'annoncer, elle prend vie, résonne comme jamais, libère en quelques

* Mot qui a donné « hygiène » en français. André Chouraqui traduit : « Sois assainie du mal qui te harcelait. »

secondes un potentiel de vie et de paix qu'il ne savait pas. Jésus dirait : à ce moment, il se sent « atteint » par le royaume de l'Amour[34].

L'homme Jésus dit à une inconnue : « Ta foi-confiance t'a sauvée. » Nul ne sait ce qui vibra alors en elle. Mais chaque lecteur ou lectrice peut dire ce que cela *lui* fait. Déclaration entendue bien des fois, qui personnellement finissait par me couler dessus comme à beaucoup d'autres. Un jour, pourtant, il m'est arrivé ce que je viens d'écrire. Par-delà les siècles, c'est comme si Dieu en personne était venu me dire son admiration pour mon courage et ma persévérance pendant tant d'années où je n'avais jamais cessé de chercher du secours pour m'en sortir. Identification fulgurante à la femme de l'Évangile, dans l'émotion de la rencontre avec un Autre qui me parlait vrai. Plus vrai que mon image si négative de moi-même. Il m'était renvoyé – et je m'appropriais – ce que j'avais toujours minimisé ou considéré comme allant de soi, ce dont j'étais à peine consciente : ma « confiance » désespérée mais entêtée en l'aide des autres, ma soif brûlante de vraies relations, ma « foi » plus ou moins vacillante en un Vivant qui me guérirait au travers d'années de thérapie. Ce fut l'affaire de quelques instants. J'étais « atteinte » jusqu'aux larmes par une parole que je pourrais retranscrire ainsi : voilà la vérité, ta vérité la plus profonde, ta confiance d'enfant est intacte, ton ouverture à l'Autre est ce qui t'a toujours sauvée ; demeure dans cette vérité-là, qu'elle soit ton port d'attache, ton repos, le secret de ta liberté ! Depuis cet événement, je veille à tendre ce miroir aux personnes que j'accompagne.

De son côté, Jésus était attentif à ce qui advenait au plus intime de lui. Loin d'être stupide, la question « qui m'a touché ? » suggère similitude et simultanéité entre leurs deux expériences : « Aussitôt elle sait par son corps qu'elle est guérie du fouet. Aussitôt Jésus sait par lui-même que la force est sortie de lui. » On les croirait reliés par un invisible trait d'union… Pourquoi « la » force ? Sans doute parce qu'il n'y en a pas d'autre. Rien que le souffle d'amour, ce flux d'origine divine, ce courant d'énergie que l'évangéliste Luc aime appeler « la dynamique » – insolite communication de feu entre deux personnes, dans le secret des cœurs et des corps. Car ni les disciples ni la foule n'y ont rien vu. Pour eux tous, il ne s'est rien passé*.

Quelques mots sur la parole de vérité dans la Bible. Parle vrai celui qui est fiable. Dieu parle vrai parce qu'il est fidèle : quand il dit quelque chose, il le fait. Mais il demeurerait inaudible si un être humain au minimum ne dialoguait pas avec nous en vérité, nous révélant ce tout Autre qui tente de se faire entendre du dedans. Tout se complique quand on croit L'entendre parfaitement bien. On peut se mentir en toute inconscience. Personnellement, je chercherais le garde-fou du côté de l'intersubjectivité. Le souffle d'amour est *la* force qui se trouve *toujours* entre nous. Or, personne ne peut la détenir à lui seul. L'évangile de Jean insiste sur le « souffle de vérité » et sur une vérité ne se donnant strictement qu'en

---

* Chez Matthieu, c'est encore plus caché que chez Marc. Elle touche seulement la frange du manteau de Jésus, dans laquelle on introduisait, selon la tradition, un fil violet symbolisant les recommandations divines. La main tendue de la femme, elle, peut symboliser cette confiance en l'autre qui est de source divine. N'est-ce pas dire visuellement que la rencontre de deux personnes en vérité est ce moment imprévisible – souvent improbable – où chacune entre en contact avec l'autre *par le divin* qui est en elle ?

chemin. Concrètement, dans un conflit, je ne peux pas prétendre que mon point de vue est le Vrai, mais autrui non plus. La Vérité se meut comme un souffle dans l'espace entre les deux. Difficile renoncement : elle ne tombe pas du ciel pour nous départager. Il faudra nous contenter de la vérité de nos personnes en dialogue, nous en rapprocher autant que possible. C'est dans l'entre-deux que s'engouffre, vit, se déploie le souffle d'amour, et nulle part ailleurs. Sans quoi l'amour est mensonge, il n'est plus l'amour.

Revenons encore à Dt 6,4 : « Écoute, Israël ! Le Seigneur notre Dieu est le Seigneur Un. » Invitation à lui ressembler, réitérée par Jésus. Mais comment être vrai quand, divisé en soi-même, on ne peut s'empêcher de (se) mentir ? Appel à cheminer avec, pour horizon, une vérité personnelle à l'image d'un tout Autre en qui ne règne ni division ni confusion : « Que *ton* règne vienne ! » Peu de temps avant son arrestation, Jésus priait encore pour que ses amis trouvent l'unité de leur être, se différencient de ce qu'ils n'étaient pas, sortent de la confusion grâce à la parole de vérité en eux : « Sanctifie-les par la vérité ! Ta parole est vérité[35] » – tu es cette voix qui parle vrai en chacun, de façon unique et non interchangeable, pourvu qu'ils l'écoutent. « Mystère d'amour divin et d'unité car l'Esprit saint (le souffle d'amour) est créateur d'unité à tous les niveaux de la transformation humaine[36]. »

Le travail de vérité

J'imagine que tous les humains aspirent à une vérité qui corresponde à la réalité. Tel est l'idéal de la connaissance vraie : faire parfaitement coïncider la pensée et son objet.

Les philosophes ne l'ont jamais abandonné[37]. La Bible va ailleurs : la vérité est à *faire ;* vérité et mensonge ne sont pas des substances mais des modes d'existence, des façons de vivre*. On voit la vérité se faire quand l'arbre donne du fruit : notre parole vraie libère les autres et nous libère**. Sinon, notre manière d'être devient mortifère et fait le vide autour de nous. Parce que nous nions notre propre parole, nous nions celle d'autrui. Et l'amour meurt étouffé.

Vérité et amour : sujet inépuisable. On peut tirer un fil rouge depuis les plus anciens textes hébreux jusqu'à des penseurs modernes. Dans la Bible hébraïque, le mot le plus souvent associé à [*h*esed], « tendresse, fidélité », c'est ['emet], « vérité, solidité, fiabilité ». « Couple particulièrement remarquable (...) dans lequel chacun des deux termes qualifie l'autre pour former un concept complexe[38]. » Je t'aime dans l'exacte mesure où je suis vrai-e avec toi, l'un ne va pas sans l'autre. À chaque nouvelle relation entre deux humains, une manière originale d'être vrai et d'aimer. Plus je travaille à faire la vérité en moi, mieux je me prépare à t'aimer. Et si tu n'as pas encore accès à ta vérité profonde, rien ne m'empêche d'être vrai-e avec toi et de laisser passer ainsi le souffle d'amour.

Même inspiration dans la littérature de Qumrân. On y trouve les seules mentions préchrétiennes de l'expression « souffle de vérité » – « esprit saint, esprit angélique, esprit de

---

* Cf. 1 Jn 1,6 *sq.* : « Si nous disons : Nous sommes en communion avec Dieu tout en marchant dans les ténèbres, nous mentons et *nous ne faisons pas la vérité.* »

** Cf. Pr 14,25 : « Un témoin de vérité est un libérateur d'êtres mais celui qui respire le mensonge égare (les autres). »

vérité ». Par la suite, l'évangéliste Jean soulignera la relation intime entre Jésus et le souffle de vérité[39]. Mais comment a-t-il pu affirmer que Jésus *était* vérité ? Comment une personne peut-elle être vérité ? À Qumrân déjà, on pensait que faire la vérité, c'était faire la lumière dans un monde de ténèbres et, pour commencer, dans son chaos intérieur.

On peut le constater, une personne lumineuse est une personne vraie, tout d'une pièce. Quand Jésus disait à ses amis : « Vous êtes la lumière du monde », ou disait de lui-même : « Moi je suis la lumière du monde »[40], je crois qu'il évoquait l'aboutissement du travail de vérité. Comment pourrions-nous éclairer les autres un tant soit peu si la lumière ne s'était pas faite en nous ? Et le plus bel acte d'amour n'est-il pas d'aider autrui à y voir plus clair dans sa vie, à sortir de sa confusion, à trouver son chemin ?

Je pense aux parents qui désespèrent d'être suffisamment aimants et disponibles pour leur enfant. À mon avis, le plus grand cadeau qu'ils puissent lui faire est de travailler à faire la vérité dans leur propre vie. Donc dans leur manière d'être en relation avec eux-mêmes et avec les autres. « On connaît la vérité en devenant la vérité (…), en entrant dans sa lumière, en la laissant se développer en soi (…) Pour élever un adolescent (…), pour qu'il aime la vérité (…), il faut qu'elle lui vienne de l'intérieur, en jaillissant silencieusement de vous au cœur de votre plus secrète intimité comme l'offrande la plus généreuse de votre vie[41]. » Toujours dans les écrits de l'ancien judaïsme, les *Testaments des Douze Patriarches* vont dans le même sens : « faire la vérité » y est clairement indissociable d'« aimer son prochain » : « Je vous adjure par le Dieu du ciel de faire la vérité chacun envers son prochain et de pratiquer la charité [agapè] chacun envers son frère*. »

Quelques siècles plus tard, dans *Le Tourment de la vérité*, Abraham Heschel fait un rapprochement passionnant entre le message du Rabbi Menahem Mendel de Kotzk au XVIIIe siècle et celui du philosophe et théologien danois Kierkegaard au XIXe siècle. Pour ce dernier, il s'agit non de connaître la vérité mais de la vivre. Le penseur authentique est centré sur elle pour lui-même dans sa situation concrète, il s'en approche en fonction de lui-même. Selon Kierkegaard, seule est vérité pour nous celle qui nous construit, nous structure et nous fait grandir. Exigence infinie, omniprésente dans le judaïsme.

En effet, pour le Rabbi de Kotzk, seul comptait l'amour *par la vérité*. « Le Rabbi de Kotzk disait : “La vérité conduit à l'amour, tandis que l'amour peut être aveugle et céder au mensonge.” » Dans la liturgie juive, il est dit que Dieu est Vérité[42] : la vérité est le chemin qui toujours mène à Dieu[43]. Comment ne pas entendre en écho la parole de Jésus en Jn 14,6 : « moi je suis le chemin, la vérité et la vie » ? Nous pouvons – si nous y travaillons, exposés au souffle d'amour – devenir ce chemin offert à la marche incertaine d'autrui parti en quête de sa vérité, chemin qui va vers des relations affectives pacifiées, vers l'amour en vérité qui est la vie même.

Revenons à notre récit. Il m'apparaît que toute vraie rencontre entre deux personnes nécessite une certaine transgression : sortir de ses frontières, un peu ou beaucoup

---

* *Test. Ruben*, 6,9 cité par Légasse (1989), p. 48. Les *Testaments des Douze Patriarches* sont rédigés en grec et portent une marque chrétienne, mais l'original est sans doute sémitique.

– nous en reparlerons plus amplement par la suite. Mais la transgression liée au travail de vérité est autrement redoutable. Comment la femme de l'évangile a-t-elle eu le courage de faire face, d'affronter le maître, ceux qui savent, la société, les autorités, le qu'en-dira-t-on ? Sans doute le souffle d'amour avait-il déjà commencé à tisser des fils invisibles entre Jésus et elle. S'il ne s'était pas arrêté, elle ne lui aurait jamais « dit toute (sa) vérité ». S'il ne s'était pas laissé toucher, s'il avait étouffé son intuition en faisant le même raisonnement que les disciples, s'il avait refusé qu'on le distraie de sa marche, de ses objectifs, de son programme, s'il ne s'était pas retourné, n'avait pas cherché à la voir au milieu de la foule anonyme, s'il n'avait pas senti qu'elle lui était destinée, ce jour-là… elle ne se serait pas dévoilée. Or, une transgression camouflée ne permet pas d'abattre tous les murs qui emprisonnaient.

Le langage de Jésus, verbal et non verbal, encourageait l'inconnue à sortir du ghetto de sa honte. Touché, il l'a été – aux sens propre et figuré. Quelque chose d'elle s'est donc frayé un chemin jusqu'à un autre être humain, et ce lien – enfin ! – a tout de suite fructifié : son corps en était guéri. Alors il se pouvait qu'un lien fût bénéfique ? Pacifiant ? Son geste était fort risqué. Sa parole le serait bien davantage. Mais la réceptivité de Jésus la poussait à aller plus loin, jusqu'au bout de son désir. Je crois déceler dans cette histoire la règle d'or de toute existence mue par le souffle d'amour : quand nous nous laissons toucher – vraiment toucher –, nous permettons à autrui, tôt ou tard, de dire toute sa vérité. N'était-ce pas la promesse de Jésus : « le souffle de vérité vous acheminera vers la vérité tout entière[44] » ?

Nous avons là, je crois, un puissant appel à l'intégrité. Oser pour une fois dire la vérité, sa vérité, quelles que soient les conséquences. Saturé jusqu'à la nausée de n'avoir pas le droit de parler, se jeter à l'eau sans aucune assurance. Être enfin soi. Tout entier soi-même, sans (se) mentir. Selon Abraham Heschel, à la question « que demande Dieu de nous ? », Kierkegaard, et le Rabbi de Kotzk avant lui, ont répondu : l'intégrité d'abord. À Kotzk, cela passait par l'honnêteté, la véracité, la sincérité « en termes existentiels ». Car « aussi longtemps qu'un homme demeure faux, son amour et sa bonté ne sont que frime ». Autrement dit, si l'on veut vraiment accéder à l'amour, on cherchera à être intégral, entier, pour devenir intègre, d'un seul tenant, sans collusion avec ce qui n'est pas soi, « car un cœur relativement pur est comme un œuf relativement pourri[45] » – « pur » toujours au sens de différencié.

« Dire toute (sa) vérité » est à remettre chaque jour sur le métier. Sans nécessairement raconter sa vie au premier venu ou à quelques proches triés sur le volet. Mais veiller sans relâche à son intégrité. Or, le mot qu'on suppose être à l'origine de [alètheia], la « vérité », est [lèthè], « torpeur, sommeil, léthargie ». La vérité serait alors le non-sommeil, la non-torpeur, la non-inconscience. Faire la vérité serait affaire d'éveil, de vigilance. Transgresser, pour la femme de l'évangile, signifierait en somme se faire violence pour sortir de ce mutisme qui la maintenait dans un sommeil de mort. C'est tout sauf un réveil en douceur : « Prise de peur et de tremblements, elle tombe devant Jésus », lâchant les dernières béquilles de sa fausse identité. « Le Rabbi de Kotzk croyait que l'approche de la vérité est excessivement douloureuse, pénible comme l'extraction d'une dent, comme une navigation contre le vent. Constater que le mensonge fait le guet à l'intérieur même de la Vérité le désespérait[46]. »

Par expérience, je sais combien il est difficile de faire taire la voix mensongère qui, du dedans, entretient une image entièrement négative de soi. Il nous faut beaucoup de temps pour nous distancier de la faute d'autrui que nous portons à notre insu. Pendant tout ce temps, nous restons victimes, exclus, « pas comme les autres », incapables de nous faire respecter. Pire, persuadés que nous n'avons pas droit au respect. Tel est le mensonge sur nous-mêmes qui séquestre nos forces vives – au moment même où nous nous efforçons d'être vrais. Pour reprendre le symbolisme biblique, l'épée d'origine divine a fort à faire pour nous différencier de ce faux moi. Dans notre récit, c'est la parole de Jésus adressée à la femme qui tranche dans le vif de sa fausse identité : tu n'es ni coupable ni mauvaise ; la vérité, c'est que tu as toujours choisi de faire confiance malgré tout, et tu vas vivre à cause de cela.

Une hache aux mains du bûcheron : image récurrente dans *La langue de la vérité* du Rabbi de Gur. C'est, commente Catherine Chalier, « l'existence de celui qui a perçu la faille qui, du sein même de la nature (j'ajoute : de ce qu'il croit être sa vraie nature), le relie à la Source vive de son existence ». Dans le contexte de notre récit, faille à l'intérieur de son image négative d'elle-même. Mais, poursuit la philosophe juive, « faille bienfaisante, afin que la lumière issue du plus profond de soi puisse se manifester », afin que la parole de vérité vienne frapper en plein cœur celle qui se croyait une rien du tout et que personne n'avait détrompée. « Une faille (…) en soi – comme au cœur des jours et de l'espace – pour que la Parole sainte puisse passer. » Nous avons évoqué la seule violence bénéfique, celle du processus de vie quand il ouvre les entrailles et met du neuf au monde. « Une joie tout entière placée sous le sceau » (de l'Amour) « (…) ne se fraie un chemin dans l'âme d'une personne qu'à la mesure du déchirement qu'elle provoque en elle. (…) Aucune joie spirituelle n'existe sans violence faite à la vie de qui l'éprouve »[47].

L'inconnue n'était ni disciple de Jésus, ni l'une de ceux qui le « suivaient », ni en règle avec sa religion depuis de nombreuses années – comme la majorité de nos contemporains désormais. À regarder de plus près les mots utilisés par l'évangéliste, je sens pourtant en elle quelque chose de « christique ». Pour moi, son histoire de souffrance et de guérison communique souterrainement avec celle de Jésus. Elle ne le sait pas. Pas encore. Elle ne le saura peut-être jamais. Bien des personnes qui se disent incroyantes, agnostiques ou athées me demandent si l'Évangile est seulement pour les autres. Je ne le crois pas. Elles sont en quête de la vérité qui parle en elles, exposées à ce « souffle de vérité » que n'arrête aucun obstacle… Alors, n'est-ce pas lui, le souffle d'amour, qui les déplace en profondeur, les achemine vers l'amour bon à vivre, et se rit en silence de nos classifications ?

Je ne peux pas croire que le vocabulaire choisi par Marc dans ce récit soit le fruit du hasard. On dirait que les témoins de la scène, et lui-même par la suite, ont carrément vu combien cette femme *ressemblait* à Jésus. Étonnante proximité de ces deux êtres, sémantique et spirituelle, qui jalonne discrètement le texte :

– Le « flux » de sang, [rusis], « écoulement d'eau ou de sang », mais aussi « délivrance », n'apparaît qu'ici dans cet évangile. Or, le verbe correspondant est utilisé ailleurs pour les fleuves d'eau qui couleront du sein de *Jésus*[48].

– Le « sang », [haima], ne sera repris par Marc qu'une seule fois, à propos de *Jésus,* lors du dernier repas avec ses amis*.

– Elle a beaucoup « souffert » – [paschô], qui a donné « Passion » et « Pâques ». Or, ce verbe s'emploie dans le Nouveau Testament essentiellement pour les souffrances de *Jésus* ou les souffrances endurées à cause de l'Évangile.

– La « source », [pègè] – « la source de son sang » –, désigne ailleurs dans le Nouveau Testament la source d'eau vive : proximité, encore, avec Jésus.

J'ajoute qu'elle porte probablement dans sa chair le poids d'une faute qui n'est pas la sienne et qui l'exclut de la communauté des humains : exactement comme Jésus dans sa Passion. Enfin, je perçois en elle ce désir tenace d'être délivrée, réhabilitée, de trouver sa place unique dans la foule anonyme. Bref, l'aspiration à faire l'expérience de la filialité, comme Jésus ! Être désirée, elle aussi, nommée par plus Grand qu'elle, inscrite dans la vie comme une personne ineffaçable.

« Où trouvez-vous cela dans le texte ? » me demandera-t-on. Je l'entends dans le nom que lui donne Jésus à la fin de leur rencontre : « Fille ! » Au moment précis où, surmontant sa peur et sa culpabilité, elle transgresse les murs de la mort au nom de sa vérité, elle entend un Autre l'appeler « fille de » [thugatèr], là où l'on attendrait : « Femme ! », [gunè]. Comme si tout à coup elle était devenue la fille de quelqu'un. De qui alors ? Selon moi, du Père de tout amour vrai. Du tout Autre parfaitement différencié, parfaitement

* Mc 14,24 : « Ceci est mon sang… »

aimant. Du Dieu Un, hors confusion, hors mensonge. Peu importe comment on l'appelle en définitive. Il est remarquable qu'ici, justement, il ne soit pas désigné : le récit pointe l'expérience humaine de la filialité. Devenir fils ou fille de Quelqu'un qui nous a voulus irremplaçables, distincts les uns des autres, libres de la « liberté des enfants de Dieu[49] ». Dans le langage traditionnel, « sanctifiés par la vérité[50] », c'est-à-dire mis à part grâce au travail de devenir vrais : la femme ne fait-elle pas l'expérience de sa filialité divine juste après avoir « dit toute (sa) vérité » ?

Mais comment se sentir héritier de ce tout Autre qu'on ne connaît pas, si l'on reste fermé à la vérité résonnant au-dedans-de soi – et, souvent, à travers les autres humains ? Nous voilà renvoyés à notre responsabilité. Comment éveiller quelqu'un à sa filiation divine ? À son identité de fils ou fille de l'Amour ? Il convient d'être extrêmement réaliste. Autrui a peut-être grandi dans un milieu où le mensonge – par omission ou perversion – était la règle. Il a dû sa survie à une sorte de coma chronique qui l'empêchait de voir la réalité telle qu'elle était – torpeur, sommeil de mort, inconscience, léthargie*. Curieusement, j'ai vu bien des fois le souffle d'amour renverser la vapeur : prise dans cette situation-là, je ressentais en fait le besoin urgent d'avancer dans *mon* travail de vérité. Comme Jésus au désert. Cela pouvait durer, s'éterniser. Mais en *me* réveillant progressivement, je réalisais que j'avais entraîné autrui dans le même souffle, sans y prendre gare. J'avais seulement été attentive à être vraie avec lui, fiable au jour le jour. Je devenais sensible

* Du grec [lèthè], comme je l'indiquais plus haut à propos de [a-lètheia], la « vérité » : littéralement le « non-sommeil ».

au moindre élan vers plus de vérité. J'apprenais à me laisser toucher quand il désirait – de tout son corps aussi – sortir de son chaos. À son rythme. Parfois, sous la carapace de fausseté qui séquestrait sa vie, je percevais en lui l'homme-Dieu injustement traité, mendiant d'amour en vérité. Et je le lui disais.

Il m'apparaît de plus en plus que ma seule et unique responsablité est de venir à bout chaque jour de mes propres contradictions, mes demi-vérités et faux-semblants, mes mensonges par non-dit, etc., pour que passe et « sorte » de moi « la force » – ce souffle d'amour qui, en me traversant, cherche à éveiller autrui à ce qu'il est vraiment, à lui faire aimer qui il est. Le travail de vérité qu'accomplit le souffle à travers moi au bénéfice des autres n'est pas de mon ressort. De mon côté, je ne peux qu'accompagner autrui et éventuellement lui donner envie de goûter aux premiers fruits d'une telle libération : conscience d'être désiré, respecté, cru, espéré, compris, valorisé dans ce qu'il est ; bref, d'être enfin aimé, comme tout fils et toute fille rêve d'être aimé-e par son parent sans jamais l'avoir vécu. Découverte de Quelqu'un qui est fait de la même étoffe, au moins autant assoiffé de vérité-amour. « Le souffle de la bouche de Dieu », disait Basile le Grand au IVe siècle, donne alors de « prendre le nom d'enfant de lumière »[51].

La force la plus subversive

Jusqu'où nous conduira un Évangile soufflant sans répit en nous le désir de dire toute la vérité qui nous habite ? On est parti d'une relation interpersonnelle. Première transgression : la femme a osé parler. Elle n'est pas morte. Elle pourra désormais s'appuyer sur la bienveillance, le respect et la valorisation dont elle a bénéficié. Ensuite, chaque lecteur laissera le récit résonner en lui. Certains y entendront un encouragement à aller plus loin. On sait aujourd'hui que de graves dysfonctionnements gynécologiques peuvent être la conséquence de traumatismes sexuels vécus dans l'enfance, et rien n'empêche de penser que tel est le cas ici. Quels que soient les faits venus à la lumière grâce au travail de vérité, chacun aura sa façon propre de dire toute la vérité qu'il a besoin de dire pour se sentir vraiment libéré et réunifié. Rappelons encore que, pour la Bible, la vérité n'est pas chose abstraite, la même pour tous, mais se découvre au jour le jour dans le champ des relations interpersonnelles.

Invitation, au cas par cas, à oser parler des secrets de famille, aborder les sujets tabous, briser la loi du silence qui pourrit la vie en société – quitte à être accusé de détruire la paix*. Autorisation divine à transgresser les interdits de parole, à mettre un terme aux mensonges de convenance, à surmonter la peur de déranger ou d'être montré du doigt. Incitation à croire sur parole la personne qui, dans un souffle d'amour, nous chuchote avec les mots de Jésus que seule la vérité nous rendra libres[52] : libres de la peur et de la culpabilité qui inhibent l'amour en nous. Appel à être, comme dans la chanson de Guy Béart, « le premier qui dit la vérité » – sans redouter d'être « exécuté » puisqu'on l'a déjà été par l'obligation de se taire. Pour devenir contagieux. Pour re-susciter autour de soi le désir

---

* Comme le dit René Girard, « l'irruption de la vérité détruit l'harmonie sociale fondée sur le mensonge des unanimités violentes » (*Celui par qui le scandale arrive*, Paris, DDB, 2001, p. 71).

de relations vraies, dans sa famille, son lieu de travail, ses activités sociales, politiques, religieuses, associatives…

Répercussions à l'infini, que nul ne maîtrise : « Le vent souffle où il veut et tu ne sais où il va… » La vérité qui libère les familles, les communautés, les sociétés et les peuples n'est pas, ne sera jamais dans nos mains. Tant mieux ! Car « les guerres de religion et les guerres révolutionnaires, qui servent la Vérité et veulent le bien de l'humanité, sont particulièrement implacables[53] ». L'unique boussole demeure en chacun de nous cette exigence de vérité qui travaille à faire de nous des in-dividus, des personnes non divisibles. L'Individu cher à Kierkegaard : celui qui a des oreilles pour entendre la bonne nouvelle d'un amour-vérité rendu possible sur la terre. Il en est réduit à balayer devant sa porte. Cela commence par lui déplaire, mais s'il s'en contente : il se découvre bien assez occupé à introduire de la clarté dans son existence entière. À sa grande surprise, la clarté grandit autour de lui et se répand de proche en proche. Ainsi sommes-nous tous appelés à être « le premier qui dit la vérité ». Et la contagion peut même gagner les domaines économiques et politiques devant lesquels nous avions toujours baissé les bras.

Telle fut l'expérience de Václav Havel bien avant qu'il devienne l'homme politique que l'on sait. Dans ses *Lettres à Olga*[54], il évoque ses six années passées en prison comme le prix à payer pour vivre dans la vérité sans sombrer dans la haine, l'apathie ou la compromission. Auparavant, il avait parlé du pouvoir politique explosif et incalculable de la « vie dans la vérité » : « Il s'agit d'un pouvoir qui ne réside pas dans la force de tel ou tel groupe politique particulier, mais avant tout de potentialités répandues *à travers toute la société*, y compris dans les structures du pouvoir politique en place.

On peut dire que ce pouvoir ne s'appuie pas sur ses propres soldats mais sur "ceux de l'ennemi", c'est-à-dire sur tous ceux qui vivent dans le mensonge et qui peuvent à tout moment, du moins en théorie, être *touchés par la force de la vérité* (...) Voilà pourquoi le pouvoir en place s'acharne, de manière préventive et presque par réflexe, contre la plus modeste des initiatives de vivre "dans la vérité"[55]. » Enfin, voici ce qu'il affirmait dix ans avant l'effondrement du régime communiste : « Un citoyen peut dire la vérité même sous le règne du mensonge institutionnalisé (...) Chacun, qui aspire à un changement, peut commencer par lui-même, dès maintenant[56]. »

Bibliquement, amour et vérité sont inséparables. Est-ce à dire qu'il y aurait place pour l'amour dans l'ordre du politique ? Je prends ici « politique » au sens étymologique large de [polis], la « cité » : ce qui rend la vie possible dans la cité. Pour Erich Fromm, c'est seulement par nécessité que l'amour est un « phénomène marginal hautement individuel » dans la société occidentale contemporaine basée sur le principe du capitalisme. Mais il conviendrait d'organiser la société de façon à ne pas disjoindre la nature aimante de l'être humain et son existence sociale : « La foi dans la possibilité de l'amour comme phénomène social, et non comme phénomène individuel d'exception, est une foi *rationnelle* qui se fonde sur l'intuition de la véritable nature de l'homme[57]. » Dès l'introduction de ce livre, j'allais dans le même sens en évoquant notre besoin croissant de liens affectifs authentiques dans l'ensemble de notre existence sociale.

Au XVIIe siècle, on a cru que les sentiments moraux et la Raison feraient l'affaire : « L'idée d'une *agapè* laïque est au cœur des révolutions démocratiques et républicaines qui secouent l'Europe. » Idée, issue des Lumières, d'une « bienveillance universelle » capable de « nouer le lien social ». Mais il s'ensuivit le déferlement des passions partisanes et l'État moderne finit par s'édifier sur des bases non émotionnelles : « L'amour avait démontré ses limites comme principe politique. » Il n'empêche. Régulièrement, l'amour revient à la charge : « Autant il se prête mal à gouverner le monde, autant sa plasticité créative fait merveille pour réintroduire de l'humanité dans les situations les plus extrêmes », conclut le sociologue Jean-Claude Kaufmann[58].

Ces lignes me font penser à la parole de Jésus : « Mon royaume n'est pas de ce monde », que j'entends ainsi : le royaume dont je parle, que je porte en moi, qui vous « atteint » de temps en temps – le royaume de l'Amour – n'est pas *issu* de ce monde. Nul ne sait d'où vient ni où va le souffle qui le fait advenir parmi nous. Nul ne peut le créer, maîtriser son origine. En revanche, je crois qu'il est *destiné* à ce monde. Voilà pourquoi il ne cesse d'y jeter son grain de sel. Je répondrais ainsi à ces deux derniers auteurs : ce n'est pas parce qu'une manière de vivre est rationnelle, logique ou morale qu'elle va se concrétiser. L'expérience enseigne et répète que, dans le domaine de l'amour, rien ne va de soi. Il suffit de considérer sa propre vie avec lucidité : conjuguer amour et vérité chez soi n'est pas chose aisée. Et cela le deviendrait dans l'ordre du politique sous prétexte que nous sommes des êtres convaincus *par le raisonnement* de l'importance de notre nature aimante ? On observe au contraire que le mensonge à soi-même, la division intérieure et la confusion individuelle parasitent d'autant la vie dans la cité. Pire, la gangrène gagne les structures institutionnelles elles-mêmes.

Dans les évangiles de Marc et de Matthieu, Jésus ne parle quasiment pas du souffle d'amour. On ne peut avec certitude lui attribuer qu'une seule déclaration à ce sujet : « Ce qui vous sera *donné* à cette heure-là, *dites-le*. Car ce n'est pas vous qui parlerez mais le souffle saint* ». Le contexte est apocalyptique. On se croirait en pleine guerre civile : chacun trahit ses proches, les affrontements sont meurtriers – familles, nations, royaumes – et les cataclysmes naturels achèvent d'évoquer un chaos qui n'a rien d'imaginaire au vu de nos événements mondiaux contemporains. Eh bien, avertissait Jésus, ce sont les douleurs de l'enfantement, jusqu'à ce que la Parole puisse remettre de l'ordre. Parole de vérité qui dit les choses comme elles sont, qui sépare, différencie, donne un territoire à l'un et à l'autre. Elle passe à travers nous tous, quelles que soient les violences dans lesquelles nous sommes pris. Retour à ce qui parle vrai au-dedans de chacun de nous... et qui vient d'Ailleurs. C'est « donné », même dans les pires circonstances, mais « dites-le ! ».

Et retour, encore, à Kierkegaard qui, dans le domaine politique, discernait le plus affreux égoïsme sous les apparences trompeuses de l'amour et appelait de ses vœux une communauté de personnes nouées ensemble par des liens de liberté et d'amour réciproque : « Il appartiendra aux disciples du Christ, devant l'échec des révolutionnaires, de témoigner par leur vie que la révolution a déjà eu lieu et qu'il s'agit de la *répéter* sans cesse[59]. » Autrement dit, la révolution essentielle, la seule vraiment féconde, est à accomplir chez soi.

* Mc 13,11. *TDNT*, p. 402 *sq.* : « C'est sans doute un fait historique que Jésus lui-même a rarement fait référence à l'Esprit », au souffle d'amour. Il en sera question dans le dernier chapitre.

Elle passe par une redoutable épreuve de vérité. Chacun peut s'y appliquer de toutes ses forces, de tout son cœur, de toute sa pensée, sans redouter l'échec. Un homme pleinement accompli a jadis ouvert la voie, est allé lui-même jusqu'au bout de l'échec, a révélé à tout être humain que le souffle de vérité-amour, d'abord et avant tout dans sa propre existence, était invincible.

La personne qui m'aime en vérité

Se laisser aimer

Qui me le fera connaître, ce souffle d'amour, dans ma vie ? Qui me révélera ma part de feu ? Telle est la question que posait ce chapitre. J'ai répondu : la personne qui me parle et à qui je parle en vérité. Toutefois, nous avons vu combien l'accès à notre vérité se fait dans la douleur. Voilà pourquoi amour et vérité vont main dans la main. On s'abstiendra de déclarations vraies, certes, mais assénées sans ménagement ni discernement. On dira l'importance du lien envers et contre tout : « Ce que j'ai à te dire ne doit pas briser notre relation ; je me préoccupe de toi et de nous, sinon je ne te parlerais même plus. » Rappelons-nous la parole de Pascal : « On se fait une idole de la vérité même ; car la vérité hors de la charité n'est pas Dieu*. » Je sais, c'est difficile.

* Pascal, *Pensées et opuscules*, section VIII, § 582, Paris, Hachette, 1966, p. 592. Cf. aussi Bonhoeffer : « La vérité pour elle-même, dite avec animosité ou avec haine, n'est pas vérité mais mensonge. Car la

L'autre peut ne rien entendre de la vérité qu'on lui a dite du plus profond de soi ; il peut rompre la relation lui-même, agresser et blesser de sorte que la situation est encore pire, se montrer incapable de percevoir l'amour qui accompagnait et enveloppait la parole vraie…

Personnellement, je suis touchée par la sollicitude de Jésus, notamment dans l'évangile de Jean qui justement ne cesse de revenir sur le « souffle de vérité ». Il appelle ses amis « mes petits enfants ». Il leur dit l'exacte vérité concernant sa mort. Il se soucie de leur chagrin, de leur désarroi à venir, leur donne déjà de quoi y faire face. Il leur confie seulement ce qu'ils peuvent entendre pour le moment : « J'ai encore beaucoup de choses à vous dire mais vous ne pouvez pas les supporter maintenant ; quand viendra le souffle de vérité, il vous acheminera dans la vérité tout entière[60]. » Il détrompe fermement Simon Pierre – « tu me renieras trois fois » – mais l'assure qu'il deviendra capable « plus tard » de faire route avec lui. À chaque rencontre correspond une manière neuve, unique, de parler vrai. Il ne s'agit pas de tout dire en vrac, mais de valoriser une vérité relative. Relative à soi-même et à autrui en face, dans le cadre de chaque contexte particulier. En ne disant pas tout, Jésus veillait à ne pas occuper seul le terrain, laissait le souffle de vérité prendre le relais, agir à sa place : « Moi je vous dis la vérité, il est dans votre intérêt que je m'en aille[61]. »

Dans un accompagnement comme dans une relation amicale ou amoureuse, on pressent parfois quelque chose de l'histoire vraie de quelqu'un qui n'en a pas conscience.

---

vérité nous met en présence de Dieu et Dieu est amour. La vérité, c'est la clarté de l'amour ; sinon ce n'est rien » (p. 161).

Comment, dans ce cas-là, aimer en vérité ? Je parlais plus haut du labeur premier d'être vrai avec soi-même. Ici, j'évoquerai l'étonnante alchimie du couple amour-vérité. C'est pour n'avoir pas été aimé dans toute sa réalité qu'autrui, afin de survivre, a dû se mentir à lui-même, museler ce qui parlait vrai en lui. Personnellement, je suis peu à peu devenue sensible à ce cri silencieux, insu de lui-même, qui me dit une terrible pénurie d'amour inconditionnel.

L'aimer d'urgence tel qu'il est, et non tel qu'il serait si seulement il s'ouvrait à la vérité de son histoire. L'aimer *ainsi* même s'il devait, lui, rester fermé jusqu'à sa mort. Chérir la relation, avec au cœur la ferme et constante exigence de vérité qui éclaire ma propre vie. Car si je ne l'aime pas ainsi, qui le fera ? Ne pas m'esquiver, sous le prétexte fallacieux que d'autres le feront. C'est l'aimer dans le souffle de vérité qui nous « achemine » tous deux vers la « vérité tout entière » – ni la sienne ni la mienne que je croyais connaître au moins en bonne partie. La vérité tout entière qu'est l'Amour sans l'ombre d'un mensonge, d'une duplicité, d'un aveuglement. Et rester lucide. Peut-être ne Le rencontrerons-nous que par-delà notre mort…

De l'autre côté, se laisser aimer n'est pas si facile. Cela suppose d'accueillir un tant soit peu avec bienveillance ce qu'on porte en soi. S'y appliquer peut éveiller à autre chose que le trop connu : « Pourquoi s'intéresse-t-on à moi ? » Prenons le pire des cas : on a pris conscience qu'on n'avait jamais été aimé en vérité. Le sentiment envahit et impose sa loi. On n'en sort pas. Mais malgré le peu d'impact d'une idée ou d'une connaissance vraie sur l'affectivité, on peut tout de même mobiliser son intelligence.

Une expérimentation horrible a été tentée au XIIe siècle par l'empereur Frédéric II. Il avait acheté des nouveau-nés, les avait fait nourrir et élever en interdisant aux servantes de les cajoler et de leur adresser la parole. Il voulait savoir quelle langue ils allaient parler. Tous sont morts[62]. Par de nombreux travaux, dont ceux de John Bowlby, on sait aujourd'hui que sans l'attachement à la mère ou à la personne de remplacement, l'être humain ne survit pas. Quelqu'un nous a parlé dès la naissance. Aujourd'hui, j'y vois l'acte d'amour premier, qui seul permet au bébé de survivre. Quelqu'un nous a trouvés suffisamment intéressants pour s'adresser à nous. Quelle que soit sa maltraitance, il nous a initiés au monde des humains. D'autres, dans l'entourage, nous ont peut-être permis de nous attacher un tant soit peu. Sans ce minimum de lien, nous ne serions plus là.

Pourtant, cela est inaudible pour une personne qui vient de découvrir son déficit abyssal d'amour gratuit. Elle entend seulement qu'on banalise sa souffrance : « Ce n'était pas si grave puisque tu es encore en vie ! » J'en ai moi-même fait l'expérience : le sentiment de n'avoir pas été aimé est à vivre en entier, jusqu'à épuisement… du sentiment. Et aucun raisonnement ne peut l'atténuer. C'est par la suite que, pour ma part, j'ai pu utiliser mes ressources mentales. Mais, curieusement, cette sensibilisation à l'amour reçu concernait d'abord le présent et non le passé. Dans le dénuement du deuil, en particulier, j'ai remarqué et décidé de valoriser les moindres indices d'attention et d'affection. Petit à petit, j'ai mis en question ma capacité à percevoir l'amour des autres : peut-être y avait-il beaucoup plus d'amour, dans leurs gestes et leurs paroles, que ce que je croyais ? Si je m'interrogeais là-dessus, c'est que j'en avais été touchée. Le doute s'insinuait : si j'avais le sentiment de n'avoir pas été aimée dans mon passé, un tel sentiment était à respecter, je l'avais bien vécu ainsi. Mais qu'en était-il de l'amour que les autres m'avaient ou ne m'avaient pas réellement donné ? Je ne l'avais pas reçu, mais était-ce la preuve absolue qu'il n'y en avait pas eu du tout de leur côté ? J'ai fini par admettre que je ne le saurais jamais.

Par ailleurs, se laisser aimer, c'est aussi lâcher l'obsession de bien faire. Quand on se préoccupe sans cesse de donner assez d'amour à ses proches, paradoxalement on est plein de soi. Où mettrait-on l'amour qu'ils donnent, eux ? Interrogé par un homme riche qui aspirait à une vie assez bonne pour durer une éternité[63], Jésus rappelle l'essentiel des Dix Paroles et ajoute « tu aimeras ton prochain comme toi-même », qui n'en fait pourtant pas partie. C'est qu'il voit où le bât blesse : « Tout cela, je l'ai observé. Que me manque-t-il encore ? » rétorque l'homme rempli à ras bord de « tout » son perfectionnisme – y compris en amour, ce que j'ai appelé l'amour idéologique. Ce qui manque chez lui, c'est le manque. C'est de se savoir en pénurie d'amour. Oui, il aime son prochain exactement comme il s'aime lui-même : par devoir, à partir de sa seule volonté de bien faire, comme si l'amour ne venait pas d'un Autre, dans un souffle inconnu en quête d'espace disponible.

Dans la même histoire relatée par l'évangéliste Marc[64], Jésus ne mentionne même pas l'amour du prochain. On dirait que la situation est encore plus grave. Rien ne servirait de mettre le doigt sur la question de l'amour, l'homme est muré dans son perfectionnisme : « Tout cela, je l'ai observé dès ma jeunesse. » Qui lui fera connaître le Souffle ? Qui lui révélera sa part de feu, à lui qui depuis toujours a dû remplacer l'amour gratuit par le devoir ? Le récit marque une pause : « Jésus le regarda jusque tout au fond et il l'aima. » C'est un moment hors cadre. Le temps épouse l'éternité. Un ange passe, comme dit la sagesse populaire. Jésus l'aima d'*agapè*, pour rien, juste parce que c'était lui, sans poser de conditions, sans faire la leçon, avant même de l'encourager à contacter le terrible manque en lui*. Telle était l'urgence : il devait être aimé de cette manière-là, au moins une fois dans sa vie. Marc raconte qu'il s'en alla tout triste parce qu'il avait de grands biens. Tristesse riche de possibles : il avait entrevu quelque chose de neuf ; le Souffle, quelques instants, avait ménagé une échappée en lui… Se laisserait-il aimer ? Garderait-il le souvenir ébloui de ce regard de tendresse posé sur lui ? Accéderait-il un jour à sa part de feu ? Pourquoi pas ?

Comment nous laisser accueillir avec bienveillance ? Détourner l'attention de l'image négative de nous qui constamment s'interpose ? Croire autrui quand il dit qu'il nous aime et, surtout, quand ses gestes le montrent ? Le mot est plus fort qu'il y paraît : croire, lui faire confiance… Être croyant, devenir croyant, pourrait commencer ainsi, dans le terreau ordinaire de nos existences. Décider de croire en l'amour quand bien même nous ne le *sentons* pas encore. Avouer ne pas avoir la clé de l'amour : nous avions peut-être établi que nous ne connaîtrions jamais (plus) l'amour. Laisser à autrui le bénéfice du doute : « J'ignore ce qu'il me trouve, il se trompe sûrement, mais je prends ce qu'il m'offre, à tout hasard. » Lâcher la connaissance fantas-

* Un peu plus tard, il lui parlera de renoncer à ses richesses, ce qui le confronterait à son vide intérieur.

matique des humains : ne plus prétendre savoir de source divine qu'ils font semblant, donc savoir ce qu'est l'amour.

Enfin, il s'agit de se tenir au bon endroit. Témoins de la scène, les disciples sont déconcertés, de plus en plus impressionnés, note Marc : « Alors qui peut être sauvé ? » Qui peut s'en sortir ? Connaître l'amour qui est la vie même ? À nouveau le récit est comme suspendu : « Jésus les regarda jusque tout au fond et dit : "*Auprès* des humains c'est impossible mais pas *auprès* de Dieu car tout est possible/puissant *auprès* de Dieu"[65]. » La préposition [para] apporte une nuance qui disparaît si l'on traduit : « tout est possible *à* Dieu ». C'est que Dieu n'est pas un grand magicien qui sauverait les humains contre leur gré ou leur désir profond. On n'enlève rien à sa « puissance » de vie en disant qu'il nous appartient d'être au bon endroit – de nous tenir dans cet espace ouvert qui nous expose à son souffle d'amour et permet la rencontre. Là, auprès de lui, toutes nos relations peuvent devenir « dynamiques », l'adjectif utilisé étant [dunata], de la même racine que [dunamis].

Oui, mais pourquoi dire : « Auprès des humains c'est impossible » ? Nous faisons au contraire l'expérience qu'auprès de certaines personnes notre unification-pacification-libération devient possible. Alors, c'est qu'elles sont habitées par l'Amour. Dans le texte, Pierre vient d'affirmer en faire partie. Jésus laisse la question ouverte : le chemin sera toujours escarpé ; certes la joie est au rendez-vous, mais le travail de différenciation avec les proches et les biens personnels se révèle radical ; celui qui se croit arrivé est peut-être « le dernier », et vice versa ! En d'autres termes, nombreux sont ceux « auprès » desquels on n'avance pas, on ne s'en sort pas parce qu'ils ont encore beaucoup à faire pour se différencier de leurs possessions affectives et matérielles : « auprès des humains c'est impossible » sans le souffle d'amour…

Qui nous le fera connaître, ce souffle d'amour dont l'absence nous laisse cloués dans la mort ? Il me faut parler de l'expérience déterminante de la compassion d'autrui. À quelques reprises, il m'a été donné de voir les yeux de quelqu'un se remplir de larmes à l'écoute de ma souffrance. En une fraction de seconde, je me savais aimée là où les multiples déclarations d'affection avaient échoué. Pris aux entrailles par ce que je vivais au plus enfoui, autrui me « parlait », sans mots, de l'Amour comme aucun discours n'y était parvenu. Enfin, quelqu'un était crédible et rendait crédible pour moi ce souffle d'amour-vérité qui *le* traversait : j'étais aimée tout entière avec et dans la vérité de mon histoire, sans l'avoir mérité. Le verrou pouvait sauter : la compassion d'autrui réveillait en moi cet amour *agapè* dont je me croyais incapable.

Cela peut arriver n'importe quand, aussi bien en plein épisode d'anesthésie affective ou dans une période dominée par le ressentiment. Cette compassion-là n'a rien à voir avec ce qu'on entend généralement par « altruisme ». Je la vois comme un puissant courant entre deux personnes – imprévisible, indomptable, inconnaissable –, qui les plonge soudain dans une Présence aimante bien plus vaste où s'abolit la frontière entre aimer et être aimé. Peu importe que cela dure quelques instants. On n'oubliera jamais. La compassion d'autrui est venue toucher l'amour *agapè* prisonnier dans nos entrailles – notre vérité la plus vraie ! « *Agapè*, la douce tendresse, la tendresse forte et impitoyable au mal, le soin, la cordialité, la bienveillance, la vraie largeur d'esprit, l'inlassable patience de ce non-jugement créateur qui ne se résigne jamais, qui espère toujours et toujours que viendra à la lumière et à la communion des humains cette part imputrescible qui est en chacun sa divine vérité[66]. »

Le tout Autre

Selon la tradition chrétienne, c'est Jésus qui nous fait connaître l'Amour. Parce qu'il a passé toute sa vie dans ses bras, comme l'affirme l'évangéliste Jean : « Dieu, personne ne l'a jamais vu. Un fils unique qui est dans le sein maternel du Père, lui, l'a ex-pliqué[67]. » Exit toute théologie ou toute science qui ferait de Dieu un objet de connaissance ! Ensuite, « unique », [monogenès]*, signifie « celui qui est seul de son espèce », qu'on ne peut confondre avec aucun autre. Voilà un homme parfaitement différencié de ses proches biologiques, qui est et demeure à la source de l'Amour : « dans le sein maternel du Père » ! Et qui donc peut nous la faire connaître, cette source. Nous montrer comment devenir à notre tour « fils ou fille unique », capable d'assumer qu'il ou elle est « seul-e de son espèce » – unicité sans laquelle l'amour n'est pas encore l'amour.

Il devient donc possible de se tenir « dans le *sein maternel* du Père » : [kolpos], c'est le sein de la mère ou de la nourrice, le ventre, les entrailles. Présence divine à la fois féminine et masculine**. Sollicitude parentale dont on peut

---

* Dans les manuscrits, on trouve quatre variantes de ce verset, mais le mot « unique » y figure chaque fois.

** Ainsi s'exprime un Père de l'Église, Clément d'Alexandrie, à la fin du IIe siècle : « Le Logos (la Parole) est tout pour le tout-petit, à la fois père, mère, pédagogue et nourricier (…) La nourriture, c'est le *lait du Père* (…) Lui seul, comme il est naturel, donne en abondance aux tout-petits que nous sommes le lait de l'amour ; et seuls sont réellement bienheureux ceux

faire l'expérience auprès de quiconque se tient, comme Jésus, au bon endroit. Divine douceur dont Maurice Bellet a parlé de manière bouleversante sur un lit d'hôpital : « La divine douceur (...) est une main douce et maternelle qui sait, qui conforte, qui répare sans heurt, qui remet dans la juste place. C'est un regard comme celui de la mère sur l'enfant naissant (...) Elle est ferme comme la bonne terre sur qui tout repose (...) Elle est constante comme la parole du père qui ne plie pas (...) La divine douceur est une douce fermeté, car pas un instant elle ne blesse le cœur de l'homme, où il trouve vie (...) C'est la ferme douceur, paternelle et maternante : elle veut la vie, elle veut le sain et sauf, elle redresse le tordu, rafraîchit le brûlant, réchauffe le glacé, dénoue le nœud d'angoisse, éveille ce qui est mort[68]. »

Mais [kolpos], c'est aussi le pli d'un vêtement. Selon Jean, en vivant comme il a vécu, Jésus nous a fait connaître l'Amour. Il l'a « conduit hors » de ce pli où il demeurait caché. En somme, il l'a ex-pli-qué*. Aujourd'hui encore, « Dieu » peut nous devenir compréhensible dès qu'un être humain, en s'inspirant de Jésus, se tient seul, unique, différencié « dans le sein maternel du Père » – dans la divine douceur – et nous donne envie d'y être. C'est bien beau,

---

qui sont allaités par ce sein (...) C'est de là que vient le verbe *masteusai* pour dire "chercher", car c'est aux tout-petits qui cherchent le Logos que les mamelles de la bonté (*philanthropia*) du Père fournissent le lait » (*Le Pédagogue*, livre I, VI, 42.3, 43.3 *sq.*, 46.1 ; trad. M. Harl, Paris, Le Cerf, coll. « Sources chrétiennes » 70, 1960, p. 187-195).

* Le verbe [exegeomai], qui a donné « exégèse », signifie « conduire hors de, exposer en détail, expliquer, interpréter ». Et dès le XIVe siècle, en français, « expliquer » est utilisé au sens de « déployer », à cause du latin *explicare*, « déplier ».

dira-t-on, mais personne ne peut vivre ainsi vingt-quatre heures sur vingt-quatre. Bien entendu. Voilà pourquoi j'entends avec soulagement, chez le même évangéliste, que « Dieu *est* amour[69] » et que nous, les humains, nous « avons » l'amour. « Nous les premiers fruits du souffle d'amour[70] ». Nous ne *sommes* pas amour, nous n'avons pas même le souffle d'amour : nous avons seulement des moments où il nous traverse, nous habite, nous transforme. Alors je savoure la liberté de laisser Dieu seul « être » amour.

Pour Séraphim de Sarov, ce grand spirituel russe du XIXe siècle, la vie chrétienne n'avait qu'un but : « avoir », acquérir le souffle d'amour. C'est dans l'esprit de Jean, qui dans le domaine des choses essentielles affectionnait précisément ce vocabulaire de possession : « avoir l'amour de Dieu » ; « avoir la Parole de Dieu » ; « avoir la paix » ; « avoir la grâce » ; « avoir la lumière » ; « avoir une communion avec Dieu »[71]. Il suffit de faire une seule expérience de cet ordre et on la garde dans sa mémoire vive : on l'« a » pour la vie ; rien ni personne ne peut s'en emparer.

Pour ma part, cela me console de ne pas être amour. Je dirais même que cela me stimule. Ce que j'ai me pousse à en avoir davantage. La prise de conscience passagère d'un amour tout Autre en moi me révèle un potentiel inexploité. L'écho de la parole « Dieu est amour » n'en finit pas de dénicher ce qui n'est *pas* amour en moi. Il me souffle à l'oreille que Dieu seul *est* amour, que je ne le suis pas et ne le serai jamais complètement, que dans toute relation il y a de la non-relation, dans tout amour du non-amour. Et cela ne me désespère pas : à moi de réduire au maximum ma part inauthentique. Il me suffit que Quelqu'un soit amour de A jusqu'à Z, et que je puisse avancer dans cette direction. Pensée qui me conforte sur mon chemin d'humanisation.

Autre manière d'entendre « Dieu est amour » : il n'est rien qu'amour. Ce qui nous engloutit et nous détruit n'est donc pas de Dieu. Lui est tout autre que la violence, la malveillance et l'hostilité qui régulièrement s'emparent des individus et des sociétés. Pourquoi Jean a-t-il affirmé : « Dieu est amour », « Dieu est souffle », « Dieu est lumière »[72] ? Comment cela lui est-il venu ? Traditionnellement, on a pensé qu'il était ce disciple bien des fois mentionné dans l'évangile mais jamais nommé – « le disciple que Jésus aimait ». Pour moi, cela ne signifie pas que Jésus n'aimait pas les autres, c'est plutôt l'indice que cet homme-là s'est particulièrement senti aimé, aimé d'*agapè*. Au point de se comprendre lui aussi comme « fils unique », seul de son espèce, et de goûter à la tendresse maternelle du Père. Sans doute Jésus lui avait-il communiqué sa propre expérience d'un Dieu tout Autre – souffle d'amour donnant inlassablement vie aux relations, vérité travaillant les humains jusqu'à les transformer en « lumière » pour les autres.

Les souvenirs étaient assez frais pour que le christianisme ancien, notamment en Syrie, évoque le souffle d'amour sous des traits maternels. C'est qu'il s'agissait de nouvelle naissance : naître à l'Amour. On trouve ces mentions dans des textes apocryphes tels que l'évangile de Thomas ou l'évangile des Hébreux ; chez saint Jérôme ; dans *Le Chant de la Perle*, un écrit gnostique qui parle de Dieu le Père, du Fils, et du Souffle saint qui est la Mère ; dans la version grecque de cet écrit (« Viens, Mère miséricordieuse... ») et dans ses traductions syriaques. Par la suite, la grande Église combattit ces images maternelles du souffle d'amour, mais les Pères syriens les gardèrent, par exemple dans les homélies de saint

Macaire, que Zinzendorf reprit au XVIIe siècle en Allemagne pour réaffirmer la fonction maternelle du souffle d'amour. « Ce qu'il y a de maternel dans l'œuvre de l'Esprit (du Souffle) est perceptible dans ses aspects de tendresse et de sympathie », écrit Jürgen Moltmann[73]. Il est certain qu'en Occident la mise à l'écart des femmes et l'évacuation de ce qui touche à la féminité ont rapidement fait perdre de vue le « sein maternel du Père ». D'où la représentation habituelle d'un « Dieu » sans souffle, inamovible, rigide, écrasant. On commence à peine à en sortir.

Moltmann note avec raison que bien des personnes expriment leur expérience du souffle par ces simples mots : « Dieu m'aime*. » Toutefois, quand j'entends « Dieu n'est qu'amour », je discerne aujourd'hui un sentier escarpé, semé d'embûches et de défis, plutôt qu'une autoroute et une conduite automatique. Parce que cet Amour-là est parfaitement différencié, pur de tout mélange, et que se mettre dans son sillage n'est pas de tout repos ! On fait connaissance avec ce Dieu-là dans la mesure où l'on apprend à sortir de sa confusion, de ses compromissions et contradictions. Le souffle d'amour, si et seulement si nous y consentons, nous entraînera vers notre complète différenciation, donc vers notre solitude. Par moments ce sera rude, comme la vie quand elle naît.

« Pas de peur dans l'amour ; mais l'amour accompli (celui qui va jusqu'au bout pour n'être qu'amour) jette dehors la

---

* Moltmann, p. 18. « En parlant d'"expérience de l'Esprit" (du Souffle), j'entends par là une perception de Dieu dans, avec et sous l'expérience de la vie, qui nous donne la certitude de la communion, de l'amitié et de l'amour de Dieu » (p. 37).

peur parce que la peur a un châtiment ; celui qui a peur n'est pas accompli dans l'amour[74]. » Or, dans les versets précédents, Jean parlait de ce Dieu qui, au-dedans de nous, « accomplit l'amour », le fait grandir et l'amène à maturation*. Violence bénéfique, à nouveau : l'Amour, en nous, « jette dehors » ce qui est incompatible avec lui, comme Jésus disait être venu pour « jeter » l'épée sur la terre – même verbe, [ballein], gros de radicalité. Personnellement, je n'ai jamais l'impression d'initier moi-même un tel processus d'« accomplissement ». Il m'est seulement demandé, régulièrement, si je veux bien lui donner mon accord.

Selon la tradition chrétienne, on connaît Dieu uniquement par le souffle d'amour qui a animé Jésus… et, après lui, ceux et celles qui consentent à se laisser déplacer, traverser, habiter par lui. Le mieux serait donc de renoncer à se représenter « Dieu ». Et de renvoyer dos à dos le Juge qui condamne sans pitié *et* le Papa gâteau qui noie le poisson et avale à peu près n'importe quoi pour « avoir la paix » ! Deux caricatures de l'Amour : celui qui détruit par besoin de posséder, celui qui détruit par incapacité à sortir de la confusion.

C'est le *tout Autre* qui est Amour. La pire violence – le non-amour le plus dévastateur – c'est, je crois, le mensonge sur Dieu. On le prend en otage, on déifie son propre chaos, on broie les autres en son nom. Est-ce un hasard ? Un des témoins les plus impressionnants de la violence dans la Bible – le prophète Jérémie – est aussi un de ceux qui emploient le plus souvent le mot « mensonge ». « Il y a donc

* « Dieu, nul ne l'a jamais contemplé. Si nous nous aimons les uns les autres, Dieu demeure en nous et son amour est accompli en nous » (1 Jn 4,12).

nécessité de faire un couplage entre la violence qui s'exerce dans le meurtre et celle qui s'exerce contre la vérité*. »

Mais si « Dieu » est complètement Autre que nos représentations, qui nous le fera connaître ? Ne restera-t-il pas étranger, sans aucun point commun avec nous ? Non, si nous sommes attentifs à ce qui tressaille dans nos « entrailles » – quelque chose de neuf, d'insolite, d'autre que notre savoir sur nous-mêmes. Tressaillement bienfaisant, qui déjà nous rend plus vivants. Mais il nous aura fallu, auparavant, renoncer à le « connaître » par nous-mêmes. Laisser un Autre investir l'espace du non-savoir au-dedans de nous : « S'il y a un amour pur et exempt du mélange de nos autres passions, écrivait La Rochefoucauld au XVIIe siècle, c'est celui qui est caché au fond du cœur et que nous ignorons nous-mêmes[75]. »

---

* Paul Beauchamp, *in* Paul Beauchamp et Denis Vasse, « La violence dans la Bible », *Cahiers Évangile*, n° 76, Paris, Le Cerf, 1991, p. 27. Jérémie est aussi celui qui dénonce les apparences de paix : « Ils pansent à la légère la blessure de mon peuple en disant : "Paix ! Paix !", alors qu'il n'y a pas de paix » (Jr 6,14).

IV

Un partenariat qui a du souffle

Le manque, une bénédiction

La dynamique à l'œuvre en chaque être humain tente toujours à nouveau de réveiller en lui le désir de sortir de l'anesthésie ou du « je te haime ». De notre côté, voulons-nous autre chose qu'être pris dans la glace mortelle de la non-relation ou fusionnés avec un proche dévorant et dévoré ? Aspirons-nous ardemment à un amour d'amitié où chaque partenaire disposerait de son espace inviolable tout en savourant l'authenticité du lien ? Je dis « amour d'amitié » parce que l'expression convient à toutes les formes d'attachement, y compris amoureux et sexuel. J'y vois les fondations d'un véritable partenariat de base entre deux humains ou du moins un désir d'y parvenir, sans quoi l'amour, quelle que soit sa coloration, ne sera pas bon à vivre. Or, qui dit partenaire dit prise en compte de qui l'on est face à soi-même.

La solitude du « je »

C'est le lot de tous : nous commençons par être en fusion avec notre mère. Il nous faudra peu à peu trouver un chemin praticable jusqu'à un amour d'amitié respectueux de la différence entre autrui et nous-mêmes. Or, la perte d'un être cher, d'un travail, d'un objet, d'une relation, d'un organe, d'un animal, etc., nous plonge parfois dans un sentiment abyssal de manque. Le désarroi est tel que notre corps lui-même semble en manque. Et le désespoir n'est pas loin : impossible d'imaginer que nous pourrions nous passer un jour de ce que nous avons perdu. L'ampleur des dégâts nous fait mesurer notre degré d'attachement. Mais à mesure que le temps passe sans nous permettre d'intégrer un tant soit peu la perte, nous entrevoyons, rétrospectivement, combien nous étions dans la fusion. Comment en sommes-nous arrivés là ? L'expérience du vide, jusqu'ici, nous avait-elle été épargnée ? Ou, au contraire, avait-elle été si dévastatrice dans l'enfance que nous avions tout fait pour le combler ?

Je vois deux cas de figure extrêmes, avec tout un éventail entre les deux. D'un côté la surprotection : on s'ingénie à combler l'enfant, répondre à ses désirs, le protéger de la souffrance. Il ne fait quasiment pas l'apprentissage de la frustration, de la séparation, de l'absence même momentanée du parent. En fait, on lui ment sur la condition humaine. Le malheur, en particulier la mort – l'absence définitive ! –, va le catapulter dans une solitude intérieure qu'il n'a jamais appris à peupler. Il n'a jamais su par expérience que l'être aimé pouvait être présent *autrement*, au sein même du manque. À l'opposé, l'enfant dévasté par le manque d'amour passera sa vie à tenter, sans le savoir, de reprendre les choses à zéro. Hanté par un amour comblant qu'il n'a jamais eu, se lançant plein d'espoir dans chaque nouvelle relation pour le trouver enfin, aussi beau que dans ses rêves, il ira d'échec et échec. Avec le risque, pour finir, de jeter le bébé avec l'eau du bain : « Ils avaient bien raison. L'amour, c'est du baratin. On doit se débrouiller tout seul. Il n'y a personne. » À lui aussi on a menti sur la condition humaine. Ce n'est pas la vie qui est ainsi, ce sont les personnes responsables de l'enfant qui ne lui ont pas donné de quoi grandir. Un minimum d'amour gratuit aurait suffi.

Entre les extrêmes, disons que le simple fait pour l'enfant de rencontrer des limites lui fait faire connaissance avec un territoire qu'il est seul à occuper. Par exemple, la prise de conscience d'être un garçon ou une fille. « Sexe » vient du latin [secare], « séparer ». C'est la découverte, en étant séparé de l'autre sexe, qu'on appartient uniquement au sien, et, par là, l'abandon d'un fantasme de complétude. Certains, adultes, n'ont pas encore fait le deuil d'être complets. En fonction des événements plus ou moins dramatiques de l'enfance, on peut vivre des années sans savoir, dans son inconscient, si l'on est un homme ou une femme. Les rêves de confusion, à ce sujet, sont légion. Il faudra beaucoup de temps pour s'approprier son sexe, l'aimer et le valoriser pour lui-même.

J'ai été moi-même témoin de la souffrance d'un petit garçon découvrant qu'il ne pourrait jamais avoir de bébé dans son ventre, « même quand il serait grand ». Mais il allait pouvoir s'identifier à son père. Cependant, « toute identification est une amputation, un renoncement à devenir quelqu'un d'autre, à réaliser une autre possibilité de soi[1] ». On peut trouver la trace d'une complétude imaginaire toute-puissante dans le besoin qu'a l'adulte de prouver la supériorité de son sexe. Mais non, il n'est qu'un homme, il ne sait pas par expérience ce qu'est une femme, et vice versa. Aucun des deux n'est habilité à parler à la place de l'autre. En revanche, il n'est qu'un homme mais il en est tout un, elle n'est qu'une femme mais elle en est toute une : chacun peut découvrir là une plénitude qui cette fois n'est pas fantasmatique.

Normalement, dans une situation de frustration, le bébé s'aménage un « espace transitionnel », pour reprendre une expression du célèbre pédiatre Donald Winnicott : il trouve en lui-même de quoi répondre au manque, par exemple en parlant à sa poupée, à son nounours. Ainsi apprend-il à se re-présenter sa mère absente : elle est présente autrement puisqu'il peut continuer à lui adresser ses sentiments au travers de la poupée, du nounours. Il arrive que l'adulte en période de grande perte retrouve la mémoire de ce comportement salvateur. Cela a été mon cas, comme celui de nombreux parents pleurant la mort de leur enfant. Pour avoir passé des heures avec un coussin dans le creux du ventre, je relis différemment aujourd'hui ce qui arrive à l'enfant dans ces moments-là : l'espace transitionnel ne serait-il pas habité par une Présence muette, à jamais indicible, seule capable d'endiguer la dévastation du manque ?

Il n'y a pas d'âge, je crois, pour apprendre à assumer que chacun est fondamentalement seul, même au sein de la relation la plus réussie, la mieux aimante, même dans l'intimité de l'union sexuelle. Seul pour une bonne raison : malgré une telle proximité, la femme est incapable de savoir ce que ressent l'homme dans son corps et vice versa. À ce sujet, Julia Kristeva parle de « l'abîme qui sépare les sexes » : « L'amour serait de toute façon solitaire parce qu'incommunicable. Comme si, au moment même où l'individu se découvrait intensément vrai, puissamment subjectif, mais violemment éthique parce que généreusement prêt à tout faire pour l'autre, il découvrait aussi l'enclos de sa condition et l'impuissance de son langage. Deux amours ne sont-ils pas essentiellement individuels et donc incommensurables, condamnant ainsi les partenaires à ne se rencontrer qu'à l'infini[2] ? » De son côté, le philosophe juif Emmanuel Lévinas écrivait ceci : « L'altérité et la dualité ne disparaissent pas dans la relation amoureuse (...) Le pathétique de la relation érotique, c'est le fait d'être deux, et que l'autre y est absolument autre[3]. »

Quelle serait notre motivation pour faire face à la solitude ? L'envie de ne plus être dépendant – d'un proche, du regard des autres, d'un produit de « remplissage » (drogue, alcool, sexe, nourriture, etc.). Le désir d'être libre, de tenir debout tout seul, donc de ne plus s'aplatir devant autrui. L'aspiration à des liens affectifs épanouissants. Et qu'est-ce qui peut motiver un enfant ? C'est quand on valorise l'homme ou la femme qu'il ou elle va devenir. Dès 1939, Françoise Dolto avait forgé la notion de « castration primaire » pour dire la nécessité bénéfique d'appartenir à un seul sexe. Il faut, disait-elle, communiquer avec l'enfant à propos de son désir. Grâce au langage « qui est la représentation ou la fabrication de ce qu'on n'a pas »[4]. Ailleurs, elle notait ceci : « Les paroles vraies qui réfèrent la conformité de son sexe à un avenir de femme ou d'homme, c'est cela qui donne valeur de langage et valeur sociale à son sexe et à lui-même. » Dans la plupart des cas, grâce à un entourage qui permet à l'enfant l'intelligence de ce qu'il observe, et qui l'aime comme futur homme ou future femme, il accepte la castration primaire. Il faut, conclut-elle, rappeler au garçon comme à la fille que les deux sont nécessaires pour concevoir et avoir des enfants[5].

Mais quand les parents ont refusé le sexe de l'enfant, ont persisté dans ce refus ? Le travail d'acceptation peut alors s'effectuer à l'âge adulte avec d'autres personnes, y compris un-e professionnel-le de l'accompagnement qui veillera à cette valorisation du sexe d'appartenance. Mais le renoncement à l'autre sexe sera d'autant plus douloureux que le sien a été constamment dénigré. On peut avoir vécu des décennies en détestant être un homme ou une femme. Pas étonnant qu'on ait « aimé son prochain comme soi-même » : en détestant les hommes ou les femmes qu'on avait en face de soi ! Comment aimer un sexe que les plus proches ont haï ? Intégrer l'immense solitude de l'enfant qui ne comprenait pas la raison d'un tel rejet ? Entendre que c'est bon d'être un homme, bon d'être une femme ?

Je crois que, globalement, on a tendance à sous-estimer la fécondité de l'amitié. Pour Élie Wiesel, « l'amitié ne signifie jamais autre chose que le partage (...) Ce que c'est qu'un ami ? C'est celui qui pour la première fois te rend conscient de ta solitude *et de la sienne* et t'aide à t'en sortir pour que, à ton tour, tu l'aides à s'en sortir[6] ». Si je souligne, c'est que quelque chose de profondément guérissant advient dans la réciprocité du partage. On consent plus aisément à sa propre solitude en sachant qu'autrui est lui aussi confronté à la sienne. On sort de sa cellule, on n'est plus celui ou celle qui « a des problèmes », on fait soudain partie des humains qui tous ont des problèmes ! Bien des fois j'ai pu constater le soulagement provoqué chez une personne souffrante en face de moi quand je lui faisais part – sans lui « raconter ma vie » – de mes propres combats, si proches des siens. Quand la réciprocité s'instaure entre deux amis, ou même au sein d'un couple, elle favorise un riche processus d'humanisation. Elle démolit au-dedans de soi les personnes modèles qui, elles, auraient tout résolu, facilement accepté leur solitude, surmonté le manque sans y penser. « Ah bon, toi aussi ! » Oui, comme tout le monde ! On se retrouve entre humains bien réels, encouragés par les avancées des uns ou des autres, chacun sur son chemin.

Il y a toujours quelqu'un qui « est passé par là », qui par amitié nous en parle, qui dans la proximité née du partage nous aide à aller de l'avant. L'enfant, lui, en bénéficie quand le parent, heureux d'être homme ou femme, lui donne déjà le goût de la rencontre avec l'autre sexe. « L'enfant fera tout pour ressembler au parent du même sexe et pour se rassurer (...) Une bonne différenciation sexuelle sert de base à la reconnaissance ultérieure des similitudes profondes entre les sexes. Plus un être se sent sécurisé dans le sentiment d'appartenir à son propre sexe, plus il peut affronter les différences sans se sentir menacé. » L'homme confiant dans sa virilité peut accueillir ses propres qualités dites « féminines » et vice versa[7]. Le parent adoré, l'ami idéalisé, le thérapeute parfait, tous ont dû affronter la frustration et le manque. Mais chacun témoigne qu'en consentant à sa solitude, il a gagné en confiance en soi, s'est senti autorisé à exister par lui-même.

La découverte qu'on est fondamentalement seul débouche sur la rencontre, au moins potentielle, d'innombrables « seuls ». Solitude qui commence par isoler. Mais voilà que partagée avec autrui tout aussi radicalement seul et qui ne *peut* pas y remédier, elle donne du fruit contre toute attente : « Le vrai amour ne prend rien ; il vous laisse même à votre solitude, la bonne solitude où vous pouvez aller par vous-même, in-dépendant. Mais le vrai amour ne vous abandonne jamais. Ainsi la parole aimante est-elle comme une demeure où nous pouvons habiter jusque dans l'errance[8]. » C'est que l'ami, le parent, l'accompagnant nous laisse affronter notre solitude sans jamais nous perdre de vue. Ce n'est pas le mari qui accouche, la femme est seule à vivre ce qu'elle vit, mais il est là. Notre proche est seul en train de mourir mais nous sommes à son chevet.

Chacun traverse sa solitude mais c'est toujours pour rendre le lien viable et vivant. « Il n'est pas bon pour le terrien, le glébeux (l'*adam*, littéralement : la créature terrestre, pas encore sexuée) d'être lui seul[9] », dit Dieu juste après avoir évoqué le mal et la mort. Première expérience « pas bonne » aux dires même du Créateur (si l'on compare aux sept « c'était bon » de Gn 1), la solitude nous est congénitale : nous sommes venus au monde avec *nos* caractéristiques uniques, personne ne peut se tenir avec nous à l'intérieur de *nos* limites, voir le monde de là où nous nous trouvons ! Mais dans le récit biblique, à peine cette réalité est-elle mentionnée, la voie est barrée à l'isolement ; la créature terrestre est destinée à rencontrer un autre que lui et à se lier à lui : le travail créateur va jusque-là !

Cependant, avant même de savoir s'il est un homme ou une femme, l'humain aura enregistré l'espace désert entre lui et le monde autre. Expérience dont il ne gardera pas un souvenir horrifié si une voix est parvenue jusqu'à lui, franchissant le vide. Voix humaine, que nous avons évoquée. En même temps, souffle d'amour que pressent la « créature terrestre », du fond de sa solitude : « ce n'est pas bon », cela ne durera pas. « Le jour où nous comprenons que cette faille incurable entre les autres et nous est le lieu de ce qui nous fait, à travers tous les amours, toutes les influences, tous les rodages, le nous-même que nous sommes, quand nous comprenons que c'est en ce même lieu que Dieu nous parle en nous appelant par notre nom, nous avons opéré le grand retournement qui fait de la solitude mauvaise la solitude bénie[10]. » Et nous pouvons entrevoir le Seul – à la fois parent attentionné, ami fiable, thérapeute ferme et compétent, amour étranger à toute confusion, toute dévoration. « Viens, toi le Seul, au seul, puisque tu le vois je suis seul. Viens, toi qui m'as séparé de tout et fait solitaire en ce monde. Viens, toi devenu toi-même en moi désir, qui m'as fait te désirer, toi l'absolument inaccessible. Viens mon souffle et ma vie ! » Ainsi s'exprimait aux environs de l'an mil un grand mystique de l'Église d'Orient[11].

Combler le manque ou traverser la peur ?

Se tenir seul devant Dieu, appel qui hante la Bible. Pour une raison fort simple : dans la foule, comment pourrais-je entendre ce que me confie le souffle d'amour ? À la fois ce qu'il me dit de ma vérité irremplaçable et la tâche unique qu'il me pousse à accomplir au long de mes jours – ma manière propre de répondre de qui je suis, de mes choix, de mes actes ? On ne dira jamais assez que le Dieu biblique ne fait pas alliance avec des couples ou des familles mais d'abord avec des individus : Abraham, Moïse, Marie, Marie de Magdala… « *Toi*, disait Jésus, toi, fais route avec moi ! » C'est *ton* désir qui m'importe : « Veux-tu guérir ? Que veux-tu que je fasse pour toi ? » À chacun d'entendre, pour soi tout seul, l'invitation à aimer en vérité : « Que celui qui a des oreilles pour entendre entende ! »

Mais la plus petite avancée sur le chemin de solitude peut déclencher la peur panique d'être abandonné. C'est l'indice qu'on l'a déjà été. Bien des parents tombent des nues quand l'enfant devenu adulte leur révèle un sentiment abyssal d'abandon dans telle ou telle circonstance du passé familial. À en juger par l'omniprésence de la peur de l'abandon, je pense que la majorité des adultes, malgré leur bonne volonté, passent à côté du vécu de leurs enfants. D'une part, ceux-ci n'ont pas de mots pour le décrire et apprennent vite à ne rien montrer. D'autre part, comment les parents le devineraient-ils, y seraient-ils sensibles quand eux-mêmes ont étouffé depuis longtemps un vécu similaire ? On n'est pas sourd et aveugle à ce que vit son enfant sans être en même temps sourd et aveugle à ce qu'on a soi-même vécu enfant. C'est jusque-là qu'il nous faut chercher la racine du besoin de fusionner : le manque d'aujourd'hui est insupportable parce que l'abandon de jadis a été dévastateur ; dans le pire des cas, on en est carrément « mort » ; on fera tout pour combler le manque actuel plutôt que d'avoir à revisiter l'abîme qu'on porte en soi.

De nombreux couples, familles, amitiés sont ainsi parasités par une peur dont le ou les partenaires, souvent, ne sont pas même conscients. L'angoisse de perdre autrui, de manquer de lui, alimente alors des comportements de possessivité et de dévoration. Quand on s'en aperçoit et qu'on désire sincèrement grandir, devenir capable d'assumer le manque, la tâche paraît gigantesque. Je ne crois pas qu'on puisse y arriver seul. Le vertige est tel que l'existence de quelques autres bien différenciés constitue l'unique repère. Eux sont bien là, la relation avec eux tient bon, on peut descendre doucement dans ce vide redoutable qui n'est pas le leur.

Dans le récit de la Genèse, je constate que l'*adam*, la « créature terrestre », se réveille de sa « torpeur » en même temps que Dieu « fait venir » vers elle un autre être humain[12]. Donc, au moment même où l'humain prend conscience de son manque (symboliquement, il a une côte en moins), arrive quelqu'un qui lui ressemble : même « chair », même « os » ! Telle est bien notre expérience : pour regarder en face le vide et l'assumer, des semblables nous sont donnés avec lesquels nous pouvons nommer ce qui nous fait si peur. Dans le texte biblique, d'ailleurs, c'est là que l'être humain parle pour la première fois. Cela peut paraître paradoxal mais c'est la présence des autres, à distance, qui nous rend supportable le (re)vécu du manque. Comme je le disais plus haut, il y a toujours quelqu'un qui est passé par là. En d'autres termes, le courage nous vient parce que notre chemin est comparable au sien. Et c'est comme si un Amour nous précédait...

En langage symbolique, Gn 3 raconte comment Ève comble son manque – tente de le combler – en « consommant » son mari. Avec le fruit interdit, elle dévore en fait l'altérité de cet autre qu'elle s'est annexé : « Elle donne-aussi-à son homme-avec elle. Il mange*. » Pas de parole, pas de discussion d'égal à égal. De son côté à lui, c'est aussi la dévoration de l'altérité ; plus tard, il dira à Dieu : « Ta voix, *je* l'ai entendue dans le jardin. *J'*ai eu peur car *je* suis nu et *je* me suis caché[13]. » Comme si sa femme n'existait pas. Chacun fusionne donc avec l'autre.

Relevons plusieurs manières de pallier l'angoisse de l'abandon par la fusion. D'abord, le besoin incessant d'être rassuré sur la solidité du lien. On n'en a jamais assez – de déclarations d'amour, de relations sexuelles, de preuves de communion. Puis, besoin qui va souvent avec le premier,

* Gn 3,6. Les traits d'union figurent dans le texte hébreu, rendant la fusion encore plus évidente.

celui de combler le manque d'*autrui*. C'est Ève qui remplit son mari « pour son bien », parce qu'elle *sait* ce qui est Bon pour lui* – inutile de lui demander son avis ! De même, nous fusionnons avec notre conjoint, notre amie, notre enfant, notre parent quand nous ne supportons pas qu'il soit seul, livré à lui-même, abandonné. Ne s'agit-il pas plutôt de l'abandon qui est au-dedans de *nous* et que nous projetons sur autrui ? Nous dévorons alors son espace vital par hantise du manque. « Lâche-moi un peu », dit-il, et nous sommes blessés comme s'il rejetait notre amour. Mais c'est peut-être l'occasion d'entendre : « Occupe-toi plutôt de toi-même ! Quel vide intérieur fuis-tu ainsi ? »

Enfin, parlons de la compulsion à se laisser dévorer. N'est-ce pas une autre forme de fusion, donc de dévoration ? Nous formons alors une entité avec la personne qui nous dévore. On appelle souvent cela « amour », on va jusqu'à admirer ces couples si unis que chacun est toujours d'accord avec l'autre, aucun ne fait rien sans l'autre. J'aime bien que la cinquième des Dix Paroles dise clairement « honore ton père et ta mère » et non « tes parents » indifférenciés, bloc monolithique parlant invariablement d'une même voix. Pour ma part, je me suis laissé dévorer trop longtemps pour ne pas connaître le bénéfice de ma propre dévoration : elle servait à endiguer le raz de marée de l'abandon que je portais sans le savoir. Si seulement, en ce temps-là, quelqu'un m'avait questionnée : « Pourquoi te laisses-tu dévorer ? » Mais pour beaucoup, l'amour n'est rien d'autre que cette mutuelle dévoration. D'ailleurs, pour être honnête, je n'aurais sans doute même pas entendu la question !

* Elle mange de l'arbre à « connaître le Bien et le Mal » !

Cependant, il demeure que le proche peut fusionner exactement pour les mêmes raisons : il a réellement peur d'être abandonné et nous ne faisons pas que projeter notre propre peur du manque. Alors ? Je pense pour ma part avoir beaucoup avancé en constatant la vanité de mes efforts : je ne parviendrais jamais à le sauver de son abandon, malgré tout l'amour dont j'étais capable. Quand on lâche peu à peu le fantasme de remplir le vide en autrui, cela vaut désormais pour toutes les relations. Nombreuses sont les personnes qui auraient « donné leur chemise » pour combler leur mère ou leur père… et qui reportent ce fantasme sur leur enfant. À nouveau sans succès. Mais on rend vraiment service à son enfant quand on accepte son impuissance à lui éviter la douloureuse solitude. « La fiabilité d'une mère, écrit Nicole Jeammet, suppose qu'elle puisse ne pas se sentir détruite, ou simplement mauvaise, par son impuissance à combler[14]. »

Le temps et l'énergie jusqu'ici consacrés à éviter au proche l'expérience du manque sont alors réinvestis dans la problématique personnelle. Parfois, c'est l'inverse : en travaillant sur son propre abandon, on se voit désormais incapable de protéger autrui du sien. À mesure que la paix intérieure gagne du terrain, le fantasme de jadis vient davantage à la lumière : personne en définitive ne peut satisfaire pleinement personne. Denis de Rougemont en indique la raison : « Il n'y a personne au monde qui puisse me combler : à peine comblé, je changerais[15] »… et il faudrait recommencer.

Être définitivement « plein », ne plus rien désirer, n'est-ce pas la mort ? Théodore d'Édesse, un moine du IXe siècle à qui on attribue le *Théorètikon* ou « Discours sur la contemplation », voyait dans le flux divin (le souffle d'amour) la seule « nourriture » capable de répondre toujours à nouveau à notre manque, dans un « mouvement » qui renouvelle constamment le désir d'être rempli : nous pouvons « accomplir et parfaire par le flux ce qui en nous est insuffisant et imparfait (...) (Il) comble ce qui nous manque (...) C'est là un cercle éternel qui commence par le même et finit par le même. Car ce qu'il conçoit, il le recherche. Et ce qu'il recherche, il s'en réjouit. Et plus il s'en réjouit, plus il reçoit la force de le concevoir de nouveau. Et il recommence le mouvement immobile, qui est l'immuable immobilité »[16].

De nombreux auteurs ont vu dans l'acceptation du manque le point de départ de l'expérience du souffle d'amour. Manque et souffle particulièrement perceptibles dans le Cantique des cantiques, ce livre biblique où les amoureux ne cessent de se perdre, se chercher, se trouver, se perdre à nouveau : « À l'heure de la plus grande plénitude, soudain et paradoxalement le texte se met à déclarer l'expérience du manque » et il s'achève sur l'éloignement, la distance. C'est que, précise Anne-Marie Pelletier, « l'amour le plus authentiquement partagé ne peut faire que disparaisse une fondamentale solitude, celle où vient précisément se loger la relation de l'autre avec Dieu »[17] – avec le souffle d'amour, ce « mouvement immobile » qui nous fait deviner la présence de Quelqu'un.

Une histoire de côte

Pourquoi le manque fait-il mal ? Parce que auparavant il y a eu relation satisfaisante. C'est par rapport à un lien effectif et agréable qu'émerge le sentiment douloureux d'en être privé. Quand on nie cette souffrance (« un de perdu, dix de retrouvés », « même pas mal ! »), on s'installe dans un fantasme d'autosuffisance. Dans le pire des cas, on fait une croix sur tout amour ou amitié à venir. Le « pas besoin de lui, d'elle » se transforme peu à peu en « pas besoin des autres ». En revanche, accueillir avec lucidité la conscience du vide permettra de donner un lieu intérieur à son désir. Et la capacité d'aspirer au lien aimant restera intacte : on n'aura pas « perdu son âme », la part animée et vibrante de soi. Je ferais volontiers un parallèle avec l'ouverture au tout Autre. Beaucoup ont renoncé à lui faute de « l'avoir trouvé ». Fermeture du même ordre sans doute : « Je peux très bien vivre sans lui. » La seule question, ici aussi, est celle du désir. C'est de nous qu'il s'agit : voulons-nous définitivement murer cet espace intime où se meut notre quête d'un Amour comblant ? Si « Dieu » paraît souvent imaginaire, ce lieu de notre désir, lui, ne l'est pas.

Revenons à notre récit mythique de la Genèse. Ne dit-il pas, sur le mode symbolique, que le manque fait partie de notre condition humaine ? Qu'il n'est pas un malheur accidentel, donc évitable, dont quelqu'un serait coupable ? « Le Seigneur Dieu fait tomber une torpeur sur l'*adam*. Il s'endort. Il prend une de ses côtes, et ferme la chair sous elle[18]. » Encore une fois, l'*adam* c'est la créature terrestre pas encore sexuée ; elle va devenir un être humain viable, homme ou femme, *à cause du manque*. Le fait que juste après l'humain se met à parler rejoint l'observation de nombreux spécialistes de la petite enfance, à commencer par Françoise Dolto : il n'est jamais trop tôt pour parler à un petit d'homme, l'initier à devenir un véritable sujet parlant. C'est de première nécessité. Pourquoi ?

Je me demande si ce n'est pas précisément pour lui rendre l'expérience du manque supportable. Dès la naissance, il est régulièrement laissé à lui-même : sa mère, qui l'enveloppait de sa chaude présence depuis neuf mois, doit bien s'absenter de temps en temps. Il faut d'urgence lui parler vrai : Françoise Dolto observait que les nouveau-nés comprennent très bien et enregistrent ce qu'on leur dit, pour le meilleur et pour le pire. Sans ce langage qui humanise la souffrance en « remplaçant » provisoirement la mère disparue, l'expérience d'abandon devient une horreur au plus profond du nourrisson et, plus tard, elle le menacera de folie. Combien sommes-nous d'adultes à avoir revécu cette impression de devenir fou ? Dans le texte, le réveil de l'*adam* après sa torpeur s'accompagne immédiatement de l'arrivée d'un autre être humain et de l'accès à la parole. Rien n'est dit de la douleur du manque. Mais symboliquement elle est bien là, blessure dans la chair à l'endroit de la côte, expérience viscérale de l'abandon inscrite dans ce corps – temple du souffle d'amour[19] – qui seul garde la mémoire du passé enfoui.

Dans son interprétation de ce verset, un célèbre commentateur juif du Xe siècle, Rachi, voyait dans la côte un « côté ». Ce qui me fait penser à l'expression : « Je n'ai personne à mes côtés. » Pour valoriser la présence de quelqu'un à ses côtés, encore faut-il le désirer, lui faire de la place. Se lier d'amitié suppose un espace pour cela : on s'en aperçoit rétrospectivement. Mais le langage symbolique va plus loin : l'autre humain ne vient pas occuper le vide laissé à l'endroit de la côte ! Nos expériences bien réelles de plénitude, aux côtés d'une personne que nous aimons et qui nous aime, sont limitées dans le temps. Nous les apprécions d'autant plus qu'elles sont précédées et suivies de périodes qui nous renvoient à notre solitude de base. Comme l'écrit Ricœur, « le manque habite le cœur de l'amitié la plus solide » pour deux raisons : nous avons besoin d'amis parce qu'il y a quelque chose d'« actif et d'inachevé dans le vivre ensemble » et, en outre, nous sommes confrontés à une « sorte de carence ou de manque qui tient au rapport même du soi à sa propre existence »[20].

C'est ainsi que l'expérience douloureuse du manque peut se muer en bénédiction, pourvu qu'on persévère dans l'aspiration à nouer des liens affectifs enrichissants. Jusqu'ici, nous disions : pas de communion, partage, convivialité, relation aimante sans la contrepartie d'une solitude ineffaçable. Nous pouvons ajouter maintenant : pas d'expérience d'absence d'autrui, d'abandon, d'isolement, sans voie d'accès à la communauté des humains *grâce à la parole échangée*. Il en a été ainsi dès le berceau : « C'est l'absence qui conduira (l'enfant) à construire progressivement l'identité du parent, à devenir conscient de l'écoulement du temps et qui le préparera à l'acquisition du langage. Cette même absence inévitable, aussi provisoire soit-elle, le rendra peu à peu sensible à son incomplétude originelle, au fait qu'il ne forme pas un tout autosuffisant » – incomplétude « inguérissable » car autrement nous serions « guéris aussi de notre humanité »[21].

Quand et comment décide-t-on de ne plus fuir systématiquement la souffrance du manque ? Je pense qu'on y est contraint par les événements. Il vient un moment où l'on ne peut plus colmater. À moins de s'interdire de penser par tous les moyens (et il y en a !). Mais qui nous aidera à nous tenir « dans le lieu du Manque, cet espace austère sans certitudes, sans réassurances faciles, sans réponses immédiates » ? « Celui qui a connu le désert et Gethsémani nous soutient dans ce lieu aride, répond Macha Chmakoff. Là le sujet peut être révélé à lui-même progressivement (...) Découvrant ce qu'il n'est pas et laissant advenir ce qu'il est »[22].

Parfois nous pouvons nous identifier aux disciples endormis, incapables pour le moment de rester « éveillés », conscients de la disparition imminente de leur maître et ami – disparition qui va d'autant plus les dévaster : c'est que « la tentation est toujours présente de fuir le lieu du Manque[23] ». Mais à d'autres moments, nous sommes « en agonie » – nous allons mourir de l'absence de la personne aimée – et soudain l'homme de Nazareth est « à terre » à nos côtés dans ce jardin des Oliviers, lieu de tous les abandons*.

Mais comment une telle proximité salvatrice est-elle possible pour quelqu'un qui n'a jamais entendu parler de Jésus ? Là encore, si un proche ayant passé par là sans en mourir est assez aimant pour demeurer auprès de lui – pas à sa place – et l'assurer, sur la base de son expérience, qu'on peut en sortir, je vois là le souffle d'amour : celui de Jésus lui-même. N'avait-il pas promis qu'il serait « dans le plus petit de ces frères », la plus petite de ces sœurs, même celui ou celle qui, dans son dénuement, ne peut offrir à autrui souffrant que les mots approximatifs posés sur sa propre expérience ? Personnellement, j'avais bien entendu parler de Jésus mais je n'aurais jamais pu supporter le revécu de

* Cf. Lc 22,44 : « Il entre en agonie [agônia] et prie ardemment. Sa sueur devient comme des gouttes de sang tombant à terre » (traduction André Chouraqui).

l'abandon sans ces êtres de chair et de souffle qui, ayant traversé un désert similaire, me le disaient en toute humilité.

Plusieurs mères m'ont confié avoir « trouvé Dieu » à la suite du décès de leur enfant, au fond de leur abîme. Dans le texte de la Genèse, on a vu l'expérience du manque coïncider avec l'arrivée d'un être humain à la fois autre et semblable. Je dirais maintenant ceci : la perte d'un enfant creuse en nous un vide que rien ni personne ne peut remplir à vues humaines. Pour combler l'immensité de l'absence, il faudrait quelqu'un d'immense. Certains ironiseront : on se fabrique cet Immense pour se consoler. Ces femmes disent autre chose : elles ne s'y attendaient pas du tout puisque, étant athées, elles n'en avaient pas la moindre idée. Mais elles ont eu le courage d'aller jusqu'au bout de leur agonie. Elles ont vu s'approcher Quelqu'un, à la fois tout autre et semblable. Elles ont senti qu'il habitait leur gouffre béant, qu'il les y précédait : « Dans tes entrailles je suis tout Autre », sans aucune connivence avec la mort. À leur grande surprise, elles y ont retrouvé, sain et sauf au royaume de l'Amour, l'enfant dont elles s'étaient senties abandonnées et qu'elles se reprochaient d'avoir abandonné.

Troublante alchimie entre l'invitation à visiter notre manque dans tous ses recoins et la découverte d'un Visiteur qui en avait fait sa demeure. En d'autres termes, ce qui nous appartient, c'est ce consentement, dans la douleur, à épouser notre vide – à rester ainsi béants, en attente du proche absent… L'absent peu à peu se fond dans l'Absent. Et c'est l'expérience d'un Amour qui recueille et contient la personne aimée, tous nos êtres chers, au cœur même de notre béance. Grâce au souffle d'amour, l'abîme de l'absence se remplit de l'amour abyssal.

En écho à cela, David Banon donne un commentaire passionnant du Targoum Onkelos. Il s'agit du fameux verset : « Tu aimeras le Seigneur ton Dieu de tout ton cœur... » Le texte du Targoum utilise un autre verbe hébreu pour « aimer* » : « *Tu deviendras matrice* pour le Seigneur ton Dieu, de tout ton cœur, de toute ton âme (...) Cette racine désigne (...) la capacité de l'utérus de concevoir le fœtus. L'amour, ce serait donc la capacité de s'entrouvrir, de faire un vide au sein de la personne, la capacité de concevoir l'autre en soi ou de s'ouvrir à un autre que soi. Ce désir de l'autre, qui creuse au lieu de combler, est une dimension insoupçonnée que le Targoum dévoile par sa traduction » (du texte hébreu)[24]. Dans mes mots, aimer serait garder la béance qu'a laissée la personne absente... et attendre l'Absent « plus que les gardes n'attendent l'aurore[25] ».

Les renoncements essentiels

Le célèbre hymne paulinien à l'amour *agapè* s'ouvre sur la patiente bonté ou bienfaisance, et s'achève sur la vérité dont l'amour sans conditions est indissociable[26]. Entre les deux, l'apôtre énumère tout ce que l'amour ne fait pas. Sept verbes au négatif, suggérant « le temps du renoncement, nécessaire au dépassement », le travail au cours duquel « le sujet se dessaisit » pour pouvoir goûter à l'amour *agapè***.

---

* Au lieu de la racine ['ahav], la racine [ra*h*am] qui signifie quelque chose comme « devenir matrice », [re*h*em] étant l'« utérus », la « matrice ».

** Cf. Combet-Galland, p. 189 *sq.*, 201, 205. Selon cette bibliste, le huitième verbe au négatif montre comment l'injustice redouble le mal et comment aussitôt l'amour applaudit à la vérité.

Autrement dit, il s'agit de déparasiter l'amour de ce qu'il n'est pas. Si lui-même, en son mystère, n'est pas œuvre humaine, en revanche, renoncer à ces comportements qui le mettent en péril est à la portée de tous. Le chiffre 7, qui dans la Bible indique l'accomplissement, l'achèvement, évoque pour moi une tâche à mener jusqu'au bout. On ne renonce pas *un peu* à un dysfonctionnement qui péjore les relations, on y renonce ou alors on n'y renonce pas. Mais il suffit d'une fois et le bénéfice apparaît aussitôt : un espace s'ouvre où l'on est seul, mais il y flotte un parfum de liberté ; on pressent qu'il est juste d'agir ainsi ; on entrevoit combien le comportement qu'on a commencé à lâcher menait dans l'impasse.

1) Renoncer à absolutiser la relation. « Mon mari est tout pour moi » : je plains le mari. Mais pauvre épouse aussi : elle n'a pas fini de souffrir. Toutefois, l'absolutisation est sans doute inévitable dans un premier temps : un grand amour, une nouvelle amitié, le premier enfant, c'est souvent un tel éblouissement qu'on a l'impression d'être de plain-pied avec l'Amour. Je crois qu'il en est bien ainsi : encore une fois, « le royaume de (l'Amour) vous a atteints, rejoints », comme disait Jésus. On goûte alors à l'amour inconditionnel, cette joie indescriptible d'aimer et d'être aimé sans arrière-pensée, sans menace, sans effort. Don à l'état pur. Expérience à ne pas dénigrer par la suite, quand surgiront frustrations, limitations et déceptions : on a bel et bien été « touché » par l'Amour, on ne s'est pas trompé. Il ne s'agira pas de renoncer à lui, qui peut parfaitement continuer à nous effleurer de son souffle infatigable, quand il veut, quand il peut.

Mais il importera de ne plus confondre la personne aimée avec l'Amour : attendre d'elle le tout de l'Amour. Cesser de lui reprocher de ne pas étancher sa propre soif d'amour absolu. Consentir à ce qu'elle soit seulement un être humain. Lui laisser la liberté de devenir *tout un être humain* ! Personnellement j'ai reçu de mon conjoint, dans les premières années de notre vie de couple, une expression que j'ai mis longtemps à comprendre et faire mienne : « l'absolu dans le relatif », l'Amour libre comme le vent faisant irruption au beau milieu d'une relation, aimante certes, mais exposée aux aléas de la vie, confrontée à toutes sortes de limites ; bref, un amour relatif, étranger au triomphalisme, laissant l'Amour le traverser aussi souvent que possible.

L'effort porte donc sur le désencombrement : alléger la relation de ce poids écrasant qu'est l'attente illusoire d'un amour humain absolu. Si Dieu et lui seul est Amour, comme le dit l'évangéliste Jean, c'est une chance pour la personne que nous aimons : elle a le droit de ne pas être Dieu, de Le laisser répondre à notre besoin d'être parfaitement compris, crus, entendus, accueillis sans réserve, valorisés et désirés. Nous n'exigeons plus de l'être aimé qu'il calme notre faim de communion. Mais l'Amour qui souffle entre nous n'est pas non plus un dû. Ainsi, quand il survient, nous l'accueillons chaque fois comme un cadeau inattendu. Shmuel Trigano parle de « l'illusion de l'absolu si fréquent dans l'amour, de son unité toute faite qui se révélerait mystérieusement et sans l'effort des sujets (...) Pour éviter la fusion dans l'union, dit-il, il faut justement préserver *l'étrangeté de l'unité dans la réunion*. C'est ce que rend possible l'alliance dans ses deux temps de cassure et de ré-union[27] ».

2) Renoncer à l'autre imaginaire. Comment sait-on que le lien aimant est parasité par une image idéale de l'autre ? C'est qu'on a mal à l'altérité de la personne aimée. Elle est toujours autre que ce que nous aimerions qu'elle soit, ailleurs que là où nous la voudrions. Nous allons de déception en déception, persuadés qu'elle s'ingénie à nous frustrer. Nous ne parvenons pas à concrétiser le type de relation que nous avions en tête : une vraie amitié, un amour digne de ce nom, ce n'est pas cela ! Le souffle d'amour pousse à tenter autre chose : se concentrer sur autrui tel qu'il est, renoncer à ce dont on avait rêvé. « Il s'agit, dans l'amour que l'on porte à un homme particulier et réel, note Kierkegaard, de ne pas faire intervenir une idée imaginaire sur la façon dont, croit-on, il doit être ou dont on voudrait qu'il fût. Car si on le fait, on n'aime pas l'homme que l'on voit mais quelque chose d'invisible, sa propre idée ou telle autre fantaisie[28]. »

Parlons un peu de la « douce moitié ». L'expression est charmante, sauf lorsque nous prenons réellement le conjoint pour la part qui nous manque. Cela donne des couples si « complémentaires » qu'aucun des deux partenaires ne tient debout tout seul. Jean-Yves Leloup fait ainsi remarquer que « la plupart des mariages ne sont pas des alliances. Pour qu'il y ait alliance, il faut qu'il y ait deux "entiers" (...) la rencontre de deux "entièretés". Or, la plupart des mariages sont la rencontre de deux moitiés (...), un inconscient qui rencontre un autre inconscient[29] ». Mais on peut être considéré comme la moitié imaginaire de l'autre sans que ce soit réciproque. Parasitage particulièrement douloureux : « Mon proche nie mon altérité, c'est comme si j'étais transparent-e, il passe son temps à me modeler à son idée – comme s'il voulait faire de moi la mère qu'il n'a pas eue, par exemple –, et dès que je résiste, je le déçois. » Mais n'est-ce pas aussi une marque d'amour que de renoncer à correspondre à cette figure imaginaire, d'entretenir la relation en s'appliquant à n'être que soi-même, en assumant sa non-conformité ?

Concrètement, renoncer à l'autre imaginaire signifie faire le deuil de la mère et du père idéaux : on ne peut pas ré-écrire l'histoire. Je dirai quelques mots ici du besoin de changer autrui, qui m'a longtemps taraudée, comme beaucoup. C'est pour m'être heurtée sans fin à l'altérité granitique de mon conjoint que j'en suis venue à lâcher une telle compulsion : c'est moi-même qui me pourrissais la vie. Le déclic s'est produit le jour où j'ai décidé de le regarder tel qu'il était dans son originalité *à l'intérieur de ses propres limites*, sans le comparer à ce qu'il aurait dû être. J'ai alors découvert dans sa personnalité une mine d'éléments réjouissants qui jusque-là m'avaient paru aller de soi. Je continue à explorer la mine, sachant que je n'en ferai jamais le tour. Obnubilée par ce que je n'avais pas, je ne voyais pas le *réel* sous mon nez. C'est ce que j'appelle une révélation – et je crois que la révélation chrétienne est du même ordre : le voile se lève et laisse apparaître une réalité qui était déjà là !

L'autre imaginaire est comme un cancer qui ronge les couples, les familles, les amitiés. On croit son couple nul – par contraste, celui des Dupont ou des Durand, voilà la relation idéale ! On dévalue l'éducation qu'on donne à ses enfants – le pré d'à côté est toujours plus vert. L'amitié dont on est témoin porte ombrage à celle qu'on vit. Ou, à l'inverse, on survalorise ses propres amours. Perfection imaginaire, encore. Et les chutes sont terribles. Dans tous les cas, il importera d'abandonner les modèles : aucun ne saurait correspondre à cette femme, cet homme que je suis, au lien aimant que j'entretiens avec ce garçon, cette fille, cet autre être humain particulier. Françoise Dolto avait à cœur de déculpabiliser les mères : l'éducation idéale n'existe pas, puisque chaque mère, unique, et chaque enfant, unique, auront à inventer une manière nouvelle et non interchangeable d'être ensemble. Relativité de toutes nos affections : la « valeur » de chacune est relative aux deux personnes qui y sont engagées.

3) Renoncer à projeter sur autrui. Dans une relation aimante, il arrive souvent qu'on projette sur l'autre une part de soi difficile ou impossible à assumer, par exemple le sentiment de culpabilité. Situation classique : le mari infidèle qui, de retour à la maison et ne supportant pas ce sentiment, s'en décharge sur sa femme ; c'est elle la coupable – le repas est infect, le salon en désordre, etc. Autre cas de figure, le bibliste qui, commentant la parabole dite du fils prodigue, s'acharne contre la jalousie du fils aîné sans percevoir sa souffrance : il lutte inconsciemment contre son propre sentiment de jalousie. Question utile : ce qui me heurte chez l'autre, ne serait-ce pas ce que je rejette de moi ? « Mais le couple (et j'ajouterais : n'importe quelle amitié) peut être le lieu d'un intense travail sur soi à partir du moment où l'on accepte de considérer que tout ce qui nous agace chez l'autre puisse être une partie inconnue de soi[30]. » Dans bien des cas, cela évitera une thérapie.

Dans le récit de Gn 2-3, on a une projection qui parasite non seulement la relation avec le conjoint, mais celle avec le tout Autre. Pour se décharger de son sentiment de culpabilité, l'homme dit à Dieu : « La femme que tu as donnée avec moi, elle, elle m'a donné de l'arbre et j'ai mangé[31]. » Il a été nié dans son altérité, maintenant il étouffe son altérité en se déresponsabilisant. Le coupable, c'est toujours l'autre. Et, finalement, toute altérité devient suspecte, y compris celle de Dieu : la fusion-confusion est au maximum. Dans le concret de nos vies, mettre fin au risque de projection devient possible quand nous nous demandons systématiquement *quelle part nous revient* dans ce qui s'est passé : « Qu'est-ce qui est à moi, qu'est-ce qui est à toi ? Comment ai-je vécu cet incident, comment l'as-tu vécu ? » Dans le cas d'Adam, il a bel et bien accepté de manger : pourquoi s'est-il laissé annexer ? Quel est son propre problème ? Lui seul pourrait le dire. Pourvu qu'il renonce à projeter sur autrui son mal-être et son sentiment de culpabilité.

Avec Maurice Bellet, on peut adopter la loi du consentement réciproque : il y a là « une force intérieure à la relation même[32] ». Bien entendu, cela suppose que chaque partenaire s'engage à respecter la parole de l'autre, à être autant que possible honnête avec soi-même. On peut, par exemple, se mettre d'accord sur la cessation de tout jugement porté sur l'*être* d'autrui : « Je m'engage à ne plus te jeter à la figure "tu *es* autoritaire" ; tu t'engages à ne plus me qualifier de "personne méprisante" ». En revanche, chaque fois que l'un se sentira traité de manière autoritaire ou l'autre de manière méprisante, nous analyserons ensemble la situation particulière. Il apparaîtra que chacun l'a vécue avec ses propres blessures de jadis et leurs conséquences. Chacun de nous comprendra pourquoi "cela n'a pas passé" et nous inventerons des garde-fous pour les incidents à venir.

Pour ma part, je constate la fécondité de ces mini-contrats basés sur la réciprocité : ils redonnent à chaque partenaire un territoire qui sera respecté autant que lui-même respectera celui de l'autre. Ainsi met-on fin peu à peu à la projection : un espace est garanti, où l'on peut accueillir sa blessure et son dysfonctionnement, à travers un dialogue où le temps de parole de chacun est garanti (on se le garantit réciproquement) ; il n'est donc plus menaçant d'admettre, dans la difficulté relationnelle, ce qui constitue sa propre part. On lâche le fameux « c'est moi qui ai raison. » On est dans un partage où l'on n'a pas honte de dire sa souffrance. On découvre dans la personne aimée un semblable qui lutte *aussi* pour être reconnu et valorisé : chacun a son problème. « Un soi rappelé à la vulnérabilité de la condition mortelle, écrit Paul Ricœur, peut recevoir de la faiblesse de l'ami plus qu'il ne lui donne en puisant dans ses propres réserves de force[33]. »

4) Renoncer à « aimer à condition que ». Il est habituel de reproduire l'amour conditionnel dont on a été l'objet dans son enfance : « Je t'aime... pourvu que tu sois sage, obéissant, gentil, serviable, bon élève. » Et cela peut aller longtemps sur la même lancée : « Pourvu que tu choisisses telle profession, tel conjoint, telle orientation éthique ou politique. » Si l'on n'y réfléchit pas, on attend la même chose, par la suite, de son conjoint, son enfant, son amie. On ne sait pas aimer autrement. On est même incapable de se représenter un amour vraiment gratuit. Mais pour peu qu'autrui, dans le présent, rue dans les brancards d'un tel « amour » conditionnel, on commence à souffrir de ne pas être aimé du tout : « Si tu m'aimais, tu répondrais à mes attentes, et même à mes exigences. » Ainsi reste-t-on prisonnier du mensonge selon lequel aimer quelqu'un serait faire tout ce qu'il veut.

Mais on peut tenter de comprendre que l'autre revendique d'être aimé *pour lui-même*, quels que soient ses choix et ses manières d'être. C'est alors que se réveille, au fond de soi, l'aspiration à être aimé de cette façon-là... et, en même temps, la douleur de ne l'avoir jamais été. Ainsi le proche qui nous a tant déçus devient-il pour nous l'occasion de retrouver enfin le désir de l'authentique amour.

Certes cela fait mal, d'autant plus qu'on a l'impression de perdre sur les deux tableaux : avec la génération précédente on n'a pas goûté l'amour gratuit, mais les proches d'aujourd'hui attendent à juste titre cette qualité affective qu'on n'a jamais connue. C'est bien de deuil qu'il est question : renoncer à cette vision de l'amour héritée de parents ou éducateurs qui ne savaient pas aimer autrement. Oui mais... pour y gagner quoi ? On ne le voit pas tout de suite ! Dénuement et courage de la personne qui ne comprend plus rien mais décide de rester en plein vent, exposée au souffle d'amour, sans certitude quant au lendemain de la relation. Elle commence à savoir ce que l'amour n'est pas mais refuse de croire en sa disparition pure et simple. Elle a pour seul appui la conviction que son attitude est juste : elle laisse son proche vivre et aimer à *sa* façon et c'est une véritable « ascèse de déprise » qui, selon Maurice Bellet, demande « un très grand respect, une patience absolue, le non-jugement ». Mise en cause radicale de nos manières habituelles d'aimer : « L'idée que “lâcher prise”, laisser aller, laisser exister, soit en vérité le signe d'une très grande force nous est généralement incompréhensible »[34].

D'où tenons-nous la notion d'amour inconditionnel alors que nous en sommes si peu familiers ? Pour la tradition chrétienne, c'est Jésus qui nous l'a fait connaître. Cependant, lui-même affirmait que le royaume de l'Amour – l'amour sans conditions – est aux petits enfants et à ceux qui leur ressemblent[35]. Donc, indépendamment de sa propre venue dans ce monde – encore un indice de l'universalité du souffle d'amour. Si nous doutons que l'enfance connaisse le royaume de l'Amour, il est bon d'entendre le témoignage d'une femme, Lydie Dattas, qui en fit l'expérience à l'âge de trois ans. Brutalement coupée de ses parents, sans explication, et hospitalisée dans un établissement tenu par des religieuses sévères, lors de grèves générales qui les isolèrent pendant deux mois, se sentant complètement abandonnée, elle raconte comment elle fut sauvée par la sœur qui la soignait. Tout le livre s'adresse à elle, même si elle ignore son nom et ne l'a jamais revue : « Tout a été effacé excepté cette clarté qui, rayonnant de ton cœur, transperça ma poitrine et atteignit le mien quand, sans s'attacher à moi, inconditionnellement tu m'aimas (...) Tu es la première à m'avoir aimée comme le ciel (...) Je n'ai rien trouvé depuis qui soit comparable à ce qu'était alors l'intelligence de ton silence, ni cette *distance parfaite* qui existait entre ton cœur et le mien (...) Je ne me souvenais pas que tu m'aies parlé une seule fois avec cette voix touchante que les mères prennent pour s'adresser à leur enfant. Rien ne troublait l'impassibilité de ton visage, mais parce que tu étais près de moi quand le reste du monde avait fui, je savais que ce *détachement parfait* était l'amour* ! »

---

* Dattas, p. 10, 24, 41, 56. C'est moi qui souligne, tant est stupéfiante cette perception de la différenciation à un âge si tendre. Bien entendu, on objectera que c'est l'adulte qui écrit. Mais, à mon sens, la parole de Jésus après sa fugue à l'âge de douze ans (Lc 2,49) ainsi que ses affirmations sur les enfants donnent du crédit à ce témoignage bouleversant.

5) Renoncer à la comparaison. Quand nous prétendons connaître l'être aimé « comme si nous l'avions fait », nous nous enfermons dans une comparaison particulière : comparée à *nos* perceptions, nos représentations, nos constructions mentales, *sa* réalité (son image de lui-même, son monde intérieur, ses idées) ne fait pas le poids. Nous *savons* qui il est. C'est faire fi du principe d'imprévisibilité cher à la philosophie personnaliste : une personne vivante est par essence imprévisible. C'est la force du souffle d'amour qui peut nous en faire démordre : étonnamment, le réel n'a rien à voir avec – ou en tout cas ne se réduit pas à – notre idée du réel. Il suffit que des tierces personnes nous rapportent des paroles ou des comportements de notre proche qui diffèrent de notre « connaissance » de lui, et déjà un petit blanc apparaît dans notre grille de lecture : « Et s'il existait autrement, au moins un peu, en dehors de moi ? En dehors de *mes* schémas de compréhension ? »

Là encore, la « torpeur » de la Genèse est une bénédiction : « Le Seigneur Dieu fait tomber une torpeur sur l'*adam*[36]. » La créature terrestre ne connaîtra jamais l'origine d'autrui – quand bien même ils auraient cinquante ans de vie commune. Manière de dire que nous ne pouvons prétendre connaître de quoi l'être aimé est fait – ce n'est pas nous qui l'avons fait, pas même l'enfant sorti de notre ventre. Quelque chose nous échappera toujours de lui – même si nous nous aimons profondément –, qui est sans comparaison possible avec ce dont *nous* sommes faits, et vice versa. Mais par la même occasion, son avenir se dérobe aussi à notre connaissance. Ayant admis ne pas tout savoir de ce qui le constitue, nous cessons de ramener son devenir à ce que nous en escomptons ou imaginons. Ou d'en désespérer en nous murant dans le fameux « il ou elle ne changera jamais » : qu'en savons-nous ?

Je crois que le souffle d'amour s'emploie à dégager un no man's land en chacun de nous. Un espace vierge que nous avouons en fin de compte ne pas connaître, et dont nous entrevoyons alors la présence au-dedans de l'être aimé. Un lieu définitivement inconnaissable, même quand nous ne l'avons pas encore identifié. « Il est impossible que deux êtres humains soient un et cependant respectent scrupuleusement la distance qui les sépare, affirme Simone Weil, si Dieu n'est pas présent en chacun d'eux[37]. » Je préciserais : s'ils n'admettent pas leur inconnaissance du tout Autre présent en chacun d'eux, quels que soient les mots utilisés pour le désigner.

De plus, qui dit comparaison dit risque de domination et d'aliénation. Fidèle description de notre réalité en Gn 3,16 : « Vers ton homme ta passion et lui en toi domine/dominera », constate Dieu en s'adressant à Ève. Or, le verbe hébreu permet aussi de traduire : « et lui à toi se compare/comparera ». Le couple est en pleine fusion-annexion mutuelle. Or, quand on est *dans le même*, on glisse vers la hiérarchisation des êtres – tu es en dessous, je suis au-dessus, tu domines, je me soumets. Il s'agit de lâcher la comparaison : personne n'est plus ou moins, chacun est autre ; nous n'allons plus nous évaluer selon le même système de mesure, nous sommes différents, irréductibles l'un à l'autre dans notre différence, personne ne va plus prendre le pouvoir ou s'aliéner.

Comment renoncer à la comparaison ? En commençant par démonter le mécanisme : « Pourquoi ai-je besoin de dominer ? Ou de me laisser annexer ? Que se passe-t-il si une fois, une seule, je m'en abstiens ? » Le bénéfice de notre (co)dépendance nous apparaît clairement : nous voilà renvoyés à notre manque essentiel, seuls devant notre histoire, nos blessures, notre réalité que personne n'assumera à notre place. Mais si nous sommes décidés à sortir de la comparaison, nous nous exerçons à *remarquer* ces moments où l'être aimé nous surprend, est ailleurs que prévu, réagit différemment de nous, et nous n'en prenons pas ombrage. Une telle attention n'est pas anodine. Elle crée un appel d'air, qu'il perçoit à son insu. Il se montre plus libre d'être lui-même, plus créatif, et nous nous en étonnons. Après coup, nous nous dirons peut-être que le souffle d'amour s'est précipité par là.

Et si la personne aimée continue à dominer ou à se soumettre ? Je ne connais pas d'autre issue, là encore, que le deuil de la fusion : « Je suis *autre*, pas moins ou plus qu'elle. Je ne vais pas attendre qu'elle change pour me demander quel est mon problème, me recentrer sur mon propre manque. » Le deuil, ici, est celui de l'impatience : c'est au-dedans de soi que la situation commence à évoluer, et on n'en verra les fruits dans les faits extérieurs que plus tard. Comment prendre le mal à la racine sans s'accorder du temps ? C'est qu'on avait intériorisé la comparaison, domination ou soumission : « le désir, la passion » te porte « vers » autrui mais « *en* toi il domine », constate Dieu à la fin de Gn 3. Rien ne servirait de répéter qu'il doit changer : on perdrait sa vie à attendre. En revanche, se focaliser sur ce qu'on peut, dans les circonstances du moment, modifier en soi-même, dans sa propre manière d'être, réserve bien des surprises. J'en ai souvent fait l'expérience. Quand tout semble bloqué dans une relation affective – aucun interstice pour le souffle d'amour ! –, j'en arrive immanquablement à m'interroger sur ce qui pourrait bouger en moi, ne serait-ce que pour mettre fin aux sentiments douloureux. Cela peut prendre du temps mais, curieusement, je finis toujours par trouver.

La proximité, sans peur et sans reproche

Fidélité à soi et à autrui

On sait aujourd'hui que le partage en vérité, le cœur à cœur intense, est une nécessité vitale pour l'homme autant que pour la femme, même si les modalités diffèrent dans chaque cas. La Bible n'est pas avare en évocations de liens d'amitié, pour ne pas parler des relations amoureuses : David et Jonathan ; Marthe, Marie, Lazare et Jésus ; le « disciple que Jésus aimait » ; l'amitié entre Dieu et Abraham, Moïse, tel ou tel prophète*... Cependant, une vraie rencontre se vit « au risque de l'effraction ». On y aspire, certes, mais est-ce qu'un jour on n'aura pas à s'en mordre les doigts ? « Trauma désiré », dit Boris Cyrulnik, car « on se déroute quand on se rencontre ; sinon on ne fait que se croiser ou s'éviter (...) Toute rencontre est un déroutement qui peut mener à la déroute »[38].

Déroutement qui me rappelle cette « dé-viation », ce « déplacement » mentionné plusieurs fois dans les évangiles, suite à un contact marquant avec Jésus. Ainsi, en Lc 5,26 : « Un

---

* *DVS*, art. « Amitié », p. 15 : cf. 1 S 18,1 ; 20,17 ; Es 41,8 ; Ex 31,11 ; Am 3,7 ; Dn 3,35 ; Jn 11,5 et 11 ; Jn 13,23. « Qui a trouvé un ami a trouvé un trésor. L'ami fidèle n'a pas de prix et l'on ne saurait en estimer la valeur. Un ami fidèle est un baume de vie » (Si 6,5-16). Il est « plus précieux qu'un frère » (Pr 18,24).

dé-logement les prit tous* »... Il arrive qu'un tel « trauma » ne soit ni désirable ni envisageable, tant la proximité fait peur : « J'agresse ceux que j'aime tant l'intimité m'angoisse, alors que je me sens aimable avec des gens anonymes, à grande distance affective[39]. » Pour ma part, j'avoue souffrir beaucoup moins du rejet et de la mise à distance par autrui depuis que je dispose de cette clé de compréhension : inutile de me croire méprisable ou inintéressante, c'est lui qui est aux prises avec sa difficulté à se rapprocher affectivement.

Par-delà ou entre les épisodes guerriers du « je te haime » – pour autant que la souffrance donne envie d'en sortir –, la rencontre devient viable entre des partenaires qui désormais ont l'air de deux « réfugiés » momentanément ou définitivement « purgés du pouvoir »[40]. Qu'ont-ils gagné ? La conviction que l'enjeu premier et essentiel est l'authenticité à l'égard de soi-même, sésame qui leur a permis et leur permettra dorénavant de sortir de toutes les confusions : s'ils ne sont pas fidèles à eux-mêmes, chacun pour sa part, qui le sera ?

Ils ont payé très cher le reniement de ce qu'ils étaient en vérité. Le processus de différenciation a creusé en eux le désir d'une relation de réciprocité. L'épée les a rendus à leur solitude originelle. Ou elle est en train de le faire, puisque rien dans ce domaine ne s'accomplit d'un jour à l'autre. Ils aspirent à une saine dépendance, une féconde influence mutuelle, librement choisie de part et d'autre. En effet, « accepter d'être dépendant dans la relation à l'autre,

* Le nom grec [ek-stasis], de la racine verbale [ek-istèmi], signifie littéralement l'action de se dé-placer, de sortir de soi, de dévier de son chemin.

c'est la marque d'une indépendance intérieure conquise (...) L'enjeu, c'est alors d'écouter ce que l'autre dit, de ne pas réduire sa parole à ce qu'on veut en entendre, d'accepter d'être modifié par lui, mais cela dans une exigence de réciprocité qui suppose que l'on existe aussi soi-même à part entière[41] ».

Plusieurs auteurs retracent l'histoire de l'amour-passion en Occident et notent qu'il continue à hanter la société. D'autres, cependant, constatent un désir grandissant, notamment, chez les jeunes, de relations affectives durables. Il me semble que l'accroissement du taux de divorces y est pour quelque chose : de plus en plus nombreux sont ceux qui ont vu de près les « logiques infernales » de l'amour, et en ont connu les conséquences déstabilisantes. Ils cherchent à vivre autre chose. Je pense aussi à tous ces suicides de jeunes à la suite d'une rupture amoureuse. Comme on en parle beaucoup plus qu'autrefois, leurs copains réfléchissent nécessairement à ce qu'est l'amour et je perçois chez eux une maturité que nous n'avions pas au même âge. Selon Jean-Claude Guillebaud, la réalité – surtout des jeunes – est plutôt réjouissante : « La fidélité effective est aujourd'hui plus répandue qu'on ne le croit. Mais, bizarrement, elle ne s'affiche pas ou s'affiche moins (...) Cette génération est plus attentive qu'on ne l'imagine à la parole tenue, à la loyauté, aux sentiments (...) Le mot "respect" est sans doute l'un de ceux qui reviennent le plus fréquemment dans leur bouche[42]. »

Notre société semble aspirer de plus en plus à construire la « maison des petits bonheurs », où l'on se sent bien avec l'autre, sans que la routine vienne à bout de l'élan et de la tendresse. Telle est la conclusion du sociologue Jean-Claude Kaufmann, sur la base d'une riche documentation. Nous sommes nombreux à souhaiter développer des relations affectives durables et le premier moyen que nous nous donnons est la prise en compte de la réalité sans fard. Ce n'est pas que le « grand amour » n'existe pas, c'est qu'au lieu de tomber du ciel, il se bâtit au jour le jour sans modèle préétabli – l'absolu dans le relatif ! On y gagne la disparition de l'ennui : on ignore ce que le grand amour deviendra dans un an, dix ans, trente ans. On s'étonne de voir comment le souffle d'amour peut faire rougeoyer les braises du désir, à temps et à contre-temps. C'est donc que « la nostalgie de la passion, devenue congénitale à l'homme occidental », selon Denis de Rougemont, perdrait du terrain à mesure que s'édifie une fidélité ne rimant plus avec incarcération. Beaucoup découvrent aujourd'hui un amour-partenariat que cet auteur qualifiait de « vraie "co-existence" durable, pacifique et mutuellement éducative ». Dans une fidélité qui « n'est pas du tout une espèce de conservatisme » mais « plutôt une construction (...), un refus constant de subir ses rêves (...), une constante prise sur le réel »[43].

Quand on renonce à bâtir la relation sur une vision imaginaire d'autrui et qu'on est à l'affût de l'être réel qu'il est – que cela soit réjouissant ou non –, on apprend en même temps à devenir fidèle à qui l'on est soi-même en vérité. C'est le temps des promesses à soi-même. À de nombreuses reprises, j'ai été poussée à promettre à l'enfant en moi que je ne laisserais plus personne lui manquer de respect, la manipuler, décider à sa place de qui elle était, lui dicter sa conduite, etc. Peu à peu je cessais de me désolidariser de moi-même. Ce que j'appelle mes auto-engagements mûrissait comme le fruit du travail de réunification intérieure. Je vivais ces moments avec une telle détermination qu'aujourd'hui encore je les considère comme les plus solides fondations de la fidélité à autrui. L'incontournable préparation à tout partenariat affectif, où deux fidélités se cherchent, dialoguent et s'ajustent.

Mais si l'être aimé n'est pas fidèle à lui-même ? On ne saurait l'être à sa place. « En un certain sens, disait le philosophe Gabriel Marcel, je ne puis être fidèle qu'à mon propre engagement, c'est-à-dire, semble-t-il, à moi-même[44]. » On s'emploiera d'autant plus à ne pas *se* renier. On mettra fin aux mensonges mutuels. On osera dire ce qu'on pense, désire, ressent. Là aussi, on peut parler de rééducation spirituelle dans la mesure où l'on attribue à un souffle inédit le désir irrépressible de se situer autrement dans la relation. Il importe alors de mettre en mots ce qui jusque-là restait dans le non-dit, le sous-entendu, la projection, les suppositions. Cela ne va pas sans une certaine humilité : nous n'attendons, ou plutôt n'exigeons plus d'autrui qu'il imagine ou devine ce qui se passe en nous – « il le sait très bien, ou devrait le savoir ! » Nous nous « abaissons » à dire nos besoins, espoirs, déceptions, au fil des jours, pour ne plus accumuler d'énormes contentieux. « Il ne saurait y avoir de communication fructueuse entre deux êtres si on ne fait pas l'effort de comprendre les besoins cachés derrière sentiments et frustrations, si on ne les nomme pas et si on ne prend pas la peine de les exprimer sous la forme de demandes réalistes (…) Il n'y a pas de partenaire magique qui va descendre du ciel comprenant d'avance (mes) besoins et y répondant avant même qu'ils ne soient formulés[45]. »

La fidélité à soi-même conduit parfois à mettre fin à une relation amoureuse. Malgré les engagements pris. Sans mentir à autrui. Évolution douloureuse pour tous, qui nécessite beaucoup de dialogue et de respect de ce que chacun vit réellement. Dans d'autres cas, la tromperie et la destruction de confiance signalent qu'on n'assume pas ce qu'on vit. La confusion est telle qu'on n'arrive pas à se situer. Pour avoir de temps en temps à accompagner des personnes prises dans cette situation, je suis surtout frappée par leur état de division intérieure. Se séparer ? Rester ? Divorcer ? Personne n'a la recette. Et aucun couple ne peut s'aligner sur un modèle.

Avant de savoir quelle fidélité à autrui mettre en œuvre, il me paraît alors urgent de soutenir la personne dans sa quête d'identité. N'est-ce pas par la fidélité à ce qu'elle est profondément qu'elle (re)trouvera son unité et deviendra capable de dialoguer avec son conjoint, quelles que soient les décisions à envisager ? En privilégiant ici la fidélité à soi, j'indique une voie qui n'est de loin pas celle de la facilité. Les questions qui ne manqueront pas de surgir exigeront une grande lucidité à l'égard de soi-même : « Où est la faille dans mon histoire ? En trahissant mon proche, quelle trahison subie jadis est-ce que je remets en scène ? Quel est le manque que je fuis, le fantasme que je poursuis en ne parvenant pas à apprécier ma réalité présente ? Qu'est-ce qui me pousse à faire à autrui ce que je détesterais qu'il me fasse ? » En revanche, en refusant de se mettre ainsi en cause, on demeure infidèle à soi-même autant qu'à l'autre. On a beau, au fond, être « perdu », on entretient une inconscience qui évite de souffrir, mais fait beaucoup souffrir autrui. Dans ce cas-là, il appartient à ce dernier d'être suffisamment respectueux de lui-même pour veiller à ne pas ou ne plus s'aliéner sous prétexte d'« aimer ». Et lui seul peut prendre conscience de cette limite à ne pas dépasser.

Des partenaires, secours l'un pour l'autre

On entend parfois des femmes se plaindre d'avoir en leur mari un enfant de plus ; l'inverse peut arriver mais plus rarement. Le partenariat est miné par un cercle vicieux : moins il s'implique, plus elle en fait ; plus elle prend sur elle, moins il est motivé pour s'investir. J'ai moi-même pu toucher du doigt, dans nos débuts de vie familiale, le pouvoir lié aux responsabilités, le jour où mon conjoint a effectué une tâche ménagère sans se conformer exactement à mes instructions : « Si je prends en charge cela, me dit-il, je le fais à *ma* façon. C'est normal, non ? » Ce fut là un de mes premiers renoncements : je ne pouvais pas me plaindre de tout devoir faire et à la fois ne pas supporter qu'il s'y prenne autrement. Apprentissage de la différenciation – le souffle d'amour aux fourneaux !

Comment être des *part*enaires si, au fond, on ne croit pas l'autre capable de prendre sa *part* ? Et si, effectivement, il ne la prend pas, pourquoi ne pas le laisser en assumer les conséquences au lieu de s'épuiser à réparer les dégâts ? Je sais, la situation est souvent inextricable parce qu'on fonctionne ainsi depuis longtemps. Mais on se rappellera que le partenariat idéal n'existe pas. Et que le souffle d'amour est toujours ce qui nous fait sortir de l'inextricable : dans ces circonstances précises qui sont les nôtres, pouvons-nous décider de prendre notre seule part et le dire à la personne aimée ? Cesser de lui dire : « tu devrais assumer cela » tout en le faisant à sa place. Sans nous laisser arrêter par un éventuel scénario catastrophe. Laisser une chance à l'avenir de déjouer nos prévisions. Et ne pas sous-estimer les petits pas.

Revenons encore au récit biblique : « Je ferai pour lui (la créature terrestre) un secours comme son co-répondant (ou son partenaire)[46] », dit Dieu. Notons d'emblée le « comme » : on ne confondra pas le partenaire avec le secours idéal, autrement dit le sauveur ; mais il sera « un secours comme » – comme quelqu'un à qui l'on peut faire appel, sur qui l'on peut compter. Puisqu'une femme va être créée, on attendrait un féminin (qui existe en hébreu), ce qui n'est pas le cas. Le mot, au neutre ou masculin*, peut concerner tous les types de relation, entre hommes, entre femmes, et non exclusivement entre homme et femme ; il est donc aussi question de n'importe quelle forme de partenariat entre deux êtres humains.

Deuxième surprise : dans la Bible hébraïque, le « secours » s'utilise majoritairement pour Dieu et dans des contextes de grande détresse où la situation humaine est sans issue. Quelle dignité, quelle responsabilité ! L'autre humain, y compris dans une relation amoureuse, est destiné à représenter un véritable secours – et il n'est pas anodin qu'il vienne d'être question du mal pour la première fois. Une amitié, un amour, un lien d'affection entre adultes est donc un partenariat traversé de cette énergie divine qui vient au secours d'autrui. N'est-ce pas là notre expérience ? Nos existences sont jalonnées d'épisodes inattendus où un ami, une compagne, un conjoint a été pour nous une planche de salut. La sagesse populaire ne s'y trompe pas : « C'est le Ciel qui t'envoie ! », « tu as été un ange »…

---

* La forme féminine est [ʿezrah], mais l'auteur a choisi [ʿezer].

Troisième surprise : on ne trouve aucun féminin dans l'expression « secours comme son co-répondant* ». Nous sommes décidément devant la structure de base de toute relation interpersonnelle : deux « je » qui se répondent – des « co-répondants » –, et *en cela seul* consiste le secours qu'ils se portent l'un à l'autre ; c'est la parole échangée qui les sauve**. Chacun a besoin de celle de l'autre, sans quoi il se noie dans l'isolement et l'incompréhension. Ainsi l'altérité est-elle plus essentielle que la différence sexuelle : il importe par-dessus tout, dans une relation aimante, que la parole du partenaire soit inassimilable, fondamentalement autre. Attendue, espérée, reçue – même si elle est désagréable – comme une occasion de mettre fin à un surplace solitaire et mortifère. Certains disent que l'être aimé, ami ou amant, est venu introduire un souffle d'altérité dans la stagnation de leur existence… et que cela a été salvateur !

L'utilisation massive de Gn 2 dans les liturgies de mariage ne me dérange pas en soi. Mais je regrette beaucoup que n'y soit pas pris en compte ce détail essentiel : l'altérité, la différenciation par la parole précède en importance l'union amoureuse et lui donne ses seules fondations fiables. Détail jadis relevé par Calvin qui y voyait « une règle commune de la vocation humaine[47] ». Compréhension similaire chez Kierkegaard qui encourageait à aimer, en tout être aimé, un prochain : « Ta femme doit tout d'abord être ton

* Une telle construction littéraire ne se trouve nulle part ailleurs dans la Bible hébraïque.

** La racine verbale à la base de l'expression « co-répondant », [nagad], signifie « parler, annoncer, expliquer », et le substantif [neged] la « contrepartie ».

prochain » – même si l'on n'aime pas de la même manière sa femme, son ami.[48] Plus récemment, Lévinas a commenté ce texte dans le même esprit : le partenaire sollicite ma « réponse » et me renvoie à ma « responsabilité » ; chacun est donc responsable de susciter la réponse de l'autre : « Responsabilité pour cet autre – plus proche que toute proximité et pourtant inconnu »[49].

Aujourd'hui, il est de bon ton, dans certains milieux, de considérer de haut ce qu'on appelle la mode du développement personnel. À mon sens, c'est passer à côté d'une évolution certaine de la société occidentale vers davantage de maturité individuelle et relationnelle. Les analyses sociologiques actuelles concernant la famille me donnent à penser qu'un souffle de liberté fait bouger simultanément les personnes et les communautés de vie. Pour François de Singly, la famille n'a jamais eu autant d'importance : chacun a besoin de très proches pour l'aider à construire son identité et à découvrir ses ressources enfouies. Sur la base de centaines d'entretiens et de nombreux matériaux littéraires et cinématographiques, il constate que d'une manière générale les proches familiers s'aident mutuellement : « L'intervention d'un proche confiant est d'autant plus utile pour produire cette estime de soi que celle-ci a subi des contrecoups[50]. »

Aux États-Unis, une enquête portant sur la satisfaction éprouvée dans la vie conjugale révèle que les hommes comme les femmes l'associent à la fonction thérapeutique assurée par le conjoint : « Quel que soit le sexe, l'*aide relationnelle* est la dimension la plus corrélée au sentiment de bonheur conjugal[51]. » On n'est pas loin du partenaire qui « secourt comme un co-répondant » : contrairement à la sociologie classique, certains auteurs considèrent le mariage contemporain comme « une phase décisive de la socialisation individuelle, produisant une transformation importante des identités des conjoints, notamment par *la conversation et les échanges qu'ils ont entre eux*[52] ». Tout cela discrédite quelque peu le bien-fondé de la lamentation récurrente sur le repli individualiste de notre société : il serait temps de prendre en compte le rôle central de la vie privée dans ce travail de remodelage des identités personnelles !

Remodelage ou (re)construction dont toute société ne peut que mieux se porter. Alors, oui, passage obligé par un retrait pour accéder à qui l'on est en vérité... mais incontestable fécondité de la démarche si l'on en juge par les « millions de maisons des petits bonheurs » que signale un autre sociologue, Jean-Claude Kaufmann. Dans un livre plus ancien sur les petites guerres du couple, il avait noté, lui aussi, que « dans notre société agressive et déstabilisante, le couple est de plus en plus utilisé aujourd'hui comme un instrument de réconfort et de réassurance » : chacun est « sûr de l'écoute compatissante et du soutien thérapeutique du conjoint ». Personnellement, je dirais que telle est son attente, même si la réalité est parfois ou souvent frustrante ; en tout cas chacun estime sa propre aspiration légitime. L'auteur s'en est volontairement tenu à l'étude des agacements qui provoquent des tensions relationnelles : « Moins il y a d'agacements et moins ils sont intenses, constate-t-il, plus la métamorphose identitaire est complète : le degré d'agacement fonctionne comme un baromètre de la socialisation de l'individu par le couple »[53].

Au-delà de « nous deux »

Tout se passe comme si le souffle d'amour ouvrait chaque rencontre authentique, vie de couple, amitié, sur un au-delà d'elle-même : une expérience vécue dans la relativité, mais lestée d'un potentiel secret. Nous ne savons jamais de quoi nos liens affectifs sont porteurs, c'est pourquoi mettre définitivement fin à une relation qui a permis des échanges en vérité n'a pas de sens : peut-être passons-nous à côté de grandes choses. Pour cette simple raison, certains choisissent de persévérer dans un partenariat encore insatisfaisant. Jean-Yves Leloup va jusqu'à dire qu'il convient de devenir partenaire non parce qu'on aime mais pour apprendre à aimer : la relation aimante serait « l'engagement de deux êtres qui veulent s'aider dans leur propre accomplissement ». Et il signale que dans le rituel orthodoxe du mariage, en plus des alliances il y a l'échange des couronnes : « Deux êtres s'engagent à vivre ensemble pour se couronner l'un l'autre, pour s'accomplir, pour se conduire vers leur propre liberté, s'aider à se découvrir eux-mêmes »[54].

Accomplissement de chaque partenaire rendu possible par le travail de différenciation que la Bible appelle « sanctification », « mise à part ». En effet, comment parvenir à nous accomplir si nous restons collés l'un à l'autre ? Soyons très concrets. Il s'agit de s'autoriser réciproquement à ne pas faire du surplace. Laisser autrui s'adonner à une activité qui le passionne, en dehors de nous, ou choisir une orientation professionnelle que nous n'approuvons pas, ou adhérer à une foi, un parti politique, une philosophie de vie qui ne sont pas les nôtres, etc. Sans nous sentir exclus ni amoindris.

Discerner qu'il ne le fait pas contre nous mais pour lui-même, parce qu'un souffle puissant pousse sa barque dans cette direction. Saluer son désir, dialoguer avec lui pour en vérifier l'authenticité, l'enracinement dans son être profond. Consentir à cet « au-delà de nous deux » qui n'était pas prévu au départ, le bénir. Refuser un « amour » où l'on se coupe les ailes mutuellement.

Un autre théologien orthodoxe, Kallistos Ware, qui donne pour but au mariage la « sanctification mutuelle », parle de cette couronne échangée entre époux comme d'un « symbole de victoire » : victoire de l'amour sur la dévoration-appropriation, du don sur l'égocentrisme. Ce qui implique une « voie étroite », un amour où l'on peut se sentir « crucifié »[55]. Je pense à ces personnes qui demeurent auprès d'un partenaire méconnaissable, ayant perdu tout ou partie de ses moyens à cause d'un accident, d'un désordre psychique, d'une maladie invalidante, comme celle d'Alzheimer. Ici, on n'a plus la pensée réconfortante de favoriser l'accomplissement d'autrui. Je suis particulièrement sensible à la présence du souffle d'amour dans ces situations-là. Souvent les proches sont la preuve vivante de l'inépuisable potentiel humain. Eux-mêmes ne se savaient pas capables d'aimer ainsi, en l'absence croissante de réciprocité. Comment font-ils ? Sans doute s'appuient-ils sur cet « au-delà de nous deux » qu'ils avaient pu engranger *avant*. En ce temps-là, leur désir les portait vers autrui par-delà son apparence, ses limitations, ses côtés décevants. Leur amour déjà allait beaucoup plus loin, visait en somme leur être unique et éternel à l'horizon insaisissable de leur relation. À présent, le deuil du « comme avant » des jours ordinaires parfois les crucifie, mais sans doute se laissent-ils habiter par la mémoire de cet au-delà ineffaçable de leur amour.

Par ailleurs, qui peut savoir si l'être de plus en plus diminué ne saisit absolument rien des marques d'affection ? Il est établi aujourd'hui que même dans le coma on peut entendre et percevoir ce qui vient des proches. Pour avoir veillé des personnes en fin de vie – et cela s'applique aux situations que je mentionnais –, je me suis laissé conduire vers une manière d'aimer « à fonds perdus », grâce à une intuition forte : et si cette personne avait besoin de mes paroles, de mes gestes, d'un amour inconditionnel qu'elle n'avait peut-être jamais connu ? Alors elle parviendrait enfin à « s'accomplir », sans que j'en aie la preuve. Impénétrable secret du souffle d'amour travaillant dans nos profondeurs « en gémissements inexprimables[56] ». Est-ce un hasard ? Kallistos Ware voit encore dans la couronne du mariage orthodoxe un symbole d'éternité : victoire de l'amour sur la mort. J'ajoute : mort qui commence son œuvre de dégradation des années avant le décès.

Par « au-delà de nous deux », je désigne aussi la fécondité pour la société d'un réel partenariat, en amour ou en amitié, entre deux personnes. Il permet, par contagion, de bâtir la vie sociale sur ce que Maurice Bellet appelle l'« amour de base » : « Il consiste à reconnaître en chacun sa dignité d'homme, à avoir envers autrui, individu ou groupe, une sorte de bienveillance toute première, de capacité d'accueil et d'écoute, de goût convivial qui font qu'on n'est pas tout de suite dans la destruction réciproque »[57]. Un tel apprentissage se fait de plus en plus au sein des familles, dans la foulée du partenariat qu'édifient peu à peu les couples parentaux. Et dans le désir de voir en leurs enfants des citoyens en herbe : au-delà de nous, couple et famille, la loi est la même pour tous et nous avons beau être les parents, nous nous y soumettons aussi.

À cet égard, le sociologue François de Singly constate une évolution réjouissante dans la société actuelle : « Aucune excuse ne peut justifier le manque de respect – y compris corporel – vis-à-vis d'un proche. Le titre de conjoint ou de parent ne donne aucun droit de propriété sur la personne de son partenaire ou de son enfant. Pensée avant tout pour la sphère publique, la "déclaration des droits de l'homme et du citoyen" s'applique de plus en plus à la sphère privée[58]. » Même en cas de séparation ou de divorce, on peut, en traitant l'ex-conjoint avec respect, initier l'enfant à une forme de partenariat dans les limites de la situation. Globalement, il me semble que nous, adultes, commençons tout juste à intégrer qu'on apprend le respect à l'enfant en le respectant. Cependant, de l'intention au comportement réel, le chemin est encore long. Il suffit de rappeler qu'actuellement en France, une femme meurt tous les trois jours sous les coups de son mari ou compagnon…

Les implications socio-politiques de l'amitié ont été mises en valeur dès l'Antiquité classique, notamment par Aristote, qu'on considère comme le grand théoricien grec en la matière. Pour lui, on ne peut en rester au sentiment, à l'attirance. La relation requiert une réciprocité fondée sur une certaine « égalité » entre les partenaires. Elle débouche sur une communauté de sentiments, d'interactions, de services et, rarement, sur l'amitié parfaite où les deux s'aiment non pour ce qu'ils se procurent mutuellement, mais pour ce qu'ils sont[59]. Il n'est donc pas nécessaire d'être marié ou de vivre en couple. Tout attachement peut évoluer vers un partenariat soucieux d'égalité et de réciprocité, et faire en quelque sorte tache d'huile dans la vie sociale, professionnelle, politique. En effet, par-delà le « nous deux » fusionnel insatisfaisant, les partenaires, en se laissant mutuellement un espace propre, ouvrent leur relation à d'autres. C'est à cela qu'on en discerne la qualité : leur amour d'amitié donne envie. Leur partenariat est authentique pour autant que, loin d'exclure autrui, il crée du lien social. Ne dit-on pas : « Les amis de mes amis sont mes amis » ?

Chez les Latins, le principal théoricien de l'amitié a été Cicéron. Dans son traité *De amicitia*, il l'a définie comme un « accord », [consensio] sur toutes les choses humaines, accompagné de bienveillance et d'affection. Elle est à notre portée et durable dans la mesure où elle repose sur la « vertu », c'est-à-dire la justice, l'équité, l'implication envers l'autre, l'honnêteté, le respect, l'amour, et permet de grandir l'un par l'autre. Il vaut donc mieux exercer son jugement avant de se lier à quelqu'un qu'on pourrait haïr un jour. Les véritables amitiés sont éternelles, mais Cicéron reconnaît qu'elles sont rares. Il demeure qu'elles sont le « soleil de la vie » et le « don le meilleur » excepté la sagesse[60].

À mon sens, ces valeurs qui cimentent l'amitié sont précisément celles dont on déplore l'absence dans notre société actuelle : la bienveillance, l'accord profond entre les êtres, le respect qui pérennise les liens… Mais il suffit de les vivre au sein d'une seule relation affective pour se remettre à croire en l'humanité possible de tous les humains. On constate, alors, que le souffle d'amour n'en reste pas là : ce qui s'est construit avec un être humain permet de construire avec d'autres…

Je disais, en introduction, que le repli sur soi, dans notre société, était largement dû au fait qu'on en avait « trop vu » :

le désenchantement du monde, selon moi, est avant tout le désenchantement de nos relations avec les autres, la perte de confiance dans la fiabilité du lien affectif, qui déteint sur notre perception de la planète. Il apparaît, maintenant, que le mouvement inverse est non seulement imaginable mais vérifiable : l'édification d'un seul amour d'amitié à toute épreuve est assez pour réenchanter notre monde intérieur… et par ricochet notre vision de l'humanité. Je parlerais, là encore, de rééducation spirituelle : nos sociétés occidentales commencent juste à entrevoir la nécessité de riches rapports entre les personnes, en même temps qu'elles s'interrogent sur le but de la vie que lui assignent les pouvoirs politico-économiques – consommer et produire. Pour Tzvetan Todorov, « on ne peut se permettre d'occulter ainsi l'essentiel » : le désir humain est bel et bien celui de la relation interpersonnelle. Nous avons les moyens, en développant ne serait-ce qu'une fois un partenariat amical satisfaisant, de découvrir que « la dépendance n'est pas aliénante, la socialité n'est pas maudite » mais « libératrice ». En effet, « il n'est pas de plénitude hors les relations avec les autres ; le réconfort, la reconnaissance, la coopération, l'imitation, la compétition, la communion avec autrui, peuvent être vécus dans le bonheur »[61].

« Au-delà de nous deux », c'est enfin, pour tout amour d'amitié, sa dimension immortelle. Chacun voudrait que dure ce qui est bon : « Amour toujours ! » Voilà pourquoi, selon certains, les humains ont inventé Dieu et son éternité. Projection dans l'au-delà de liens humains dont on refuse la disparition. Personnellement, je me tournerais plutôt vers l'origine de l'amour : comment est-il né ? Qu'ai-je fait pour qu'il me soit donné ? Pourquoi telle personne a-t-elle été sur mon chemin ? Où s'enracine l'affection dont je bénéficie ?

Bref, c'est l'« en deçà de nous deux » qui m'oriente vers le souffle d'amour. Le pourquoi du comment de l'amour me dépasse ; du coup, sa destination et son devenir me dépassent aussi. Je sais seulement qu'en me traversant, plus ou moins longtemps, il me fait croire en la solidarité, la bienveillance, le respect, la justice, la fidélité. Je ne peux plus dire que ces choses n'existent pas. Quand meurt une personne que j'ai aimée et qui m'a aimée, ne meurent pas la solidarité, la bienveillance, le respect qui ont soudé notre relation : tel est le « toujours » dont je ne doute pas. Rien n'est plus concret.

Or, dans un des textes les plus denses de la Bible hébraïque, on peut voir ce qui, de manière similaire, tisse le lien entre le tout Autre et l'humain : « Je te fiancerai à moi pour toujours ; je te fiancerai à moi par la justice et le droit, par la solidarité et par les entrailles. Je te fiancerai à moi par la fidélité et tu connaîtras le Seigneur » – c'est-à-dire : tu feras l'expérience de l'Amour[62]. Les ingrédients de l'amour humain sont ceux de l'Amour. En deçà et par-delà le temps de nos relations affectives, ce qui rend nos amours crédibles, durables, n'est-ce pas la Justice, le Droit, la Solidarité, la Tendresse des entrailles, cet absolu qui les visite régulièrement ? Nous y reviendrons dans le dernier chapitre.

Le troisième terme du texte d'Osée, souvent traduit par « solidarité », c'est [*h*esed] qui désigne la bienveillance, s'accompagne généralement de nombreux termes du vocabulaire de l'amour, est fréquemment associé à ['emet], la « vérité »*. Je suis frappée par la disposition des mots dans ce verset : on dirait que le lien solidaire, l'amour-« vrai » parte-

* *DEB*, art. « Miséricorde », p. 846 *sq.* Le concept de [*h*esed] s'élargira dans le Nouveau Testament en amour *agapè*.

nariat, est encadré, de toutes parts entouré par la justice, le droit, le respect et la tendresse ou « les matrices », comme traduit Chouraqui. Nous le disions : l'amour véridique éclôt au cœur de ce partenariat dont le Dieu biblique donne le désir.

Pourtant, étonnamment, l'« amour » de Dieu pour des humains particuliers est rarement évoqué dans la Bible hébraïque[63] et le mot dont je viens de parler, [*h*esed], signifie avant tout une assistance effective, au sens d'aider, faire grâce, rendre service, ou encore montrer de la compassion, sauver, accorder pardon, bienveillance, consolation..., mais « ce n'est pas en soi une réalité divine (...) ; son sens est à chercher dans son usage profane, sans doute le plus ancien[64] ». En clair, nous n'avons aucune idée de l'amour divin tant que nous n'avons pas fait un tant soit peu l'expérience concrète de la justice, du respect et de la solidarité entre nous. Seul le lien affectif interpersonnel crédible peut nous donner un aperçu de cet Amour qui à l'infini le précède et le prolonge.

Saint Thomas d'Aquin voyait dans l'amour mutuel entre Dieu et nous « une vraie amitié » qui du côté humain grandit vers toujours plus de réciprocité. Pour moi, le terrain d'exercice demeure notre sphère interhumaine. Quand nous y apprenons à devenir co-répondants les uns face aux autres, nous approchons de l'absolu en plein partenariat relatif. J'ai le souvenir d'une des rares fois où, dans ma vie, un ami a publiquement pris ma défense. Ce qui m'est venu alors, « au-delà de nous » deux, c'est l'existence d'un Amour fiable qui répondait ainsi à mon désir de relations justes. Réciprocité si puissante, si guérissante, que je n'aurais bientôt plus besoin de preuves pour crédibiliser l'amour et l'amitié. Cela me fait penser que la moindre marque de mutualité entre humains est lourde de la présence d'un Partenaire avide de nous faire sentir sa solidarité. « J'apprends à être aimée pour n'avoir plus besoin de l'être et pour enfin aller au-delà, ailleurs, au-delà du sentiment, ailleurs que dans le sentiment, pour aller dans quoi, dans l'amour peut-être (je dirais : dans l'Amour peut-être) (...) sans la maladie du lien à un seul, aimante d'un amour qui ne dépend plus d'un père, d'un mari ou d'un amant[65]... »

L'intimité dans la relation

Il me paraît essentiel, au long du processus de différenciation, de ne jamais perdre de vue ce à quoi on aspire en définitive : une relation aimante non seulement viable mais si possible bienfaisante ; et même un rapprochement qui favoriserait un partage déparasité des peurs et des méfiances. Isabelle Filliozat définit l'amour vrai comme « la *capacité* à vivre l'intimité. L'intimité est un espace relationnel dans lequel on se permet un échange direct, sans masque, authentique et spontané, d'énergie, de caresses, de sentiments et de pensées. L'intimité implique une grande ouverture et réceptivité à l'autre[66] ». En soulignant la « capacité », je suis attentive au capital que chacun possède et exploite un peu, beaucoup ou énormément. Je ne crois pas qu'on puisse venir au monde sans l'aptitude à vivre l'intimité. Tant qu'on reste sur ses gardes, dans la vie affective, tant qu'on campe dans son quant-à-soi et qu'on se déclare congénitalement incapable de se livrer, on laisse le champ de la différenciation en friche. De qui ne s'est-on pas suffisamment séparé pour autant redouter la proximité ? À l'opposé surgit le risque de se sentir si bien sur son territoire qu'on ne discerne plus rien de commun avec la personne dont on s'est démarqué. Comment trouver maintenant le moyen, voire le désir, de s'en approcher ? De refuser le confortable et stérile « vis ta vie, je vis la mienne, restons-en là » ?

Je constate quelque chose de déterminant au sein même de la dynamique de différenciation : plus la distance grandit avec l'être aimé, mieux nous le voyons, tel qu'il est dans son altérité. Plus nous nous réapproprions les blessures et les dysfonctionnements qui nous appartiennent en propre, plus nous devenons sensibles aux siens. Plus nous nous enracinons dans notre humanité, seuls, délivrés de la redoutable confusion, plus nous percevons en lui un semblable confronté à sa solitude, sa détresse, son fardeau. Et cela se met à communiquer en silence, même en son absence. La peur de la proximité est en train de fondre.

Elle a tout à fait fondu pour le père de la parabole de Lc 15, quand arrive son fils longtemps disparu. Voilà que pour la première fois il fait l'expérience de l'intimité : il est « pris aux entrailles[67] » face à ce fils comme un amoureux a quelqu'un « dans la peau ». Manière de dire que certains rapprochements nous mobilisent tout entiers. Mais aussi, manière de dire que quelque chose nous échappe incontestablement là-dedans : un tel bouleversement ne se commande pas ! Un souffle inattendu nous met brusquement de plain-pied avec le dénuement de cette personne dont nous avons dû nous « séparer » tant elle menaçait de nous engloutir. « En un instant » – comme il est dit du royaume de l'Amour dans les évangiles –, c'est-à-dire comme en un éclair, nous devenons des *semblables*, chacun aux prises avec sa propre indigence, passée ou présente. Pour avoir vécu cela plusieurs fois, je ne pourrais pas dissocier mon expérience de l'intimité avec quelqu'un de la révélation de notre poignante similitude.

Si le partenariat accentue le lien dans la différenciation, l'intimité, quant à elle, le parachève en l'ancrant dans la similitude. « Os de mes os, chair de ma chair », s'écrit Adam à la vue d'Ève en Gn 2,23. Il a fallu la coupure, la blessure, le manque. Alors leur saute aux yeux ce qu'ils ont en commun ; et le fait qu'il parle pour la première fois renforce la nécessité de la distance : quand nous nous parlons, n'est-ce pas pour franchir une distance qui pourrait nous séparer à jamais ? Tel est le grand piège dans la vie de couple : croire que la similitude est une évidence, que l'intimité physique dispense de la parole échangée. « Fais-moi l'amitié de me parler ! » pourrait-on dire à son conjoint. C'est qu'à cause de la fusion, peu de couples s'aiment d'amitié, selon Guy Corneau. Alors, « nous ne pouvons pas entendre de notre partenaire le quart de ce qu'un ami ou une amie pourrait nous raconter (...) Pourtant, un des facteurs qui contribuent le plus à la création de l'intimité véritable s'appelle l'amitié[68] ». Autre manière de rappeler que le conjoint est d'abord un prochain, à la fois autre et semblable, et que l'échange de paroles est ce pont fragile d'une rive à l'autre de nos altérités.

Nombreuses sont les personnes qui souffrent de « faire l'amour avec un étranger, ou une étrangère ». Tant il est vrai que l'intimité physique ne suffit pas en elle-même, que souvent elle fait d'autant plus ressortir le manque désespérant d'intimité véritable. Je crois possible dans ce cas d'apprendre à *écouter le corps d'autrui*. Que dit-il par ses gestes – qu'il est incapable de mettre en mots ? Langage non verbal de l'amour. Mais aussi langage du tout Autre en lui : son corps n'est-il pas, comme le nôtre, « temple du souffle d'amour » ?

Si nous prenons cela au sérieux, notre vie sexuelle peut aussi devenir le lieu d'une intense expérience spirituelle. En effet, le tout Autre ne peut nous dire son amour que par ses actes, ses interventions dans notre existence, les personnes qu'il met sur notre chemin. Et nous pouvons passer à côté de tout cela, ne pas même le remarquer, être obsédé par ce qu'il *ne fait pas* et en conclure qu'il ne nous aime pas. Je fais alors un parallèle avec le conjoint qui, redoutant l'intimité des cœurs, consent pourtant à l'intimité des corps. Écouter son corps comme un temple où parle le souffle d'amour : s'exercer à entendre le tout Autre « parler » son langage peut-être le plus difficile à déchiffrer. Surtout ne pas ignorer l'Amour qui en silence tente de se donner malgré tout, sous prétexte qu'on a en tête un idéal de l'intimité auquel ne correspond pas la réalité.

Il arrive qu'on développe une riche relation avec des personnes qui ne sont pas le conjoint, le partenaire de tous les jours ; ainsi est-on encouragé à ne pas tirer un trait définitif sur l'expérience de la proximité avec lui. De telles amitiés sont parfois données à vivre comme pour nous convaincre de persévérer dans le désir d'intimité avec la personne qui partage notre quotidien : nous savons que cela existe et que nous en sommes capables. Je crois qu'on peut aussi parler de *croissance* dans ce domaine. La possibilité que grandisse l'intimité relationnelle dans un couple est facile à déceler dans le court verset de la Genèse sur l'homme et la femme qui « s'attachent » l'un à l'autre, « sont pour une seule chair »[69]. Le verbe est très fort, il désigne la « soudure » et même la « colle » en hébreu moderne ! Pour l'exégète Daniel Lys, c'est tout sauf une fusion spontanée : l'union est le but et non l'origine. Elle ne se limite pas à la sexualité. Une

« étroite et intime parenté » est à espérer, à mettre en œuvre encore et encore. De nombreuses traductions ont d'ailleurs ajouté : « les deux *deviendront*[70] » pour une seule chair. Il importe donc de ne jamais baisser les bras : nous sommes destinés à vivre l'intimité du lien d'amour.

D'ailleurs, au cœur de la relation la plus satisfaisante, une telle expérience, paradoxalement, n'empêche pas de se sentir un peu « moine », au sens étymologique – [monos] signifiant « seul » –, pas isolé mais unique. Parce que la proximité a été rendue possible par la découverte du tout Autre, dans sa propre intériorité : alors sa Présence demeure, mystérieuse et forte, dans l'intensité des rapports avec l'être aimé. Présence qui continue à garantir l'altérité de chaque partenaire et qui, dans le même temps, les relie. Je suis touchée par le style du Cantique des cantiques : seul livre biblique traitant exclusivement de la relation de couple, y compris dans sa dimension sensuelle et sexuelle, il le fait sur le mode poétique – qui suggère sans démontrer – comme pour nous encourager à préserver l'énigme à jamais insaisissable de l'amour humain chargé d'Amour, même à son insu.

Présence de ce Troisième au mitan de la rencontre affective, dont Jean-Yves Leloup affirme qu'elle seule est indissoluble dans un mariage : deux personnes se sont rencontrées « dans la dimension sacrée de leur être, c'est-à-dire dans la dimension qui leur échappe, dans ce qui ne dépend pas (d'elles)[71] ». À mon sens, aucune séparation, aucun divorce, aucun deuil ne peut faire renier l'Amour qui les avait rapprochées sans qu'elles renient toute une part d'elles-mêmes. Le lien qui s'était tissé dans le relatif de leur histoire commune a beau s'être transformé, chacune est en mesure de cultiver le sentiment d'avoir été effleurée par un Amour qui, lui, ne passe pas.

Le souffle d'amour, tiers imperceptible dans l'aride solitude comme au creux de nos partages d'intimité. Le souffle d'amour, éternel obstacle à notre besoin d'absolutiser les liens affectifs… Pourquoi en est-il ainsi ? Parce que, même et peut-être surtout dans nos relations les plus riches, nous pressentons un surplus qui nous échappe. L'amour que nous vivons ressemble à une clé ouvrant un trésor inestimable – l'Amour sans conditions : désormais, nous en savons trop pour absolutiser la clé ! Mais que faire de notre désir de fusion ? Je citerai Grégoire Palamas, qui n'a pas craint de parler de « fusion » avec Jésus, en particulier lors de l'eucharistie : « Il nous a faits ses amis intimes (…) ; il nous a liés ensemble et accordés à lui-même comme l'épouse à l'époux ; (…) il est devenu aussi notre père (…) et nous nourrit de son propre sein comme une mère très tendre allaite son nourrisson[72]. » N'est-ce pas notre soif d'absolu qui nous donnait envie de fusionner ? Quand nous avons rencontré et intégré nos limites et celles de tous nos proches, quand au sein de relations de grande proximité avec eux nous aspirons encore à un Amour sans limites et nous nous y abandonnons, il n'y a aucun risque : étant de toujours à toujours le tout Autre, il ne se laissera jamais dévorer et ne nous laissera jamais le dévorer ! Tout Autre et pourtant plus proche qu'aucun de nos proches – à la fois « ami intime, époux, père et mère » –, en toute sécurité. Est-ce un hasard si notre Occident, en perdant la saveur de l'intimité relationnelle entre humains, n'est plus sensible à la présence divine dans le monde* ?

---

* Au XVIIIe siècle, Rabbi Baal Shem Tov, à la suite de Rabbi Akiba, enseignait que la [Shekhinah], la Présence, était l'inhabitation divine

À la veille de son arrestation, Jésus disait à ses disciples : « Je ne vous appelle plus serviteurs car le serviteur reste dans l'ignorance de ce que fait son maître ; je vous appelle amis parce que tout ce que j'ai entendu auprès de mon Père, je vous l'ai fait connaître[73]. » Tel serait l'amour d'amitié, en définitive. Partager notre intimité la plus sacrée, celle qui est presque devenue taboue aujourd'hui : notre vie spirituelle, notre relation à « Dieu », ou plus simplement ce qui nous fait vivre et qui est du domaine du souffle. Pour ma part, j'avoue que je considère de tels partages comme d'authentiques marques d'amitié : chaque fois qu'une personne, quelle que soit sa croyance, son incroyance ou sa quête, me confie ce qu'elle a « entendu auprès de l'Amour », je l'accueille comme un véritable cadeau. Et cela vient enrichir ma propre expérience du souffle d'amour.

---

dans le monde. « La proximité devint ainsi l'aspect le plus important de la divinité » (Heschel, p. 31).

V

Devoir aimer ?

Comment le souffle d'amour supplée

L'amour qui se sait indigent

Aujourd'hui il apparaît de plus en plus que le premier ingrédient de l'amour, au stade du bébé, c'est le réconfort. Dépendance sociale primaire, d'emblée distincte de la dépendance biologique (la nourriture). Le besoin d'être réconforté, que les spécialistes décèlent dans toute une série de gestes et attitudes du nourrisson – recherche de contact, attachement et tendresse –, se présente comme un « but en soi ». Par la suite, une fois le parent bien identifié, une des composantes de l'amour de l'enfant pour le parent est, selon Todorov, le « besoin de communier », l'expérience d'une « continuité » avec lui, la « certitude absolue (...) d'être accepté par l'autre »[1]. Ainsi, sans pouvoir s'appuyer sur des observations scientifiques, Cicéron déjà parlait de notre instinct de sociabilité[2] : nous sommes faits pour la relation avec nos semblables.

Cependant, bien des parents sont taraudés par la hantise de n'avoir pas donné suffisamment de réconfort à leur enfant. Cela commence très tôt, avec les heures que passent chaque jour de très nombreux nouveau-nés à hurler désespérément sans que rien puisse les calmer. On vous démontre que c'est normal, on vous donne mille bonnes raisons (« il fait ses poumons », « elle évacue le stress de la naissance », etc.), vous vous trouvez confrontés à une telle impuissance que vous êtes tentés de banaliser… et d'attendre que cela passe. Mais de cette époque j'ai pour ma part gardé un doute : que savons-nous réellement de la détresse du nourrisson ? Est-ce que par hasard cela ferait moins mal parce que tout le monde y passe ? Qu'arriverait-il si nous écoutions vraiment ces cris ? Ne disent-ils pas le tragique de la condition humaine, le désespoir d'une souffrance innommable ? Qui sommes-nous pour minimiser ce que vit autrui – qu'il peut seulement crier ? Je suis de plus en plus persuadée qu'en chaque tout-petit existe un continent inabordable que les adultes, dans leur prétention, ne soupçonnent même pas.

Ainsi, dès le début et malgré nos grandes réserves d'affection, nous touchons nos limites en matière de réconfort à donner à notre enfant – à moins que nous entretenions l'idéologie de l'amour parental. Par la suite, la lucidité à ce sujet peut virer au cauchemar : « Si notre enfant a mal tourné, c'est que nous ne l'avons pas assez aimé ! » La torture intérieure est à son comble à la suite d'un suicide. Et bien entendu cela peut concerner n'importe quel proche. Nous nous trouvons alors devant une évidence massive : notre amour n'a pas pu… Nous le sentions tissé d'infini, nous déchantons et le dénigrons. Cependant, un chemin est possible. Personnellement, je n'ai jamais été aussi consciente de ma manière indigente d'aimer les autres que depuis la mort de notre fils Samuel. Mon amour pour lui n'a pas empêché qu'arrive le pire, mais en toute humilité je reconnais l'avoir aimé comme je pouvais, avec les pauvres ressources qui étaient les miennes. Pauvres mais réelles.

Depuis lors, je salue et accueille l'amour qui passe à travers moi malgré mes obstacles intérieurs : je ne suis pas dans l'autoflagellation. Cela vient plutôt de la personne en face de moi : je pressens *son* infinie soif d'être aimée et réconfortée. Et par contrecoup j'entrevois que je pourrais l'aimer beaucoup mieux… mais jamais à la perfection. Sa soif me renvoie à mes limites affectives et, en même temps, à l'envie de ne pas camper dans ces limites, à m'ouvrir à un Amour qui, lui, peut au-delà de ce que je peux. Il n'est jamais trop tôt pour entamer le deuil d'un amour tout-puissant. Pour dépasser la peur de ne pas aimer assez, je vois deux moteurs. D'abord nous nous heurtons sans aucun succès à une affectivité qui n'obéit pas – combat inutile, donc. Ensuite, notre obsession ne viendrait-elle pas, au moins en partie, de la nostalgie interminable d'un amour réconfortant que *nous* n'avons pas eu ?

Une deuxième raison handicape l'amour humain : nous n'aurons jamais la pleine connaissance de ce qu'il est. Son existence est impossible à prouver, son inexistence aussi. Et qui peut prétendre le mesurer, en soi-même ou en autrui ? Rien n'est plus piégé que ce type d'évaluation et la personne la plus éloignée de la réalité est peut-être celle qui s'évalue : soit elle est dans l'autosatisfaction, confond son amour avec l'Amour et risque de tomber de haut quand ses proches lui avoueront ne pas se sentir aimés pour eux-mêmes ; soit elle entretient un sentiment d'indignité censé plaire à Dieu : « J'ai toujours manqué d'amour, par égoïsme, par ingratitude, je ne mérite pas d'être aimée » ; soit encore elle reconnaît qu'elle montre peu d'amour mais s'abrite derrière l'alibi de l'impossibilité d'aimer des êtres aussi détestables. Dans tous les cas de figure, la personne se juge en fonction de *ses* critères et de *sa* conception de l'amour. Or, par l'intermédiaire des autres et par les circonstances de nos vies, le souffle d'amour bouleverse systématiquement les points de repère que nous nous étions donnés. Dans le palmarès de l'amour, on peut se croire parmi « les premiers » et se retrouver dans « les derniers », et vice versa[3].

Mais comment lâcher la préoccupation du jugement dernier sur sa manière d'aimer ou d'avoir aimé ? Le vent de tempête qui nous a poussés à sortir de la fusion et de la « haine » va peu à peu se transformer en brise légère. Nous sentons que notre histoire n'est pas finie. Le paysage s'éclaircit : nous nous voyons indigents en amour ; nous faisons nôtre ce dépouillement, cette perte des illusions, ce manque de souffle. Nous continuons d'avancer mais la terre nous colle aux pieds. Rien à faire, nous ne sommes pas mieux que les autres, pas pires non plus. Nous faisons connaissance avec l'humilité. Une humilité qui, loin de nous humilier, nous parle de qui nous sommes – des terriens comme tous les terriens, désespérément en quête de l'Amour. C'est alors que nous sentons la brise sur nos fronts : nous n'avions jamais été aussi proches du souffle d'amour. Invisible, d'une discrétion telle qu'il en paraît indigent lui aussi, constamment en mouvement pourtant, inlassable à créer du lien entre les vivants, à ne pas en laisser un seul hors de sa portée, si bienfaisant et rafraîchissant, sans en avoir l'air, qu'il nous apprend à aimer l'humanité : l'Amour peut souffler puisque nous n'avons plus rien à prouver.

Nous sentant de plain-pied avec eux, les autres nous ouvrent leur porte. Comme dit Vladimir Jankélévitch, « l'humilité est le fond sans fond (…), le fondement abyssal et insondable de la charité[4] ». C'est jusque-là que le souffle nous fait aller, jusque dans l'extrême pauvreté de nos amours… et nous sommes étonnés d'y trouver d'autres humains, aussi dépouillés que nous. À vrai dire tous les humains, potentiellement ! Même les plus éloignés de l'amour en apparence, les plus opposés, les plus étrangers au souffle innovant. Il nous est donné de les voir, eux aussi, affamés d'amour comme nous, travaillés par son souffle, comme nous. « Dans son humilité, écrit Kierkegaard, l'amour passe inaperçu au fort même de son œuvre qui, semble-t-il, est de ne rien faire du tout. » C'est « supposer la présence fondamentale de l'amour, même chez l'égaré, le corrompu, le plus haineux des hommes (…) Être charitable, c'est justement admettre, c'est supposer que les autres le sont »[5].

Heureux les pauvres en amour parce qu'ils aspirent à ce souffle qui les entraîne vers le large ! Le verbe hébreu correspondant à « souffle » pourrait remonter au vieil arabe du Sud et signifier « être large, spacieux ». [Rua*h*] est peut-être une onomatopée, celle du bruit et de la respiration, de l'air en mouvement, d'où l'idée de ce qui est *ouvert à l'air*, et donc de l'espace extérieur dans lequel l'air en mouvement établit des relations. On voit donc que personne ne survivrait en s'isolant du souffle d'amour, en prétendant – pour aller jusqu'au bout de la symbolique – « respirer tout seul, par la simple force de ses poumons, mais sans ouverture sur l'extérieur »[6].

Cela éclaire autrement la pauvreté de nos relations affectives. Notre dénuement a ouvert un lieu vacant là où nous nous imaginions pleins. Du coup, il nous rapproche de cet endroit dépouillé qui est aussi en autrui. Nous faisons confiance au souffle d'amour quand nous intégrons que nos béances communiquent, sont faites pour communiquer, que c'est là un besoin essentiel. Mais il s'agit d'espaces toujours ouverts : on peut y entrer si on nous laisse y entrer, les parcourir et les quitter. Selon Moltmann, le souffle d'amour « est notre espace vital » et la vie dans le Souffle est « la vie dans ces "grands espaces où rien ne gêne" (Jb 36,16) (...) Nous mesurons la largeur de cet espace par les flots de l'amour que nous recevons et que nous donnons »[7].

Une manière insolite de venir en aide

On a déjà de la peine à se représenter « Dieu », alors se représenter un souffle ! Depuis le début, aucun auteur chrétien ne se risque à dire ce qu'est le souffle d'amour, mais tous témoignent de ce qu'il fait ; et c'est même plus restrictif : de ce qu'il fait dans leur vie personnelle. D'où la responsabilité spirituelle de chacun : si je ne confie pas à d'autres mon expérience de ce souffle qui m'a sortie de la confusion, déplacée, poussée en avant, qui le fera à ma place ?

Dans la tradition chrétienne, l'apôtre Paul est l'un des premiers à s'être exprimé ainsi, dans son épître aux Romains[8]. Il parle en « nous », d'un « savoir » d'expérience : il ne dit pas qu'il croit au souffle d'amour ; il le voit à l'œuvre dans les événements de sa vie, comme un trait d'union universel, mettant en lien les vivants inlassablement, favorisant par tous les moyens le vivre ensemble. Le texte est truffé de [sun], la préposition « avec » : c'est un souffle qui gémit-avec, souffre-avec, prend-avec lui, travaille-avec, qui soutient et renforce nos efforts pour mieux aimer, mieux vivre. On dirait un accouchement, où la mère s'efforce *avec* l'enfant en vue de la délivrance – première et radicale séparation : « attendant anxieusement (...) que notre corps soit délivré[9] ». Pour ma part, j'ai l'impression que Quelqu'un tire à la même corde que moi, impression étayée par de petits signes indiquant une avancée, modeste certes, mais dans la bonne direction.

Je lis aussi dans ce texte sur le souffle d'amour l'expérience d'une com-passion active. Paul sait combien son propre amour est indigent, « faible », mais il voit le souffle « prendre-avec-et-contre notre faiblesse »*. Verbe rare pour dire un événement marquant, où il a senti Quelqu'un assumer avec lui sa souffrance : la *prendre-avec* lui et lutter *contre* ce qui le fragilisait. Et il ajoute : « Le Souffle lui-même intervient pour nous en gémissements inexprimables ». « Intervient », mais aussi « intercède » ou « rencontre », pourrait-on traduire. Verbe totalement inédit, qui tente de nommer une façon de secourir insolite, comparable à nulle autre. Ainsi le souffle d'amour, c'est quand quelqu'un souffre de nous voir souffrir, est bouleversé *avec* nous, affecté sans rester extérieur. Alors nous nous sentons « rencontrés ». Le grand mystère, c'est que cela se passe sans paroles, en « gémissements » si intérieurs, d'entrailles à entrailles, qu'on ne peut même pas « exprimer » une telle solidarité dans le combat « contre » ce qui détruit.

À propos de la souffrance des tout-petits, j'évoquais un continent inabordable. Là commencent, je crois, les « gémissements inexprimables » du souffle d'amour, dans sa « rencontre » providentielle avec ceux qui ne peuvent que crier. Un témoignage qui m'a été rapporté il y a quelques années

---

* En grec [sun-anti-lambanetai], (Rm 8,26).

dit bien ce secours inattendu. Lors d'une promenade, une femme confiait à son amie le désespoir qui l'habitait. Chrétienne et aimante, l'amie tentait de l'apaiser en lui rappelant combien Dieu l'aimait, veillait sur elle, etc. – ce que j'appelle les « bonnes paroles ». Au bout d'un moment, n'y tenant plus, la femme lui demande d'arrêter : tout cela, elle le sait, étant chrétienne elle-même, mais elle ne se sent pas entendue *là où elle est*. Alors l'amie se tait. Elles marchent en silence. Soudain, la femme s'aperçoit que son amie… pleure. En un éclair, elle reprend pied dans la vie ! Je dirais avec des mots de Paul : le souffle d'amour entre les deux, c'est quand l'amie a « pris-avec » elle la « faiblesse » de la femme, « contre » ce qui lui ôtait tout moyen de vivre et d'aimer. Aussitôt la femme s'est sentie « rencontrée ». Or, le miracle s'est produit « en gémissements inexprimables » – dans l'impuissance la plus silencieuse.

Paul continue ainsi : « Nous savons (par expérience) que pour ceux qui aiment Dieu tout travaille-avec toutes choses/ sont en syn-ergie en direction de ce qui est bon[10]. » Manière de parler du souffle d'amour comme d'une boussole qui nous permet de garder le cap sur l'amour « bon » à vivre, quels que soient les remous de la traversée. Et comment ? En aimant l'Amour sans exiger de preuves au préalable : « ceux qui aiment Dieu », du verbe [agapaô], amour qui fait confiance… « En syn-ergie » : convergence d'une énergie venue d'Ailleurs et de notre propre énergie, même la plus réduite.

On aurait tort de minimiser la part humaine : le souffle d'amour, se mouvant tout entier dans le « avec », ne saurait travailler en solo ! Au IVe siècle, saint Macaire affirmait que Dieu a déposé en l'âme humaine « l'intelligence des pensées, la volonté et l'intellect comme guide ; il a encore placé en elle une grande subtilité, il l'a rendue très mobile, ailée, infatigable (...) Il l'a créée telle qu'elle puisse être pour lui une épouse et être en communion avec lui, *afin qu'il se mélange à elle et soit un seul Souffle avec elle*[11] ». Que serait l'époux sans l'épouse, le souffle d'amour sans l'amour humain, aussi défaillant soit-il ? Mais on aurait également tort de s'imaginer capable d'incarner par son seul mérite l'idéal de l'amour gratuit étranger à toute pensée malveillante : « Quel que soit ce qu'une âme s'imagine accomplir par elle-même, quels que soient le soin et les efforts qu'elle y apporte, en s'appuyant seulement sur sa propre force et en se croyant capable par elle-même d'obtenir une parfaite réussite, sans la synergie du Souffle elle se trompe grandement[12]. »

En somme, le souffle d'amour vient en aide comme pour nous relayer, en particulier quand nous avouons notre échec : nous ne sommes pas vraiment, pas toujours un « secours » pour notre prochain ! Rarement de vrais partenaires capables de travailler-avec l'autre en vue de son accomplissement, pour le bonheur de chacun. Quelle que soit notre bonne volonté, nous atteignons régulièrement nos limites. Or, le souffle d'amour, c'est quand malgré cela nous ne perdons pas le nord : nous voyons détours, impasses et chemins de traverse faire partie de notre marche vers des liens d'amour si bons qu'ils nous paraissent, après coup, immérités.

Finalement, on dirait que Paul considère ce souffle comme un grand artiste. « Il nous a à l'avance » – il a toujours un temps d'avance ! – « fixé des limites » pour nous « donner les mêmes formes que l'icône de Jésus* ». Comme

* Littéralement : « de son Fils » (Rm 8,29).

s'il avait voulu faire de chaque être humain une icône de l'amour accompli. Or, qui dit limites dit élagage : ainsi le sculpteur sépare-t-il son œuvre de la pierre superflue ; la sculpture qui naît se différencie du matériau utilisé. Élagage qui accompagne ce travail de différenciation par lequel, en touchant nos limites, nous prenons conscience de qui nous sommes dans notre unicité – « une vraie merveille[13] », comme dit le psalmiste. Or, il est « donné » à chacun d'avoir « les mêmes formes que l'icône de Jésus », de ressembler à cet homme qui incarnait l'Amour dans toute sa manière d'être. Autrement dit, le souffle d'amour, c'est quand nous regardons notre personne comme une œuvre d'art en cours de réalisation. Nous apprenons à accueillir les événements de notre vie comme autant de délimitations douloureuses certes, mais destinées à mieux mettre en valeur l'icône de l'Amour qu'est chacun de nous.

Honnêtement, il m'est plus facile de contempler autrui que moi-même comme une œuvre d'art en devenir. Tant il est vrai que dès la naissance c'est le regard des autres qui appelle l'humain à l'existence. Le souffle d'amour met régulièrement sur ma route des personnes qui avec leurs propres mots me reflètent cette lente métamorphose que j'appelle de mes voeux : elles me donnent à croire à une image de moi *à venir*. Elles la voient ou la devinent déjà, elles me donnent envie d'avancer. Dès lors, je me sens seulement responsable de les regarder de cette manière-là : personne ne leur a peut-être encore dit combien elles étaient façonnées de l'intérieur par un souffle d'amour. Pour nous tous, l'icône de notre personne, à la ressemblance de l'Amour, est en plein chantier. Elle est pour ainsi dire notre horizon. Personnellement, je voudrais vivre assez longtemps pour m'en rapprocher. Je prends cette image parce qu'elle se trouve dans le texte, cachée dans le verbe grec [pro-orizei]*. Le souffle d'amour nous a « délimités conformes à l'icône de Jésus » ; littéralement, il nous a « placés à l'avance à notre horizon, con-formes » à l'icône de Jésus ; plus simplement, il a mis à notre horizon notre accomplissement en amour. En allant jusqu'aux limites qui bornent notre vie, nous marchons vers cette œuvre d'art, sculptée par l'Amour, *qui nous précède* ! J'aime ne pas savoir comment l'Amour me modèle, continue à me modeler… et j'aime que Lui le sache, à l'horizon de ma vie.

On n'attendait pas le secours du souffle d'amour de ce côté-là : entre les êtres privés de parole, quand ils souffrent d'aimer. Les études scientifiques révèlent que cela commence très tôt : contrairement à ce que croyaient les auteurs des siècles précédents, en particulier La Rochefoucauld, Kant et même la psychanalyse classique, l'être humain n'est pas avant tout un être égoïste, solitaire, occupé exclusivement à satisfaire ses désirs et n'apprenant l'altruisme que par la nécessité de vivre en société. « Il existe bien des courants, aussi bien en philosophie qu'en psychanalyse, qui partent de la socialité constitutive de l'homme[14]. » Mais on est allé beaucoup plus loin ces dernières décennies. S'appuyant sur de nombreux travaux, Daniel Goleman a consacré un chapitre entier de *L'Intelligence émotionnelle* aux racines de l'empathie décelables chez le nourrisson, à sa sensibilité à la douleur d'autrui[15]. Il est frappant de voir les plus récentes découvertes converger avec le sens du verbe hébreu [ra*h*am], « avoir pitié, être miséricordieux » : la racine s'emploie pour

* [Pro], « devant », et [horizô], « délimiter » – [horizôn] signifiant la ligne ou le cercle qui barre la vue, l'horizon.

un amour profondément « enraciné dans un lien "*naturel*" (...) Sentiment de compassion qu'ont les humains les uns pour les autres du simple fait que ce sont des êtres humains (...) Pitié *naturelle* pour ceux qui sont dans l'impuissance[16] ». En d'autres termes, il semble que l'empathie ait un ancrage physiologique et, en termes bibliques, que nous soyons créés avec une ouverture au souffle d'amour !

C'est en me remémorant l'invitation de Jésus à « devenir comme des tout-petits » que je lis les développements de Howard Gardner sur les intelligences intrapersonnelles et interpersonnelles : il s'agit pour moi, adulte, de retrouver le souffle d'amour qui me traversait toute petite. « À l'âge de dix mois, l'aptitude du nouveau-né à discriminer entre différentes expressions affectives produit déjà des modèles distincts d'ondes cérébrales. De plus, l'enfant parvient à associer différents sentiments à des individus, expériences et circonstances particulières. Ce sont déjà les premiers signes d'empathie. Le jeune enfant a une réponse de sympathie s'il entend les pleurs d'un autre nouveau-né ou voit quelqu'un dans le chagrin : quoique l'enfant ne puisse pas encore apprécier *comment* l'autre sent, il semble avoir le sentiment que quelque chose ne va pas dans le monde de l'autre personne. Le lien entre la familiarité, la compassion et l'altruisme a déjà commencé à se former. » Concernant l'enfant de deux à cinq ans, l'auteur ajoute que « selon le point de vue interpersonnel, s'orienter vers les autres individus (et les connaître petit à petit) est le seul moyen dont l'enfant dispose pour découvrir la nature de sa propre personne »*.

---

* Gardner, p. 256, 259. Voir aussi Mélanie Klein au sujet de l'enfant et de l'adulte : « Le besoin de rendre les gens heureux est lié dans les

J'ai précédemment évoqué des « gémissements inexprimables » dans les profondeurs inaccessibles du nouveau-né. À la lumière de ces citations, je me demande si le souffle d'amour ne lui viendrait pas en aide d'une manière encore plus inattendue : sa capacité précoce à vibrer à la détresse d'autrui n'est-elle pas sa planche de salut ? Sa propre souffrance – intraduisible autrement que par des cris – se trouverait « rencontrée » (pour reprendre le texte paulinien) par la souffrance qu'il perçoit chez les autres. Ainsi s'inscrirait en lui dès la naissance l'évidence rassurante qu'il n'est pas tout seul à affronter la vie dans sa dureté. Son corps, son psychisme, son être se trouveraient *reliés* dès le début à autrui, infiniment plus qu'on ne l'imagine – souffle d'amour d'entrailles à entrailles. Par la suite, nos propres difficultés, blessures et traumatismes interdisent toujours davantage cette consonance indicible avec la détresse d'autrui. Mais je constate qu'on peut progressivement la retrouver, *devenir comme* le tout-petit qui avait « des oreilles pour entendre », sans effort, le dénuement « inexprimable » d'autrui, sa soif extrême, le mendiant d'amour en lui. Souffle décoiffant, illogique, qui met notre toute petite enfance *devant nous* !

Le grand méconnu

Je ne suis jamais parvenue à mettre une chronologie entre les trois modalités de l'amour : pour soi-même, pour

---

profondeurs de l'esprit à un fort sentiment de responsabilité et d'inquiétude à leur égard, qui se manifeste sous la forme d'une sympathie authentique pour les autres et d'une aptitude à les comprendre tels qu'ils sont » (p. 86) – ce qui rejoint une intuition forte du philosophe Emmanuel Lévinas.

les autres, pour le tout Autre. Pas davantage entre l'amour des autres et l'amour du tout Autre à mon égard. C'est que, selon la Bible, Dieu se tient secrètement dans nos entrailles et que, par ailleurs, il est l'Amour contenant tous les êtres aimés et même les non-aimés ! S'il est le « tout Autre dans les entrailles » de la personne soudain « prise aux entrailles » devant autrui, pourquoi dissocier ce que le souffle d'amour ne cesse de conjuguer ? Bienheureuse synergie, qu'on trouve exprimée dans la littérature intertestamentaire : « Dans les derniers jours, Dieu enverra sa miséricorde sur la terre, et là où il trouvera des entrailles de miséricorde, là il habitera. Car autant l'homme a pitié de son prochain, autant le Seigneur a pitié de lui[17]. » Aucun mérite, aucune récompense là-dedans, mais un fait d'expérience et une remarquable synchronie : plus nous nous ouvrons à la souffrance d'autrui, plus se creuse un espace en nous, où Dieu peut nous faire sentir sa présence compatissante.

Je ne pourrais rien dire sur le souffle d'amour si je n'avais pas personnellement vécu un lent réveil de mes entrailles. Longtemps insensible à ma propre souffrance, j'étais facilement anéantie par celle des autres. Le souffle d'amour a été comme cette douceur de l'air qui fait fondre la neige au printemps : j'ignorais avoir des « entrailles de miséricorde » avant de les sentir bouger. Dégel progressif mais ininterrompu, comme son expression littéraire dans les évangiles, où il n'est pas question de « la compassion » mais du verbe très concret « être pris aux entrailles ». Une fois, deux fois, dix fois… Dynamique infatigable aux profondeurs de soi, dont nul ne sait l'origine ni l'aboutissement.

Je m'aperçois que décidément je laisse « Dieu » pour ne parler que de son souffle. C'est que Dieu n'est rien, absolument rien pour nous sans son souffle. Ou plutôt il n'est que concept, abstraction, inamovible froideur. « Dans l'Ancien Testament, il ne faut pas séparer la révélation de l'amour de Dieu pour ses créatures [ahabah] de la révélation de ses *rahamim* (littéralement : entrailles, c'est-à-dire compassion) ou de sa [*h*esèd] (miséricorde), telle que l'ont développée particulièrement les prophètes Osée, Jérémie et Ézéchiel[18]. » Pour parler familièrement, qu'avons-nous à faire d'un Dieu soi-disant Amour qui ne se « bougerait » pas quand nous perdons le goût de la vie à force de ne plus pouvoir aimer ni être aimés ?

Or, le symbolisme biblique fait fort : le souffle divin déplace et se déplace... mais reste invisible, passant souvent inaperçu. C'est déjà un miracle que les contemporains de Jésus aient remarqué les moments où il était « pris aux entrailles ». Ils ont dû en être d'autant plus frappés que dans la société de l'époque, c'était plutôt inattendu, de la part d'un homme et, qui plus est, d'un rabbin dont les gestes et les paroles faisaient autorité. J'ai évoqué, au troisième chapitre, la dimension féminine du souffle d'amour. Comme le christianisme ancien et la tradition orthodoxe dans son ensemble, le judaïsme est allé loin dans cette expérience d'une divinité qui « n'est pas au-delà du pâtir (mais) *sympathise* avec les créatures, souffre et se réjouit avec elles (...) Ainsi, selon Rabbi Moïse Cordovero, il arrive à la divinité d'être "malade d'amour" (Ct 2,5) et l'homme doit (...) *éprouver* comment l'image de Dieu souffre présentement chez telle ou telle personne ou en lui-même, et agir pour apaiser sa détresse[19] ». Le souffle d'amour est le grand méconnu parce que sa manière de nous porter secours, en particulier dans les pires des cas, c'est de pleurer en silence avec nous, dans nos entrailles meurtries – comme dans l'histoire des deux amies que je racontais plus haut. Cela change tout : en prenant soin de moi, en restant solidaire de moi souffrante, je prends soin de l'Amour blessé dont les « gémissements inexprimables » se mêlent aux miens.

C'est le prophète Jérémie qui évoquait les « lieux secrets » où Dieu se retire pour pleurer : « Si vous n'écoutez pas, mon être pleurera dans les lieux secrets à cause de l'arrogance, et mes yeux vont pleurer, fondre en pleurs : le troupeau du Seigneur part en captivité[20]. » Où sont ces « lieux secrets » ? « Nulle part ailleurs que dans les replis les plus profonds du psychisme humain », répondent les juifs hassidiques*. Expérience de l'Amour au féminin qui fut celle du juif Jésus, dans la mouvance des prophètes, puis des premiers chrétiens qui étaient aussi des juifs, à commencer par Paul, l'apôtre de ce même souffle d'amour venu se loger dans nos entrailles, « nous rencontrant et intervenant en gémissements inexprimables ».

Et comme si cela ne suffisait pas pour nous convaincre que le Dieu de Jésus était le Dieu du peuple juif, le Talmud parle quasiment comme Paul de la souffrance humano-divine qui est le lot de tous les êtres créés. Souffrance à laquelle la vie en train de naître ôte son absurdité : « Celui qui pleure dans la nuit, les étoiles et les astres pleurent avec lui. » Selon Catherine Chalier, « solidarité essentielle de la création, celle-ci *attendant avec l'homme* sa rédemption »[21].

---

* Chalier, p. 97. Le hassidisme est un mouvement populaire de renouveau spirituel fondé au XVIIIe siècle en Podolie (une partie de l'actuelle Ukraine) par Israël ben Eliézer Baal Chem Tov, généralement connu sous son acronyme de Becht.

De son côté, Paul ouvre ainsi sa méditation sur le souffle d'amour : « Nous le savons » (par expérience), « la création tout entière gémit-avec, souffre-avec dans l'enfantement, maintenant encore » ; lui aussi parle de « *l'attente* angoissée de la création qui aspire au dévoilement des enfants de Dieu »[22]. Éloquente proximité avec la philosophe juive sur le labeur universel de ce souffle méconnu qui nous met tous au monde !

Si nous désirons faire connaissance avec lui, l'évangéliste Jean nous en dit davantage : à cinq reprises, il en parle comme d'un « paraclet » que Jésus enverra aux humains après sa mort[23]. Le mot a commencé à me parler à partir de l'étymologie du verbe correspondant : [para-kaleô], c'est d'abord « appeler auprès de soi, inviter, supplier », donc être en demande de relation, comme l'est le père de la parabole de Lc 15 quand, sorti à la rencontre de son fils aîné, « il le supplie » de ne pas s'exclure de la fête. Souffle d'amour désirant, encore et encore, se mêler à celui de la personne en mal d'authentiques liens affectifs. Indicible supplication de l'Amour mendiant l'amour humain.

Comme le répétait Kierkegaard, surtout vers la fin de sa vie, « Dieu n'a qu'une seule passion : aimer et vouloir être aimé[24] ». Comment le savons-nous ? Parce que Jésus, l'Amour incarné, a toute sa vie eu soif des humains, depuis sa demande à la Samaritaine du puits de Jacob – « donne-moi à boire ! » – jusqu'à son aveu poignant au moment de mourir – « j'ai soif »*. Méconnaître le souffle d'amour, c'est pervertir l'Amour et se créer un Dieu impassible qui, prêché

* Jn 19,28. Pour plusieurs raisons liées au texte et au contexte, cette parole ne peut être prise au premier degré.

et asséné pendant des siècles, a fait énormément de mal à la chrétienté : combien de théologiens ont affirmé que Dieu n'a pas besoin des humains ? Le philosophe orthodoxe Nicolas Berdiaev « s'étonne de ce que la *suffisance* considérée comme un signe d'orgueil de l'homme devienne subitement, quand on l'applique à Dieu, un signe de perfection (...) Il répète souvent que Dieu languit après son *Autre lui-même*, le *désire*, *attend* sa réponse créatrice à son appel, est *attiré* vers lui et connaît ainsi une véritable et perpétuelle *nostalgie*[25] ».

Mais que pourrait être pour nous ce mystérieux « paraclet » ? Chez Jean, Jésus dit à ses disciples peu avant sa mort : « Si vous m'aimez, vous garderez mes recommandations. Moi je prierai le Père et il vous donnera un autre paraclet afin qu'il soit avec vous pour toujours, le souffle de vérité que le monde ne peut pas recevoir parce qu'il ne le voit pas et ne le connaît pas[26]. » Dans « autre paraclet », j'entends d'abord un autre que moi Jésus, un nouveau souffle qui – selon l'un des nombreux sens du verbe [parakaleô] – vous apportera réconfort et consolation. Souffle de tendresse, si maternel que la traduction syriaque ancienne du verset 26 (« le paraclet vous enseignera toutes choses ») a choisi le féminin : « le souffle saint, consolatrice, Elle vous apprendra toutes choses* ».

De plus, un [paraklètos], c'est aussi un avocat, un défenseur. Jésus promet à ses amis que le souffle d'amour sera à leurs côtés pour prendre leur parti comme lui-même l'a fait. Personnellement, je dirais par expérience qu'il plaide notre cause et nous apaise là où nous nous accusons par exemple de

* Boulgakov, p. 180, note 1. Aphraate le Syrien écrivait au IVe siècle : « Gloire et honneur à son souffle, vivifiante et sainte. »

ne pas avoir assez aimé. Plus je m'imprègne de l'humanité de Jésus, plus je sens sa solidarité avec la condition humaine : il sait ce qu'est l'existence d'un humain, combien nous faisons ce que nous pouvons, et combien peu nous pouvons ! « Père, pardonne-leur car ils ne savent pas ce qu'ils font ! »... Ce ne sont que des humains, ils ont besoin d'être réhabilités, réconfortés, soutenus, pour pouvoir assumer la vie sur terre.

En définitive, j'entends dans « paraclet » ce souffle de vérité qui, après avoir traversé Jésus de son vivant, poursuit au travers d'autres personnes et de manière discrète avec nous ce que faisait Jésus parmi les siens : nous aider à faire la vérité en nous et autour de nous, prendre notre défense face aux événements et aux êtres destructeurs, suppléer à notre amour déficient, ranimer notre désir de relations vivantes quand il s'essouffle... Sans équivalent précis en hébreu et sans analogie avec aucun titre connu en grec classique, le « paraclet » recouvre de nombreuses fonctions qui font penser à l'amour d'amitié : il est témoin et avocat ; il console, guide et enseigne ; il secourt[27]. N'est-ce pas là exactement ce que nous attendons de nos proches ? Et ce que nous avons rarement ? Maintenant, la question est de savoir si nous sommes capables de « recevoir ce souffle d'amour » qui est avant tout « souffle de vérité » : le recevoir d'ailleurs que de ces proches décevants ? De là où nous ne l'attendions plus, d'autres personnes, dans d'autres circonstances ?

Mais dans la promesse « il vous donnera un autre paraclet (...) que le monde ne voit pas et ne connaît pas », j'entends aussi : un paraclet *autre*, un souffle autre que les apparences, les évidences, ce que vous croyez parfaitement connaître et maîtriser. Cela, c'est « le monde », qui confond le Réel avec les choses extérieures et démontrables, qui prend les prophètes pour de dangereux agitateurs et le mensonge institutionnalisé pour la paix des cœurs. Quand nous ne « voyons » pas agir le souffle d'amour, que nous n'en « faisons pas l'expérience » (dans la Bible, connaître c'est expérimenter par soi-même), quand nous en faisons l'expérience mais sans l'identifier comme tel, nous risquons d'en conclure un peu vite qu'il n'existe pas.

Je vois trois situations au moins où il arrive que le grand méconnu se fasse connaître. La première est celle des disciples, hommes illettrés et incapables de prendre la parole en public : Jésus leur avait promis l'accompagnement *constant* du souffle d'amour. On sait les audacieux prêcheurs, guérisseurs, fondateurs de communautés qu'ils sont devenus ! Aujourd'hui encore, combien d'entre nous sont stupéfaits de leur propre transformation au vu de ce qu'ils étaient « avant ». Aussi incroyable que cela puisse paraître à certains, je suis moi-même restée longtemps paralysée à l'idée de prendre la parole en public, y compris dans un groupe restreint. Quant à l'idée de faire face à un « ennemi », c'était carrément l'anéantissement, l'impression d'être « livrée » pieds et poings liés. Je peux dire aujourd'hui que la parole de Jésus adressée aux disciples dans un autre contexte s'est réalisée autant de fois que nécessaire jusqu'à ce que j'aie pu complètement retrouver la parole. Et je suis loin d'être un cas isolé : « Quand on vous conduira pour vous livrer, ne soyez pas inquiets à l'avance de ce que vous direz ; mais ce qui vous sera donné à cette heure-là, dites-le ! Car ce n'est pas vous qui parlerez mais le souffle saint[28]. »

La deuxième situation qui peut nous faire connaître le souffle d'amour, c'est celle de l'absence d'autrui, provisoire ou définitive. Temps de fragilisation qui nous pousse à « garder » précieusement dans notre affection les paroles significatives de notre proche disparu : « Si quelqu'un m'aime (d'*agapè*), disait Jésus, il gardera ma parole et mon Père l'aimera (d'*agapè*). Nous viendrons chez lui ; nous ferons chez lui notre demeure (...) Le paraclet, le souffle saint que le Père enverra en mon nom, celui-là vous apprendra tout, il vous rappellera tout ce que moi je vous ai dit[29]. » Le souffle d'amour, l'« autre paraclet », c'est quand le souvenir vivant et bienfaisant de l'être aimé ne nous quitte plus : nous ne sommes plus seuls ; il nous accompagne sans faillir, nous « apprenant » au jour le jour une autre manière d'aimer. L'icône du proche que nous avons perdu se tient devant, à l'horizon de notre vie, et tout l'amour que nous n'avons pas su donner se met à vibrer entre nous.

La troisième situation, malheureusement beaucoup plus rare, c'est quand nous revisitons notre enfance et qu'aux creux de la douleur nous y refaisons connaissance avec la spiritualité du tout-petit. Ainsi, il a fallu des décennies à Lydie Dattas pour identifier l'Amour venu transfigurer son abandon à l'hôpital à l'âge de trois ans. Sa mémoire reste pour ainsi dire hantée par l'image du vent dans le voile de la religieuse qui l'avait sauvée – inaltérable symbolisme du souffle d'amour ! « J'ai enfin percé ton mystère, puisque j'ai découvert le dieu que tu abritais en secret : c'est sa lumière qui m'éblouissait dans ton regard, sa douceur qui me consolait dans ton silence, son intelligence qui m'émerveillait dans tes actes et sa bonté qui te rendait inoubliable (...) Vivre ne m'aura servi qu'à reconnaître et à aimer ce roi qu'à mon insu tu hébergeais dans ton âme et dont j'admirais sur ton front sans le savoir l'or invisible de la couronne[30]. » Découverte rétrospective d'un souffle si discret, si humble, qu'il semble consentir à rester méconnu, pourvu qu'il nous arrache à la mort !

Un souffle universel

J'y ai déjà fait allusion : beaucoup aujourd'hui ne comprennent pas ce que la tradition chrétienne appelle le « Saint esprit ». En choisissant de parler plutôt de « souffle d'amour », j'ai simplement indiqué une direction. Il importe maintenant, en renonçant à le définir, de poser la question déterminante : à quoi reconnaît-on sa présence ? Les propos de Boris Bobrinskoy me semblent particulièrement parlants aujourd'hui[31]. Selon lui, le souffle d'amour est « cette présence sous-jacente à toute expérience religieuse, esthétique, à tout effort créateur, à toute vraie rencontre et à tout dépassement par l'homme de ses propres limites ». Dépassement qui signifie accomplissement. Il est cette parole éclairante – que je vois à l'œuvre dans le travail de vérité –, ce « facteur à la fois de diversification, d'affirmation de la spécificité du propre de la personne et aussi d'unification, de rassemblement, de solidarité et de communion humaine à tous les niveaux » –, ce que j'ai appelé « processus de différenciation et lien dans la similitude ». Réalité irréductible, impalpable, « se confondant à la fois avec l'intériorité la plus profonde de l'homme, avec les racines ultimes de sa personnalité » et avec « le tout autre, le souffle, la flamme, l'au-delà faisant irruption dans notre vie ». Voilà selon moi ce qui explique pourquoi la voie la plus sûre pour rejoindre les autres, notre entourage et le monde dans lequel nous vivons et luttons passe immanquablement par l'écoute de nos « entrailles ».

Caractéristique majeure qui fait d'elle la grande méconnue, l'action divine pour Bobrinskoy reste souvent « incognito », « implicite et cachée », fondamentalement « maître de ses dons, libre de ne pas limiter son souffle aux formes ecclésiales et aux institutions ». Liberté qui nous est essentielle : si l'Amour s'imposait comme une évidence pour tous, redressant les relations tordues, réparant ce qui est abîmé, occupant notre place là où nous avons échoué, ce serait un amour dévorant, le pire de tous. Sa propre liberté nous veut libres. Il se « contente » de ranimer notre souffle, mais c'est immense ! En clair, une personne qui se dit chrétienne aura exactement la même responsabilité qu'une autre. Le même souffle travaille à les réveiller toutes deux, la tâche n'est pas plus aisée pour la première si elle s'imaginait pouvoir automatiquement bénéficier du souffle d'amour.

Enfin, Bobrinskoy note « une convergence profonde et remarquable entre cette lente maturation de l'humanité, sa recherche de l'authentique et la révélation chrétienne, bien que les chrétientés historiques puissent (...) empêcher de donner (à ces forces diffuses) le nom biblique du Saint-Esprit ». C'est ce qui m'impressionne aussi : ce combat de tant de personnes dans les sociétés civiles, et même de plus en plus dans les gouvernements, pour instaurer ce que la Bible hébraïque met sous le mot « amour », tous ces signes actuels de quête d'un vivre ensemble où régneraient vérité, justice et respect entre les humains. Et, en même temps, cette prétention de certains chrétiens à détenir le souffle d'amour, à monopoliser un message de libération qui ne leur appartient en aucun cas.

Depuis longtemps, je me demande si la parole de Jésus à la Samaritaine au puits de Jacob n'était pas une prophétie de l'époque dans laquelle nous sommes entrés : « L'heure vient, et c'est maintenant, où les vrais adorateurs adoreront le Père dans un souffle et en vérité : tels sont les adorateurs que cherche le Père. Dieu est souffle et il faut que ceux qui l'adorent l'adorent dans un souffle et en vérité[32]. » Plus question, selon Jésus, d'adorer ici ou là sur le mont Garizim ou à Jérusalem – à Constantinople, à Rome ou à Genève. Il suffit au père de tout amour humain que nous nous exposions à ce « souffle-vérité » qui fait sortir nos relations de la violence et du chaos. N'est-ce pas dans cette dynamique que s'efforcent de vivre de plus en plus de personnes aujourd'hui ? Dans cette ouverture spirituelle remarquable ?

En outre, j'aime dans ces versets l'absence d'article défini devant « souffle » : *un* souffle d'amour, pas nécessairement celui dont on a personnellement fait l'expérience. Or, on trouve bien plus souvent dans le Nouveau Testament l'expression « un souffle saint » que « le souffle saint » (ou « le souffle, le saint »)[33]. Universalité du souffle d'amour, dès les origines du christianisme : *un* souffle est à l'œuvre en tout humain pour l'aider à se différencier et vivre une vie digne de ce nom, laquelle est toujours « inspiration » selon Serge Boulgakov. Personne n'en est privé. C'est comme être aimé de quelqu'un sans s'en rendre compte et le découvrir beaucoup plus tard. Ou encore c'est comme souffrir d'être incroyant tout en étant capable de prier dans certaines circonstances : « Ce n'est que dans le souffle qu'est donné le Souffle (…) Dès son origine, la créature a le Souffle de Dieu, elle le porte en elle. » L'auteur parle donc de « pneumatophorie naturelle » pour évoquer cette capacité universelle de « porter le souffle » : « Le semblable reçoit le semblable (…) La faculté d'être inspiré doit être entendue comme une propriété *générale* de l'homme »[34].

Revenons-en à l'évangile de Jean : « Si vous m'aimez, vous garderez mes recommandations (…). (Le Père) vous donnera un autre paraclet[35]. » Faudrait-il aimer Jésus pour recevoir son souffle d'amour ? Mais comment l'aimer quand on ne le connaît pas ? C'est le même évangéliste qui, dans ses épîtres, répond à la question : « Quiconque *aime* est né de Dieu et connaît Dieu » – et non : quiconque *aime Jésus* ! Et un peu plus loin, dans le même sens : « Nous, nous avons expérimenté et fait confiance à l'amour que Dieu a au-dedans de nous. Dieu est Amour, quiconque demeure dans l'amour demeure en Dieu et Dieu demeure en lui »[36]. Beaucoup, chrétiens ou non, pensent que l'amour ne suffit pas pour se dire chrétien. Il faut adhérer au credo, confesser le Christ, appartenir à son Église : là serait l'essentiel. Jean, lui, a compris que l'essentiel est d'aimer – mais dans une telle exigence de vérité, de justice, de respect, au prix de tant de combats, de consentements au passage de l'épée, d'élagages et de traversées désertiques… qu'on ne gagne rien au change ! Aimer sans dévorer ni se laisser dévorer : voie étroite de l'Évangile, à mille lieues d'une disposition naturelle à laquelle il suffirait de se laisser aller sans y penser…

« Dans la mesure où tu progresses dans la charité, disait saint Augustin, dans cette mesure-là tu commences à avoir le sentiment de Dieu[37]. » D'accord mais, encore une fois, que fait-on de Jésus ? En travaillant la parole dite du fils prodigue – que la tradition a appelée « l'évangile dans l'évangile » –, j'ai été étonnée par… l'étonnement de plusieurs commentateurs : selon cette histoire que Jésus lui-même avait inventée, on pouvait donc être « perdu », « mort », puis

« être trouvé » et « venir à la vie » sans que lui y soit pour quelque chose ! Eh bien, oui, telle est la liberté du souffle d'amour, en ce temps-là comme toujours. Pourvu que les humains se laissent un tant soit peu ouvrir de l'intérieur et prendre aux entrailles, et que l'Amour circule entre eux à nouveau, il n'y a rien à ajouter ! Et s'ils n'ont jamais fait l'expérience du Père de tout amour ni de Jésus – l'Amour incarné, pour la tradition chrétienne –, rien ne les empêche de devenir attentifs à cet étrange souffle du dedans. « Si le Père est Dieu-hors-de nous restant aux cieux dans son absolue transcendance » (et s'ils ne sentent pas sa présence), « si le Fils est Dieu-avec nous partageant notre historicité » (et s'il ne représente rien pour eux), le « Saint-Esprit (*le souffle d'amour) – est, lui, Dieu-en-nous*[38] » – et en eux aussi ! Souffle inconnu qui, selon l'apôtre Paul, « témoigne à notre souffle que nous sommes enfants de (l'Amour) ». Alors que nous nous débattons peut-être encore dans nos relations affectives, avec un « souffle d'esclavage » qui nous fait « retourner à la peur », quelque chose nous dit à l'oreille que nous aussi pouvons « recevoir (ce) souffle de filiation » qui faisait dire à Jésus : « Abba, Père de tout amour »[39].

Comment l'obligation d'aimer tue l'amour

Des discours incohérents

Trêve de belles évocations de ce souffle qui vient si souvent redynamiser nos relations ! C'est bien plutôt l'obligation d'aimer qui nous assourdit dans les discours chrétiens.

À commencer par les Dix Paroles – ou « Décalogue » – régulièrement présentées comme les « Dix Commandements ». Dans la foulée, l'amour est le « nouveau commandement[40] » énoncé par Jésus alors que [entolè] signifie d'abord « recommandation », du verbe [en-tellô], littéralement « accomplir-dedans »*. Gauchissement d'une parole *offerte* aux humains comme une boussole leur indiquant l'orient de leurs relations aimantes.

Je suis atterrée par la multitude de commentaires chrétiens passés et présents qui parlent de l'amour en termes de devoir. Même ceux qui y voient une caractéristique humaine *naturelle* ! Si l'amour nous est naturel, pourquoi tant d'acharnement à nous l'imposer ? Même incohérence dans la société civile de ces derniers siècles, comme le révèle Élisabeth Badinter : on proclame l'instinct maternel comme une évidence et dans le même temps on se répand en exhortations aux devoirs d'amour de la bonne mère, sans voir la contradiction. Et voici ce qu'on peut lire dans un *Vocabulaire biblique* édité en 1964 : dans la Bible hébraïque, « il n'y a pas en l'homme un principe spirituel disposé à l'amour de Dieu. L'homme *doit* aimer ». Il en est de même dans le Nouveau Testament : « L'amour pour Dieu est ici un amour "commandé". L'homme n'aime pas Dieu naturellement » - « exigence » et « possibilité » à lui rappeler constamment[41].

Où est la liberté chère à ces mêmes exégètes qui pourtant reconnaissent le respect infini du Dieu biblique à l'égard des choix humains ? On dirait qu'il y a là un besoin assez inconscient pour rendre aveugle à l'incohérence de ce qu'on dit !

* Cf. le mot de la même racine, [telos], « fin, but ».

Une piste possible : quand nous nous efforçons d'obliger autrui à aimer, n'est-ce pas que nous nous l'imposons à nous-mêmes, précisément parce que nous n'y parvenons pas ? Il serait tellement plus fructueux de penser : « J'ai la liberté de *ne pas* aimer. » En effet, la pression cesse tout à coup et nous pouvons alors questionner notre désir : « Est-ce que, au fond de mon fond, j'ai envie d'aimer cette personne ? » Ou : « de l'aimer d'une autre manière » ? Si la réponse est négative, elle a au moins le mérite d'être vraie. Dans ce cas-là, je constate pour ma part que le souffle d'amour, contre toute attente, se met à travailler un tel aveu comme une pâte inerte dont le levain m'échappe. Il me revenait simplement de reconnaître qu'au départ je n'avais même pas envie d'aimer la personne en question. Souffle de vérité, encore, qui ne peut rien sans notre vérité du moment.

Le sommet de l'incohérence est atteint avec le raisonnement récurrent que voici : « Dieu vous aime gratuitement, sans que vous le méritiez le moins du monde, donc vous devez l'aimer en retour, *il l'exige* ! » Mais si l'Amour qui ne pose aucune condition exige quelque chose, alors il n'est plus inconditionnel ! Très tôt, dès le IIe siècle, on a même poussé le zèle jusqu'à mettre la barre plus haut que Jésus lui-même. Il ne suffisait plus d'aimer son prochain comme soi-même : « Tu aimeras ton prochain plus que ta propre vie », lit-on dans l'épître de Barnabé. C'est ce que fait l'être humain qui importerait : « Si l'idée de l'*amour divin* est rejetée à l'arrière-plan et si la *loi d'amour* est accentuée et renforcée, c'en est fait de l'*agapè*, commente Anders Nygren. L'amour du prochain n'est plus, désormais, l'amour né de l'amour divin, l'amour qui (...) déborde ; il devient l'œuvre poussée à l'extrême*. » L'article du *Dictionnaire de spiritualité ascétique et mystique* sur l'amour-charité chez les Pères détaille, sur la base des textes, l'idée répandue que notre dette ne sera jamais soldée. Sur un peu plus de deux colonnes, j'ai entouré vingt-huit fois concernant l'amour les « on doit », « il faut », « nous devons », « Il exige ». Plutôt terrifiant ! Et, en outre, parfaitement improductif.

Personnellement, cela ne m'a jamais effleuré l'esprit de *devoir* aimer Dieu parce qu'il m'avait aimée le premier : un tel raisonnement ne me mobilise en rien. Mon expérience est autre : quand je sens l'Amour s'approcher, se frayer un passage, faire sa demeure en moi, les vannes s'ouvrent et je découvre mes réserves d'amour ; je me trouve pour ainsi dire portée vers les vivants, tous les vivants sur terre et au ciel, en même temps que j'*aime* être moi-même. Alors s'ébauche en moi ce qui ressemble à un amour désintéressé. Voilà pourquoi je ne comprends pas que les théologiens du Moyen Âge, à nouveau, aient pareillement accentué l'*exigence* de l'amour désintéressé. Comme si le vent du large était tombé, et le souffle d'amour hors de combat ! Voie idéaliste, si écrasante que Luther, se heurtant à son impraticabilité, est revenu à l'Amour *agapè* – gratuit et sans revendication – des débuts du christianisme[42].

Dans son traité *Sur l'amour de Dieu*, Bernard de Clairvaux semble ne pas voir non plus la contradiction relevée plus haut : « La raison et la justice *naturelle* (…) insistent

* *Barn.* 19,5 cité par Nygren, t. II, 2e partie, livre premier, p. 41 *sq.* Chez les Pères apologètes comme chez les Pères apostoliques avant eux, « ce qui est mis au premier plan, ce n'est pas l'amour que Dieu donne mais l'amour qu'Il exige de l'homme » (p. 43).

sur le *devoir* de L'aimer de tout soi-même (...) La foi me prescrit (...) l'*obligation* de L'aimer (...) Pourquoi l'œuvre n'aimerait-elle pas son artisan *si elle a la faculté d'aimer* ? » Il faut choisir : ou bien notre amour envers l'Amour nous est naturel et aucune contrainte n'est nécessaire ; ou bien il ne l'est pas et il devient un devoir. Mais je note aussi, chez cet auteur par ailleurs passionnant et profondément inspiré, l'obsession de rendre à Dieu son amour : « Le fait d'avoir été créé de rien, gratuitement (...) manifeste davantage la dette de l'amour et la justice du remboursement. » Je lui dois ma création et ma re-création, dit saint Bernard, « comment le Lui rendre ? (...) Quand je pourrais me donner mille fois en remboursement, que suis-je, moi, par rapport à Dieu ? (...) Je t'aimerai pour le don que tu me fais, et à ma mesure, bien au-dessous de ce que je dois ». Ainsi Dieu a mérité notre amour et c'est « sans mesure »[43].

Sous-jacentes à ces écrits pris parmi d'autres, je discerne plusieurs difficultés qui peuvent être les nôtres. D'abord la difficulté à recevoir sans avoir mérité, sans y être pour quelque chose. Nombreuses sont les personnes qui, d'une manière générale, détestent se sentir redevables à l'égard de quelqu'un : c'est comme laisser à ce dernier un pouvoir sur soi et c'est comme se sentir diminué, dépendant par rapport à ce quelqu'un qui, du haut de sa « richesse » (peu importe ce qu'on a reçu de lui), a daigné offrir quelque chose. Fierté de celui qui déclare en toute inconscience : « Je ne dois rien à personne. » Attitude qui, face à l'Amour sans mesure, est d'emblée vouée à l'échec, comme le sentait bien saint Bernard. Mais voilà que toute l'énergie mise à se forcer à aimer peut maintenant être investie ailleurs : apprendre à recevoir...

Autre difficulté, celle d'assumer la liberté que nous apporte le souffle d'amour. Si personne, pas même l'Amour, ne nous oblige à aimer, il relève de notre seule responsabilité d'orienter notre capacité affective dans telle ou telle direction, et au moment qui nous paraîtra favorable. Il importe précisément que nous puissions aller *librement* jusqu'au bout de notre glaciation, ou de l'enfer du « je te haime », ou de la paix mensongère qui nous tient lieu de relations... Pour désirer, dans un souffle encore à identifier, passer à autre chose ! Par ailleurs, je mentionne à nouveau l'interdit sur la colère qu'ont fait peser dès le début sur le christianisme les philosophies grecques, notamment le stoïcisme. On comprend alors qu'il ait fallu développer l'obligation massive d'aimer, quitte à inventer qu'elle venait de l'Amour inconditionnel lui-même. Moins les sentiments d'hostilité, de rejet et de haine avaient droit de cité, plus on prêchait la nécessité de l'amour.

Enfin, il y a la difficulté à aimer sans rien escompter en retour. Nous peinons à vivre une telle qualité d'amour et nous attribuons à l'Amour notre manière habituelle d'aimer « à condition que ». Là aussi il faut choisir : ou bien l'Amour est à jamais inépuisable, n'a pas attendu et n'attendra jamais le nôtre pour se donner sans compter ; ou bien il exige un retour et, même s'il s'agit d'un retour modeste et limité, il n'est plus l'Amour parfaitement gratuit – cet Amour que les évangélistes ont très bien perçu à travers la vie, la mort et la Vie de Jésus, mais qu'ils remettent eux-mêmes en question par moments, en posant de Sa part des conditions. Tant il est humain de se faire reprendre par une vision de l'Amour terriblement privée de souffle, de ne pas s'en remettre à ce souffle infatigable qui supplée et remédie incognito à nos relations déficientes.

Dans le refus de laisser les humains libres d'aimer ou non, je ne sous-estime pas le goût du pouvoir lié à cette éducation musclée qui a modelé notre Occident chrétien. En attribuant à Dieu lui-même la contrainte d'aimer, on s'assurait l'« amour » soumis de ses enfants, ses proches, ses subordonnés : « Je peux te faire n'importe quoi, tu dois m'aimer. » Toute rébellion contre une figure d'autorité passait pour une rébellion contre Dieu, pour l'indice d'une ingratitude impardonnable envers son Amour. Voilà pourquoi, selon André Godin, Freud n'a pas perçu « la dynamique de l'amour et de l'identification à Jésus » – l'Amour aimant tous les humains – et ne l'a pas examinée comme « *expérience* religieusement crédible » : il n'a pas « compris la structure dynamique du message chrétien », la présentant exclusivement « comme une "exigence" de l'Église, une "prétention", (…) un devoir, une loi. Elle s'insère alors dans l'affectivité comme ce "surmoi collectif" dont il avait déjà fait la critique à propos du judaïsme »[44]. Il me semble que Freud avait exclusivement en tête le pouvoir exercé par l'Église et ses autorités à travers le catéchisme, la prédication et l'éducation familiale : rien de tel, en effet, que l'obligation d'aimer pour ne plus sentir le dynamisme du souffle d'amour !

Évangile et contrainte, deux mots incompatibles

Personnellement, j'irais jusqu'à considérer le pouvoir exercé par autrui pour obliger quelqu'un à aimer comme une véritable violation de territoire. Une injustifiable intrusion dans cet espace sacré des entrailles où se tient le tout

Autre, en attente de relation. Ce qui s'y passe ne regarde que la personne dans son identité hors moule, hors modèle, confrontée en silence à son Autre. Ce n'est nullement là une indifférence à l'expérience d'autrui. Nous voudrions que nos proches se sentent aimés, qu'ils connaissent le bonheur d'aimer et la paix du cœur confiant dans la solidité du lien. C'est en les aimant qu'on leur apprend à aimer : énoncé correct mais plutôt banal ? On peut aller plus loin dans la dynamisation d'une telle attitude. En effet, j'aime trouver, dans les évangiles, les nombreuses « béatitudes » prononcées par Jésus indépendamment du célèbre passage de Mt 5 appelé de ce nom. « heureux le serviteur que son maître trouvera… », « heureux les yeux qui voient ce que vous voyez », « heureux êtes-vous si vous faites cela », etc. En bref, on pourrait dire : heureux ceux qui vivent ainsi, dans le grand vent de l'Amour !

C'est tout, et c'est beaucoup ! Cela donne envie et fait bouger de l'intérieur, sans qu'il soit besoin de contraindre. À cela s'ajoute le fait que Jésus assortit ses paroles les plus tranchantes de l'évocation réitérée d'une liberté de choix pour chaque personne qui l'écoute : « *Si* quelqu'un vient à moi… », « *si* tu veux être accompli », « *si* quelqu'un veut être le premier… ». C'est nous prendre chaque fois exactement là où nous sommes et interroger notre désir : à toi de voir si tu veux aller plus loin. Même respect de nos choix en ce qui concerne les gestes concrets de l'amour. Jésus s'identifie régulièrement à la personne démunie, exclue, assoiffée de relation : ce que vous aurez fait avec solidarité, justice et sollicitude, c'est à moi que vous l'aurez fait. Je n'entends pas d'obligation abstraite d'aimer, y compris chez Jean quand il dit à ses disciples : « Aimez-vous les uns les autres comme je vous ai aimés* » ; vu qu'il vient de leur laver les pieds, c'est comme s'il leur disait : aimez-vous les uns les autres comme je vous ai lavé les pieds. Je me suis souvent demandé comment les témoins avaient pu le voir « pris aux entrailles ». Je n'ai qu'une explication : eux-mêmes avaient été pris dans le souffle de compassion ; sa manière d'être face à autrui souffrant les avait chaque fois bouleversés jusqu'aux entrailles. Sans même le vouloir, il re-suscitait autour de lui le désir d'aimer ainsi, en vibrant intensément à ce que vivaient leurs semblables. Et cela se passait également quand il racontait des paraboles. Là, ils n'étaient plus sur leurs gardes. Tirée de la vie ordinaire, l'histoire les entraînait loin de leurs résistances, blocages, besoins de maîtrise... Ils s'identifiaient à tel ou tel personnage malade de solitude, ou affamé de vérité, ou visité par l'Amour, et quelque chose se déplaçait en eux, où se glissait un souffle caressant...

Encore une fois, il y a lieu de suspecter la personne qui prêche l'obligation d'aimer de ne pas y parvenir elle-même : si c'était le cas, cet amour lui soufflerait d'aimer d'autant plus fort cet autre qu'elle croit non aimant. En outre, se croire obligé d'aimer est parfaitement stérile : soit on se noie dans un volontarisme tout juste bon à alimenter l'idéologie de l'amour ; soit on s'enlise dans la culpabilité de ne pas aimer assez, on développe une image de soi si négative qu'on est de

---

* Jn 13,34. La *TOB* rajoute : « vous devez » ! En réalité, c'est au v. 14 que se trouve en grec le « vous devez »... mais il concerne seulement les *actes* d'amour (« vous aussi vous devez vous laver les pieds les uns aux autres ») et le verbe [opheilô] signifie en premier « avoir une dette, être redevable ». Poser un acte d'amour est à la portée de quiconque, nous y reviendrons dans le dernier chapitre.

moins en moins capable de se sentir aimé… et on aboutit à la pire des fermetures à l'amour.

Fidèle à l'expérience, la Bible parle de l'humain comme d'un être qui a besoin avant tout d'être aimé. Quand ce souffle, sans lequel il ne survivrait pas, l'atteint jusque dans ses entrailles, il agit à partir de cette vibration, en lui, et c'est quelque chose de l'ordre de l'Amour qui émane de lui sans qu'il ait besoin de se fustiger ni d'être fustigé. La meilleure illustration se trouve dans un épisode où une inconnue exprime son attachement à Jésus par la folle dépense d'un parfum dont elle lui baigne les pieds[45]. Elle s'est certainement sentie aimée sans l'avoir mérité, et accueillie sans condition (par le Père de tout amour), affirme Jésus, sans quoi elle n'aurait pas eu un tel geste. Personne ne l'y a contrainte.

Que fait le souffle d'amour là-dedans ? Il balaie toute idée d'amour obligatoire et de mérite acquis par celui que nous donnons aux autres. Il nous initie à aimer sans conditions – en nous apprenant d'abord à nous laisser aimer. Sans chercher à faire bonne figure en rendant l'amour reçu. De plus, il balaie en nous la compulsion à nous verrouiller dans notre indignité, notre sécheresse de cœur, notre hantise de ne pas valoir. « Je ne suis pas digne de Te recevoir* », continue-t-on à déclarer au moment de prendre la communion censée être une eu-charistie, littéralement un « bon, bienfaisant remerciement », pour la paix partagée, dans la proximité que crée le souffle d'amour. On a invoqué le souffle de Jésus ; on s'apprête à participer à un « repas »

* Parole d'un centurion romain adressée à Jésus en Mt 8,8 et qui fut très tôt intégrée dans la liturgie eucharistique.

offert en pure gratuité ; on se souvient par ce geste que l'Amour supplée infiniment à l'indigence de toute relation humaine… Mais non, on ne peut pas s'empêcher de se dénigrer. Comme si, au lieu de s'ouvrir enfin à la richesse de la rencontre, on restait désespérément centré sur soi-même et le souci de sa valeur !

Enfin, le souffle d'amour, lui, nous entraîne loin d'une telle préoccupation en nous rendant attentifs à nos comportements. « Cherchez d'abord le royaume de Dieu *et sa justice*, et toutes ces choses vous seront données en plus[46]. » Donc l'amour aussi est « donné », il vient « en plus », nous n'avons plus à nous occuper que de la justice. La question n'est plus : « Avons-nous assez aimé, sommes-nous dignes d'être aimés ? » – un puits sans fond ! –, mais bien plutôt : « Nos paroles, nos actes font-ils justice à autrui ? » À l'écoute de Mt 25,5, Simon Légasse estime que tel est « l'unique critère* ». Il n'est pas nécessaire de rejoindre le Samu social ou les équipes de Mère Teresa, on peut s'employer à adopter une attitude juste envers sa voisine de chambre à l'hôpital ou le concierge de son immeuble. Je vois là deux avantages : on ne perd plus de temps à s'interroger sur la valeur de ses affections et on ne s'accuse même plus de ne pas réparer les injustices du monde entier – on a suffisamment à faire dans sa chambre d'hôpital ou son immeuble !

---

* Légasse (1977), p. 302. L'auteur cite J. Dupont (*L'Évangile selon Matthieu, rédaction et théologie*, Gembloux, 1972, p. 229) qui selon lui a bien perçu l'originalité de Matthieu : « La question essentielle aux yeux de l'évangéliste n'est pas de savoir si on est chrétien ou si on ne l'est pas, si l'on appartient à l'Église ou non (…). Seul l'accomplissement de la justice peut faire d'un homme un "fils du Royaume". »

Une promesse divine : « tu aimeras… »

Aux temps les plus reculés de l'histoire d'Israël, des personnes inspirées ont bien dû faire connaissance avec la tendresse et les entrailles divines pour pouvoir en parler avec autant de chaleur. « C'est surtout avec Amos (vers 750 avant J.-C.) et Osée (vers 730) qu'apparaît clairement le précepte d'aimer Dieu. » Ainsi se prépare la formulation explicite de Dt 6,5 : « Tu aimeras le Seigneur ton Dieu de tout ton cœur, de tout ton être animé, de toutes tes forces »[47].

En amont de la recommandation, donc, une expérience marquante et non une obligation. En clair, un encouragement à ne plus redouter le tout Autre, à ne plus s'attendre au pire avec lui, mais plutôt à lui laisser le bénéfice du doute et, peu à peu, à repérer dans l'ordinaire des jours les indices d'un Amour cent pour cent bienveillant. Voilà pourquoi l'amour ne saurait être un devoir. Aimer par contrainte revient à alimenter la menace des représailles – caricature de l'amour, forme subtile de dévoration qui n'a rien à voir avec le Dieu biblique.

Le mode inaccompli du verbe hébreu (« tu aimes-aimeras ») suggère un Amour qui règle son pas sur celui des humains, qui va à *leur* rythme et fait appel à tout ce qui les constitue, selon leurs ressources du moment, sans leur imposer une quelconque échelle des valeurs autre que ce dont ils sont capables. Et plus d'une fois le souffle d'amour vient précisément subvertir nos grilles d'évaluation. En visite à la « maison de long séjour » auprès de son père atteint de la maladie d'Alzheimer, Christian Bobin raconte ceci : « Plusieurs fois je l'ai vu se pencher comme un adorant devant des malades particulièrement disgraciés et leur dire : “Vous avez un merveilleux visage, je ne vous oublierai jamais.” Cette scène à chaque fois me bouleverse comme si l'infirmité pendant un instant n'était plus dans le camp de mon père mais dans le mien[48]. » Pourquoi survaloriser l'amour « de toute ta pensée » qui complète le même précepte dans les évangiles ? Le siège de l'intelligence, pour les Hébreux, n'est-il pas le cœur ?

Le mode inaccompli fait davantage : il nous réconcilie avec notre temporalité. La pensée va vite, elle voit le but et s'impatiente. L'amour avance à petits pas : il lui faut chaque fois mobiliser notre personne entière. Pour saint Vincent de Paul, traditionnellement reconnu comme la personnification de l'amour du prochain, « aimer le Seigneur Dieu », c'est vivre chaque instant « dans un acte continuel d'amour »[49], à la mesure de qui nous sommes à ce moment-là. Quand nous baissons les bras devant la lenteur du processus et refusons le moins en raison du Plus apparemment inaccessible, nous ne tardons pas à manquer de souffle.

Pour ma part, j'ai souvent eu le sentiment que la seule solution était d'avancer : revenir en arrière ne se pouvait pas plus que faire du surplace. Mais, curieusement, cela s'accompagnait chaque fois d'une parole sans mots : « Si tu es d'accord... » Selon Guillaume de Saint-Thierry, les avancées ne sont pas régulières mais l'essentiel est de bouger : « Ce que (l'âme) a reçu de Dieu pour la route, (...) elle se met à le tenir pour suffisant, elle y place la borne de son progrès. Mais là où elle cesse d'avancer, là aussi elle commence à défaillir[50]. » Très concrètement, cela signifie qu'en amour personne ne dispose de modèle à imiter. Voilà pourquoi il est quasiment impossible et passablement vain de vouloir définir l'amour. Pour prendre un exemple d'actualité, il n'y a aucune raison de croire que pour être un vrai couple on devrait accomplir tel ou tel exploit sexuel : serait-ce là un avatar laïcisé de l'obligation d'aimer ? Boris Cyrulnik note une évolution très intéressante en Occident, à mesure que l'attachement est davantage valorisé que le sexe : « Une stratégie adaptative semble se développer : la tendresse. À la question suivante : "Si l'homme que vous avez choisi vous enlaçait tendrement sans aller jusqu'à l'acte sexuel, cela suffirait-il à vous satisfaire ?", sur 100 000 réponses, 72 % de femmes disent oui (...) Les hommes aussi commencent à souhaiter cet amour tendresse[51]. » Il me semble que la longévité grandissante des couples y est pour beaucoup : jusqu'au XIXe siècle, les couples avaient une espérance de vie de quinze ans, aujourd'hui elle est de cinquante ans[52]. La promesse divine concernant l'amour entre humains peut se réaliser d'autant mieux qu'on dispose de longues années pour explorer diverses manières d'aimer.

Pourquoi parler de promesse ? Parce que les auteurs bibliques ont vu le souffle d'amour s'insinuer dans la moindre ouverture, s'emparer de l'affection la plus défaillante pour la mettre au grand air, dans cet Amour « en plus » capable de lui donner des ailes. Ainsi, toutes nos manières d'aimer les autres, le tout Autre, nous-mêmes, aussi bancales soient-elles, bénéficient d'un puissant souffle les entraînant plus loin qu'elles-mêmes. Pour Jésus, les deux recommandations – aimer Dieu, aimer le prochain comme soi-même – étaient « semblables ». Alors pourquoi les oppose-t-on si souvent ? Peut-être parce qu'on a la vue courte : on ne voit que l'amour sans l'Amour, et il paraît si maigre qu'il faut le répartir équitablement. Par exemple, si nous aimons le tout Autre par-dessus tout, c'est, dit-on, au détriment de notre conjoint et vice versa. Ou bien nous pensons devoir aimer nos enfants plus que notre conjoint, ou alors c'est l'inverse…

Comment sortir d'une telle quantification ? En contemplant le halo qui entoure notre amour pour X, Y ou Z : peu à peu nous nous rendons compte que cet infini Plus – cet Amour toujours en plus – est chaque fois *le même*. C'est lui qui met fin à nos comparaisons. Mouvant et éternel Entre-deux que nous retrouvons dans chacune de nos relations affectives : entre nous et tel homme, telle femme, tel enfant ; entre nous et nous-mêmes ; entre nous et le tout Autre dans nos entrailles. « Il ne vit que dans l'entre-deux personnes qui s'aiment (…) ; il est le *soi*, ce mouvement, cette vie, cette circulation incessante des échanges et des énergies, vécu d'un homme à l'autre, et cela à l'infini*. » Ainsi, quand nous estimons ne pas assez aimer quelqu'un, nous sommes invités à porter notre regard sur cet entre-deux sans lequel nous n'aurions pas même commencé à l'aimer : là se tient la réserve inépuisable d'un Amour qui ne nous a pas attendus pour se donner à cette personne. Parfois, Il est presque palpable dans un couple ou une paire d'amis : témoins de leur riche relation, nous aimons l'un, nous aimons l'autre, et nous aimons l'Amour *entre les deux*, nous sommes touchés par le souffle d'amour qui les relie.

Je crois que la promesse divine concerne aussi l'amour de soi, que suppose l'amour du prochain**. Là encore, l'héritage

---

* Jeammet (1989), p. 126. Cette manière de parler de l'amour consonne bien avec ce que je dis du souffle d'amour.

** Cf. « Tu aimeras ton prochain *comme toi-même* ».

est lourd : l'éducation chrétienne traditionnelle a beaucoup pourchassé l'amour de soi. Pourtant, saint Augustin déjà considérait qu'il devait nécessairement coïncider avec l'amour pour Dieu : par l'amour pour Dieu et pour les autres, « je prends au mieux soin de moi-même, commente Anders Nygren, car cet amour tend vers (...) le "bien suprême" (qui) me profite à moi-même. Par conséquent, si je n'aime pas Dieu, cela signifie que je ne sais pas m'aimer moi-même vraiment. L'*amour de Dieu* et l'*amour de soi* sont si étroitement liés l'un à l'autre qu'ils augmentent et diminuent l'un avec l'autre ». Pour saint Augustin, la recommandation biblique a pour but de nous apprendre à nous aimer nous-mêmes comme il convient : l'amour de soi peut conduire alors à « s'aimer soi-même en Dieu »[53].

Dans la même ligne, pour saint Thomas d'Aquin, sans cet amour premier on ne peut ni percevoir l'amour de Dieu ni aimer les autres. Même intuition chez Guillaume de Saint-Thierry, qui va aussi loin que saint Augustin ; il y a opposition radicale entre n'aimer que soi et s'aimer soi-même en Dieu : « Le véritable amour de soi ou du prochain n'existe pas si ce n'est dans l'amour de Dieu[54]. » Je crois moi aussi que notre amour s'approfondit et s'intensifie au fur et à mesure que nous apprenons à nous aimer nous-mêmes. Il m'arrive souvent de dire à des parents que c'est là le plus beau cadeau qu'ils puissent faire à leurs enfants. Tant il est vrai qu'en nous aimant nous-mêmes, nous aimons la vie qui nous traverse et *les* traverse. « En cultivant sa vigne, on cultive celle du prochain », disait Catherine de Sienne[55].

Mais que signifie exactement « s'aimer soi-même en Dieu », en particulier quand nous avons le sentiment que personne ne s'est vraiment réjoui de notre existence sur cette terre – sentiment que nous pouvons tous avoir à un moment ou à un autre, quelles que soient nos circonstances de vie ? Jürgen Moltmann note avec surprise qu'au Moyen Âge la théologie de l'amour s'appuyait très peu sur l'amour de Dieu et l'expérience d'être aimé[56]. Je me demande bien comment on peut ne pas aimer les autres plus ou moins par devoir quand on se déteste cordialement ! Mais je sais par expérience que le langage de l'amour peut rester inaudible fort longtemps : les autres disent et montrent leur profond attachement… impossible d'y croire, on a trop été trompé, abîmé, détruit – un abîme d'inexistence ! Pourtant on est en bonne voie : on a au moins renoncé à l'obligation d'aimer.

Quand je pense à ce long réapprentissage qui m'a conduite peu à peu à la certitude indéracinable d'être aimée, je ne peux en tirer aucune recette : c'est comme si le souffle d'amour avait constamment innové, faisant feu de tout bois. Je fais ici mémoire de ce qui m'a permis d'avancer, sans ordre chronologique. Il y eut la solidarité indéfectible de plusieurs personnes, pas seulement des professionnels ; c'est peu à peu que la hantise d'être lâchée m'a définitivement quittée. Il y eut des événements, infimes ou déterminants, dont le poids ne m'apparut que plus tard ; ils furent des bénédictions et ils le demeurent ; en les relisant, je découvre en moi un sentiment toujours neuf, celui d'avoir été choisie – comme s'ils m'avaient été destinés, comme si une Intention bienveillante s'était appliquée à percer le brouillard opaque du non-sens de mon existence. J'inclus là-dedans un certain nombre de rêves qui furent de vraies visitations et me font dire aujourd'hui que nos rêves sont une voie royale pour le souffle d'amour, quand le conscient dévasté nous rend parfaitement incapables de « nous aimer en Dieu ». Enfin, il y eut ma propre part : j'ai fini par renoncer à cultiver mon image de personne non aimée. Mais je ne l'ai pas combattue non plus. Il m'a fallu peu à peu adopter un regard *autre* sur moi-même. Je l'ai fait en apprenant à accueillir cette personne détestable que je portais en moi, en prenant soin d'elle comme si elle était ma propre enfant – quoi qu'elle ait pu subir, quoi qu'elle ait pu faire de honteux.

Et maintenant, comment définir un souffle d'amour qui travaille sur tous les fronts à la fois, y compris les invisibles ? Mon parcours de vie m'a convaincue que la recommandation biblique est réaliste. Elle est initiation à l'ouverture maximale dont nous sommes capables dans le moment présent. Si elle était appel à une tâche irréalisable, comment serait-elle « de Dieu » ? En effet, nous aurions là un fameux alibi pour ne pas bouger. « Nous *avons* les fruits » du souffle d'amour, comme le disait l'apôtre Paul. Tout être humain les a, un tant soit peu, sans quoi il ne survivrait pas.

Encouragement à ne pas nous dénigrer complètement, et surtout à ne pas prétexter que nous, contrairement à d'autres, nous n'avons pas bénéficié d'illuminations. Encouragement, donc, à mieux déchiffrer le livre de notre vie, passée et présente, notamment dans les marges et dans ce que nous avions relégué dans les annexes. « Écoute, Israël ! », c'est à ta portée. « Je vous donne une recommandation nouvelle », c'est-à-dire à nouveau je vous dis ce qui vous a déjà été transmis par les sages et les prophètes de jadis : il ne s'agit pas de croire en l'existence de Dieu mais d'aimer l'Amour.

Pour la plupart d'entre nous, être croyant c'est croire que Dieu existe. Pas du tout : on peut croire cela mais ne pas être croyant au sens biblique. La seule question est au niveau du

« cœur », siège de l'intelligence, de la décision et des sentiments : est-il ouvert à l'Autre ? Désire-t-il explorer ou exploiter ses réserves ? En effet, « dès les plus anciens écrits de l'Ancien Testament, le souffle de l'être humain existe comme une réalité anthropologique, expression de la vie dans son sens le plus simple, de la vitalité même simplement végétative, disons : de la potentialité ». Par la suite, son souffle est aussi compris comme « centre personnel, volontaire et décisif, en fin de compte caractéristique de l'homme (et non de l'animal) ». Puis des prophètes, notamment Ézéchiel, annoncent « qu'il y aura "en" l'homme non pas simplement la présence du souffle de Dieu (...) mais un souffle humain personnel nouveau et authentiquement humain et libre », et cela paradoxalement « dans la mesure où il n'est pas autonome, où il est *relié* au souffle de l'Autre »[57].

Je fais partie de ceux qui ont renoncé à tracer une frontière intellectuelle satisfaisante entre ce qui relève de l'humain et ce qui relève de Dieu : en langage symbolique, comment départager le souffle humain et le souffle divin ? Selon le bibliste Daniel Lys, il n'existe pas de « limite plus stricte entre esprit de Dieu et esprit de l'homme, pas plus qu'entre souffle (vivifiant) de Dieu et souffle (vivifié) de l'homme[58] ». Je vois deux avantages à cet échec de la pensée : ainsi disparaît toute idée de mérite, puisque nous ne saurons jamais ce qui est le fruit de nos seuls efforts ! En outre, au cas où le découragement nous prendrait, tous les espoirs restent permis puisque le souffle d'amour est toujours mêlé au nôtre, en particulier quand celui-ci se fait court.

On peut comprendre comment, dans l'histoire du christianisme, l'obligation d'aimer a fait proliférer l'idée de mérite. Je ne peux qu'applaudir à l'insistance des Réformateurs pour évacuer de la vie chrétienne toute idée de mérite. Mais en lisant Luther, j'ai l'impression qu'il est tombé dans l'autre extrême : contre saint Augustin, il en est arrivé à dire qu'aimer, c'était se haïr soi-même. Son expérience l'avait convaincu de l'impraticabilité de la voie vers l'Amour : on peut certes agir par amour, mais il est définitivement impossible d'aimer Dieu de tout son cœur, puisque le « cœur » – et la volonté qui s'y loge – est « courbé sur lui-même », irrémédiablement égoïste ; incapables de monter vers l'Amour, nous ne pouvons qu'attendre et espérer qu'il descende à nous comme il l'a fait à travers Jésus[59]. Bien des protestants aujourd'hui encore ont de la peine à s'en remettre.

Avec Luther, et en accord avec l'expérience comme avec les données psychologiques actuelles, je reconnais sans problème que l'Amour est premier : être d'abord aimé, désiré, valorisé, ne s'invente pas, ne se mérite pas, n'est pas chose maîtrisable. Mais il demeure que le souffle d'amour sollicite notre consentement pour nous faire bouger. Que lui seul puisse nous (r)éveiller à l'Amour n'empêche pas qu'il ait besoin de notre accord à chaque étape de notre pérégrination vers l'amour sans conditions. Les évangiles, encore une fois, sont truffés de questions sur notre désir : que veux-tu ? Veux-tu être libéré, t'ouvrir, grandir dans ta manière d'aimer ?

Les textes bibliques, comme les écrits des Pères de l'Église, rendent stérile, me semble-t-il, le problème traditionnel de la nature de l'amour – est-il inné, spontané ou alors donné par Dieu ? Déjà la parole d'Osée – « dans tes entrailles je suis tout Autre » – puis celle de Jésus sur ce « royaume de l'Amour qui est au-dedans de vous » déracinent d'entrée de jeu une telle interrogation : à nouveau, comment dissocier le souffle humain du souffle d'amour qui l'accompagne dès la naissance ? Ensuite, Origène au IIIe siècle parlait de nos « semences de charité ». Et de nombreux auteurs des premiers siècles, y compris saint Augustin, ont insisté sur l'origine divine de l'amour qui est *en nous*. « Celui qui a la charité porte Dieu en lui », écrivait par exemple saint Éphrem. Et on retrouvera cette identification du souffle d'amour et de la charité chez plusieurs grands spirituels, dont Guillaume de Saint-Thierry puis Pierre Lombard et Nicolas de Cuse[60]. Une telle vision de l'amour a été combattue parce qu'à mon avis on restait dans une optique d'obligation et de mérite : quand on cherche à mériter l'Amour, on se demande si les forces naturelles vont suffire.

J'entends la recommandation biblique comme la promesse d'un accomplissement sans limites. Nous perdons notre temps à chercher de quoi l'amour est fait, d'où il vient. La seule question est désormais : jusqu'où peut-il nous entraîner ? « Tu ne sais ni d'où il vient ni où il va[61] », tout ce que tu peux savoir, c'est qu'il te fait grandir ; tu ne sais même pas comment il s'y prend : « Il en est du royaume de (l'Amour) comme d'un homme qui jette la semence en terre, raconte Jésus, qu'il dorme ou soit réveillé, nuit et jour la semence germe et croît, il ne sait comment[62]. » Croissance imprévisible, mais démarche de réalisation de nous-mêmes qui dirige toujours notre regard au-devant de nous. Jusqu'au jour où nous découvrons que le souffle d'amour dès notre enfance narcissique nous destinait à l'expérience de l'Amour sans conditions : « L'amour de soi est à l'amour de Dieu ce que le blé en herbe est au blé mûr, écrit Christian Bobin. Il n'y a pas de rupture de l'un à l'autre – juste un élargissement sans fin (...) L'amour de soi naît dans un cœur enfantin (…) Il va de l'enfance qui est la source à Dieu qui est l'océan (…) L'amour de soi est le premier tressaillement de Dieu dans la jubilation d'un cœur[63]. »

En revenant ainsi à l'amour de soi mystérieusement apparenté à l'amour de Dieu, nous désamorçons une dernière fois l'obligation d'aimer. Il nous importera seulement de couler de source et d'aller dans le sens du courant vers notre destination personnelle. Intuition essentielle chez saint Thomas, comme chez saint Augustin avant lui : aimer le tout Autre revient à suivre « la tendance active du sujet spirituel vers la fin dernière à laquelle il est concrètement destiné[64] ». Les repères offerts par les textes bibliques nous permettent de sortir de la confusion et nous autorisent à devenir celui ou celle que nous sommes en vérité. Nous n'avons plus désormais à obéir au proche qui nous maintenait dans la dépendance. Le seul « devoir » qui nous parle désormais est le devoir à l'égard de nous-mêmes. Nous choisissons d'obéir exclusivement au souffle d'amour parce que nous avons commencé à expérimenter son dynamisme émancipateur. En toute liberté nous consentons à faire du souffle d'amour-vérité notre loi de vie. Car il nous faut une loi pour que fructifie notre travail d'autonomisation, sans quoi l'« amour » nous enchaînerait à nouveau, d'une autre manière.

C'est ainsi que je comprends l'idée originale de la « dette d'amour » chez Kierkegaard. On la contracte non pas en recevant de l'amour mais *en aimant* : pourquoi se sent-on alors en dette infinie ? Parce que, explique le philosophe, comme l'eau est l'élément du poisson, comme « tout ce qui doit être gardé vivant doit être gardé dans son élément », et comme « l'élément de l'amour c'est l'infini, l'inépuisable, l'incommensurable », notre seul devoir, en amour, est de demeurer en dette. Mais il s'agit d'*action*, et non d'une conception ni d'une formule. Nul n'ayant « accompli le devoir suprême de l'amour (...), il est impossible de savoir si l'on a fait le maximum ». Donc on cesse les comparaisons : avec la manière d'aimer des autres et avec ce qu'on a soi-même accompli en amour. Être en dette d'amour, ce serait veiller à ce que l'amour n'en vienne jamais à « s'attarder à lui-même »[65]. Il y a plus urgent que de s'ausculter pour savoir si l'on a aimé comme on devait !

VI

L'amour fort comme la mort

L'insubmersible

L'amour qui défie la mort

> « L'amour est fort comme la mort, l'ardeur inflexible comme le séjour des morts.
> Ses fulgurations sont des fulgurations de feu : un sacré coup de foudre*.
> Les grandes eaux ne pourraient éteindre l'amour, et les fleuves ne le submergeraient pas.
> Si quelqu'un donnait toute la richesse de sa maison en échange de l'amour,
> à coup sûr on le mépriserait[1].

Dans les milieux chrétiens, on corrige souvent ainsi : « L'amour est *plus fort* que la mort », Pâques en est le signe éclatant, le lien d'amour a tenu bon, la mort ne peut plus

---

* Littéralement « une flamme-de-Yâh » (forme abrégée du tétragramme YHWH, Yahvé, le nom imprononçable de Dieu).

séparer deux êtres que le souffle d'amour a réunis. Cela se tient. Mais ce passage de la Bible hébraïque tiré du Cantique des cantiques est-il périmé pour autant ? Je ne le crois pas. Il nous dit quelque chose de spécifique, une similitude reflétant bien notre expérience : il arrive que l'amour nous fasse mal autant que la mort. Aimer ne va pas sans des trahisons, des ruptures, parfois des disparitions, sans parler d'événements « normaux » comme le départ des enfants devenus adultes ou la mort naturelle d'un proche. « Aimer quand même » se dit parfois « mourir d'aimer » ou « aimer à en crever », ou encore avoir l'impression qu'autrui vous « marche sur le cœur ». S'en tenir à l'amour « plus fort que la mort », ne serait-ce pas une manière d'occulter la douleur mortelle que peut engendrer l'amour ?

On gagnerait, je crois, à voir toute affection se profiler sur une toile de fond faite de non-relation, d'existence solitaire, d'incapacité à communiquer. L'amour paraîtrait d'autant plus précieux qu'on ne le détacherait pas d'une telle toile de fond. Le deuil a parfois cet effet : il nous fait intégrer la mort dans notre perception de l'amour ; à tout moment nous pouvons perdre tel ou tel proche, et notre attachement peut avoir à affronter d'autres types de « mort ». Le « désert » mentionné juste avant nos versets, avec sa « connotation de mort[2] », fait d'autant plus ressortir le soutien que représente l'être aimé : « Qui est-ce qui monte du désert, s'appuyant sur son chéri[3] ? » On aurait là l'indice d'un amour capable de faire face à la mort : le prochain créé en Gn 2,18 incarnait déjà un « secours » quasi divin face à la mort et au mal évoqués au verset précédent !

Au temps de la différenciation, il arrive aussi que l'amour ressemble à la mort. Sa « force » qui nous pousse à nous démarquer de notre proche a quelque chose d'irrépressible ; elle œuvre *à travers* des événements douloureux, *à travers* des sentiments de haine, d'abandon, de déception : il semble qu'elle est hostile, tant elle nous anéantit en nous émondant – en nous faisant lâcher ce qui ne nous appartient pas mais que nous pensions vital. [Môt]*, la Mort, c'est « l'anti-monde, le non-monde, le Trou ». C'est l'impression qu'on ne va pas en sortir. On continue à aimer son proche mais dans un paysage des plus désertiques : ignorant qui l'on est en train de devenir, on est encore incapable de planter ses racines quelque part.

Pourtant d'autres êtres sont donnés, qui nous « réveillent » de ce « non-monde » où s'étaient enlisées nos forces vives : « Sous le pommier je te réveille », dit la bien-aimée à son « chéri » juste avant notre passage[4] – je te réveille à qui tu es en vérité. Expérience faite, je dirais que la seule issue, bien des fois, a été pour moi de laisser faire cette « force » sans savoir si elle allait déboucher sur quelque chose de viable : « Tu aimeras (...) de toute ta force », c'est-à-dire *de celle qui t'a empoignée*, tu feras confiance à cette « force comme la mort » qui, en toi, ne cède aucun terrain.

La plupart des services funèbres exhalent pour moi une odeur de « mort plus forte que l'amour ». Telle une évidence, elle prend toute la place, elle est sans réplique. Il y a comme une indécence à la contredire. Pouvoir au-dessus de tous les pouvoirs, elle nous annihile d'autant mieux que tous autour de nous le sont aussi. Face à la pensée unique, il est bon d'entendre que l'amour est « fort *comme elle* », qu'il

* Allusion au dieu Môt, la Mort personnifiée, roi du domaine infernal : personne n'échappe à son pouvoir mortel (Pope, p. 668).

existe au moins une réalité capable de la défier. L'amour et la mort, deux forces en présence, qui me font penser à la parole de Dt 30,15 : « Je mets aujourd'hui devant toi la vie et la mort, la bénédiction et la malédiction », à toi de choisir ! Tu es seul-e à pouvoir prendre parti pour l'amour, décider de chercher la vie du côté de l'amour et non du cimetière. Toi seul-e peux ne pas le « tuer » en toi à la suite d'une trahison. Ne pas rendre la mort plus « forte » que lui. Ne pas occulter la douleur d'aimer quand la mort a frappé. À chaque génération, chaque personne, dans chaque situation de son quotidien, se trouve placée devant la même responsabilité : va-t-elle ou non parier sur l'amour pour contrecarrer l'oubli, la perversion, le mortifère qui a investi la relation ?

Il me semble que le texte biblique, par son « indécidabilité » – l'amour est fort *comme* la mort, et non *plus que* la mort –, évacue tout recours possible à l'objectivité d'un fait incontestable : il laisse un espace pour le positionnement du lecteur. L'amour défie la mort, il en viendra à bout pour autant que le lecteur misera sur lui. Je trouve une confirmation de cela dans l'exégèse de Daniel Lys : dans ce texte il n'est pas question d'un combat entre amour et mort comme dans les religions environnantes, par exemple à Ugarit, entre la divinité Baal et Môt le dieu de la mort. Ainsi le lecteur est-il renvoyé à lui-même : cela ne dit-il pas, en creux, que seul son propre investissement peut faire pencher la balance ? En d'autres termes, que peut l'Amour si l'humain s'enferme tout entier dans une « mort » plus forte que l'amour ?

Qu'est-ce qui peut favoriser le choix fructueux ? La « flamme-de-Yâh », qui fait tout de suite penser à la Pentecôte et au souffle d'amour. Ce mot hébreu peut désigner la foudre et la proximité avec l'amour humain est particulièrement bien exprimée par la traduction de Daniel Lys (un « sacré coup de foudre ») qui parle aussi d'un « amour du tonnerre de Dieu ». Ainsi, dès les temps anciens, on a deviné que l'Amour se mêlait de nos amours. Leur donnait cette passion, ce dynamisme, cette ferveur qui fait dire aux amoureux : « Maintenant que j'ai connu l'amour, je peux mourir. »

Le souffle qui embrase nos liens affectifs se montre « jaloux, obstiné, violent, ardent, exclusif *comme* le séjour des morts ». Ce qui signifie ceci : il refuse de partager, il nous veut tout entiers. J'y reconnais ce jusqu'au-boutisme du souffle d'amour dont j'ai si souvent fait l'expérience : ce puissant entêtement qui continue à me pousser, à travers mes combats, vers davantage d'apaisement, de liberté, d'ouverture à la relation – pourvu que j'y consente. Alors, quand les humains persistent à s'aimer contre toute probabilité, ils ont de qui tenir : on rassemble parfois les nuances de ce mot hébreu en utilisant l'adjectif « jaloux » qui caractérise en premier l'amour de Dieu pour son peuple… et voilà que le Cantique des cantiques peint l'amour humain avec les mêmes couleurs !

Attitude qu'on pourrait résumer ainsi : pas question de lâcher son ou sa partenaire ! C'est que, selon ce livre biblique unique en son genre, il convient de « vivre dans le sexe la relation d'alliance* ». Pour démythifier l'éros païen, qui instrumentalisait les amants en vue de buts extérieurs à leur amour (fertiliser le monde, procréer), l'auteur s'est acharné à

* Lys (1968), p. 52. Par contraste avec les cultures environnantes, l'amour humain, ici, n'est pas un système religieux, un moyen de devenir divin ou d'agir sur Dieu pour féconder la terre. Mêmes références pour les citations suivantes (p. 52-54).

décrire l'amour humain sur le modèle de l'amour entre Dieu et son peuple, donc d'une relation de partenariat. Il importe de « vivre pleinement éros à la façon dont Dieu nous enseigne à aimer, dans la libre et réciproque relation de vis-à-vis ». Ce qui fait dire à Daniel Lys : « Le Cantique n'est rien d'autre qu'un commentaire de Gn 2 » – comme nous l'avons vu, chacun est pour l'autre un « co-répondant ». Barth faisait remarquer que, contrairement à Gn 2-3, ici on entend *la femme aussi* exprimer son désir, son plaisir, sa souffrance d'aimer ; c'est pourquoi il considérait le Cantique comme « la seconde grande charte de (…) l'humanité » à côté de Gn 2[5].

J'ajouterais que si l'on n'a jamais fait l'expérience d'une alliance ou d'un partenariat avec Dieu, on peut s'en approcher à travers un lien d'amour : il arrive qu'on y découvre la « flamme-de-Yâh » – ou un « sacré coup de foudre ». Vivre un grand amour, une belle amitié, une affection à toute épreuve nous achemine à coup sûr vers cet Amour que la Bible présente comme l'Allié par excellence. En revanche, rien de tel qu'une destruction d'alliance, une trahison de confiance, pour ne voir en Dieu qu'un ennemi, un lâcheur, un indifférent. Mais plus on aura repéré dans la relation humaine la trace incandescente du souffle d'amour, plus on en gardera la mémoire quand régnera la déception ; à travers ce lien défaillant, on a fait connaissance avec un Allié qui, lui, ne renoncera jamais : « Cette flamme divine venait » de l'Amour, « du Dieu de l'alliance dont l'amour est le modèle de tout amour[6] », même le plus limité. L'amour divin ne sauve ni de la mort physique ni des expériences de mort, mais « il est aussi fort et exigeant que la mort, c'est-à-dire qu'il est ce qu'il y a sur terre de plus fort et de plus exigeant (puisqu'il faut aller jusqu'aux enfers et jusqu'aux mythes pour trouver des éléments de comparaison)[7] ».

Quelques mots encore sur cette « ardeur inflexible comme le séjour des morts [sheol] ». La soif d'amour authentique peut nous conduire en enfer, nous faire endurer mille morts... mais c'est plus fort que nous, « ça » persiste en nous, « ça » n'en démord pas, aucune argumentation n'a de prise là-dessus, c'est notre voie et il n'y en a pas d'autre. En cédant à cette « ardeur inflexible », nous sommes aux antipodes de l'obligation d'aimer : c'est au souffle d'amour que nous choisissons d'obéir et à personne d'autre, à cette force, au plus insu de nous, qui se montre aussi obstinée que les forces destructrices de relations humaines. C'est la sensation de quelque chose ou de quelqu'un que la mort ne peut pas abattre. On peut avoir été tellement détruit qu'une telle sensation est sans précédent. On avait beau se dire croyant, la mort était restée plus forte que l'amour. Tel a été mon cas très longtemps : j'étais sincère en confessant avec les chrétiens que l'amour a le dernier mot mais, jusqu'aux racines de mon être, je dirais presque dans les cellules de mon corps, le démenti subsistait. Je n'avais aucune prise là-dessus, malgré mon désir. C'est comme si la mort gardait le pouvoir dans mes profondeurs inaccessibles. J'avais peu à peu cessé de penser que j'étais trop détruite pour tenir debout. Mais j'attribue au seul souffle d'amour ma sensibilisation progressive à ce quelque chose ou quelqu'un, en moi – y compris dans mon corps, cet inconnu ! –, que la mort est incapable d'anéantir.

Avec les « fulgurations » de l'amour, on est dans un symbolisme terriblement ambivalent. Le mot hébreu [réshèph] est le nom égyptien et ugaritique du dieu de la peste et de la destruction massive* ! Dans la Bible, il désigne quelque chose qui brûle. Dans notre texte, que brûle l'amour ardent et inflexible ? Seulement nos scories, ce qui n'est pas nous, les images idéalisées de nos proches, les liens mortifères qui nous maintenaient dans le « séjour des morts », les idoles** que nous avions faites de nos proches ? Ou bien l'amour nous brûle-t-il pour nous consumer tout entiers ? Je crois déceler ici, au plan littéraire, cette confusion des sentiments, ce « je te haime » qui peuvent nous tourmenter dans les temps de la différenciation. En lisant la liste des occasions où l'amour décrit dans ce verset apparaît dans la Bible hébraïque, je suis frappée à nouveau par la complexité de cette réalité à la fois destructrice et éminemment positive : les personnages sont remplis aussi bien d'amour, de préférence, de générosité que de ressentiment, de haine, de jalousie et d'envie[8] !

Dans ces conditions, il importe seulement de savoir comment on veut s'orienter. L'affrontement est intérieur. Chacun peut au moins *désirer* sortir des « logiques infernales », se soustraire à leur toute-puissance, prendre pour boussole l'ardeur divine. Ce qui n'implique nullement de renoncer à sa propre ardeur. On n'a jamais tort d'aimer, et d'aimer passionnément. Bibliquement, le problème est ailleurs : qu'allons-nous faire de cet amour ? Le laisser nous

---

* Lys (1968), p. 288. Cf. aussi Pope, p. 670 : c'est une importante divinité chtonique en lien avec la Mésopotamie, la mythologie grecque et romaine, et représentée dans les sources égyptiennes iconographiques

** Pope (p. 669) note qu'appliqué à Dieu, le mot [réshèph] peut signifier sa colère contre les idolâtres et son combat aux côtés des élus. Comme souvent dans les textes bibliques, on peut voir dans ces catégories nos deux facettes : ce qui en nous idolâtre les autres et ce qui est élu pour nous conduire à notre accomplissement.

mener dans une situation mortifère ? Ou bien l'ouvrir à plus vaste que lui, à ce souffle qui nous montre patiemment comment *faire alliance* entre nous – pour que « s'éternise » ce que nous avons reçu comme un cadeau du ciel ? Désirons-nous, en partant peut-être d'une manière d'aimer égocentrée, dévorante, cheminer vers un amour de plus en plus gratuit, soucieux de l'autre mais au sein d'une relation tout aussi passionnée – à l'image de l'ardeur divine elle-même ?

Éros *ou* agapè, *fausse alternative*

Selon Anders Nygren, l'histoire du christianisme a été le théâtre de la lutte entre *éros* et *agapè*. Entre l'amour passion, désir, élan vers les humains ou vers Dieu, et l'amour divin, gratuit, immérité, se propageant parmi les chrétiens et si possible plus loin. Bien des auteurs évoquent la vanité des efforts d'*éros* dans sa quête de l'autre et du tout Autre. Mais c'est la dangerosité d'*éros* que l'Occident n'a cessé de mettre en évidence. « Amour et *mort*, amour mortel : si ce n'est pas toute la poésie, c'est du moins tout ce qu'il y a de populaire, tout ce qu'il y a d'universellement émouvant dans notre littérature ; et dans nos plus vieilles légendes et dans nos plus belles chansons », note Denis de Rougemont. « La passion d'amour signifie, *de fait*, un malheur (…) Elle est liée à la mort. Elle entraîne la destruction pour ceux qui s'y abandonnent de toutes leurs forces. » Et à propos de Tristan et Iseult, il parle d'une « fausse réciprocité, masque d'un double narcissisme » : « À certains moments, on sent percer dans l'excès de leur passion une espèce de haine de l'aimé »[9]. En revanche, dans le Cantique des cantiques, amour et mort ne sont *pas* liés ; ils ne sont ni associés ni confondus comme dans la littérature occidentale, remarque Daniel Lys[10].

Voilà donc un livre biblique qui met fin à une vision désespérée de l'amour. S'il est « fort comme la mort », c'est qu'il s'y oppose, se dresse en face d'elle pour nous ramener dans la réalité : ce qui était mortel et sans issue dans la relation aimante apparaît peu à peu comme la part idéalisée, le fantasme, l'imaginaire inaccessible qui nous empêchait de voir le réel dans sa richesse. Mais lâcher cette dimension mortifère ne revient pas à « se contenter de ce qu'on a », c'est-à-dire un amour bien éloigné de ce dont on rêvait ! C'est, au contraire, redonner au lien toutes ses chances, en particulier à l'être aimé : s'il n'est plus le support de notre vie fantasmatique, notre « ardeur » envers lui ne sera pas chaque fois éteinte par son attitude incompatible avec l'image que nous lui préférions.

Pour ma part, il m'a été, il m'est régulièrement utile d'admettre qu'une telle image n'existe pas : ce conjoint imaginaire, cet enfant répondant à toutes mes attentes, cette amie correspondant parfaitement à ma conception de l'amitié n'existe pas. « Principe de réalité » devenu un moteur dans mes rapports interpersonnels. Quelque chose de dynamique – de l'ordre du souffle – au lieu de la désillusion que je pouvais craindre. Mon « ardeur » s'est-elle éteinte au dur contact de la réalité ? C'est plutôt le contraire. L'énergie perdue à courir après un modèle inaccessible se trouve réinvestie dans une approche passionnée et passionnante de ce vivant concret qu'est mon proche : il est une partition que je n'en finirai jamais de déchiffrer ; et la musique de notre relation, y compris avec ses dissonances, ne cesse de me surprendre !

« Le moment amoureux transfigure le banal mais tout apaisement de l'extase laisse apparaître un réel sans âme, écrit Boris Cyrulnik : la famille et ses contraintes, la société et ses règles. Le réel et ses lois deviennent persécuteurs, empêcheurs d'extase (...) L'amour est toujours à l'état naissant (...) ; l'attachement, insidieux, se tisse au quotidien (...) De l'extase amoureuse au tranquille attachement, le verbe aimer désigne deux sentiments de natures différentes et de fonctions incompatibles[11]. » C'est là une autre manière de dire qu'il faudrait choisir entre *éros* et *agapè*, entre l'amour passionné et l'amour attachement dans la durée. Je crois que le choix est ailleurs – entre l'amour et une manière mortifère d'aimer –, et qu'une troisième voie se dessine, notamment dans le Cantique des cantiques : garder l'ardeur, la passion, l'*éros*, mais au sein d'une relation d'alliance, de partenariat soucieux de l'altérité de chacun. En clair, aimer passionnément mais sans dévorer. Comment est-ce possible ? En décelant à l'origine et au cœur de la relation la présence incandescente d'un tout Autre à la fois passionné et infiniment respectueux – une « flamme-de-Yâh » !

En effet, il ne fait aucun doute que l'auteur du Cantique magnifie la passion entre un homme et une femme, y compris dans sa dimension la plus érotique : la moitié des deux cent cinquante emplois de la racine ['ahab], « aimer », se trouve dans ce livre, avec comme sens premier la relation amoureuse, la sexualité (désir et plaisir), même si dans la Bible ce verbe s'applique aussi à tout un éventail de relations humaines. Quant au substantif [dôd], « chéri, bien-aimé », sur cinquante-six emplois au singulier dans la Bible surtout pour désigner un proche, il apparaît trente-trois fois dans le Cantique concernant l'amoureux ; au pluriel, c'est l'ivresse et l'extase de l'amour, notamment sensuel et sexuel[12]. On ne trouve même pas là une glorification de l'amour conjugal : cet homme et cette femme ne sont pas mariés, fait remarquer Helmut Gollwitzer, puisqu'ils cherchent des lieux où se cacher. « Rien à faire : les deux s'aiment et font l'amour sans que personne les y ait autorisés, sans passage par la mairie ou l'autel. Et cela dans la Bible[13] ! » Un amour profane, donc, a-religieux… au point que Dieu n'y est mentionné nulle part – hormis la forme abrégée intégrée dans « flamme-de-Yâh » ! Un amour qu'aucune institution ne vient légitimer mais qui se laisse tout entier traverser par le souffle d'amour : « L'*amour*, tout comme l'*Esprit*, souffle où il veut. Cette comparaison n'est ni accidentelle ni blasphématoire. C'est en effet la même Église qui voulut faire dépendre l'amour de la législation et qui rêva de contrôler et de canaliser l'Esprit de Dieu[14]. » Certains s'offusquent d'une telle liberté. Pour moi, cette manière d'aimer n'est certainement pas une solution de facilité. S'exposer au souffle d'amour coûte cher. Nous avons vu où cela entraîne : le travail de vérité, les affres de la différenciation, le consentement à la solitude existentielle, les conditions exigeantes d'un partenariat authentique…

À quoi voit-on qu'une relation passionnée entre deux êtres se vit dans la liberté du Souffle ? Elle a le label du partenariat biblique, comme pour nos amoureux du Cantique : on y décèle l'égalité homme-femme ; un respect mutuel (ni dévoration, ni séduction, ni pression) ; une disparition de la frontière entre corporéité et spiritualité ; une grande intimité dans l'altérité – bref, l'unité entre *éros* et *agapè*[15]. L'être aimé n'est plus « un prétexte illusoire, une occasion de s'enflammer ». On a mis fin à cette « fuite illusoire au-delà du concret de la vie». Aimer devient une action de transformation, dans une réciprocité qui « aime l'autre tel qu'il est – au lieu d'aimer l'idée de l'amour ou sa mortelle et délicieuse brûlure »[16].

L'amour fort comme la mort, ce serait donc *éros* vivifié par le souffle d'amour. Lui seul pourrait s'opposer à un *éros* mortifère parce que dévorateur d'altérité. Il ne s'agit nullement de calmer la passion, d'amoindrir l'ardeur, mais au contraire de l'amplifier, de lui garantir la plus grande fécondité. Dans une de ses lettres de prison, en mai 1944, Bonhoeffer parlait musique lui aussi : « Tout amour érotique fort comporte le danger de nous faire perdre de vue à cause de lui ce que j'aimerais appeler la polyphonie de la vie (...) (L'amour divin) doit être en quelque sorte le *cantus firmus* autour duquel chantent les autres voix de la vie. » L'amour terrestre est l'un de ces thèmes à « contrepoint », qui ont « leur pleine indépendance » tout en se rapportant à l'Amour. « Dans la Bible se trouve le Cantique des cantiques et l'on ne saurait imaginer de passion plus brûlante, plus sensuelle, plus ardente que celle dont il s'agit là ; (...) il est vraiment bon qu'il soit dans la Bible par contraste avec tous ceux qui voient le christianisme dans la modération des passions (où une telle modération existe-t-elle dans l'Ancien Testament ?) Là où le *cantus firmus* est clair et distinct, le contrepoint peut s'épanouir aussi puissamment que possible. Les deux sont "inséparables et pourtant distincts" (...) »[17].

C'est une issue qu'on n'aurait jamais imaginée. On a opté pour la relation réelle, avec ses limites, ses échecs, la mortalité dans laquelle elle s'inscrit ; mais sans renoncer à l'élan passionné qui au départ portait irrésistiblement vers l'autre. À la foudre des débuts font suite des « fulgurances » qui signalent un volcan toujours en activité. Non parce qu'on aurait veillé à actionner un dérisoire soufflet, mais parce que, précisément, on reconnaît n'avoir aucune prise sur le volcan. Occupé à découvrir la fertilité de ses terres volcaniques, on ne s'appesantit plus sur l'indigence de ses relations affectives. Faut-il s'étonner de ne pas trouver dans le Cantique le mot [basar], la « chair » fragile, mortelle, de la créature humaine ? D'y découvrir que c'est [néphesh], l'« être animé/vivant », qui aime[18] ? Je ne pense pas que l'auteur biblique, emporté par son enthousiasme devant l'amour humain, en nierait ainsi la finitude, la faiblesse. Je crois plutôt qu'au moment où il écrit, il voit l'amour le plus charnel transfiguré par le Souffle.

À peine commence-t-on à choisir le lien aimant *tel qu'il est*, aussi limité soit-il, l'Insubmersible se fait connaître : « Les grandes eaux ne pourraient éteindre l'Amour et les fleuves ne le submergeraient pas » – c'est la suite immédiate, dans le texte, de la « flamme-de-Yâh ». Or, il était question de la mort et de l'enfer. Le symbolisme de l'eau leur est apparenté : le caractère aquatique de la demeure infernale de la Mort est bien attesté dans la Bible comme dans d'autres sources anciennes[19]. Les grandes eaux évoquent un danger réel, un chaos toujours menaçant et toujours vaincu, dès l'origine : c'est aussi l'élément primordial que domine le tout Autre dans le récit de la Genèse. J'y vois l'Insubmersible, dès le premier verset de la Bible : « le souffle (d'amour) planant *au-dessus* des eaux », aussi peu menacé que la « flamme-de-Yâh » dans le Cantique. On avait « l'amour fort comme la mort », on a pris parti pour l'amour réel contre l'amour dévorant – imaginaire et mortifère – et l'auteur confirme immédiatement que l'amour, en nous, à travers nous, va survivre aux « logiques infernales » : « C'est maintenant plus qu'une comparaison, c'est la victoire de l'Amour sur le chaos[20]. »

Mais qu'est-ce que cela signifie concrètement ? Qu'est-ce qui, dans nos fiascos amoureux, amicaux, affectifs, ne sera jamais englouti dans les « grandes eaux » ? Je crois que c'est notre capacité d'aimer, quoi que nous ayons pu subir ou/et fait subir à d'autres. C'est l'Amour qui se tient encore au plus près de nous, dans les pires confusions, les plus redoutables perversions : amour dont nous serons toujours capables à cause du souffle qui ne renonce jamais. « Et pourtant... », dit l'Amour en réponse au silence de mort.

Cela ne s'achète pas : « Si quelqu'un donnait tout l'avoir de sa maison en échange de l'amour, à coup sûr on le mépriserait », ajoute l'auteur du Cantique. Mais si le souffle d'amour est pur don, pourquoi en sommes-nous privés quand d'autres le reçoivent hors de toute logique ? En fait, nous ignorons que nous n'en sommes pas privés. C'est seulement qu'il ne s'acquiert pas comme un bien extérieur. Il est déjà là, interne à nos relations affectives dans leur réalité même pauvre et décevante, et c'est ce qui les rend précieuses. On pourrait dire que chacune a une valeur ajoutée – celle que lui confère le Souffle dont elle est indissociable. Mais voir cela nécessite une concentration sur notre vie réelle, liée à un désintérêt pour l'amour tel qu'il « devrait être si seulement... ». En somme, écrit Daniel Lys, le Cantique « se contente – mais c'est essentiel – de prendre l'amour au sérieux[21] » – notre manière d'aimer telle qu'elle est pour le moment et telle qu'elle est susceptible d'évoluer. Autant dire que le souffle d'amour ne saurait se passer de l'amour humain : à qui d'autre ferait-il bénéficier son « ardeur » ?

Pour Guillaume de Saint-Thierry dans sa méditation sur le Cantique, seul l'amour comprend à fond les choses divines. Voilà pourquoi l'Amour peut « vivifier » ce qui dans nos liens affectifs commence à se nécroser : « Comme dans les baisers des amants, le suave contact des corps transfuse leurs âmes l'une dans l'autre, ainsi (le souffle) créé tout entier s'épanche dans le Souffle qui le crée justement à ce dessein ; le souffle créateur se verse lui-même, en la mesure qu'il veut, dans le souffle créé et l'homme devient avec Dieu un seul souffle[22]. » Ce qui décuple notre capacité à aimer, laquelle devient pour ainsi dire notre marque de fabrique : « Devant l'immensité et la pureté de l'amour, le Souffle rend témoignage à la conscience de l'homme qu'il est lui-même enfant de Dieu[23]. » « Immenses » potentialités de l'amour humain quand il se laisse enflammer par le Souffle sans redouter les débordements passionnels tant décriés ! « Si Dieu, l'Esprit (le Souffle) qui donne la vie, est l'amour, alors les expériences humaines de l'amour s'inscrivent dans l'espace ouvert de cette expérience de Dieu et s'en trouvent intensifiées[24]. »

J'en arrive au double étonnement qui est le mien en relisant le plus ancien credo de la tradition chrétienne, le *Symbole des apôtres* composé au IIe siècle : d'abord, on y trouve cinq fois le mot « mort » ; ensuite, il ne comporte pas d'article de foi au sujet de l'amour, du genre « je crois que je suis aimé-e du Dieu Amour et capable d'aimer »*. Rapprochons ces deux constats. Comme dans le Cantique

* On peut objecter que c'est sous-entendu dans l'article « je crois à l'Esprit saint » et que j'ai moi-même compris le Souffle saint comme le souffle d'amour. Il demeure que l'amour *agapè*, si spécifique du christianisme dans ses débuts, n'a pas trouvé place dans ce texte fondateur.

des cantiques, la mort est prise au sérieux, avec nos expériences de mort et de deuil, nos déchirures d'amour apparemment irréparables, nos mises au tombeau, nos enfers et leur incontestable pouvoir. Par ailleurs, comme dans le Cantique, le souffle d'amour se fait si imperceptible que nous sommes quasiment mis en demeure de faire un choix : l'amour-malgré tout, ou le Rien définitif. Bien entendu, l'énergie qui parcourt le credo peut nous entraîner à la suite de « l'Amour en personne » que fut l'homme de Nazareth. Mais on dirait que les auteurs de l'antique confession de foi se sont inscrits dans la ligne de celui du Cantique pour laisser au lecteur la pleine responsabilité d'une première *ouverture* au souffle d'amour. À nous de savoir si nous voulons croire à ce souffle qui anima Jésus toute sa vie, envisager qu'il puisse re-susciter l'amour là où la mort semble le séquestrer pour toujours.

Au départ, c'est très modeste : en se fiant à l'amour plutôt qu'à la mort, on se contente de désirer qu'il en soit ainsi. On chérit ce désir. Cela suffit parfois pour en faire une première expérience, même de courte durée. On se sentait en enfer dans la fin implacable de toute relation crédible... et un événement, une rencontre, un incident se produit qui permet de reprendre pied dans le monde aimant des humains : on intègre que le tombeau n'est pas le dernier mot de la vie. Boulgakov parle de la « force vivifiante » du souffle d'amour qui « agit jusqu'en enfer, parce que l'enfer aussi est une forme particulière de *vie* et d'*être* et non pas de non-être et de mort absolue ». Ou encore on croyait son proche otage de la mort – soit dans une situation de mort vivant, soit « perdu » à jamais parce que décédé –, mais « la Pentecôte n'a point de limites » : Jésus ayant franchi les portes du séjour des morts, « nous devons postuler, écrit Boulgakov, l'action de la Pentecôte et des dons du Saint-Esprit (du Souffle d'amour) outre-tombe »[25]. On commence par « postuler » le souffle d'amour *jusque-là*. Puis on le désire, on l'espère, on l'attend de toutes ses forces. Vient alors l'expérience. Elle est si peu spectaculaire qu'il faut la décrypter. Affiner son ouïe. Aiguiser son regard. S'étonner. Laisser s'évanouir les évidences sans âme. Remarquer le moindre souffle venu de nulle part. Garder grande ouverte sa caisse de résonance. S'abstenir de couler des conclusions dans le béton.

« Et pourtant… », répète l'Insubmersible. « Si tu passes à travers les eaux, je serai avec toi ; à travers les fleuves, ils ne te submergeront pas (…) Tu vaux cher à mes yeux, tu as du poids et moi je t'aime[26]. » En choisissant l'amour – la relation plutôt que la mort –, on s'aperçoit aussitôt qu'on a choisi de vivre. En ce sens, quand on en arrive à dire : « Aimer importe davantage que vivre », c'est qu'on a expérimenté le souffle d'amour.

Ainsi Moltmann a-t-il proposé de remplacer l'Esprit saint par « l'Esprit qui donne la vie » – la joie de vivre, les forces de vie en nous. Dans la ligne de Calvin pour qui le souffle d'amour était [fons vitae], « fontaine de vie », « dans toute expérience de la vie on peut rencontrer cette source de la vie ». Aimer revient alors à aimer la vie. « L'acquiescement plein et sans réserve à la vie et l'*amour* plein et sans réserve de *ce qui est vivant* sont les premières expériences de l'Esprit de Dieu (du souffle d'amour) (…) Vivre dans l'Esprit de Dieu, c'est *vivre contre la mort.* » Contre la guerre, la pauvreté, les humiliations, toutes les « négations de la vie[27] ». Quand je pense aux multitudes d'humains qui, aujourd'hui encore, « vivent contre la mort », je me réjouis de voir ainsi s'élargir sans fin le cercle des « croyants » !

Le déstabilisateur

Pierre et son histoire d'amour

« L'amour fort comme la mort », avec l'apôtre Pierre, ce serait l'amour fort comme le reniement de l'amour. Les quatre évangélistes racontent comment Jésus a répondu à la grande déclaration d'amour de Pierre, en lui annonçant qu'au moment de son arrestation il nierait le connaître[28]. Chez Jean, les deux versets qui précèdent ce passage énoncent la « recommandation nouvelle » de l'amour *agapè* « les uns envers les autres ». C'est alors que le disciple passionné s'écrie : « Je donnerai ma vie pour toi[29]. » En cet instant, il se croit capable d'aimer d'un « amour accompli », à la manière du maître lui-même, qui vient de leur laver les pieds à tous, les « aimant jusqu'à l'accomplissement, à la fin, à l'extrême[30]. » La parole qui dit l'amour infini dont cet homme se sent traversé se situe à un endroit significatif : entre l'annonce de la trahison de Judas et celle du reniement, deux démentis massifs de l'amour inconditionnel. Authentique élan de tout son être, pourtant, dans un grand désir de s'offrir à l'autre. Comme lorsqu'on dit à quelqu'un, dans le registre amoureux : « Tu peux me demander n'importe quoi... »

On connaît la suite. Par trois fois Pierre reniera son ami, avec la même vigueur. Faut-il ricaner ? Gloser sur la complète illusion qu'est le sentiment d'aimer ? Je chercherais plutôt du côté de la condition humaine selon la Bible. L'aveuglement sur soi-même y apparaît toujours au point de départ, doublé d'une surdité à l'égard de ce qui vient du Vivant, à commencer par ce qu'on porte de plus vrai en son for intérieur. Dans une confusion des plus dramatiques : une méconnaissance de soi qui génère le fantasme de bien se connaître, avec pour corollaire l'évacuation de tout regard *autre*, jugé inutile. Rien d'étonnant, donc, à ce qu'un abîme se creuse entre le juif, le chrétien, la personne aimante que nous croyons être et ce que nous sommes en tout cas pour le moment. De même que pour Pierre, le retour à la réalité se vit comme un réveil brutal : la contradiction entre nos actes et nos belles déclarations, si nous la reconnaissons et en prenons la mesure, ne peut que nous faire « amèrement pleurer ».

Les textes font apparaître que Pierre est dans l'amour idéologique, fusionné à son Jésus idéal au point de ne pas entendre que « le berger » va être frappé et mis à mort : « Il est écrit, dit Jésus : "je frapperai le berger et les brebis du troupeau seront dispersées."[31] » Ce à quoi Pierre répond : « Moi je ne tomberai jamais. » Il fera donc mieux que le berger lui-même ! Notons en passant que chez Marc et Matthieu « tous les disciples en dirent autant ». Voilà confirmée l'intuition d'un épisode très fidèle à ce que la Bible dit de la « pâte humaine » !

Je relevais que l'illusion d'être au clair sur soi-même renforce la méconnaissance de soi : dans ces deux évangiles, Jésus a beau rappeler Pierre à la réalité de son amour limité, il s'entête ; il ira jusqu'à mourir avec lui : « Même si tous tombent, eh bien, pas moi ! » Il le sait mieux que Jésus. L'identification imaginaire avec son maître est encore plus visible chez Jean. En 10,17 *sq.*, Jésus s'était comparé au berger qui « se dessaisit de sa vie » pour ses brebis : « Personne ne me la prend, moi je la (dé)pose loin de moi. » Or, ici, le *même* verbe [tithèmi] est mis dans la bouche de Pierre : « Je (dé)poserai ma vie pour toi[32]. » On voit par là qu'il n'est pas différencié de Jésus : il se prend pour le berger, comme lui !

Quant aux paroles de Jésus, c'est chez Luc qu'elles s'adressent nommément à Pierre : « Simon, Simon… » C'est comme s'il voulait le réveiller : il ne l'avait plus désigné ainsi depuis son invitation à le suivre, au début de l'évangile. Et c'est comme si, en utilisant le nom de son enfance, Jésus en appelait à son être le plus profond, au « petit » qui fait confiance à la parole du père. « J'ai prié pour *toi*, pour que ta foi ne s'éclipse pas. » Jésus ne doute pas un instant de la sincérité de son attachement : Pierre est bien habité par l'Amour. Mais pour le moment, il prend son amour pour l'Amour lui-même. L'épée va passer entre eux deux. Il ne lâchera pas l'amour idéologique sans douleur. Mais ainsi prendra fin sa division intérieure, il (re)trouvera son unité à l'intérieur des limites bien réelles de son amour pour Jésus.

Est-ce un hasard ? Dans les deux évangiles où Pierre ne contredit pas Jésus concernant son reniement (chez Luc et Jean), Jésus voit déjà se dessiner en Pierre le choix de l'amour par-delà la mort. C'est que sous l'amour idéologique se cache un amour véritable. Même si l'on est aveugle à la réalité de ses propres liens affectifs, le souffle d'amour prospecte à partir du potentiel qui est en chacun. Jésus avait bien perçu cette en-ergie, ce « travail au-dedans » de Pierre. Moins prisonnier de sa fusion-confusion que chez Marc et Matthieu, Pierre a sans doute entendu qu'il y aurait un « après » : « Toi, quand (tu seras) revenu, fortifie tes frères[33] ! », « tu ne peux pas faire route avec moi maintenant mais tu feras route avec moi plus tard[34]. » Tendresse de l'Amour incarné pour les apprentis que sont tous les humains : quand tu seras « revenu » – à toi-même, au tout Autre, aux autres dans leur altérité. Quand tu seras revenu de la mort des relations aimantes. Quand tu auras intégré dans ton amour l'échec de l'amour…

L'histoire de Pierre peut nous inspirer quand nous avons à affronter une trahison, même très grave. J'y vois une fois de plus un encouragement à lâcher le tout ou rien. Oui, Pierre a trahi la confiance de Jésus, oui, il l'a lâché alors qu'il prétendait l'aimer par-dessus tout. Oui, nous avons été amèrement déçus par l'attitude de notre proche. Est-ce que pour autant il n'y avait pas la moindre parcelle de sincérité en lui ? Est-il définitivement incapable d'évoluer vers une manière d'aimer plus crédible ? Qu'en savons-nous ? Bien entendu, nous n'avons pas nécessairement le discernement de Jésus qui avait l'intuition des ressources de Pierre : « *Tu seras appelé* Kephas – ce qui veut dire Pierre* », avait-il dit à Simon après l'avoir « regardé jusqu'au fond » lors de leur première rencontre ; on dira de toi : « C'est un rocher », comme on dit de quelqu'un : « C'est une source » ou, s'il sait garder les confidences : « C'est un tombeau. » Forme inaccomplie d'un verbe qui, curieusement, est à la voie passive : « Tu seras appelé (ainsi) plus tard », quand tu auras avancé vers ton accomplissement. Appelé par qui ? La voie passive étant souvent dans la Bible une manière respectueuse de parler de Dieu, on peut relever, ici, comment Jésus s'effaçait

* Jn 1,42 et parallèles. [Petros] est la traduction grecque du nom araméen [Kepha], le « rocher ».

devant le souffle d'amour qui allait – au terme d'un parcours déchirant – révéler à cet homme son vrai nom, son être en vérité. Verbe au passif qui rappelle également que nul ne saurait s'autoproclamer fiable dans ses affections.

Mais sans avoir la clarté de vue de Jésus, nous pouvons nous souvenir que, dans cet évangile où Pierre se montre le plus aveuglé sur lui-même, le plus décevant – « même si tous tombent à cause de toi, moi je ne tomberai *jamais* (...) Même s'il faut que je meure avec toi, *pas question* que je te renie* » –, paradoxalement c'est là que sa solidité réelle est la plus explicite ! Alors peut-être laisserons-nous une chance au souffle d'amour de faire descendre notre proche défaillant jusqu'à ce fond de « roche » qui lui était inconnu. Si l'échec de l'amour, son désaveu le plus criant, *fait partie* de l'amour au point de constituer le socle de toute communauté, cela change tout. Ce n'est pas *malgré* son reniement mais *à travers* lui que Pierre deviendra ce « roc » sur lequel les premiers chrétiens bâtiront leur maison. Parce que sa propre expérience lui aura fait intégrer la destruction du lien d'amour, il deviendra crédible. C'est précisément dans cet évangile que Jésus lui avait annoncé : « Moi-même je te le dis : toi tu es Pierre et sur cette pierre je bâtirai ma communauté [ekklèsia]. Les portes du séjour des morts [Hadès] n'auront pas de force contre elle[35]. »

Cela en dit long sur ce qui pourrait devenir le fondement de toutes nos communautés, familiales, professionnelles, religieuses, associatives. Je ne dis pas qu'il faut trahir autrui, le décevoir et le frustrer pour accéder à un amour sûr et devenir crédible. Mais je crois qu'à un moment ou un autre,

* Mt 26,33 *sq.* : [oudépoté] et [ou mè].

l'échec, la désillusion, la trahison de confiance guettent toute relation interpersonnelle, à des degrés variables, avec des conséquences plus ou moins graves. N'avons-nous pas tous plus ou moins à « revenir » régulièrement à nous-mêmes, aux autres concrets, au tout Autre, pour devenir capables d'« affermir nos frères et sœurs », c'est-à-dire de leur offrir une vraie consistance dans la relation aimante ? Est solide le lien qui a été *éprouvé* comme solide, qui a cassé une ou plusieurs fois et qui s'est tissé différemment, en tenant compte de tous les fils. Tant que notre amour n'a pas été confronté à la mort, sous telle ou telle forme, comment saurions-nous qu'il peut lui survivre ?

Maintenant, comment se comporter face à quelqu'un qui vit dans la bulle de l'amour idéologique ? Convaincu que son amour – et non le souffle d'amour à travers lui – est « fort comme la mort » ? Il importe d'oser lui refléter ce qu'on perçoit d'*autre* que ses déclarations, et de le faire si possible sous la forme d'un questionnement. Puis de le laisser aller au bout de ce qu'il a à vivre, sans tenter de lui imposer sa propre perception de l'amour, mais sans l'enfermer non plus dans une fatalité. Les événements se chargeront de le faire « revenir » à la réalité. Et la liberté du souffle d'amour interdit une vision définitivement figée de son avenir. Aimer, n'est-ce pas voir plus loin ? Attendre sans se lasser un « plus tard », le jour où l'autre sera « revenu » à lui-même, au dynamisme de l'altérité, aux relations véritablement vivantes ? Jésus avait choisi Simon en connaissance de cause, *avec* son amour idéologique, sa confusion, son aveuglement et ses capacités. Il avait été lucide sur ses limites sans pour autant rompre la relation. Pierre a dû s'en souvenir : celui qui l'avait précédé dans la vie l'avait laissé entièrement libre…

Et voilà qu'on retrouve Pierre à la toute fin de l'évangile de Jean en dialogue avec le Jésus d'après Pâques[36]. Cette fois, il l'entend : il a fallu l'irréparable de la mort et l'effondrement de l'amour idéologique. On chercherait en vain dans ce texte une trace de culpabilité, de pénitence, d'absolution : seul compte le devenir de leur lien. « Simon (fils) de Jean, dit Jésus, m'aimes-tu plus que ceux-ci ? » Il me semble que la question se pose au-dedans de Pierre : ce n'est pas le style de Jésus, qui jamais n'a quantifié l'amour. Tout se passe comme si Pierre se faisait maintenant un devoir d'aimer Jésus plus que les autres puisqu'il s'est montré le plus défaillant de tous, le plus indigne, hormis Judas qui est déjà mort. Pierre se confronte trois fois à la même question. C'est alors que lui revient sans doute en mémoire ce troisième « chant du coq » qui avait ponctué son triple reniement. Souvenir cuisant de sa grandiosité, quand il croyait aimer Jésus « plus que les autres ». Trois, chiffre de nombreux combats dans la Bible – Jésus tenté par le diable, la prière à Gethsémané, les jours au tombeau. Tentation de Pierre, ici, aussi forte qu'avant mais dans la modalité opposée : « Est-ce que je me connais parfaitement ? Suis-je un raté, qui ne mérite pas d'être aimé ? » Tentation de grandiosité encore, mais cette fois inversée : grandiosité négative.

C'est un texte qui raconte le deuil d'un amour imaginaire. On dirait que Pierre se pose les pires questions sur son lien réel avec Jésus. À la troisième interrogation – « m'aimes-tu ? » –, le doute devient si torturant qu'il en est « affecté », ou encore « triste, inquiet, dépité »[37]. Or, Jean n'avait rapporté ni une parole ni un geste après l'épisode du reniement Les « larmes amères » qu'on trouve chez les trois autres évangélistes, à la suite du chant du coq, semblent ne sortir que maintenant dans cet évangile : c'est au moment où le Souffle vient réveiller son amour authentique pour Jésus que Pierre peut enfin exprimer son immense chagrin, sa honte et son désarroi.

On peut parler d'effondrement à cause de l'étrange formulation de Marc : « S'étant jeté-sur, il pleurait*. » Selon la TOB, le verbe [epiballô], sans complément d'objet direct, autoriserait quatre traductions : « Détournant (la tête), il pleura », ou : « Il commença à pleurer », ou : « En y pensant il pleura », ou : « Il éclata en larmes ». Mais le sens littéral du verbe est « se jeter-sur ». Or, il n'est pas dit qu'il se jeta sur le sol. N'est-ce pas sur lui-même qu'il se jeta ? D'où ma traduction : « S'étant effondré il pleurait. » En cet instant, la mort était plus forte que l'amour : il ne pouvait plus être aimé de Jésus… et peut-être ne faudrait-il plus jamais lui parler de l'amour. Alors, le texte placé à la fin de l'évangile de Jean fait l'effet d'un coup de théâtre. Pierre n'entend pas : « Sois en paix, je t'aime quand même », mais bien plutôt : « M'aimes-*tu* quand même ou as-tu tué l'amour *en toi*… parce que ton grand amour idéalisé est mort ? » N'est-ce pas là, en effet, la conséquence la plus grave de l'écroulement de nos relations fusionnelles ? Nous ne croyons plus à l'amour d'autrui mais le pire est ailleurs : nous croyons morte notre aptitude à aimer ; il nous paraît exclu de nous investir à nouveau dans l'amour, vu que nos sentiments ont échoué à retenir notre proche, à le guérir ou le sauver.

« *Toi* tu sais que je t'aime », répond Pierre fermement. La question vient deux fois avec le verbe de l'amour incondi-

---

* Mc 14,72. Matthieu (26,75) et Luc (22,62) ont exactement les mêmes termes : « Étant sorti dehors, il pleura amèrement. »

tionnel [agapaô], mais la réponse s'en tient modestement au verbe du chérissement [phileô]. La troisième fois, interrogation et réponse se contentent de cet amour-attachement humain qu'est [phileô] avec sa limite et sa beauté. Pierre ne se croit plus capable d'amour *agapè* par ses seules forces : le deuil est profond, irréversible. Notons qu'il a refusé la comparaison dès le début : il n'est jamais entré en matière sur la question de savoir s'il aimait Jésus plus que les autres disciples. D'où vient que maintenant il lâche tout souci d'évaluer sa manière d'aimer ? Je crois qu'il consent à se laisser aimer, c'est-à-dire à être connu par l'Amour sans conditions, mieux qu'il ne se connaît et ne se connaîtra jamais lui-même : se laisser aimer par cet Autre rendu infiniment fiable pour avoir résisté à la mort de l'amour. Je crois également que Pierre n'a ni méprisé ni renié l'amitié sincère qu'il avait eue pour Jésus : voilà pourquoi il peut s'engager à nouveau dans la relation avec lui.

Cela me parle beaucoup. Par le passé, j'ai dû, comme tant d'autres, désamorcer ce réflexe de dénigrer l'affection que j'avais pu éprouver pour certaines personnes : « C'était fusionnel, j'étais aveugle sur moi-même ; cette manière d'aimer était ridicule ; d'ailleurs ce n'était pas de l'amour. » J'en suis venue à développer une autocompassion, un regard bienveillant sur qui j'étais auparavant : un être dramatiquement indifférencié, noyé dans l'amour idéologique à défaut d'autre chose. Je faisais alors ce que je pouvais. Pourquoi rejeter ces attachements bancals mais de bonne foi ? C'étaient *eux* qui me gardaient en vie en maintenant mon ouverture à la relation. Et surtout, c'étaient *eux* que travaillait déjà le souffle d'amour, à l'époque de mon chaos le plus dévastateur. A-t-on idée de se moquer de la manière symbiotique qu'a un petit enfant d'aimer sa mère ? Quand, pour diverses raisons événementielles, on n'a pas pu grandir affectivement, c'est beaucoup plus tard qu'on s'engage dans cette évolution longue et ardue pour sortir de l'amour idéologique et apprendre à aimer sans dévorer ni se laisser dévorer. Pour ma part, plus j'ai reconnu et salué l'affection réelle cachée sous la dysfonctionnante, moins j'ai douté de ma capacité à aimer, restée intacte.

Pierre ne cède donc pas à la tentation de se croire moins aimant que les autres. Il « aime Jésus », ni plus ni moins que « ceux-ci ». Ni moins puisqu'il entend que cet amour a un avenir : « Pais mes brebis », lui demande Jésus, ce qui n'apparaît nulle part ailleurs dans le Nouveau Testament. Personne d'autre n'a entendu cet appel-là. Voilà donc une tâche unique, à *sa* mesure, non parce qu'il vaudrait maintenant plus que les autres, mais parce que chaque amour est destiné à s'accomplir d'une manière à nulle autre pareille. Les trois réponses de Pierre nous indiquent la progression de son deuil et, en même temps, de sa confiance en l'Amour dont il est connu : deux fois il dit à Jésus : « Toi tu *sais* que je t'aime », et la troisième fois : « Toi tu sais tout ; tu *connais* que je t'aime » – tu me connais de l'intérieur, avec mes limites et mes ressources. De cette connaissance par un Autre, Pierre reçoit la certitude de son dynamisme relationnel. Il vient de découvrir l'amour fort comme la mort : les trois reniements destructeurs aboutissent en définitive à trois grands coups de vent qui entraînent Pierre vers ses semblables. On voit par là qu'il a opté pour le souffle d'amour.

Conduire les brebis au pâturage : symbolisme éloquent dans une civilisation agricole et pastorale. Mais pour la nôtre aussi : le pâturage est le lieu où les brebis trouvent sécurité, eau et nourriture. Il s'agit donc pour Pierre d'entendre les besoins vitaux des autres, de leur indiquer un chemin et de les accompagner jusque-là où ils pourront vivre en paix. Pourquoi « mes » brebis ? Parce qu'on ne va pas retomber dans l'amour mégalomaniaque : il n'est pas question des brebis du monde entier mais de celles que Jésus mettra sur la route de Pierre*. Notons qu'il n'entend pas : « Aime-les » mais : « Conduis-les » vers ce qui est bon pour elles, vers l'essentiel dont elles ont besoin. Fil rouge de l'amour dans la Bible : avant d'être un sentiment, c'est un comportement concret, solidaire, bienveillant. Aimer quelqu'un, ce serait donc l'aider à s'orienter vers une plénitude qui pacifie, altère et rassasie, sans se préoccuper de savoir si l'on aime assez, si l'on est vraiment capable. Faire confiance à un souffle qui sait ce qu'il fait : « Toi tu sais tout. »

Le dynamisme des déplacements

Il est établi aujourd'hui que ce chapitre 21 a été rajouté à l'évangile par des disciples de Jean, à destination de membres de la première Église. Cela nous autorise, je crois, à prendre aujourd'hui encore pour modèle l'histoire de Pierre. J'en retire d'abord que, contre toute attente, l'accès à l'amour plus fort que la mort – à la différenciation, la sortie des confusions, la mise à part en vue d'une tâche unique – suppose un échec plus ou moins cuisant, un effondrement, une

* En Jn 17,9 Jésus lui-même, en « vrai homme » qu'il est, ne se préoccupe pas de l'humanité entière (notamment celle qui vit sans relation avec le Vivant) : « Je ne prie pas pour le monde mais pour ceux que tu m'as donnés

expérience de mort. Matthieu et Luc rapportent les larmes de Pierre exactement dans les mêmes termes : « Étant sorti dehors, il pleura *amèrement*[38] » – [pikrôs], un adverbe correspondant à l'adjectif [pikros], « piquant, aigu, pénétrant, amer, dur, cruel ». On ne brûle pas seulement d'aimer, au plus fort de la passion : on est aussi brûlé, voire consumé par sa disparition. « Quelque vivifiant qu'il soit, écrit Julia Kristeva, l'amour ne nous habite jamais sans nous brûler. En parler, fût-ce après coup, n'est probablement possible qu'à partir de cette brûlure[39]. »

Seul Luc raconte qu'après le troisième chant du coq, Jésus, « se retournant, regarda Pierre jusqu'au fond[40] », du même verbe [em-blepô] qu'on trouve dans l'histoire de l'homme riche que Jésus « regarda jusqu'au fond et aima (d'*agapè*) ». J'ai été et reste bouleversée par cet échange de regards : l'amour blessé à mort et en même temps tout l'amour du monde, inexorablement solidaire, un lien d'acier de l'un à l'autre ; l'abîme de l'Amour et l'abîme de la douleur d'aimer, à jamais confondus… À vrai dire, les mots manquent. C'est ce qui se passe *entre les deux* qui me touche infiniment : il me semble *voir* le souffle d'amour… « La vérité est ce qui brûle, écrit Christian Bobin dans *La Présence pure*. La vérité est moins dans la parole que dans les yeux, les mains et le silence. La vérité, ce sont des yeux et des mains qui brûlent en silence[41]. »

Tel est le premier déplacement que provoque pour moi l'histoire de Pierre : l'amour s'accomplit en passant par l'incapacité à aimer, par l'échec à tisser les liens dont on rêvait, par la perte du grand amour et *en même temps* par le refus d'en rester là. Il arrive qu'on endure la mort d'une relation et que, par-delà la séparation, voire le divorce, on débouche sur des retrouvailles imprévisibles. On n'a pas fait fausse route : on s'est laissé de part et d'autre guider par le souffle d'amour au travers d'une différenciation douloureuse… pour voir le lien aimant s'accomplir autrement qu'on l'imaginait !

Dans le cas du deuil, la brûlure de la séparation fait d'autant plus mal qu'on idéalise le « jamais plus comme avant ». Ici, l'amour idéologique rend la perte intolérable : on était déjà dans la brûlure de « l'amour mortel » dont parle Denis de Rougemont ; maintenant on croit avoir perdu l'absolu… et on s'installe dans la mort de l'amour – la mort plus forte que l'amour. C'est que, du vivant de la personne, on n'avait jamais intégré dans l'amour l'échec de l'amour. Le déplacement que tente alors le Souffle est dans le consentement à dés-absolutiser la relation. On en fait une relecture lucide qui en voit les limites : « Non, mon proche n'était pas parfait et moi non plus ; non, notre affection, notre amitié, notre amour n'était pas en tous points exemplaire. » On cesse peu à peu de se raconter le conte de fées qu'on aurait pu (continuer à) vivre. Ainsi sort-on progressivement du tombeau de l'amour imaginaire et accepte-t-on de se différencier de cet être aimé avec lequel on était « mort ». Concernant le deuil encore, la brûlure peut être d'autant plus douloureuse qu'on se reproche l'échec de la relation : « Je n'ai pas su l'aimer ou le lui faire sentir. » Là, on est plus près de la réalité, conscient de ses défaillances, mais l'enlisement dans la culpabilité n'est pas loin. Le souffle d'amour peut donner à expérimenter un véritable déplacement quand on commence à discerner ce qui ressemble bien à une loi de la vie : l'échec de l'amour fait partie de tout amour humain, même le plus riche.

Personnellement, ce qui m'aide beaucoup dans ce domaine, c'est l'épisode où Jésus pleure sur Jérusalem : « Quand il approcha, voyant la ville, il pleura sur elle. Il disait : "Si toi aussi tu avais su en ce jour comment trouver la paix ! Mais maintenant c'est resté caché à tes yeux."[42] » Aucune trace d'un amour idéalisant, mais une lucidité dont je continue à reconnaître la fécondité dans ma propre vie : si Jésus, l'Amour incarné, a dû lui-même accepter l'échec de son amour pour le peuple de Jérusalem sans le renier pour autant, me voilà précédée dans une voie que tout humain peut emprunter tôt ou tard. Luther n'hésitait pas à dire que l'amour est toujours gagnant parce que par définition c'est un « amour perdu ». Je dirais : à fonds perdus. On le découvre quand on a lâché l'amour imaginaire et qu'on se recentre sur ce qu'on a de plus précieux : sa capacité à aimer. Quand on s'est laissé déplacer jusque-là, les aléas de la relation aimante importent de moins en moins. Pourvu que demeure l'essentiel : le trésor dont on se sait habité, comme tout être humain. Kierkegaard semble être allé dans cette direction-là : « Il est impossible d'être trompé (et j'ajoute : de se tromper) quand on aime vraiment. » En effet, quoi qu'il arrive, on n'a rien à perdre : « Du fait même qu'il n'exige pas la moindre réciprocité, celui qui aime vraiment a pris une position inattaquable[43] » ; on ne serait perdant que si l'on renonçait à son affection pour quelqu'un.

Je reviendrai sur la question de la réciprocité au chapitre suivant. Pour le moment, je retiens que pour se sentir voué à une tâche spécifique auprès des autres, on n'a pas besoin d'avoir prouvé qu'on était performant en amour. Au contraire, il suffirait d'avoir « amèrement pleuré » sur soi-même, de ne plus savoir ce dont on est capable, de décider de continuer, modestement, à aimer quand même, de considérer cette inaltérable aptitude comme une mine d'or et, même au plus cuisant de sa honte, de se laisser pousser en avant par le souffle d'amour qui, lui, connaît l'*après*.

Ensuite, l'accès à l'amour plus fort que la mort – l'investissement progressif de toute notre personne par le Souffle – suppose une perte de repères : perte des images de soi, bouleversement des valeurs, des manières d'agir habituelles, mise en question du sens de sa vie. C'est tout un dé-centrement ou un dé-logement de soi. Une [ek-stasis] plusieurs fois mentionnée par les évangélistes à propos d'une guérison, d'une libération, d'un exaucement.

Aujourd'hui, on se lamente abondamment sur la perte des repères dans notre société. Mais si c'était là le prix à payer pour en trouver d'autres ? Dans une culture qui n'est plus fondamentalement religieuse, le but n'est plus d'être le meilleur croyant, d'aimer Dieu « plus que ceux-ci ». Le repère d'autrefois apparaît même comme une illusion : il n'est pas difficile d'« aimer » un Dieu invisible, non contrariant (contrairement aux humains). Pierre aurait alors préféré « aimer » le glorieux ressuscité plutôt que ces disciples lamentables dont la fuite au moment de l'arrestation de Jésus lui rappelait sans cesse son propre échec. C'est la même illusion que du temps de Pierre, et c'est le même déplacement initié par le souffle d'amour : cesser de s'imaginer et de prétendre qu'on aime Dieu « plus que ceux-ci » car c'est à jamais invérifiable. Accepter de douter de sa capacité d'aimer. Accepter que les autres en doutent aussi. S'en tenir à « Toi tu sais », seul et suffisant repère, et pourtant repère *non connu*. Adieu définitif à l'évaluation fantasmatique de notre aptitude à aimer. Ici aussi les choses ont changé : la grande question n'est plus de croire que Quelqu'un nous aime, mais que *Quelqu'un nous sait aimants.* Telle est bien l'expérience : nous pouvons désespérer de nous sentir aimants, il suffit qu'une personne nous reflète notre sollicitude ou notre compassion, et nous nous mettons à croire à un Amour qui… croit en nous !

La perte salutaire des repères, liée à la défaillance de l'amour, peut nous conduire à abandonner la captation idéologique de l'Amour. Je veux dire par là cette manière de nous imaginer que nous avons l'Amour sous prétexte que nous sommes des croyants, ou des membres de la chrétienté, ou des personnes altruistes et dévouées, ou de bons parents aimants, etc. C'est le moment où, dans un sentiment de supériorité plus ou moins inconscient, nous captons et détenons cet amour que les autres n'ont pas, les pauvres. Au lendemain de nos échecs affectifs, nous découvrons que nos mains enserraient du vide… L'Amour, lui, s'en est allé souffler ailleurs.

Jésus m'apparaît comme un homme qui a aimé en vérité, dans le concret de chaque relation, jusqu'à en perdre le souffle puissant de l'amour : « Mon Dieu, mon Dieu, pourquoi m'as-tu abandonné » si j'étais ton enfant bien-aimé ? On pourrait donc aimer jusqu'à perdre tous ses repères y compris les plus sacrés… simplement pour rester à tout prix solidaire de l'humanité « morte » mais encore capable d'amour. On pourrait, comme Jésus, continuer d'aimer immergé dans la perte de l'Amour. Endurer la déstabilisation la plus mortelle. Laisser un Inconnu passer à travers soi et tisser du lien avec des humains, toutes sortes d'humains en mal d'amour. Pour ma part, quand j'avais tout perdu jusqu'à l'Amour de ma vie, quelque chose imperceptiblement m'a reliée à des semblables, et ces autres sont devenus mes repères essentiels. C'est ainsi que résonne pour moi « Pais mes brebis ! » : ton repère n'est plus la valeur de ce que tu éprouves, ni même ta foi en mon amour pour toi ; c'est la soif de « mes » autres qui orientera ta vie désormais et te rapprochera de ton grand Amour.

Enfin, l'accès à l'amour plus fort que la mort suppose un bouleversement dans la manière d'envisager l'avenir. Une réorientation qu'on laisse advenir. Quand Pierre lâche toute maîtrise sur l'amour qui l'habite et sur sa relation à l'être aimé, il entend immédiatement qu'il sera conduit... exactement là où il avait profondément désiré aller avec Jésus : les dernières paroles du texte[44] évoquent clairement sa mort en martyr. C'est « suis-moi ! » qui résonne maintenant, et non plus « tu feras route avec moi plus tard ». Cette fois il se sent appelé par celui-là même avec lequel il avait fusionné jusqu'à la surdité : comment aurait-il entendu la parole de Jésus sur son après-reniement en se fermant à celle sur son reniement ?

Il nous faut un sérieux déplacement pour enregistrer ce qui concerne notre devenir : tant que nous ne nous trouvons pas entiers au même endroit, comment discerner la voie qui s'ouvre à nous ? Pierre avait cru savoir jusqu'où il irait. C'est Jésus qui le lui révèle ce jour-là. La fin du texte suggère cette dynamique inattendue du souffle d'amour, que nul ne maîtrise. S'y exposer, c'est aller « là où l'on ne voudrait pas », se laisser conduire par monts et par vaux, par détours et contours quand soi-même on s'imaginait prendre le chemin le plus direct. Consentir à ce qu'il écrive droit avec des lignes courbes, sans savoir à l'avance. C'est comme le « réveil » de ressources insoupçonnées. La déstabilisation a été si radicale que ce pêcheur de Galilée, inculte, pauvre et analphabète, va se mettre à parler en public, prêcher à des foules, guérir des malades, agir avec autorité. Sans se confondre avec Jésus. Le douloureux passage de l'épée l'a définitivement différencié de lui. Il a traversé la mort de l'amour et intégré ses limites. Il ne risque pas de prendre le pouvoir sur ceux dont il aura la responsabilité. N'étant plus divisé au-dedans de lui, il n'aura pas besoin de (se) mentir ni de manipuler. Sa propre altérité garantira celle des autres. Il sera désormais capable d'« affermir ses frères » : Simon est devenu Rocher !

Le souffle d'amour déséquilibre parce qu'il n'est rien que mouvement, tout entier « souffle faiseur de vie* ». De même qu'en biologie la stagnation équivaut à la mort, l'être humain mourrait sans le dynamisme du souffle qui sans cesse crée et ranime les relations. Belle déclaration de principe ? Langue de bois pour la personne qui meurt précisément d'absence de liens ? Non, si l'on reste attentif à l'expérience : même dans les périodes de mort de l'amour – anesthésie, haine, division, aliénation –, nous croisons des personnes qui dégagent quelque chose de bienfaisant. Elles sont la preuve vivante que l'amour est possible. Cela aggrave notre frustration ? Peut-être, mais nous pouvons décider d'engranger ce fait. Notre réalité est invivable, mais la réalité, c'est *aussi* cela : l'amour existe, nous l'avons rencontré une ou plusieurs fois. Quand nous l'admettons, il est clair que le souffle d'amour nous a déjà fait un peu bouger : « Peut-être qu'un jour, moi aussi… » Par ailleurs, il arrive que certains aient l'intuition de nos réserves intérieures : « Tu as beaucoup à donner », « je sens en toi beaucoup de tendresse »… Phrases phares qui nous déstabilisent dans notre image de nous-mêmes. À garder à tout hasard.

---

* Cf. 1 Co 15,45 : [pneuma zôopoioun].

Plus j'avance, plus je m'aperçois que chaque nouvelle déstabilisation, si j'y consens, finit par me remettre dans le courant de la vie. Les liens d'amour peuvent se distendre, casser, être piétinés, apparemment perdus… On n'étouffe pas le souffle d'amour, « essentiellement dynamique », qui en définitive est « soi-même se communiquant (…) : la capacité communielle de l'être, qu'il s'agisse de Dieu ou de l'homme, établissant la relation mais excluant la confusion ». Pour le bibliste Daniel Lys, ce souffle « n'est pas au niveau de la “religion” mais au niveau de la “révélation” (…), en lien avec la parole et le dialogue ». Révélation « essentiellement existentielle », au point que dans la Bible il est absent des textes juridiques et sacerdotaux[45]. Il me semble qu'on est ici au plus secret de la vie spirituelle de chacun. Là où un souffle, peut-être pour la première fois, lui murmure que l'amour ne meurt jamais. C'est presque imperceptible. Cela se passe dans une telle intimité que personne à l'extérieur ne se doute de l'amorce d'un mouvement. On ne se savait pas susceptible de bouger à une telle profondeur.

Ainsi Grégoire de Nysse, au IVe siècle, parlait-il d'une « altération heureuse ». On trouve, au cœur de sa pensée, l'idée d'un constant dépassement de soi-même[46]. Notre souffle créé est tout entier *devenir*. Nous sommes relation mais aussi élan. « Ce que (l'homme) découvre n'est pas une réalité qu'il *est* mais qu'il *devient*. » Telle est, selon Alain Durel, « l'extraordinaire originalité » de sa conception de l'infini humain : « La perfection réside dans le *progrès* lui-même qui est un perpétuel arrachement à soi pour un autre. » Pour peu que nous acceptions d'évoluer, de nous déplacer, de devenir autres, nous grandissons en amour : de déséquilibre en déséquilibre. Mais, personnellement, il m'a fallu bien des années pour pouvoir dire aujourd'hui : bienheureuse altération !

Enfin, quand nous sommes bien ébranlés dans notre représentation de Dieu, le souffle d'amour nous prend au dépourvu : jamais nous n'aurions cru trouver l'Amour dans le vide mortel creusé entre nous et la personne jadis aimée. « Le vide de la séparation d'avec soi (et d'avec l'objet aimé, comme objet) est bien le lieu de l'amour », écrit Shmuel Trigano qui évoque l'« abîme infini et insondable » entre deux êtres séparés : « C'est là où l'amour est appelé à se faire que le désir d'appropriation échoue : et c'est d'accepter cet échec que l'amour se fera »[47]. Mais il ne se fera que si nous refusons de rompre définitivement nos relations : « Ici commence la sagesse de l'amour qui, par-delà la rupture, envisage le lien, par-delà (et grâce à) la séparation, maintient l'amour et par-delà l'*ex nihilo* attend la présence. »

Telle est à mon sens la tâche humaine par excellence : choisir la relation plutôt que la mort, intégrer dans l'amour l'échec, le démenti et la déstabilisation radicale qu'est la disparition de l'Amour lui-même… Et découvrir cette « addition » qui survient « au bout de l'illusion du plein » : « C'est dans l'Un (que Trigano écrit "un"), dans ce surcroît au-delà de tout décompte, que l'amant puise la force de l'amour, c'est-à-dire la force d'aimer dans et malgré la séparation et l'absence (…). » Est-ce à dire qu'il faudrait continuer à vivre dans une situation de perversion, de maltraitance, de violence quotidienne, sous prétexte de garder la relation à tout prix ? Je réserve cette question pour le chapitre suivant.

L'indémontrable

L'Amour incognito

Pourquoi ne peut-on pas prendre le souffle d'amour sur le vif ? Apporter la preuve de son existence ? Pourquoi ne s'en approche-t-on qu'après coup, dans une lecture attentive des événements, personnelle ou communautaire ? Pour que nul ne prétende en disposer, répondra-t-on à juste titre. Mais je crois qu'il y a davantage : il faut en avoir *déjà* fait l'expérience, en avoir pris la pleine mesure pour que se creuse le désir. Quand il nous a aidés à sortir d'une impasse relationnelle, ou à retisser un lien qui s'était distendu, ou encore à transcender les obstacles qui mettaient en péril notre attachement – et il suffit d'une fois –, alors se pose la question : « En ai-je toujours besoin ? »

Le plus souvent, notre présent est terriblement dépourvu de ce souffle généreux qui nous porte tout entiers vers les autres en de rares occasions. Comme je le disais au début de ce livre, notre (bonne) volonté n'empêche pas nos amours, nos amitiés, nos affections de s'essouffler ou, pour prendre une autre image biblique, de perdre le feu sacré. Mais si nous le perdons, c'est qu'il nous est arrivé de l'avoir et, si nous l'avons eu par le passé, c'est peut-être pour continuer à le vouloir.

Jésus lui-même reconnaissait et saluait en l'être humain sa capacité à aimer : « Vous qui savez donner de beaux dons à vos enfants… » Mais quand il s'agit de ce souffle d'amour qui revitalise nos relations, il n'évoque rien d'autre que le désir, la demande, l'aspiration : « Et moi je vous dis :

demandez, et il vous sera donné. Cherchez, vous trouverez. Frappez, il vous sera ouvert. Oui, tout demandeur reçoit ; tout chercheur trouve ; à tout frappeur il est ouvert. Quel père parmi vous, à qui son fils demande un poisson, lui donne, au lieu de poisson, un serpent ? Ou, quand il demande un œuf, lui donne un scorpion ? Si donc vous, qui êtes mauvais, vous savez donner de beaux dons à vos enfants, combien plus le père des ciels donne le souffle sacré à ceux qui le lui demandent[48]. » Je suis frappée par l'absence de complément d'objet direct : que demander ? Que chercher ? À quelle porte frapper ? Il faut attendre la fin du texte pour comprendre qu'on était à la recherche du « souffle sacré », ou souffle d'amour : pendant longtemps on ne savait même pas ce qu'on demandait. C'est riche d'enseignement : l'essentiel n'est pas là, il suffirait d'être en demande, c'est-à-dire en quête de quelque chose qui est pressenti comme vital – au moins autant que le poisson et l'œuf.

On dirait que Jésus ne prend pas en compte les défaillances parentales : nombreux sont les enfants qui de tout temps ont reçu serpents et scorpions en guise de pain quotidien. Cette réalité me paraît pourtant contenue dans l'adjectif [ponèros], qui signifie à la fois « malheureux » et « malfaisant » : « Vous qui êtes malheureux-malfaisants » – quel que soit votre degré personnel de malheur et de malfaisance –, il vous arrive de montrer de la sollicitude à vos enfants. J'ajoute que dans la meilleure des éducations aimantes et respectueuses, il vient un moment où la demande excède l'offre. Ainsi, à l'adolescence, on ne se contente pas de poisson et d'œuf, on cherche un amour absolu qu'aucun parent ne saurait donner. Une telle demande peut perdurer des décennies. Or, précisément, Jésus n'encourage pas à renoncer à la demande, à la revoir à la baisse, à poser un regard défaitiste sur l'amour humain. C'est juste le contraire : à celui qui n'abandonne pas l'espoir de faire l'expérience de l'Amour, il sera « donné » d'y goûter. Mais il ne dit pas que cela viendra d'un parent, d'un proche, d'une personne précise. Il n'annonce pas comment cela se fera : imprévisibilité du souffle d'amour, à nouveau. La plus osée des demandes est celle qui reçoit réponse. Cela ne signifie pas qu'on va rencontrer l'homme ou la femme avec qui on rêve de vivre en couple, ou la personne avec qui on va pouvoir nouer un lien à toute épreuve, ou l'être qui satisfera tout besoin affectif. Cela signifie que l'*Amour* étanchera notre soif, peu importe de quelle façon. Parce que la sécheresse a fini par creuser un tel abîme intérieur que seul l'Amour peut le combler désormais – pour autant que nous ayons supporté de rester béants dans cette attente.

Oui, mais si rien ne vient ? Alors on peut s'inspirer du renversement qu'opère le texte : on est passé du pluriel adressé aux auditeurs adultes (« demandez ! »), au singulier qui interroge chacun sur l'ouverture dont il est capable (« tout demandeur »). Et, tout à coup, Jésus n'interpelle plus l'adulte en demande mais le « père » *répondant à la demande* de l'enfant. J'ai souvent remarqué les miracles qu'entraîne un regard positif posé sur une personne, adulte ou enfant : « Vous savez faire de beaux dons », entendre la demande de vos proches, leur besoin vital de se sentir aimés en vérité ; vous avez en vous bien assez de bienveillance, de respect et de sollicitude pour leur ouvrir la porte. Le déplacement que provoque alors le souffle d'amour a lieu au niveau de l'image de soi : on se percevait comme un éternel mendiant traînant sa frustration, exclu de l'amour, donc de la communauté des vivants. Et brusquement on se découvre capable d'être touché par le dénuement des autres, de poser des gestes d'affection dont il est impossible de douter : on est devenu canal de quelque chose de neuf.

Je connais une prière qui va dans ce sens : « Quand je mourrai de ne pas me sentir aimé, mets sur ma route quelqu'un à aimer ! » Boris Cyrulnik voit là un facteur de résilience : quelquefois les personnes dévastées par leur histoire reprennent pied en donnant à d'autres l'amour dont elles ont été privées ; si elles le font, c'est qu'elles le trouvent en elles, donc il existe et elles n'en sont pas exclues. L'évangile suggère qu'en entendant la demande vitale d'un « chercheur » et en y répondant à notre mesure, nous ressemblons un peu à cet amour « céleste » qui exauce à la perfection. Ainsi, quand nous peinons à croire que notre quête aboutira, quand le Souffle semble déserter notre vie pour n'animer que celle des autres, la con-version consiste à tourner son regard ailleurs, vers les affamés d'amour. Or, ils sont légion. Il suffit de prendre le tram. D'être attentif aux visages…

Il me vient un souvenir personnel. Je n'avais jamais vraiment compris comment on pouvait être « pris aux entrailles » devant une foule comme il est dit de Jésus[49]. Jusqu'au jour où, dans une ville étrangère, je me suis trouvée face à une foule venue assister à une conférence sur la culpabilité. Je ne connaissais personne. Certains étaient assis par terre faute de place. L'atmosphère était pesante. Je n'avais pas encore commencé à parler. Tout à coup je les ai *vus* : j'ai été littéralement « prise aux entrailles » par tous ces visages. Le désespoir, la solitude, la soif d'amour en vérité étaient presque palpables. Leur attente m'atteignait presque physiquement… et seul l'Amour pouvait y répondre. Mais il passe si souvent à travers des humains et, ce jour-là, sans doute étais-je un peu canal. En tout cas je l'espère.

Jusqu'où va la discrétion de l'Amour ? Jusqu'à son effacement dans le texte lui-même : « Demandez, il vous sera donné »... par qui ? « Ouvert »... par qui ? Mentionnons à nouveau que par respect les auteurs bibliques ne nomment pas Dieu expressément mais évoquent sa présence par la voie passive. Denys l'Aréopagite, qui vécut autour de l'an 500, l'appelait « l'Anonyme[50] ». Peu lui importe qu'on magnifie l'amour humain et rien d'autre, qu'on déclare avoir été sauvé par une thérapeute, un accompagnant, une amie, un conjoint... C'est au soir d'une vie qu'on verra peut-être à l'œuvre le souffle d'amour, rétrospectivement. Après avoir cru et affirmé, en toute sincérité, qu'on n'a jamais « rencontré Dieu ». Boris Bobrinskoy est particulièrement sensible à cette réserve extrême : « Dans son caractère d'incognito même, l'Esprit se cache et se confond avec ses dons (...) ; il ne montre pas son visage propre et son nom même est indicible[51]. »

Dans le célèbre hymne paulinien à l'amour *agapè*[52], il n'est apparemment question que de l'amour humain : ni Dieu ni Jésus ne sont nommés. « L'amour est discret. C'est sa force et sa faiblesse. Il ne saute pas aux yeux. C'est pourquoi, ne sachant pas le reconnaître sous ses habits modestes, nous prétendons si vite qu'il n'existe pas[53]. » Je pense aux personnes qui rayonnent de bienveillance dans leur être et d'amour dans leurs actes, mais de manière si discrète qu'il nous faut être privés de leur présence pour en prendre conscience. Je pense aussi à ce corps, notre compagnon de toujours, sur lequel nous ne posions aucun regard aimant tant qu'il fonctionnait à peu près correctement. « Temple du souffle d'amour », dit l'apôtre Paul à son sujet, qui dans la plus pathétique des supplications muettes nous demande de l'aimer : de l'écouter, le respecter, tenir compte de lui.

Et puis il y a toutes ces amitiés, ces affections, ces amours qui ne nous étonnent plus. Il suffit, cependant, que se réveille en même temps que nous, chaque matin, l'aptitude à être en demande… et nous prenons chacun de ces liens aimants comme quelque chose qui nous est « donné », une perle « trouvée » dans l'ordinaire de nos jours, une porte que nous « ouvre » l'Amour. Depuis quelques années, il me semble apprendre un peu plus à déchiffrer les traces du souffle d'amour là où auparavant il passait inaperçu, tant j'étais attentive à mes seuls efforts. C'est une sensibilisation – très lente, je le reconnais – au moindre déplacement en autrui, en moi, au sein de la relation, et même dans la société et les peuples du monde. Cela donne d'ailleurs une manière légèrement différente d'écouter les nouvelles ! « Il est difficile de regarder les yeux d'un enfant ou d'être surpris par une œuvre de grand art, écrivait Maurice Nédoncelle, sans pressentir qu'il y a une charité capable de porter le poids de l'univers[54] » – ou un souffle capable de déplacer les montagnes. J'ajouterais aux yeux de l'enfant et à l'œuvre d'art une scène de la nature, un événement politique constructif, une réconciliation entre deux personnes, une manifestation solidaire spontanée de la société civile, le combat d'une association, etc.

Le déni mortel

Il est donc impossible de prouver l'amour, tout comme son souffle. On peut, de bonne foi, s'en croire exclu depuis toujours jusqu'à toujours. Mais il est au moins autant impossible de prouver son inexistence. Occasion rêvée de développer notre aptitude à faire confiance à l'expérience d'*autrui* ! Nos propres expériences aimantes ont pu être si décevantes et destructrices que nous en sommes réduits à entendre les autres en parler. Tout se joue alors, me semble-t-il, dans notre manière de leur ouvrir la porte.

Réagir en disant : « Tu as de la chance, ce n'est pas à moi que cela arriverait », c'est déjà entrer en matière, ne pas douter que cela *leur* soit arrivé. Mais il se peut que nous opposions un véritable déni au récit de leurs expériences affectives : nous n'y voyons que rêves, illusions, fabrication de consolations imaginaires. Les évangiles parlent alors de « blasphème contre le souffle d'amour », d'un verbe [blasphèmi] qui signifie « prononcer des paroles de mauvais augure, médire, diffamer ». Attitude qui revient à tenir le Souffle pour rien du tout. Ce n'est pas bon signe : celui qui se convainc qu'il n'y a rien à voir finit par ne rien voir du tout.

On peut illustrer un tel déni par la réaction de Thomas au récit des autres disciples le soir de Pâques[55]. Ils lui partagent leur joie d'avoir rencontré Jésus vivant. Mais Thomas, qu'on a toujours épinglé comme l'incrédule de service, attend d'avoir vu et touché lui-même Jésus pour « croire ». Qu'il ne croie pas Jésus vivant ne me pose pas vraiment de problème. En revanche, qu'il nie l'expérience des autres ne présage rien de bon. En effet, voir leur Ami vivant, c'était pour eux goûter à un lien d'amour qui ne meurt jamais. Quand nous nous bouchons les yeux au point de ne pas percevoir la joie d'un proche qui vit de cette réalité du lien – ce qui équivaut à un déni du souffle d'amour –, la qualité de relation avec lui s'en ressent.

Bien des personnes endeuillées m'ont confié leur tristesse à ce sujet. Elles se sentent niées dans ce qu'elles ont vécu de plus intime, puissant, réconfortant, au sein même de leur situation douloureuse. Une telle « diffamation » du souffle d'amour est destructrice de relation. Et je ne vois pas bien ce que cela rapporte à celui ou celle qui s'enferre dans la position de Thomas. Je parle de « déni mortel » parce qu'on peut systématiquement étouffer tout ce qui, dans l'expérience des autres, est de l'ordre du souffle déstabilisateur. Meilleur moyen pour que rien ne bouge dans sa propre vie : rester hermétique à ce qui fait bouger les autres. Rien d'étonnant, alors, à ce que la mort soit « plus forte que l'amour » et le séjour des morts ou l'enfer « plus fort que l'ardeur » !

Or, il se trouve que la parole de Jésus sur le blasphème contre le souffle d'amour chez Marc et Matthieu vient en conclusion d'un texte où la parenté de Jésus cherche à le « maîtriser » en le traitant de « fou »[56]. Nous avons déjà évoqué ces passages où Jésus se différencie fermement de sa famille biologique. Ici, le déni du souffle qui l'anime s'accompagne d'une telle confusion et perversion que sa parenté religieuse en arrive à faire du Souffle lui-même le Diviseur, le diable : « Il a Béelzéboul en lui (le prince des démons) », c'est le Diviseur qui l'inspire et non le souffle d'amour. Notons en passant cette manière chosifiante de parler de Jésus à la troisième personne ! Chez Marc, il vient « à la maison » : quoi de plus chargé, émotionnellement, que l'expression « à la maison » ? Mais Jésus n'y a pas ou plus sa place. « Il est hors de lui-même », disent les siens : il n'est pas là où nous voulons qu'il soit, il ne fait pas ce que nous voulons qu'il fasse, il n'est pas ce que nous voulons qu'il soit, il a donc une force mauvaise en lui.

Comment demeurer en paix quand nos plus proches, dans le déni du souffle qui nous fait vivre, tentent de nous étouffer ? Dans ce texte qui raconte l'histoire d'un prédicateur itinérant, il est paradoxalement beaucoup question de maison*. Or, qui dit maison dit lieu sécurisant que l'on rêve bâti sur le roc, point de départ de toute croissance. « Si une maison est divisée contre elle-même, elle ne peut tenir debout », dit Jésus. Il lui faut de toute urgence rester unifié, se recentrer sur la maison invisible, en lui, qui tient par le souffle d'amour. Garder sa lucidité face aux dysfonctionnements de ses proches. Désacraliser sa famille biologique comme sa famille spirituelle. Se redire, et dire à haute voix, que « tout sera remis aux fils des humains, les fautes, les blasphèmes/médisances autant qu'ils blasphèmeront », renieront leurs semblables ou tenteront de les annuler. Tout leur sera remis, pardonné, c'est-à-dire, littéralement, les humains seront *libérés* de tout ce dysfonctionnement destructeur *pour autant qu'ils ne nient pas l'existence du souffle d'amour*, qu'ils ne médisent pas de lui, ne blasphèment pas contre lui.

Voilà, selon Jésus, l'unique chose qui puisse nous mettre dans une situation désespérée. En effet, seul le souffle d'amour peut venir à bout de ce « fort » – cette force négative, adversaire des liens féconds, qui s'est installée chez nous. Aucune division n'est insurmontable, ni dans la vie privée d'une famille ni dans la vie sociale et publique – un « royaume », une république, une confédération – tant qu'on ne renie pas la seule force unifiante qu'est le Souffle. Dans le langage symbolique de Jésus, il est question non

* « Il vient à la maison... Si une maison est divisée contre elle-même, cette maison ne pourra pas tenir... Personne ne peut entrer dans la maison du fort (du satan, du diable) s'il n'a pas d'abord ligoté le fort... Sa mère et ses frères se tenaient au-dehors (sous-entendu : de la maison)... »

d'éliminer le « fort » mais de « ligoter » cette force mortifère qui a l'air plus forte que l'amour, y compris dans l'entourage de Jésus et dans les communautés les plus pacifiques. Les choses changent au moment où nous cessons de nier le Souffle et le laissons nous utiliser pour « lier le fort ».

Sans ce choix, ajoute Jésus, nous restons dans la confusion, le mensonge, la perversion du lien… et la mort est gagnante. Notre enfer risque de s'éterniser : « Qui aura blasphémé (diffamé, nié) contre le souffle, le saint, n'a pas de rémission/libération/congédiement, pour l'éternité ; mais il est attaché/assujetti à une faute éternelle. » Comme souvent dans la Bible, je crois qu'il s'agit ici non d'une punition mais d'un simple constat. Quand nous nions l'existence du souffle d'amour, nous restons « éternellement » dans la division, la destruction profonde du lien : tel est le sens exact de la « faute », du « péché » qui bibliquement est rupture de relation avec l'Autre et les autres. Alors nous demeurons dans l'incapacité de faire l'expérience d'une « libération », d'un « apaisement » ; c'est comme une maladie sans aucune « rémission »*. Autant dire que, dans ces conditions, nous restons « assujettis, asservis, exposés** » à cette « faute-division éternelle ». C'est ainsi que bien des personnes se désolent des brouilles, conflits incessants, impasses relationnelles avec leur entourage… tout

---

* Le mot grec est [aphesis], du verbe [aphienaï], « laisser aller, congédier, lâcher, pardonner ». En français, je préfère éviter le mot « pardon » à cause de sa charge moralisatrice.

** L'adjectif [enochos] signifie « fixé dans, tenu par, assujetti ou asservi à » ; avec le genitif, « exposé à, ou accusé de, passible de » ; on voit bien le lien logique : l'esclavage finit par être vécu comme une condamnation. L'adjectif vient du verbe [en-echô] qui signifie « garder dans, retenir dans, s'enfoncer dans, s'attacher à ».

en déclarant que jamais tel proche ne changera, que d'ailleurs il est fou, qu'elles-mêmes ne pardonneront jamais, que c'est la vie et qu'il faut en prendre son parti.

De ce texte éloquent on peut tirer quelques repères à l'usage des personnes qui ont l'impression de devenir folles tant la confusion, la perversion et le mensonge ambiants les font douter de leur propre vérité. Les proches de Jésus sont « sortis pour le maîtriser ». Une fois au-dehors, ils l'accusent d'être « hors de lui ». Alors qui est dehors, qui est dedans ? Qui est normal, qui est fou ? Le seul critère n'est-il pas cette unification intérieure qui va de pair avec la richesse relationnelle ? Dans le récit parallèle de Matthieu, Jésus vient de guérir un « possédé aveugle et muet » et les foules s'en sont trouvées « debout hors d'elles-mêmes »* : comment mieux dire le déplacement provoqué par le souffle d'amour ? Quant à Marc, il vient de raconter la guérison d'un homme à la main paralysée, puis de multitudes malades ou en proie à des « souffles impurs ».

Comment se fait-il que ses proches le déclarent, *lui*, possédé d'un souffle impur[57], donc non différencié, pris dans un chaos de mort et de folie, alors qu'à l'évidence c'est *leur* cas ? Tel est bien le sommet de la perversion que les humains sont capables d'atteindre, hier comme aujourd'hui : non seulement on *sait* que le Souffle a totalement déserté autrui, mais on est convaincu, on se convainc que soi-même on « tient debout » et qu'on habite sa propre « maison »** ; si Jésus « se

* Mt 12,23. Chez Luc aussi, il vient de « chasser un démon muet » (12,14).

** Dans le texte, « se tenir debout » revient aussi souvent que « la maison ».

tient hors de lui », hors de sa « maison », c'est qu'il ne tient pas debout ! Comment peut-il leur prouver que « sa maison n'est pas divisée contre elle-même » s'ils refusent d'admettre le dynamisme de guérison *dont ils sont pourtant témoins* ? Dynamisme dont ils savent très bien, vu leur éducation religieuse, qu'il caractérise ce souffle d'amour qui met à part, différencie, libère et guérit. Dynamisme confirmé, dans la fin de notre texte, par la présence de la foule de ces « frères et sœurs » dans la maison de Jésus, venus écouter sa parole libératrice pour retrouver la Source de leur désir de vie[58].

Que faire face à une telle mauvaise foi ? S'enraciner dans la différenciation. Ne laisser aucune médisance réintroduire de la division au-dedans de soi. En appeler au souffle d'amour, tant et plus. Chez Luc, le passage sur la diffamation est bien encadré : juste avant, le souffle d'amour sera donné aux pères qui déjà savent donner de bonnes choses à leurs enfants… et juste après l'évocation de la force de division, Jésus affirme la primauté du Souffle – de la parole du tout Autre – sur les liens de parenté. Cependant « heureux le ventre qui t'a porté et les seins que tu as tétés[59] ! », lui dit-on alors qu'il est en train de parler de ce qui nous divise et revient nous diviser à la suite d'une première libération. On ne peut pas imaginer une réflexion plus inadéquate et plus négatrice de la parole unique, différenciée et inspirée de quelqu'un : « Cause toujours, peu importe ce que tu as à dire. Je ne vois en toi que le produit réussi de ta mère, c'est à elle que j'ai envie de m'identifier. »

Le déni mortel est donc essentiellement le déni du souffle d'amour travaillant au-dedans d'autrui. Un des tout premiers documents chrétiens l'exprimait ainsi : « Vous ne mettrez pas à l'épreuve ni ne jugerez aucun prophète parlant sous l'inspiration du souffle (mot à mot : dans le souffle, *en pneumati*) ; en effet tout péché (toute division, rupture de relation avec l'Autre, les autres) sera remis, mais ce péché-là ne sera pas remis[60] » : cette division-là ne sera pas guérie sans notre consentement au Souffle. Du côté juif, je mentionnerai ce « point intérieur » dont parle abondamment le Rabbi de Gur : c'est quand « l'Infini affleure au fini[61] ». Quand, pris par le dynamisme du Souffle, nous nous sentons en contact avec le parfaitement Différencié, porteurs de sa parole libératrice, nous faisons sans doute cette expérience dont Jésus se réjouissait : si vous voyez que moi, c'est par le souffle d'amour que je « jette dehors les démons », que je désamorce la force mortelle de la division en vous et entre vous, « alors le règne de Dieu (de l'Amour) vous a atteints[62] », littéralement « est arrivé sur vous, vous a devancés ». C'est comme un point d'impact du divin dans notre chair.

Selon le Rabbi de Gur, le tout Autre, loin d'être l'inatteignable, « affleure (...) partout, à toute heure et dans l'âme de tout ce qui vit ». En termes mystiques, ce « point intérieur » désigne donc « la Présence divine, la *Chekhina*, au cœur du monde ». Manière de dire combien l'unité de la vie divine anime la multiplicité. Cela me fait penser à ce que précédemment j'appelais « l'absolu dans le relatif » – l'Amour insubmersible au sein même de nos liens pétris de relativité. « Décrire le “point intérieur” comme un feu, une lumière, une source ou une racine, mais aussi comme une parole ou un dynamisme, ou encore comme une étincelle de sainteté, c'est chercher à transmettre cette unité[63]. » Alors, sortir du déni mortel reviendrait à se tenir à portée d'« atteinte » du souffle d'amour en s'abstenant de répéter : « Rien de nouveau sous le soleil ! »

Pour quelle raison les évangélistes n'ont-ils mis que deux fois le « souffle saint » dans la bouche de Jésus[64] ? Parce que moins on en parle, plus on le vit ? Certainement. Mais il me semble aussi que cela suffisait. Avec ce qu'il en avait dit, dans ces deux passages, ses auditeurs pouvaient faire le choix du souffle d'amour. La balle était dans leur camp. Il était inutile de chercher à démontrer ou convaincre. Une attitude essentielle et déterminante est de notre seul ressort : cesser d'étouffer le souffle d'amour en autrui en prétendant *savoir* qu'il n'existe pas et donc que rien ne bougera jamais, sans quoi on va tout droit au mutisme, au chaos et à la mort relationnelle.

Le contexte de l'autre mention permet d'entendre la parole de Jésus sur le « souffle saint » comme une promesse : quand vous serez confrontés au mensonge, aux conflits, à la persécution, le « souffle saint » vous donnera les mots pour dire votre vérité. C'est à vérifier et nombreux sont ceux qui l'ont expérimenté, dans des situations inextricables : on en arrive à tenir tête fermement à des personnes qui jusque-là terrorisaient ! Ainsi, l'attitude d'ouverture au souffle d'amour se trouve validée par les expériences fructueuses où l'on a pu parler en vérité, dans une inspiration étonnante. Et, inversement, de telles expériences sont si constructives qu'elles renforcent la détermination à faire confiance à ce souffle : l'amour devient « plus fort que la mort » ! Comme le dit Vladimir Jankélévitch, « l'amour est notre vocation et c'est en quoi il est fort comme la mort, ouvrant sans cesse ce que la mort referme[65] ».

VII

Chérir la relation

Aimer à perdre la raison

J'emprunte ce titre à un poème de Louis Aragon chanté par Jean Ferrat parce que, pour moi, aimer c'est changer de registre. Parfois, c'est carrément « perdre » ce qui maintenait dans une logique sans issue… et passer à autre chose, ouvrir les fenêtres à ce vent du large qui balaie toute argumentation. Cela peut se produire sans signe avant-coureur.

Ainsi, dans *Le Rêve d'un homme ridicule*, Dostoïevski raconte comment un homme désespéré, sur le point de se suicider, est interrompu par une fillette venue lui demander de l'aide pour elle et sa maman qui n'ont plus rien à manger. Contre toute attente, l'homme ne mettra pas son projet à exécution : « J'ai eu pitié très fort ; c'était même une espèce de douleur étrange et même invraisemblable dans ma situation. » Puis il rêve qu'il est mort et voit une nouvelle Terre en tous points semblables à la nôtre, mais « alors que sur notre terre nous ne pouvons vraiment aimer qu'avec la douleur et seulement par la douleur », là les humains vivaient « un amour évident, visible (…) ; ils n'éprouvaient pas cette aspiration à connaître la vie, que nous éprouvons nous-mêmes (...) car notre science cherche à expliquer la vie » ; là, « c'était comme si cela restait inaccessible à ma raison ». Quand ces humains le regardaient avec amour, « la sensation de plénitude de la vie (lui) coupait le souffle ». À la fin de l'histoire, il voit la vie humaine comme il ne l'avait jamais vue : « En un jour, en une heure, tout pourrait se construire d'un coup ! Ce qui compte : aime ton prochain comme toi-même (...) Et pourtant, tout cela ce n'est rien qu'une vieille vérité qu'on rabâche, qu'on a lue des billions de fois, mais voilà, elle n'a pas pris racine ! "La conscience de la vie est supérieure à la vie, la connaissance des lois du bonheur – supérieure au bonheur", *voilà ce qu'il faut combattre* »[1].

La soudaine irruption de la compassion – ce concentré d'amour survenu inopinément – ressemble au « coup de foudre sacré » du Cantique des cantiques. C'est une violence de naissance, qui contraste avec la discrétion habituelle du souffle d'amour. Aucune contradiction, cependant, puisque l'événement se produit dans la plus grande intimité, celle des « entrailles ». À la vitesse de l'éclair, une force inconnue, complètement imprévisible, vient démolir la forteresse du mental. La vie s'engouffre – les vivants, les humains avec leur détresse, leur faim, leur attente d'enfant. Le personnage du roman n'est plus dans le même monde, bien que ce soit le même. Il ne prétend plus connaître la vie, avoir fait le tour des autres et de lui-même. La vie déborde de tous côtés. Il s'est mis à la *sentir* – sensation et sentiment, là où il n'y avait que perte de sens et ressentiment*.

* Au temps de la Réforme, Jean Calvin insistait beaucoup sur la nécessité de « sentir » Dieu (cf. Carl Keller, *Calvin mystique. Au cœur de*

Un sixième sens

Néanmoins, il est hors de question d'évacuer l'intelligence et la réflexion : « Tu aimeras (aussi) de toute ta pensée ! » Il importe de pouvoir aimer sans se laisser dévorer par le raisonnement quand il tourne à la « logique infernale », quand la prétendue « connaissance de la vie » se met à remplacer la vie même. La révélation de Dostoïevski, c'est une expérience – initiée par le souffle d'amour – qui oriente autrement le cours des pensées, qui le réoriente vers autrui en chair et en os, dans sa bouleversante vulnérabilité. C'est en somme la découverte d'un sixième sens. Un grand spirituel mort en 1148, Guillaume de Saint-Thierry, était convaincu que l'être humain possède un « sens de l'amour » au même titre que le sens de la vue, de l'ouïe ou de l'odorat.

Nous nous transformons pour devenir en quelque sorte l'être que nous aimons : de manière triviale, je dirais que nous le métabolisons ! Il en est de l'amour comme de la connaissance : comprendre quelque chose, c'est en somme le faire sien, l'assimiler. « Pour qu'un sens du corps accomplisse sa fonction et "sente", il faut que, subissant une impression sensible, il se transforme d'une certaine manière en ce qu'il sent : la vue par exemple en ce qui lui devient visible (…) Autrement, pas de perception, pas de sensation. » Ainsi faisons-nous l'expérience d'une « transformation pour devenir en quelque sorte l'objet ou la qualité de l'objet perçu ». Il en est de même concernant notre amour

---

la pensée du Réformateur, Genève, Labor et Fides, 2001, notamment p. 81-83).

pour Dieu : l'âme ne peut percevoir sa bonté et l'aimer pour cela « qu'à la condition de communier à ce bien, en étant ainsi touchée par lui, en devenant bonne elle-même ». Guillaume s'appuie sur des versets bibliques qui valorisent le « sentir »*, pour montrer comment on devient d'une certaine manière ce qu'on aime : « Par le mouvement affectif, (l'âme) se conforme à l'objet aimé », « charité qui permet à celui qui aime de *demeurer en Dieu et Dieu en lui* »[2]. Déjà le psalmiste l'exprimait à sa façon : « Qui regarde vers Lui resplendira ; sans ombre ni trouble au visage[3]. »

Ce n'est pourtant pas si facile. Quand je pense à tous ces passages à vide, ces temps de tourmente où, comme beaucoup, je ne « sentais » rien du tout, je me souviens que les témoignages écrits ou oraux d'une riche relation d'amour m'enfonçaient un peu plus dans la frustration et la désolation. Je crois pourtant n'avoir jamais renoncé à tourner mon visage vers les autres et le tout Autre. Comme on retourne sur la plage, en désespoir de cause, fixer les yeux sur l'horizon fuyant, en attente d'un bateau, d'un radeau, du moindre esquif… À force de le scruter, j'ai l'impression qu'il habite mes yeux désormais. J'ai appris à le chérir : c'est de lui que vient l'Aimé, immanquablement ; c'est lui que j'aperçois ou cherche à apercevoir dans le regard des personnes que je rencontre…

L'apôtre Paul voyait dans l'amour l'accomplissement de notre nature, le sens ou la destination de notre existence terrestre : « Et, par-dessus tout, l'amour qui est lien de

---

* Cf. Sg 1,1 : « Sentez le Seigneur dans la bonté ! » ; Sg 6,16 : « Te connaître, c'est la perfection du sens » ; Ph 2,5 : « Sentez en vous ce que sentait le Christ Jésus ! »

perfection[4]... » Perfection non au sens moral mais identitaire : incessante maturation qui nous par-fait, par-achève, nous complète de manière à ce que le meilleur de nous-mêmes soit investi dans nos relations. Nous nous lions à l'autre, aux autres, au tout Autre pour ne jamais cesser de grandir – et même au-delà de notre mort, affirme la tradition orthodoxe.

Commentant un autre grand spirituel, Richard de Saint-Victor, mort en 1173, le théologien orthodoxe Kallistos Ware écrit ceci : « Puisque l'amour est la perfection de la nature humaine, la plus haute réalité à l'intérieur de notre expérience personnelle, c'est aussi la qualité – au sein de notre expérience – qui nous mène le plus près de Dieu[5]. » Ainsi trouve-t-on en ce début de XIIe siècle ce qui aujourd'hui est devenu une évidence pour les sciences humaines : la nécessité d'un « tu » pour que le « je » puisse se déployer ! « La perfection d'une personne, précise Richard de Saint-Victor, exige la communion avec une autre personne[6]. »

Cependant, l'amour mutuel peut aboutir à un cercle fermé. Il ne trouve son réel accomplissement qu'en étant partagé par un tiers : « Là où l'amour est parfait, celui qui aime non seulement aime l'autre comme un deuxième soi, mais il souhaite à son aimé d'avoir la joie d'aimer un tiers, ensemble avec lui, et d'être aimés aussi tous les deux par ce tiers[7]. » Que dit d'autre la psychanalyse ? L'amour devient dévorant dès que mère et enfant sont enfermés dans une relation duelle qui croit s'autosuffire. Il faut le père, ou quiconque par sa parole et sa présence introduit une tierce dimension, une altérité au cœur d'un attachement fusionnel. Remarquable parallèle, sous la plume de ce moine médiéval, entre la progression humaine (amour de soi, amour mutuel puis amour partagé avec un tiers) et le dynamisme divin symboliquement évoqué par la Trinité : plénitude de l'Amour (représentée par le Père), amour mutuel entre Jésus et son Père, et souffle d'amour de l'un à l'autre, de l'autre à l'un – tierce Personne contenant tous les humains, les animant, les vivifiant, les reliant à leur tour à la Source. Un seul et même amour débordant constamment de tous les vases dans lesquels on croyait pouvoir l'enfermer.

Je disais qu'il n'est pas question de choisir entre l'amour et la pensée, le sentiment et la réflexion. Contrairement à l'adage populaire « bon et bête commencent par la même lettre ». À mon sens, aimer c'est bien changer de registre, mais pour accéder à une autre forme d'intelligence. Et même, comme beaucoup le pensent, à sa forme la plus réussie. Rien de révolutionnaire là-dedans : la notion anthropologique la plus utilisée dans la Bible hébraïque (huit cent cinquante-huit fois) est celle de « cœur », [lév] ou [lévav]. Comme je l'ai indiqué précédemment, il désigne essentiellement *le siège de l'intelligence et de l'aptitude à décider*, en plus de celui des émotions ; et c'est aussi, bien entendu, l'organe physique. Il s'agit donc de notre intériorité, de ce lieu où la réflexion, le discernement et l'affectivité s'unifient au point de favoriser des prises de décision qui ne seront pas en contradiction avec notre être profond.

Or, il se trouve que le Nouveau Testament a choisi [kardia] – ce « cœur » de la personne – plutôt que le vocabulaire grec de la pensée – [noûs], [dianoïa], [gnôsis], etc. On dirait que les auteurs ont voulu éviter ainsi le risque de couper la raison de l'affectivité, du pouvoir décisionnel, du désir et du corps, comme c'était le cas dans la philosophie grecque dominante. Cependant, parmi les premiers penseurs chrétiens, Origène, Évagre ou d'autres n'ont pas hésité à utiliser ces mots parce que pour eux la pensée avait partie liée avec l'amour, la tendresse, les émotions. Ils se démarquaient clairement des courants gnostiques qui tendaient à faire de la connaissance humaine une activité autosuffisante. Ainsi l'exercice de l'intelligence n'a-t-il pas de limites pour autant qu'il ne se prive jamais de l'apport irremplaçable de la faculté aimante.

Dans la même ligne, Guillaume de Saint-Thierry valorise aussi l'activité de la raison : « Si notre raison, ô mon Dieu ! nous guide vers toi, pourtant d'elle-même elle ne peut te saisir »... mais il existe une « raison supérieure » à laquelle les humains ont accès. Voici comment il en parle dans sa prière : « (...) par l'intermédiaire précisément de tout ce que tu n'es pas, ils voient un peu qui tu es, sans pouvoir pourtant te voir encore tel que tu es. Le regard de leur âme aimante est caressé par quelque chose d'intermédiaire : ce n'est ni ce que tu n'es pas ni étranger à ce que tu es, sans être pourtant absolument tout ce que tu es »[8]. Nous avons là un auteur qui a su évoquer, dans un langage symbolique particulièrement éclairant, l'union féconde entre nos capacités cognitives et aimantes. Son traité *De la nature et de la dignité de l'amour* est lui-même une nourriture pour l'intelligence et l'affectivité des lecteurs ! « Donc la vue pour voir Dieu (...), c'est la charité. Or, dans cette vue il y a deux yeux palpitant toujours par *une application naturelle du regard* pour voir la lumière qui est Dieu : l'amour et la raison. » Il y a « entraide mutuelle » : « la raison enseigne l'amour et l'amour illumine la raison ; la raison se penche vers le sentiment d'amour et l'amour consent à être retenu par les bornes de la raison ; tous deux peuvent beaucoup »[9].

Ce que dit Guillaume de *mens* – l'« esprit », et non le « mental », le purement cérébral déconnecté du vivant – me semble proche de ce que nous appelons aujourd'hui l'« intelligence du cœur », ou même l'« intelligence émotionnelle ». Véritable puissance de synthèse, d'unification de soi qui ne s'ampute d'aucune dimension humaine, le *mens* de cet auteur serait ce par quoi nous pouvons, à notre mesure et toujours mieux, « aimer de tout notre cœur, notre *psychè*, notre force et notre pensée ». Voici les éléments de définition qu'il en donne : « On appelle "esprit" (*mens*) ce qui constitue la mémoire ou ce qui prédomine dans l'âme (...), une puissance de l'âme par laquelle nous nous unissons à Dieu et nous jouissons de lui ; cette jouissance consiste dans une sorte de saveur divine d'où, de cette saveur, le mot "sagesse" (...) L'esprit *mens* est la tête de l'âme et c'est dans le sommet de l'esprit que se trouve le siège de l'amour de Dieu. De là il domine, régit et éclaire les autres amours pour qu'il n'y ait rien en eux qui se dérobe à sa chaleur et à sa lumière »[10].

Le lien entre saveur et sagesse est intéressant. En effet, le mot « savoir » vient du latin [sapere], « avoir de la saveur, comprendre », donc en définitive « devenir sage ». Ce qui donne du goût à sa propre existence et à celle des autres ! Parenté entre sentir et savoir, qu'il vaut la peine de creuser : on sait quelque chose quand on le sent ; on comprend quelque chose d'autrui quand on en est touché. D'où la formulation courante à propos d'un projet, d'un raisonnement ou de quelqu'un : « Je ne le sens pas », c'est-à-dire « il ne me rejoint pas, je ne peux pas le faire mien ». Un sentir qui concerne à la fois l'intellect, la sensation et le sentiment. Même polyvalence pour l'expression « à mon sens ». Par ailleurs, Guillaume semble considérer [mens] et [spiritus] comme des équivalents. Or, [spiritus] correspond au grec [pneuma] ! Il me semble que sa manière de l'évoquer converge avec le langage symbolique des auteurs bibliques pour dire le souffle d'amour : « puissance », donc dynamisme qui nous fait aspirer à l'Amour ; « jouissance » de la rencontre dans la communion, quand le lien aimant fait du bien, rend la vie savoureuse ; « sommet » de l'Amour vers lequel nous pousse le Souffle, pour que « chaleur » et « lumière » s'insinuent dans toutes nos relations. On voit par là que s'il y a bien intelligence du cœur, elle se trouve constamment dynamisée par un souffle venu de l'Amour même, qui lui donne soudain des ailes : on est loin d'une raison comptant sur ses seules ressources !

Dans l'histoire de la spiritualité chrétienne, saint François d'Assise occupe une place de choix par le développement remarquable de son « sixième sens ». Son attachement passionné à Jésus l'a conduit à ne jamais séparer l'amour pour Dieu et celui pour le prochain : une seule et même affection qui incluait les animaux… et même les créatures inanimées. Je remarque à quel point sa personne et sa vie parlent à nos contemporains, notamment en raison de cette absence de barrières devant la sollicitude pour le monde créé tout entier. À sa suite, les auteurs franciscains ont vu dans la théologie « moins une science spéculative qu'une science affective ». En effet, « pour saint Bonaventure et les mystiques franciscains, l'amour s'étend plus loin que l'intelligence ». On ne trouve dans leurs écrits aucune dépréciation des sentiments, mais au contraire une utilisation de la puissance affective pour progresser vers le parachèvement de ce qu'on porte en soi, et une grande insistance sur l'amour[11]. Au contact des religieuses et religieux de cette famille monastique, chacun a pu une fois ou l'autre être témoin de leur pratique spirituelle traversée de tendresse et de joie.

On se sait dans l'amour quand on se sent relié, par une multitude de fils, au réel dans sa diversité... et qu'on pressent une infinité d'autres fils possibles. C'est comme si la réalité autour de soi devenait translucide : potentiellement, on comprendrait tout, du moment qu'étant dans un rapport aimant avec toutes les créatures, animées ou non, on participerait à tout ; on ne voit plus de limites à la progression vers une telle communion ! Pour prendre un exemple très concret, un enfant en échec scolaire peut devenir de plus en plus intelligent grâce à l'amour reçu et donné, alors qu'isolé, confronté à lui seul, il était incapable de *voir les liens* entre les choses et les êtres, et d'en créer lui-même, ce qui est le propre de l'intelligence.

Une illustration biblique éloquente de ce lien d'amour qui rend intelligent se trouve à la fin de l'évangile de Luc[12]. Deux « disciples d'Emmaüs » à bout de souffle au lendemain de la mort de Jésus se montrent si repliés sur eux-mêmes qu'ils ne reconnaissent ni le corps ni les paroles de leur maître et ami. La relation aimante semble morte et, avec elle, la faculté de relier le présent au passé, les paroles d'aujourd'hui à celles d'hier et d'il y a longtemps. L'inconnu a beau leur « expliquer dans toutes les Écritures ce qui le concerne », c'est à croire que, ne le *regardant* pas vraiment, ils restent aussi statiques que les ailes d'un moulin en manque de vent. Ils ne « sentent » pas ce qui se passe, ni par leur sixième sens ni par leur intelligence. « Ô êtres sans pensée » – [a-noètoï], de [noûs], « intelligence, pensée » – et « lents de cœur » – [kardia] –, leur dit le voyageur comme pour les réveiller. Là, le souffle d'amour a fort à faire, mais il peut compter sur leur désir de bouger, d'entrer en relation. Les voilà « forçant » l'homme à faire halte avec eux : dans ce verbe [para-biazô] se trouve cette « force » [bia], irrépressible qui signale le labeur du souffle faiseur de « vie », [bios] !

Coup de théâtre ou « coup de foudre sacré », à nouveau : ils le reconnaissent à ce geste par lequel il s'était symboliquement donné tout entier, peu avant sa mort – pain et vin de l'amour sans conditions, chaude bénédiction aux antipodes de nos éternels règlements de comptes. Mais aussitôt il leur devient « non visible ». Le souffle d'amour, encore une fois, laisse une trace de feu qu'on déchiffre *après coup* : voilà que les deux yeux chers à Guillaume de Saint-Thierry – « amour et raison/intelligence » – s'ouvrent exactement au même moment. « Notre cœur ne brûlait-il pas en nous quand il nous parlait en chemin et nous *ouvrait* les Écritures[13] ? » Et un peu plus tard, c'est de l'ensemble des disciples qu'il est dit : « Alors Jésus leur *ouvrit* l'intelligence [noûs] pour comprendre les Écritures[14]. » Le cœur s'est enflammé à mesure que tout s'éclairait et prenait sens. Travail souterrain du souffle, que révèlent rétrospectivement les temps de fulgurance…

Ainsi le souffle, plus incognito que jamais, travaille-t-il prioritairement notre pensée. Ainsi doit-il mobiliser nos facultés affectives pour « ouvrir » notre intelligence, faire une brèche dans les murs fortifiés de nos conceptions, préjugés, idéologies*. On m'objectera à juste titre que ces textes ne mentionnent jamais le souffle d'amour. Cependant, en plus

* Dans ce deuxième passage, Jésus venait de leur demander : « Pourquoi ces objections/délibérations/calculs montent-ils dans votre cœur ? » (Lc 24,38).

du symbolisme de la brûlure, de la « force » de vie relationnelle, de l'ouverture du cœur, je signale le sens du verbe grec traduit par « comprendre », qui nous oriente encore vers un processus dynamique (« il leur ouvrit l'intelligence pour comprendre les Écritures ») : [sun-ièmi] signifie « mouvoir en avant-avec » ou « lancer, envoyer, jeter-avec ». Nous retrouvons là ce souffle qui *supplée* à la faiblesse de nos moyens humains : c'est *avec* nous ou pas du tout ! Et nous retrouvons aussi ce *déstabilisateur* qui nous pousse vers les autres, nous propulse hors de nos repères, nous jette dans la mêlée… pour qu'avec lui notre intelligence du cœur fasse des liens et crée du lien là où nos logiques ne voyaient que la mort.

Maintenant, on peut décider de développer le « sens de l'amour » comme on le fait pour ses facultés sensorielles. On peut ou non vouloir affiner son goût, son odorat. Se fermer ou non à ce que le corps perçoit, stimuler ou laisser s'atrophier le sixième sens. Chérir ou non la relation. Mais la liberté de choix peut sembler limitée, tant les blocages inconscients, les résistances dus à des traumatismes insurmontables condamnent souvent la personne à une anesthésie affective apparemment définitive. Il n'empêche. L'expérience montre que rien n'arrête le souffle d'amour, aucun handicap, aucune lésion, aucune paralysie du corps ou de l'âme.

Un exemple : une histoire authentique m'a été racontée par une femme que j'appellerai « Sandrine ». Sa mère, « Yvette », atteinte de la maladie d'Alzheimer, vivait ses dernières années dans un établissement et partageait la chambre avec une autre dame souffrant de la même maladie, « Jeanne ». Lors de ses visites, Sandrine supportait mal la manière dont Jeanne traitait Yvette, s'adressant à elle comme à une petite fille. Un jour, elle décida d'observer comment sa mère recevait cela : à sa surprise, elle la vit sourire jusqu'aux oreilles, à l'évidence enchantée de cette relation. Or, Yvette, murée dans une histoire personnelle traumatique, n'avait jamais pu montrer de l'amour à ses enfants ni en recevoir. « Il fallait qu'elle ait perdu la raison pour pouvoir accueillir de l'affection », me confia Sandrine. À la mort d'Yvette, Jeanne parut très affectée. Après avoir défilé avec les autres résidents pour dire au revoir à sa compagne de chambre, elle s'approcha de Sandrine et lui dit : « Jamais de toute ma vie je n'ai aimé quelqu'un comme j'aimais votre maman. » Puis elle s'éloigna « en reprenant son délire ». Selon Sandrine, son propre passé blessé était sans doute très proche de celui d'Yvette.

Je parlais de la relativité de nos choix : ces deux femmes avaient bel et bien choisi d'accueillir leur relation et de vivre dans ce souffle d'amour qui en apparence les avait désertées leur vie durant. Cela me fait penser que le « sens de l'amour » demeure décidément intact en chaque être humain jusqu'à ses derniers instants. Et que là où l'exercice habituel de l'intelligence semble interdit, on peut *comprendre autrement* : comprendre en *goûtant* cet autre qu'on ne comprend plus avec sa tête. Pour moi, on se trouve là, par le mystère du Souffle, face à une expérience spirituelle des plus bouleversantes, entre deux personnes que relie et enveloppe l'Amour sans barricades. Elles avaient perdu toute faculté de compréhension. Et cependant elles avaient tout compris. Expérience apparentée à celle de Guillaume de Saint-Thierry, dans son amour pour le tout Autre : « Avec une intelligence aimante et modeste, (l'homme) comprend sans la comprendre la majesté de la divine incompréhensibilité. Ainsi, tandis que cet homme est occupé à goûter, à voir combien le Seigneur est délicieux, tout à coup, en goûtant cette douceur, tout entier il devient douceur ; en voyant cette lumière, il devient lumière[15]. »

Aimer, d'abord un acte

Chérir la relation, quelles que soient ses limites ? L'objection n'est pas d'aujourd'hui : les sentiments ne se commandent pas. Ainsi des auteurs juifs ont-ils depuis longtemps noté la difficulté à « aimer » Dieu, quelqu'un que nous n'avons ni vu ni connu : c'est qu'il faut, selon David Banon, s'intéresser davantage à l'amour-responsabilité qu'à l'amour-affection ou passion sur lequel on n'a pas prise. Le Talmud recommande l'étude de la Torah « par amour de la Torah (…) et pour l'action qu'elle suscite dans son sillage ». Il y a déjà là quelque chose de libérateur : on laisse de côté la question de l'affectivité, on « étudie » les Écritures, on prend la responsabilité de concrétiser les recommandations divines… et cela s'appelle « aimer ».

Le Talmud va plus loin ; je dirais avec mes mots : c'est aux humains de faire aimer l'Amour à leurs prochains. « Ce n'est pas entre les quatre murs d'un lieu saint ou sur les pages d'un livre que se joue l'amour de Dieu, mais dans la quotidienneté la plus "profane" et la plus morose. C'est par sa rectitude dans ses rapports avec autrui que l'homme manifestera son amour pour Dieu. Par une exigence vis-à-vis de soi-même, exigence qui s'incarne dans les actes les plus simples : parler, étudier, servir, négocier (…) Aimer Dieu, c'est donc tout simplement savoir ce qu'il faut faire dans ma relation à l'autre. Par et dans cette relation, j'aime Dieu[16]. »

Les impulsions bibliques censées nous orienter vers l'amour n'auraient aucun sens si elles concernaient exclusivement les sentiments. Ainsi, « *être amoureux* n'est pas nécessairement *aimer*. Être amoureux est un état ; aimer un acte[17] ». J'ai précédemment évoqué la notion biblique de [*h*esed], la « tendre fidélité », et la variété des actes solidaires qu'elle recouvre[18]. Je vais plus loin ici en m'appuyant sur un verset passionnant du livre de l'Exode : « Tout ce qu'a prononcé le Seigneur, déclare le peuple d'Israël, nous le ferons et nous l'écouterons[19]. » Comment comprendre cela ? Dans un texte juif, le « Rituel commenté des Dix Commandements[20] », on trouve le développement suivant : peut-on agir avant d'avoir entendu de quoi il est question ? Pourtant, Israël commence par se porter volontaire, en serviteur inconditionnel de Dieu. Ensuite seulement, Israël demande, approfondit, interprète et intègre le sens des instructions divines.

On peut donc ne rien ressentir. L'essentiel est dans les actes d'amour, en somme dans la confiance faite au Souffle qui pousse à se comporter de la sorte. Il semble que le Créateur donne lui-même l'exemple. Gn 1 raconte symboliquement les actes qu'il pose chaque jour et son appréciation rétrospective chaque soir (« et Dieu vit que cela était bon ») : « nous le ferons et nous l'écouterons » et alors seulement nous en mesurerons la portée libératrice, nous en constate rons la richesse, le bien-fondé, le sens profond. En effet, l'amour dans le judaïsme vise toujours une forme de libération, d'autrui et de soi-même. Voilà pourquoi il est avant tout un *faire* lié à la justice.

J'ajouterais que ce n'est pas un faire déconnecté de ce qu'on est : en décidant de poser tel acte solidaire, nous mobilisons le « cœur » de notre être – [lèv] ou [kardia], le siège de l'intelligence, de la volonté et de l'affectivité. Il se produit comme une dynamisation de ce qui, au plus intime, nous semblait mort. J'avoue pour ma part que la mise en pratique de ce donné biblique m'a libérée de la culpabilité de ne pas (assez) aimer. En bien des occasions, je me dis : « Fais-le ! Même si tu n'y crois pas, ne ressens rien, trouve ce geste absurde et inutile, fais-le et tu verras bien ! » Le plus souvent, il s'ensuit pour moi un regain de vitalité, si bien que je ne vois plus d'opposition entre l'amour donné et l'amour de la vie dont je suis ainsi la première bénéficiaire.

Si l'amour est « actif », c'est parce que « dans l'acte même de donner je fais l'épreuve de ma force, de ma richesse, de mon pouvoir » : pour Erich Fromm, loin d'être dans la privation, on exprime alors sa « vitalité » et sa « puissance », ce qui remplit de joie. De plus, l'amour implique « une sollicitude active pour la vie et la croissance de ce que nous aimons. Là où manque ce souci actif, il n'y a pas d'amour »*. Ainsi tombe la difficulté qu'on éprouvait à parler de l'amour, ce terme si malmené dans notre société : « La seule manière de connaître totalement réside dans l'*acte* d'aimer : cet acte transcende la pensée, il transcende le langage[21]. » Si les gestes d'amour parlent d'eux-mêmes, on ne court désormais qu'un seul risque : celui de trahir le souffle d'amour en tentant de le décrire. Une anecdote montrera comment, en certaines circonstances, l'acte pèse autant que la parole. Un

* Fromm, p. 40 et 43. À côté de la sollicitude, l'auteur mentionne la responsabilité pour autrui comme pour soi-même, le respect de l'individualité unique d'autrui, et la connaissance intégrée à l'amour, qui « pénètre jusqu'au noyau » d'autrui (p. 45 *sq.*).

jour, l'abbé Pierre essayait d'apporter un réconfort spirituel à un SDF âgé, en fin de vie : « Ne vous fatiguez pas, dit l'homme. Le bon Dieu, c'est ce que vous faites[22]. »

Faudrait-il alors s'abstenir de dire quoi que ce soit sur le souffle d'amour ? C'est ce que pensait saint Hilaire de Poitiers au IVe siècle. « À mon sens, on ne devrait même pas traiter de son existence. Il existe, c'est un fait. Il est donné, reçu, possédé. » Mais pour faire face aux « blasphémateurs » – ceux qui nient sa réalité –, « nous voici forcés de déployer les faibles moyens de notre langage pour dire l'indicible (...) ; nous nous trouvons maintenant exposés au danger de traduire par la parole humaine ce qu'il valait mieux garder avec respect au fond de notre cœur[23] ».

Soit ! Mais si personne ne partage plus son expérience d'un souffle – même indicible, presque impossible à nommer – qui a redonné vie à une affection, une amitié en voie de disparition, ne serait-ce qu'une fois, comment saura-t-on que l'amour peut devenir plus fort que la mort ? Certes on s'expose à disserter dessus sans le vivre. C'est pourquoi les auteurs du Nouveau Testament se sont contentés de raconter les faits et gestes accomplis sous son impulsion. Je ne crois pas qu'on puisse en parler autrement que sous la forme d'un récit personnel – et les mots qu'on emploie importent si peu qu'un langage religieusement correct peut lui-même en arriver à le travestir et l'invalider. Mais ce petit peu que raconte chacun me paraît incontournable. Par ailleurs, en ignorant l'humble besogne du Souffle, on méconnaît que la parole humaine elle-même est dans bien des cas un acte d'amour. Je pense aux regrets qu'expriment certains à la mort d'un proche avec lequel ils auraient voulu partager davantage en profondeur. Je pense aussi au bonheur d'être choisi pour confident ou de communiquer à autrui ce que l'on vit d'important. Sans compter ces temps de grâce où l'on adresse quand même la parole à quelqu'un, alors qu'on n'éprouve aucune envie de chérir la relation. À mon avis, il n'y a donc pas lieu d'opposer l'acte à la parole. C'est d'un seul souffle qu'on regarde autrui avec cordialité et qu'on agit envers lui dans le désir de lui faire du bien. Bien-veillance et bien-faisance indissociables d'une béné-diction sur sa personne : on « dit du bien » sur lui, et on dit ce qui lui « fait du bien ».

Mystérieuse convergence entre le chérissement intime, le geste bénéfique et la parole aimante. Convergence linguistiquement bien attestée dans la Bible : [*h*esed], la « tendre fidélité », y est très fréquemment régie par le verbe ['asah], « faire » ! C'est une bienveillance qui débouche sur la bienfaisance. Et l'usage religieux de la [*h*esed] a eu tendance à devenir prépondérant[24]. J'en déduis que la bienveillance et la bienfaisance entre les humains leur a permis peu à peu de faire l'expérience de la bénédiction divine : qu'est-ce qui peut mieux nous « parler » de l'amour inconditionnel que la bienveillance et la bienfaisance des autres à notre égard ? À l'inverse, comment saurions-nous tout le bien que l'Amour dit de nous et veut pour nous si notre entourage s'ingénie à nous dénigrer et nous maudire ?

Est-ce dégrader l'amour que d'y voir avant tout un comportement ? Je ne le crois pas. Pour moi, c'est au contraire lui donner la plus solide des assises, en lui assurant un avenir. C'est préférer fermement à l'amour idéologique la réalité avec ses aléas et ses limites : faire en faveur d'autrui bien réel ce qu'on se serait contenté de rêver au sujet d'autrui idéalisé. Disons-le autrement : qui croit pouvoir le plus peut le moins ; qui se fantasme capable de donner sa vie pour l'aimé peut déjà lui préparer un bon repas tout en détestant faire la cuisine ! Dans le cas contraire, qui croit n'avoir aucun amour à donner peut découvrir *en faisant un geste solidaire* qu'il y en avait bel et bien en lui : c'est seulement dans son idée que le souffle d'amour faisait défaut ; la réalité lui apparaît autre, après coup : « Nous le ferons et nous l'écouterons. »

Il s'agit de renoncer à la pénurie imaginaire . « Je crois avoir peu, ne pas avoir "assez", mais pourtant je donne, c'est-à-dire que je me comporte comme si j'avais suffisamment pour pouvoir donner »... et je découvre que « même si je donne, je ne possédais pas ce que je donne »[25]. Autrement dit, je fais l'expérience du souffle d'amour. Rien de tel, hélas, que le fantasme de la carence d'amour pour paralyser notre comportement solidaire : pourquoi agir en faveur des autres alors que je suis hors jeu, sans relations aimantes, incapable d'en avoir et d'en garder ? Mais rien de plus stérile dans ce cas-là que d'exhorter autrui à faire un effort pour sortir de lui-même ! Confronté à de telles situations apparemment sans issue, Jésus répétait : faites-moi confiance, croyez qu'en posant un acte, au moins une fois, c'est vous qui serez gagnants !

Pour être passée par là, je confirme : ce n'est pas du tout l'amour pour autrui qui me motivait, j'étais trop à sec. Mais quelque chose en moi disait : « Fais-le *pour toi* ! À tout hasard. Même si ta tête ne suit pas. » Que de fois un acte d'amour accompli en désespoir de cause a suffi pour me mettre en contact avec l'Amour dont je me découvrais alors, malgré tout, habitée. En faisant abstraction de la formulation un tantinet moralisatrice, je peux souscrire aux paroles du moine

Maxime le Confesseur (VIIe siècle) au sujet de la « négligence à mettre en œuvre » les recommandations divines : « Dès lors, par inertie, nous sommes loin de l'amour actif que nous devions lui porter, cet amour qui nous montre les trésors de Dieu cachés en nous, il va de soi que nous pensions ne pas avoir part aux charismes divins », c'est-à-dire au souffle d'amour, puisqu'il venait de parler des dons du Saint esprit[26].

Dans la même ligne et pour revenir au temps présent, il s'était créé il y a quelques années à Paris, un groupe ACAT-rue* composé exclusivement de personnes vivant dans la rue ; elles disaient avoir été elles-mêmes dynamisées en découvrant que malgré leur dénuement elles étaient capables d'un geste solidaire : signer des lettres en faveur de femmes et d'hommes encore plus démunis ! Je le disais plus haut : le souffle d'amour ne déserte personne. Dans les pires périodes de ma vie, je me souviens avoir répété comme un mantra la phrase d'un grand spirituel orthodoxe : « Dans toute situation tu peux fructifier » – même dans la plus radicale des impuissances, même à ton insu, quand la mort au-dedans de toi paraît plus forte que l'amour.

Dans la Bible, Dieu est le premier à poser un acte d'amour, ce qui a conduit le luthérien Anders Nygren à dévaluer tout amour humain**. S'il nous arrive de vivre un amour *agapè*, nous n'y sommes strictement pour rien ; c'est

---

* Action des chrétiens pour l'abolition de la torture : association œcuménique d'origine française ; aujourd'hui, la FIACAT (Fédération internationale) regroupe toutes les ACAT nationales.

** À l'arrière-plan de cette conception, il y a la doctrine du péché originel qui met tout humain hors service jusqu'à ce que la grâce divine s'en mêle.

seulement l'Amour qui aime à travers nous : il n'existe « aucune synthèse, aucun point de connexion » entre l'amour humain et l'amour divin. De manière similaire, les théologiens protestants Karl Barth et Reinhold Niebuhr font dépendre chaque geste d'amour authentique de l'initiative divine[27]. D'une part, je n'ai jamais compris cette opposition purement idéologique entre l'humain et le divin : qui peut prétendre délimiter, au sein d'une expérience aimante, ce qui relève de l'amour et ce qui relève de l'Amour ? D'autre part, je suis bien convaincue que tout lien aimant a sa source ultime en l'Amour et y retourne. Mais puisque les textes bibliques évoquent un Dieu constamment à l'affût de la réponse humaine, de la réciprocité dans la liberté de choix, d'une relation de réel partenariat, alors pourquoi s'acharner à dénigrer l'être humain, le convaincre de sa nullité, le réduire à néant ? Non seulement Dieu n'a plus personne en face de lui, mais nous voilà bien déresponsabilisés (attendons que la grâce nous tombe dessus !), et surtout bien désespérés quand rien ne vient.

Je crois la Bible plus subtile que cela. Il est clair que l'Amour n'y vient jamais comme la récompense automatique de nos efforts pour aimer : le Souffle souffle où il veut, quand il veut, comme il veut, sur les bons et les méchants, les justes et les injustes, à temps et à contre-temps, en dépit du bon sens, dans une liberté souveraine qui nous précède et nous survivra. Mais encore faut-il que nous consentions à nous laisser traverser, déplacer, dynamiser : cela relève de notre seule responsabilité. Je connais l'objection : « Oui, mais c'est Dieu en nous qui s'arrange pour que nous y consentions. » Là je dis : il faut arrêter, sous peine de devenir complètement incohérent ! L'être humain, dans la

Bible, est-il réellement libre d'aimer ou non, de chérir la relation ou non, de choisir la vie ou non ? Une pléthore de textes vont dans ce sens. Alors, je propose de replacer dans le mystère du tout Autre la question stérile de savoir quelles sont, dans nos amours et nos amitiés, les doses d'humanité et de divinité.

La réalité nous ramène à une tâche autrement plus urgente. Le Dieu biblique serait le premier à nous aimer ? Alors comment se fait-il que dans l'existence de beaucoup, il faille tant d'années pour commencer à l'entrevoir ? Pourquoi la conscience d'être aimé est-elle si tardive, dans l'expérience de tant de personnes ? Et, en tout cas, largement rétrospective ? Ma piste personnelle, c'est que spontanément nous repoussons au maximum le moment de prendre en compte nos déchirures d'amour, ce qui nous a par le passé fait perdre confiance en la relation aimante.

Or, à mesure que nous revisitons notre histoire de blessures et développons une authentique autocompassion, nous apprenons à déceler la Présence qui pendant tout ce temps nous a accompagnés à notre insu. D'innombrables passages bibliques consonnent à cela. Ils reflètent, je crois, cette expérience de relecture de nos errances, abîmes, exils, auxquels le souffle d'amour n'était, en définitive, jamais resté étranger. C'est après coup que le psalmiste s'écrie : « Où m'en aller pour être loin de ton souffle ? Où m'enfuir pour être loin de ta face ? (...) Je me couche aux enfers, te voilà[28] ! » Nous en prenons conscience longtemps après les événements. Que signifie alors : « L'Amour nous a aimés le premier » ? Le Vivant nous a aimés avant que nous apprenions à nous aimer tout entiers, *avec* nos blessures, nos dysfonctionnements, notre haine des autres et de nous-mêmes.

Je pense que si le message de l'Évangile d'amour n'avait jamais quitté le terrain où il avait grandi et fleuri, celui de l'expérience individuelle et collective, la chrétienté occidentale n'en serait pas là aujourd'hui. Je ne dis pas que toute réflexion philosophique ou théologique sur l'amour est vouée à la stérilité. Ni qu'il est inutile et dérisoire d'affirmer communautairement ce qu'on croit et pourquoi on le croit. Ni qu'on pouvait se passer, aux premiers siècles du christianisme, de se mettre d'accord sur le cœur du message de Jésus. Je dis simplement que la pratique précède nécessairement toute dogmatique, qu'elle doit en être le socle et qu'elle seule peut l'alerter lorsqu'elle se perd dans des discours idéologiques coupés de la réalité humaine. Si l'écrasante majorité des sociétés occidentales ne supporte plus les affirmations doctrinales, c'est en bonne partie en raison de leur non-enracinement dans une pratique de l'amour qui au départ *parlait d'elle-même*. Rappelons que dans la Bible hébraïque le verbe « aimer » – ['ahab] et ses synonymes – désignait des gestes très concrets comme « s'attacher à, se lier à, courir après, suivre, chercher ». L'utilisation de ces verbes pour dire la relation de Dieu avec son peuple est plutôt tardive (à l'exception du livre d'Osée) et se fait majoritairement dans le Deutéronome, mais là aussi le vocabulaire de l'Amour est remarquablement concret[29].

Enfin, si aimer est d'abord agir, quel est le rapport entre amour et justice ? Revenons à cette parole phare de Jésus : « Cherchez d'abord le royaume de (l'Amour) et sa justice, et toutes choses vous seront données en plus. » Je pense à nos nombreux combats pour les droits humains, contre le non-respect, les inégalités, la pauvreté, l'exploitation. Combats millénaires promus avec véhémence et intransigeance par les prophètes de l'ancien Israël. Relayés par Jésus et les auteurs du Nouveau Testament, puis par le meilleur de la tradition chrétienne au fil des siècles. C'est que la justice a partie liée directement avec l'amour : comment prétendre aimer quelqu'un sans se montrer juste à son égard, au minimum « chercher » à l'être ? Pas d'amour sans justice, et c'est tout aussi valable quand on agit ainsi sans recourir à la moindre prescription religieuse. Je ne vois donc aucun clivage entre les chrétiens – ou croyants d'autres religions – et les autres. Dans tous les cas, la lutte pour la justice est un acte d'amour au sens de solidarité avec autre que soi.

Mais l'objection surgit avec force : « Cela n'a rien à voir avec l'amour ; il s'agit simplement de respecter les droits de tout citoyen ou habitant de ce monde ; on ne fait là que corriger une injustice inadmissible. » Ici, écoutons plus attentivement un verset du célèbre hymne paulinien à l'amour : « Quand j'émietterais tous mes biens et les partagerais (…), si je n'ai pas *Agapè*, je n'y gagne rien[30]. » S'agirait-il des sentiments : « Si je n'éprouve pas de l'amour, c'est raté » ? Certainement pas. À mon avis, cela concerne le Souffle : si je pratique la justice dans le souffle de l'amour sans conditions, c'est-à-dire *en n'attendant rien en retour*, alors j'y « gagne » beaucoup. Comme disait Kierkegaard, je ne peux jamais me sentir en échec puisque je ne compte pas sur ma réussite. Quand mon combat aboutit, je le vis comme un cadeau, un « plus » qui me surprend. Cela peut paraître paradoxal mais beaucoup en font l'expérience : « avoir l'*agapè* » ou se tenir dans le Souffle, c'est s'entraîner à ne plus dépendre des résultats.

Dans le travail social, associatif, humanitaire – et finalement partout où l'on s'investit pour améliorer le sort des autres –, l'épuisement et le découragement représentent une menace constante, avec pour finir le sentiment de ne rien y « gagner » du tout. En reprenant l'image biblique, je dirais que l'épée tôt ou tard doit passer entre l'action entreprise… et le but à atteindre. « *Cherchez* amour et justice », disait Jésus, restez dans cette quête au lieu de vouloir les obtenir coûte que coûte, sans quoi le nécessaire de votre propre existence vous fera défaut. À nouveau, je ne vois pas de clivage entre croyants et incroyants. Je vois plutôt ceux qui s'engagent à fond sans dépendre du résultat – en laissant le Souffle passer *entre leur action et le but visé* – et ceux qui ne laissent aucun espace libre entre leurs actes et les effets escomptés. Au point qu'ils en arrivent parfois à piétiner précisément les personnes censées bénéficier de leur combat pour la justice !

Jésus ajoutait : « et toutes choses vous seront données en plus » – nourriture et vêtement, paix intérieure et confiance, bref, ce qui vous est indispensable. Il en est bien ainsi. Dans nos succès et nos exaucements comme dans nos difficultés et nos échecs, ce qui nous est vital survient comme ce « surcroît » caractéristique du souffle d'amour : nous sommes sortis de l'épuisant a + b = c, épuisant parce que justement a + b font rarement c, hormis dans nos calculs théoriques. Nous faisons l'expérience de ce souffle déstabilisateur qui bouscule nos programmes, supplée là où nos combats ont avorté, pourvoit quand nos moyens se réduisent à la bonne volonté et au souci pour autrui. Nombreux sont ceux qui se lancent dans des tâches altruistes titanesques avec pour seule boussole leur soif de justice. À leur grande surprise, un souffle les conduit régulièrement à bon port et, encore une fois, leur navire ne bat pas nécessairement pavillon « croyants officiels ».

Demeurer dans Son amour

À la veille de sa mort, Jésus demande à ses disciples de « demeurer dans son amour ». Dans bien des circonstances, il paraît difficile voire impossible de chérir la relation. Mais Jésus donne aussitôt une piste praticable : « Si vous gardez/veillez sur mes recommandations, vous demeurerez dans mon amour [agapè] : ainsi je garde/veille moi aussi sur les recommandations de mon Père et je demeure dans son amour[31]. » J'entends dans cette parole une promesse infiniment respectueuse de nos choix (*si* vous voulez bien) et, en même temps, confiante dans notre potentiel. L'Amour, à travers l'homme Jésus, nous croit capables de nous enraciner dans son terreau. De nous tenir dans ce seul et unique Amour : celui dont Jésus a bénéficié, celui qu'il a offert à ses proches – même au milieu de leurs trahisons, de ses propres échecs, de l'abandon et de la déception qu'ils allaient ressentir à sa mort –, et celui qui souffle entre eux et soufflera davantage encore par la suite.

Aucun immobilisme dans l'invitation à « demeurer » à cet endroit : il est très venté ! Jésus leur promet l'Amour sous la forme d'un souffle vivifiant, certes, mais plutôt décoiffant ! Je prends l'exemple du deuil, qui met particulièrement en péril le lien d'amour – deuil au sens de séparation, divorce, perte, ou alors mort de la personne aimée. « Si » nous veillons sur les paroles inspirées de Jésus, nous décidons de chérir la relation qu'il nous a été donné de vivre. Comment ? En nous situant *dans* l'Amour qui l'a habitée. Cessant de renier l'amour ou l'amitié en question, nous allons plus loin.

Nous veillons à replacer régulièrement cet attachement « dans l'Amour », c'est-à-dire dans plus vaste que lui. Dans un Amour qui recueille nos sentiments, les enveloppe, les comprend et s'y associe : « Ton lien avec cette personne est inscrit dans la paume de Ma main, il m'est précieux au plus haut point, il est aussi Mon amour. » Quand on fait graver sur une tombe : « Je ne t'oublierai jamais », c'est un peu comme si l'on disait : « Mon affection pour toi est à l'abri dans l'Amour, elle y demeurera. »

En encourageant ses proches à garder vive la mémoire de leur relation, Jésus ne les confortait pas dans une attitude morbide. Il ne les poussait pas non plus à « passer à autre chose », selon une injonction actuelle que refusent bien des personnes endeuillées. Au contraire, c'est comme s'il leur disait : « Ne faites pas de votre amour quelque chose de toxique en voyant désormais en moi un disparu, un ennemi qui vous entraîne vous aussi dans la mort, un persécuteur qui vous hante jour et nuit, vous accuse de ne pas l'avoir assez aimé et vous interdit de vivre. Demeurez plutôt dans ce lien qui nous a fait vivre... et vous ferez l'expérience de l'Amour insubmersible qui l'enveloppait et continue de l'envelopper de toutes parts ! »

Face au non-aimable, à l'ennemi, au pervers

Dans le deuxième chapitre, nous avons abordé, à propos de la haine, le passage de l'évangile où il est question de l'amour des ennemis[32]. J'aimerais faire un pas supplémentaire. Évoquons d'abord le contexte. Selon Simon Légasse, ces textes ont été écrits du temps des persécutions que subissaient les premiers chrétiens : il n'y serait donc pas question des ennemis privés*. Luc emploie les verbes « haïr », « maudire », « maltraiter » ; Matthieu exclusivement [diôkô], « poursuivre », terme technique pour désigner la persécution religieuse dans le Nouveau Testament. Pour ce bibliste, la haine ici n'est pas « pur sentiment » et l'accent est mis sur les actes (comme pour l'amour, précédemment). Mais il relève que déjà la Bible hébraïque prescrivait de faire du bien à l'ennemi et que là, il s'agissait de l'ennemi privé à l'intérieur de la société israélite[33]. On sait que Jésus s'inspirait constamment des Écritures et que nombre de ses paroles étaient prophétiques. Je ne vois donc pas pourquoi les deux lectures – persécution religieuse des chrétiens et persécution dans le cadre privé – seraient incompatibles.

On peut comprendre par « ennemis » ceux qui ne sont pas du même bord, même si ce sont des proches. Ailleurs, le même auteur note que les ennemis à aimer sont des juifs qui malmènent, à cause de leur foi, leurs congénères devenus chrétiens[34]. Or, nous avons vu que le passage de l'épée impliquait que des « gens de sa propre maison » deviennent des « ennemis ». Et il est tout de même rare qu'au sein d'une famille l'opposition à la foi religieuse d'un membre se fasse sans aucune marque d'hostilité ! Il me paraît donc impossible qu'une persécution religieuse touchant la société ne se double pas d'une persécution privée.

Reprenons cette parole problématique : « Aimez vos ennemis et priez pour ceux qui vous persécutent, afin de devenir fils de votre Père des cieux. Car il fait lever son soleil sur les méchants et sur les bons, pleuvoir sur les justes et les

* On aurait un autre mot, « adversaire », comme dans d'autres passages, et on aurait un singulier, « ton adversaire ».

injustes[35]. » Là, je l'avoue, j'ai besoin de me souvenir qu'aimer est essentiellement un acte et que je peux le faire « de toute ma pensée » en attendant que le reste suive : je visualise mon territoire désormais inviolable – lui, c'est lui, mon « ennemi », que j'ai le droit de considérer comme tel, même si c'est un proche. Dans le sentiment de sécurité que me donne la claire différenciation, j'en arrive un jour à envisager de lui laisser une deuxième chance : après tout, soleil et pluie sont pour tous, lui non plus n'est pas à l'abri des tempêtes ; quant à moi, le soleil peut à nouveau me réchauffer. Étape suivante : lui aussi est aimé de Dieu, en tout cas il n'est pas plus maudit que moi. Difficile à admettre. Ma tête veut bien (sans cela, comment Dieu serait-il Amour ?). Un semblant de paix survient à l'idée de Quelqu'un qui seul mesure l'ampleur de sa maltraitance à mon égard. Un pas de plus et j'entrevois, cachée sous son comportement injuste et blessant, une zone de douleur et de mort à laquelle seul ce Quelqu'un peut accéder. Plus je me sens différenciée, saine et sauve de toute confusion avec mon ennemi, plus j'accepte que l'Amour s'occupe de lui !

La question n'est pas de savoir si l'ennemi mérite ou non d'être aimé quand même. Ce que Jésus prophétise, c'est qu'en pratiquant l'amour *agapè*, sans conditions, sans espoir de retour, nous serons à coup sûr gagnants : la « récompense » est assurée. Dans mon expérience pourtant, comme dans celle de beaucoup, c'est le sentiment d'être perdant qui dure et perdure : après ce que j'ai subi, c'est encore moi qui suis invitée à poser un acte de solidarité, à prier pour cette personne ennemie ! Tant que je reste dans l'abstraction, je ne sors pas de ce raisonnement : l'injustice dont j'ai été victime se doublerait d'une injustice préconisée par l'Évangile ? C'est trop facile… Dans la pratique, cependant, je constate que je suis immanquablement entraînée plus loin que moi. À moins de fuir la personne, de tourner systématiquement la tête de l'autre côté, je me retrouve tôt ou tard face à elle. Et là, tout à coup, j'ai devant moi un simple être humain dont les limites et les fragilités me sautent au visage. Cela m'est arrivé bien des fois : à ce stade, ce n'est plus un raisonnement ; l'acte solidaire, généreux, « part tout seul »… J'ai chaque fois le sentiment qu'il m'a échappé, cela a été plus fort que moi – un souffle auquel j'aurais été incapable de résister. Et je n'ai pas le temps de le regretter : dans l'instant même, je me sens gagnante, libérée, « au-delà de ça », traversée par un Amour qui veut nous sauver tous.

Et face à la perversion caractérisée ? Il me semble qu'avec le deuil, elle est l'expérience la plus destructrice du lien affectif. Le texte biblique nous parle des « persécuteurs ». Qui dit persécution religieuse dit atteinte à l'intégrité d'autrui, à son identité profonde, à sa relation à Dieu, à sa spiritualité – violence aveugle et sourde qui est aussi le pain quotidien de l'entourage d'une personne au comportement pervers. Notons la nuance : ici il ne s'agit pas de l'aimer mais de prier pour elle. Pas de gestes visibles mais un investissement invisible, lourd de potentialités : le seul qui, dans ces situations-là, puisse faire sortir de l'impuissance, mettre fin au sentiment d'être pieds et poings liés. On ne subit plus, on fait quelque chose, on lâche la « passion » – au sens de « pâtir » : « Si tu as du ressentiment pour quelqu'un, prie pour lui et tu empêcheras la passion d'aller plus avant, disait Maxime le Confesseur (…) Tu effaceras complètement de l'âme la passion[36]. » Je m'empresse d'ajouter : on lâche la passion – la compulsion à subir jusqu'à la destruction – *pour rester vivant*. Par la prière, c'est comme si le puissant élan vers autrui, l'ardeur de la vie relationnelle, retournait s'alimenter à sa source… jusqu'à ce que l'existence personnelle redevienne viable. C'est dans ces termes que les Pères grecs ont parlé de l'amour : en lien fécond avec l'[a-patheia], la « non-passion ». La tradition orthodoxe a ainsi pu convertir l'*apatheia* en une « passion divine ». Diadoque de Photicé, au Ve siècle, parlait du « feu de l'*apatheia* ». Et Grégoire Palamas, beaucoup plus tard, rejetait fermement l'idée que l'*apatheia* soit une mort de notre dimension passionnelle : « C'est donc seulement lorsque l'homme règne sur la partie passionnée de son âme (…) et retourne tout vers Dieu, qu'il acquiert l'*apatheia* selon le Christ[37]. »

On est très loin de l'attitude stoïcienne de maîtrise des sentiments par la raison, pour ne plus souffrir ! Au contraire, la ferveur de l'amour est redonnée, déparasitée de ce qui aliénait et pervertissait les meilleures réalités. Pour Syméon le Nouveau Théologien, « l'*apatheia* est un amour [philèsas], une volupté [hèdonè] du bien. Elle naît de la contemplation du visage de Dieu. Ce Dieu s'est approché de l'âme et désormais celle-ci, arrachée au monde, ne désire plus que l'Esprit saint (le souffle d'amour)[38] ». Dans le contexte qui nous occupe, il y a donc moyen d'être « arraché au monde » de la perversion et de garder intact son réservoir d'amour passionné en le replaçant – au temps de la prière – dans le Souffle. Ainsi, prier se résume parfois à se recentrer sur l'Amour. On veille à rester soi-même, différencié dans son territoire propre, à l'abri des tentatives d'intrusion et d'engloutissement. On « demeure dans son Amour » sans se rendre coupable d'abandonner autrui à sa malfaisance, à son malheur. En effet, on se tient avec la plus grande vigilance dans le vent qui souffle inlassablement entre lui et soi-même. Jusqu'à ce que se desserre la situation, un tant soit peu. Jusqu'à ce qu'on se réveille peut-être, surpris d'avoir soi-même bougé, de voir les choses autrement – par exemple de n'être plus sensible qu'à l'extrême vulnérabilité de cette personne auparavant terrifiante.

Oui, mais quand la relation devient concrètement invivable ? Quand chaque nouvelle rencontre tourne au désastre ? Il me semble qu'alors la distance géographique s'impose. Elle favorise au moins trois choses : le sentiment de sécurité ; le désir de rester exposé au souffle d'amour ; la proximité ou même l'intimité avec la personne qui « persécute », mais dans son être authentique, invisible et éternel. Comment est-ce possible quand toute la mémoire relationnelle est envahie par la destruction et le mensonge ? Je suis incapable de le dire. Mais certains en font l'expérience. Souffle à jamais secret, entre deux êtres humains, qui donne de « demeurer » en lien *tout autrement*. Ainsi cesse le tourment : on sait qu'on ne rompra jamais la relation, qu'on ne l'a jamais rompue, qu'on restera ouvert à sa possibilité jusqu'à son dernier souffle, même si tout semble cadenassé dans le présent, un présent qui dure…

« Que Ton nom soit sanctifié ! » Telle est la première demande du *Notre Père*. En d'autres termes : que vive Ton absolue altérité, hors confusion pour les siècles des siècles ! Ensuite, « que Ton règne vienne ! ». Or, chez quelques Pères de l'Église et dans deux manuscrits tardifs de l'évangile de Luc, on lit à la place de cette deuxième demande : « Que vienne Ton souffle divin sur nous et qu'il nous purifie[39] ! » Autrement dit, que Ton souffle, le souffle d'amour, vienne nous différencier, nous rendre tous « purs » de tout mélange, nous faire goûter à notre indestructible altérité, comme Toi tu goûtes à la tienne, éternellement ! Sinon – et c'est la troisième demande du *Notre Père* –, comment « Ta volonté », Ton désir d'amour en vérité pour chacun de nous, pourrait-elle s'accomplir, « être faite sur la terre comme au ciel » ? Quel dommage qu'on ait ainsi éliminé la seule mention du « souffle » dans le *Notre Père* ! Réalisme de Jésus : il existe des situations, affirmait-il, où la prière est le seul recours. « Ce genre (de démon) ne peut s'en aller sinon par la prière et le jeûne[40] » : dans ce passage, le malade en question était dans l'autodestruction, par le feu ou par l'eau. Dans un texte parallèle, « ce genre (de souffle), rien ne peut le faire sortir que la prière » : là, c'est un enfant qui « a un souffle sans parole [pneuma alalon] »[41].

Quel rapport avec la perversion ? Eh bien, le proche est *incapable de parler* ; sa violence envers lui-même violente l'entourage au point d'interdire toute véritable relation entre sujets parlants. Seul le jeûne est fécond, en particulier le deuil de la nourriture que représente le lien affectif vivant. Et seule la prière porte du fruit : se tenir coûte que coûte dans l'Amour et laisser faire son souffle. « Tes disciples n'ont pas pu[42] », dit-on à Jésus. « Rien ne vous sera impossible »[43], rétorque Jésus, pour autant que vous gardiez un grain de confiance – pas plus gros qu'une « graine de moutarde » –, confiance en ce Souffle capable de « déplacer cette montagne ».

Si l'on en croit certains propos de Freud, on peut rapidement baisser les bras dans le domaine affectif : concernant l'amour du prochain, « si j'aime un autre être, il doit le mériter à un titre quelconque ». Pas question de gaspiller, car « les êtres humains ne sont pas tous dignes d'être aimés ». D'ailleurs, « non seulement cet étranger n'est en général pas digne d'amour, mais pour être sincère, je dois reconnaître qu'il a plus souvent droit à mon hostilité et même ma haine». Quant à l'amour des ennemis, «il me paraît plus inconcevable et déchaîne en moi une révolte plus vive encore». Mais en fait, conclut Freud, «il revient au même»[44]. En effet! Du prochain à l'ennemi, ce n'est qu'une affaire de plus ou de moins.

Mais à y regarder de plus près, la parole de Jésus opère un véritable renversement : personne n'est digne d'être aimé mais tout le monde est digne d'aimer! Bénéfice garanti pour chacun sans exception, même et surtout face à l'ennemi le plus destructeur, le plus pervers, le plus «perdu». Quand aimer se ramène à prier pour la personne, il se pourrait qu'on soit seul au monde à prier pour elle : c'est un «plus» par rapport au reste de l'humanité. Dans ce cas, le souffle d'amour ne traverserait personne d'autre que ce priant-là... et en le traversant il l'animerait, lui donnerait vie, le ferait vibrer. Voilà pourquoi, même si l'on considère quelqu'un comme indigne d'être aimé, la *relation*, elle, n'est jamais désespérée.

Pour ma part, j'ai pu faire mien un bout de phrase pris dans l'hymne paulinien à l'amour *agapè :* «L'Amour espère tout[45].» Je pense à quelqu'un de précis, qui refuse d'entrer en relation avec moi; cela dure depuis si longtemps qu'à vues humaines, je ne vois aucun moyen d'en sortir. Après avoir mis en œuvre tout ce qui était en mon pouvoir, et en l'absence d'un quelconque sentiment d'espoir, j'ai laissé le souffle d'amour en moi, entre nous deux, «espérer toutes choses» : en effet, pour Paul, ce n'est pas l'espérance qui «espère tout», c'est l'amour. Rien de plus libérateur! Je crois comprendre pourquoi tant de personnes persévèrent dans leur attente : sans doute sentent-elles plus ou moins confusément combien elles perdraient en renonçant définitivement à *cette* relation problématique. Elles laissent l'Amour espérer en elles, alors même qu'elles n'ont plus d'espoir.

*Aimer d'*agapè*… et désirer la relation*

Aimer d'*agapè* est difficile à définir : [agapè] n'appartient même pas à la langue grecque classique ; quant au verbe [agapaô], peu utilisé dans le monde grec, son sens échappe aux auteurs de dictionnaires et grammaires. Mais il convient de « rester proche de l'idée d'un amour de qualité humaine, qui implique une préférence sagement et librement consentie ». Dans les évangiles et la première épître de Jean – où l'on trouve majoritairement ce verbe –, il est en lien avec les recommandations de Jésus sur la manière d'aimer, et il évoque les rapports entre Jésus et le Père, source de tout amour[46]. De l'usage non chrétien, je retiens l'idée de maturité. Aimer d'*agapè* devient possible quand on a accepté les limites de toute affection : on a acquis une certaine sagesse ; on s'investit librement dans la relation en sachant qu'en bonne partie c'est sans réciprocité.

Cela suppose avoir été comblé au moins une fois dans sa vie, ne plus se sentir dévalorisé par le non-amour d'autrui, ne plus douter qu'on est digne de faire partie des humains. Théoriquement, dit Erich Fromm, on acquiert une telle certitude dans les premières années : l'amour inconditionnel de la mère ne se mérite pas. C'est vers huit-dix ans que surgit « le sentiment neuf de produire l'amour par sa propre activité » : l'enfant « ressent la puissance de produire l'amour en aimant – plutôt que la dépendance à recevoir en étant aimé ». À mon avis, on voit par là qu'il a déjà fait le plein : l'amour « en plus » déborde de lui, ou encore, le souffle d'amour l'entraîne plus loin. « En fin de compte, lorsqu'elle est à maturité, la personne est devenue sa propre mère et son propre père »[47] – et j'ajoute : la « mère » ou le « père » d'autres autour d'elle qui n'avaient pas encore engrangé l'amour immérité de base.

Mais soyons réalistes ! Combien estiment qu'ils devaient mériter l'amour de leurs parents ?! Fromm lui-même reconnaît que son tableau se concrétise rarement : « L'amour maternel fait ressentir à l'enfant qu'il est bon d'être né ; il lui inculque l'*amour de la vie* (...) Une mère ne doit pas être seulement une "bonne mère" mais une personne heureuse – objectif qu'il n'est pas fréquent d'atteindre. Il est difficile d'en exagérer l'incidence sur l'enfant. L'amour d'une mère à l'égard de la vie est aussi contagieux que son angoisse[48]. » Alors, désespoir assuré pour l'enfant, l'adulte en devenir ? Autant que pour la mère incapable d'aimer la vie ? Certainement pas. Pour plusieurs raisons.

D'abord, il se peut que le père, le compagnon de la mère, le beau-père, aime la vie. Sans compter d'autres personnes-sources (ou ressources) dans l'entourage... et même dans le voisinage. C'est un fait, l'enfant boit la moindre goutte de rosée. Ensuite, bien des auteurs notent que l'enfant s'en sort souvent en surdéveloppant ses réserves de générosité et d'altruisme. Il se rend vivant, il goûte à la vie en donnant lui-même de l'amour. Jusqu'au jour où, adulte, il contacte la douleur d'en avoir été privé. Sans le savoir, il se prépare à pouvoir accueillir de l'amour gratuit. Je constate autour de moi qu'il n'est jamais trop tard : des personnes très âgées peuvent le vivre pour la première fois. Parfois, elles comprennent que si elles sont encore en vie, c'est qu'il leur fallait connaître l'amour *agapè* pour s'en aller vers Celui qui en est la source. Voilà qui éclaire d'un autre sens les problèmes liés à la longévité !

Que fait le souffle d'amour pendant ce temps ? Je le vois pousser l'enfant élevé sans amour de la vie vers ces autres humains eux-mêmes en quête de sollicitude et d'attention : cela commence à l'école maternelle. Puis je perçois le travail du Souffle quand l'enfant devenu adulte prend conscience de sa terrible pénurie d'amour inconditionnel. Il donne, il donne, sans parvenir à combler son grand abîme. Mais il commence à se douter que l'amour *agapè* doit bien exister puisqu'il lui manque si cruellement. Il laisse la question ouverte, consent d'avance à se laisser surprendre. Il s'aperçoit au fil des jours que certains événements, situations, rencontres lui procurent le sentiment d'être « choisi » : il est l'objet d'attentions gratuites, valorisé sans l'avoir cherché ; cela vient sans en avoir l'air et le remplit discrètement de bonheur. Il ne parvient plus à attribuer ce qui lui arrive à une série de hasards : il y en a trop. Il pressent un souffle d'amour, sans pouvoir encore le nommer.

Je me souviens d'une jeune fille qui m'avait confié très tranquillement ne pas aimer la vie. Au cours de l'entretien, il est apparu que ni sa mère ni son père n'aimaient la vie. Il n'empêche qu'elle s'était approchée de moi. Je ne l'ai jamais revue. Mais je crois qu'elle avait senti en moi une grande amoureuse de la vie : quelque chose en elle s'était suffisamment ouvert à l'autre pour que passe le souffle « faiseur de vie ». Dans le désert de nos marches sans souffle, il existe autour de nous des personnes qui aiment la vie et nous aimantent, nous attirant dans leur sillage : « Pourquoi pas moi aussi ? Peut-être un jour ? » Quand on parle avec elles, on découvre souvent que la vie en réalité les a ravagées ; on intègre définitivement qu'on n'est pas seul à avoir manqué d'amour gratuit : « L'amour inconditionnel répond à l'un des plus profonds désirs nostalgiques, non seulement de l'enfant mais de tout être humain[49] », note encore Erich Fromm. Toute une maturation se fait qui aboutit au constat que l'amour parfaitement inconditionnel n'est pas une réalité terrestre, même chez les meilleurs parents, dans les éducations les plus réussies. « Désir nostalgique » de quelque chose dont nous n'aurions jamais fait l'expérience ? Mais si nous savons qu'il existe, s'il est inscrit dans notre chair, n'est-ce pas que nous en venons, de ce royaume de l'Amour ?

Dans la famille franciscaine, Duns Scot depuis le XIVe siècle est considéré comme un théoricien de l'amour le plus désintéressé : « L'amour d'amitié (...) aime Dieu en tant qu'Il est bon en lui-même », par opposition à « l'amour de convoitise (qui) aime Dieu en tant qu'il est le bien de celui qui aime »[50]. Cela me dépasse : comment connaître qu'Il est bon sans faire l'expérience du bien qu'il nous fait ? Si nos expériences de Lui étaient toutes désastreuses, comment saurions-nous qu'« en lui-même il est bon », sinon avec notre tête seule, d'un amour cent pour cent idéologique ? Les psychanalystes ont beau jeu d'affirmer que l'amour humain ne peut être tout à fait désintéressé : s'Il est bon, il est évident que nous y trouvons notre compte. Je préfère la formulation de Bernard de Clairvaux, deux siècles plus tôt : « Le véritable amour se suffit à lui-même. Il a sa récompense qui n'est autre que l'objet aimé[51]. » Ainsi, aux temps où Dieu se montre incompréhensible, pas « bon » du tout, nous pouvons continuer à chérir la relation, chercher sa présence, respecter son mystère, espérer un sens, au moins rétrospectif. Quant à l'amour interhumain, nous pouvons lâcher tous les « parce que » : « Je t'aime parce que tu es si gentil, si serviable », etc. Dire plutôt en paraphrasant Montaigne : « Je t'aime parce que tu es toi, parce que je suis moi... »

Mais pourquoi persister à parler d'amour inconditionnel ? Parce que l'*agapè* est ainsi : « Je t'aime sans avoir le besoin brûlant d'être aimé de toi (ou d'être aimé comme je le souhaite) ; quel que soit l'avenir, même si je ne devais jamais te revoir, mon amour pour toi subsisterait ; il peut évoluer, se transformer, mais il "demeure dans l'Amour" quoi que tu fasses, quoi que je fasse. » *Agapè* est décidément étranger à toute notion de mérite. C'est parfois donné. C'est plus souvent le fruit d'un apprentissage spirituel : on s'exerce à désamorcer l'idée réflexe de revendiquer quelque chose en retour.

Cependant, dans l'histoire de la chrétienté, le pli fut vite repris. Déjà au IIe siècle, Clément de Rome écrivait : « Nous serions bienheureux si nous pratiquions les commandements de Dieu dans l'*agapè* et la concorde, de telle sorte qu'*en raison de cette agapè les péchés nous soient pardonnés*[52]. » Au siècle suivant, Tertullien ne supportait pas le caractère irrationnel d'*agapè :* « Si l'on devait attribuer véritablement à Dieu une telle bonté insurgée contre la raison, mieux vaudrait qu'aucun Dieu n'existât[53] » On sait combien le christianisme a pâti pendant des siècles de cette théologie fondée sur le mérite Mais le fait qu'elle ait si bien fonctionné confirme que telle est bien notre pente naturelle. Cri de l'amour blessé : « Après tout ce que j'ai fait pour toi ! »

Protestation spontanée : « Cette personne ne mérite pas d'être aimée. » D'accord, mais l'amour *agapè* pourrait aboutir à une sorte de supériorité : « Je t'aime sans avoir besoin de toi, du haut de ma grandeur d'âme. Dans le fond, il m'indiffère que tu entres ou non en relation avec moi ; ta non-réponse m'importe peu, pourvu que moi je me sente déborder d'amour. » Le risque est réel. Disons positivement : aimer d'*agapè* n'empêche pas de solliciter la réponse de la personne aimée, de cultiver le désir de la réciprocité. Parce qu'on lui souhaite, à elle aussi, de connaître la joie de la relation, la plénitude de l'amour qui vient « en plus ».

Il me semble que, dans le couple, un amour *agapè* sans la moindre attente, le moindre désir de vis-à-vis – sous prétexte que le conjoint est inamovible – n'est pas viable à long terme. Est-ce la raison pour laquelle on ne trouve dans les écrits de Paul que quelques emplois du verbe [agapaô] pour parler de l'attachement entre époux[54] ? C'est que le défi est de taille : l'amour *agapè* est bien la toile de fond, on accepte le partenaire sans calculs ni arrière-pensées – « à la vie à la mort » dans le meilleur des cas ; mais dans le quotidien on met tout en œuvre pour instaurer et renforcer un réel partenariat, on ne renonce jamais à la réciprocité : un minimum qu'on désire voir grandir. Bref, on en appelle à la relation, à l'échange, au dialogue, même si l'on a toutes les raisons de se résigner à s'installer dans un couple « mort ». Sans une telle aspiration, qui est proprement le souffle d'amour au cœur du couple, l'un des deux conjoints peut en arriver à aimer l'autre comme on aime un enfant dont on n'attendrait pas qu'il devienne un adulte responsable, un réel « co-répondant ».

Agapè donne du fruit quand il s'inspire du Dieu biblique. Cet Amour sans frontières, sans conditions ni mérites excède nos représentations et même nos attentes : là il n'est pas seulement autre, il est tout Autre. Mais nous n'en saurions strictement rien sans le *désir de relation* qui en jaillit. La Bible ne le connaît qu'ainsi : depuis les temps les plus anciens, c'est un Amour d'alliance et de liens qui cherche la relation avec l'humain et la communauté des humains, qui veut le partenariat avec chacun de nous coûte que coûte. Bref, c'est un Amour autant *agapè* qu'*éros :* il ne renoncera jamais à l'élan qui le porte vers les individus et leurs sociétés.

Voilà sans doute pourquoi certains Pères grecs ont utilisé le mot *éros* pour exprimer l'ardeur de l'amour *agapè**. Si les auteurs bibliques ont compris que telle était la manière divine d'aimer, c'est que leur expérience de l'amour en portait déjà la trace, le sillon, la possibilité : il est humainement possible d'aimer autrui sans poser de conditions, et *en même temps* de désirer de tout son être une authentique alliance, un lien de réciprocité qui fait du bien aux deux partenaires, même et surtout quand leur altérité semble irréductible. Quand on aime d'*agapè*, on ne dit pas : « Tant pis si pour moi tu es complètement étranger, étrange, diamétralement différent, je ne m'arrête pas à cela, je t'aime quand même. » Quand on aime d'*agapè*, on se met à chérir la différence de l'autre, on se passionne pour son altérité, on est intéressé par sa « réponse » qu'on accueille comme un « plus » inespéré, une mine d'enrichissements possibles.

Bibliquement je ne vois aucune raison d'opposer *éros* et *agapè* ni de les rendre incompatibles. Paul Ricœur parle d'« analogie entre affects » et rappelle que si *éros* est évité par la

---

* Par exemple, Théodoret, Diadoque de Photicé, le Pseudo-Macaire, Denys l'Aréopagite, Hésychius (cf. *DSAM*, art. « Charité », col. 529).

Septante*, *agapè* est « régulièrement employé pour désigner toutes les sortes d'amour. C'est lui qui s'impose dans le Cantique des cantiques »[55] – alors même qu'il y est question de l'amour le plus sensuel et sexuel. Mais la dimension inconditionnelle d'*agapè* n'est-elle qu'un rêve inaccessible ? En effet, aimer son ennemi, prier pour son persécuteur sans rien en attendre semble n'avoir jamais été une réalité effective, même dans les premiers temps du christianisme quand fut écrit l'évangile de Jean**. Tel est l'avis d'un exégète aussi autorisé que Simon Légasse : chez Jean comme dans le reste du Nouveau Testament, on est loin, dit-il, d'un « fait accompli[56] ».

Les premiers chrétiens n'étaient pas mieux équipés que nous pour aimer sans conditions. Infime minorité dans la société païenne de l'Empire romain, ils cherchaient à se définir et tentaient de vivre l'*agapè* évangélique seulement à l'intérieur de leurs communautés : une manière d'aimer qui porta « peu de fruits » et explique que Jean soit resté un évangéliste « tragique ». À l'égard des non-croyants de l'époque, « on peut seulement parler d'"*agapè* sous condition" ». Cependant, Simon Légasse conclut en soulignant la « nouveauté » de cette manière d'aimer mise en œuvre par Jésus : « Jamais la religion israélite, à quelque époque et à quelque secteur qu'on se réfère, n'a prescrit à ses membres l'amour des *goyim* (nations païennes) persécuteurs »[57] – attitude devenue possible dans le christianisme, « fissure » prête

* La traduction grecque de la Bible hébraïque.

** Je signalais un peu plus haut que le verbe [agapaô] était employé majoritairement dans le contexte des recommandations de Jésus et de ses propres rapports avec le Père, donc pas pour décrire l'expérience humaine courante.

à s'agrandir... Mais je ne retire pas de ces pages l'impression de quelque chose qui coule de source, et je m'interroge sur la « viabilité » de l'amour *agapè* à toute époque.

Personnellement je dirais que seul *éros* peut rendre viable *agapè* : lui seul fait que nous y trouvons notre compte. *Éros*, c'est notre élan vers l'autre, le dynamisme désirant qui nous sort de notre coquille. C'est sur lui que s'appuie Jésus quand il nous encourage à aimer autrui ennemi ou à prier pour autrui persécuteur « afin de » devenir enfants de l'Amour. Afin de, en vue de, en direction d'autre chose que l'enfermement dans le connu statique. *Érôs*, puissant désir qui, à travers la réalité de l'ennemi, du persécuteur, nous propulse vers l'Amour gratuit dont nous sommes les enfants adoptifs.

En effet, autrui non aimant, hostile, pervers, mobilise sans le savoir nos ressources de vie, notre acharnement à exister... et même des capacités relationnelles dont nous prenons toujours plus conscience : « Ah, tu ne m'aimes pas ? Tu cherches à me déstabiliser ? Tu me provoques pour mieux m'entraîner dans ta noyade ? Eh bien, je m'entêterai à ne pas te ressembler. Chaque jour se renforce ma volonté de m'enraciner dans *ma* vie, *mon* espace, *mes* liens authentiques. Je n'éprouve plus le besoin de couper la relation ni de te détruire à mon tour. Je ne te veux que du bien parce qu'à ton contact j'ai découvert en moi une Force qui ne me veut que du bien. Je n'ai pas à m'étouffer ou m'éteindre pour être capable de te supporter : il y a de la place pour tous les deux, un souffle d'amour pour l'un et pour l'autre. J'en ai fini avec l'alternative imaginaire et complètement mortifère “ou toi ou moi”. »

Nous voilà dans une dynamique d'accomplissement. Mais pas tout seuls chacun dans son coin. Les paroles de Jésus sur l'amour des ennemis sont adressées à un pluriel communautaire. Nous avons besoin les uns des autres pour grandir dans l'amour *agapè* : besoin de liens concrets, charnels, affectifs, spirituels, intellectuels avec des semblables assoiffés comme nous de vie relationnelle authentique ; besoin de souffle désirant pour dynamiser en nous et entre nous l'*agapè* dont l'Amour nous rend capables. Ainsi Grégoire Palamas qualifiait-il l'Église de « communauté de déification* ». C'est que, d'après la deuxième épître de Pierre, nous sommes « participants de la nature divine » : chaque être humain est un [zôon theoumenon], un « animal en voie de déification », selon l'expression de Grégoire de Naziance[58]. Processus de divinisation initié, activé et accompagné par le Souffle à chaque étape. Stupéfiante promesse à l'horizon de l'amour pour nos ennemis : « Ainsi vous, vous serez accomplis comme votre Père céleste est accompli[59]. » Et remarquable similitude entre l'amour humain et l'amour divin. Jésus semble n'en pas douter une minute : rien ne vous empêche, et surtout pas une nature humaine désespérément rétive, d'aller jusqu'au bout de ce que vous portez ; vous serez [teleioï], « par-faits », c'est-à-dire faits jusqu'au bout, par-achevés, accomplis, complets, intégraux et intègres. Le souffle d'amour – force de l'*éros* divin en nous – va jusque-là, jusqu'à nous faire ressembler à l'Amour (« vous serez comme lui »).

Même impulsion donnée par Jésus à l'homme riche en quête de croissance spirituelle : « Si tu veux être parfait,

---

* Mantzaridis, *in* Grégoire Palamas, p. 86 : divinisation de la nature humaine rendue possible par l'union avec Jésus. Tel est « le bien commun de la tradition orthodoxe depuis Irénée, Athanase le Grand, Grégoire de Nysse, Cyrille d'Alexandrie, Maxime le Confesseur et Jean Damascène » (p. 67).

complet » – si et seulement si tel est ton désir –, alors débarrasse-toi de cet avoir qui t'encombre et suis-moi[60] ! C'est là le deuxième et dernier emploi de l'adjectif [teleïos] dans cet évangile. Tout est dit : en général, nous aimons la richesse et n'aimons pas notre ennemi. L'Évangile, c'est le monde à l'envers : cela ne vous rapporte rien d'aimer la richesse, y compris les amis qui vous aiment ; c'est l'amour des ennemis qui va vous rapporter, pourvu que vous vouliez profondément vous réaliser.

Personne ne s'engagerait sur un tel chemin s'il s'agissait de se dévitaliser, se couper les ailes – renoncement morbide et mortifère parfois prôné au nom d'un Évangile qui n'a rien alors d'une « bonne nouvelle » ! Il importe de veiller à ne pas nous tromper de renoncement. En aucun cas nous priver de la force d'*éros*, ce puissant élan vers ce qui nous fait du bien, gonfle nos voiles, nous dynamise. Mais prendre la réalité comme elle est, « faire avec », c'est-à-dire en faire quelque chose au lieu de l'ignorer ou la nier. La richesse, les avoirs de toutes sortes ne sont pas un problème. Ils le deviennent quand ils nous empêchent d'aller de l'avant, nous enferment dans une non-vie où s'étiolent nos liens affectifs.

De même, une personne ennemie ou destructrice peut faire partie de notre réalité. Pourtant il y a pire que le problème qu'elle nous pose. C'est quand nous ne trouvons pas d'autre solution que de l'éliminer non seulement de notre existence mais de notre pensée et de notre vie spirituelle. C'est là que nous *nous* mutilons, rigidifions, desséchons : notre amour pour elle se croit *agapè* mais il tourne à un amour idéologique qui en fait s'en désintéresse. *Nous* sommes les perdants, à court de souffle, déconnectés de l'élan désireux de liens, de dynamisme relationnel. Ainsi, il y a des richesses, y compris affectives, qui finissent par glacer en nous toute ferveur et nous ôter le goût de l'amour inconditionnel en nous installant dans un donnant-donnant sans surprise. Et par ailleurs, il y a des relations problématiques qui peuvent aboutir au même résultat : on n'attend rien de l'amour – le seul vraiment vivant, celui qui déborde, n'exige rien, dilate les cœurs à l'infini – pour la bonne raison qu'on a « tué » l'amour *éros*, le désir de relation, étouffé le souffle faiseur de liens. Et il suffit de l'avoir fait face à *une* personne « ennemie » ou « persécutrice ».

Comment être sûr qu'on n'en est pas arrivé là ? Qu'on ne s'est pas « mutilé », ne serait-ce qu'une fois ? J'en reviens à mon dernier titre : « Aimer d'*agapè*... et désirer la relation ». Mon critère personnel est celui des étiquettes. Quand je constate que l'étiquette « ennemi » ou « pervers » n'est plus de mise – une fois passé le temps de la colère –, je sais que je n'ai pas étouffé mon désir de rapports authentiques avec la personne. La voie est dégagée pour l'*agapè* parce que mon énergie, d'abord mobilisée par mon hostilité, se réinvestit désormais dans l'ouverture à cette relation, même si seul l'Amour en moi « espère tout ». Loin de me sentir amoindrie et désabusée, je perçois qu'au-dedans de moi le champ est libre pour le Souffle.

Voilà pourquoi je me refuse à toute vision statique de l'amour. « Fausse éternité », dirais-je en transposant le « mauvais infini » qu'est pour Paul Ricœur l'omnipotente culpabilité. En collant un label définitif sur autrui (« ami parfait », « ennemi », « conjoint idéal », « pervers »...), nous nous installons dans l'imaginaire et tuons le désir de vraie relation à petit feu. Remarquons que, chez Matthieu, Jésus ne dit pas « vos persécuteurs » mais « ceux qui vous persécutent ». Alors, pour éviter la stigmatisation, il conviendrait de ne pas dire non plus « vos ennemis » : cela peut changer… Eh bien, précisément, toute une série de manuscrits ont préféré dire « ceux qui vous souhaitent du mal/vous maudissent », [katarômaï], ou « ceux qui vous détestent », [misô], ou encore « ceux qui vous menacent, cherchent à vous nuire, vous calomnient », [epèreazô]. En n'utilisant que des verbes, nous nommons des comportements, sans enfermer autrui dans une nature ou une identité immuable. Et, par la même occasion, nous *nous* tenons dans le souffle d'une relation mouvante et toujours surprenante.

Autrement, je ne vois pas comment chérir la relation quelles que soient les circonstances. Sans la vitalité d'*éros* – l'élan vers autrui, qui peut se charger de haine, d'aversion, de rejet en proportion du mal qu'il m'a fait –, sans mon désir de « réciprocité quand même », mon attente d'une réponse de sa part, respectueuse de qui je suis, sans ma soif d'alliance fiable envers et contre toutes les évidences du présent, je crains que mon *agapè* ne tourne tôt ou tard à un amour idéologique dévitalisé. Le souffle d'amour en moi ranime alternativement *éros* et *agapè* : face à la même personne, il me fait chérir la relation hors des calculs, mérites, exigences *et cependant* il me fait désirer, encore et encore, la réciprocité bonne à vivre dans le respect de l'altérité. Certains disent qu'ils aimeraient mourir vivants. Pour moi, cela signifie : en paix avec les autres (jusqu'aux plus destructeurs) et toujours assoiffés d'eux.

Épilogue

C'est arrivé il y a très longtemps, dans le nord de l'Inde. Jeune couple, nous étions partis en train, de la ville de Bangalore où nous accomplissions une année d'études. La bourse qui nous avait été octroyée ne nous permettait pas de nous déplacer autrement qu'en troisième classe, comme l'Indien moyen. Cela signifiait des conditions de voyage plutôt éprouvantes : en plus de la chaleur étouffante, du bruit et des odeurs, le wagon était tellement bondé que nous avions dû nous installer dans les porte-bagages, larges « étagères » en bois au-dessus de la marée humaine. J'avais vingt-quatre ans et je me sentais plutôt désécurisée par cette immersion dans l'hindouisme, une religion et une culture si étrangères, si… étranges que j'en perdais mes propres repères.

Halte dans une gare grouillante comme toutes les autres précédemment. Montent alors à l'assaut de notre wagon déjà surpeuplé un grand groupe de villageois à l'évidence très pauvres, flanqués de poulets et autres animaux en cage. Cela dépasse l'entendement : comment vont-ils trouver place ici ? Eh bien, ils trouvent ! Je bous intérieurement. Hostilité viscérale teintée de mépris, sentiment d'invasion, envie de rejeter, d'exclure. Ceux-là font partie des milliers d'Indiens qui ont entrepris un pèlerinage vers la ville sacrée de Rishikesh, sur les rives du Gange. Ils s'y rendent par communautés entières. Leurs yeux sont de braise. Leurs corps tout entiers tendus vers la rencontre avec Dieu.

Et voilà qu'à peine installé, l'homme qui paraît être le chef du village sort et déballe un paquet de pâtisseries faites maison. Il en distribue à tous les passagers, y compris à nous, les deux seuls Blancs dans notre perchoir, comme si c'était la chose la plus naturelle du monde. « Coup de foudre sacré », « fulgurance » du souffle d'amour « faiseur de vie ». Je suis confondue par un tel acte de générosité : un geste que moi, jeune chrétienne nantie, aurais été incapable d'imaginer et de concrétiser. Une sorte de honte m'envahit : « Pour qui te prenais-tu ? » Impression forte que l'Amour vient à travers un hindou frapper à ma porte cadenassée. C'est plus fort que moi : j'ouvre immédiatement.

L'incident m'a marquée pour la vie. Avec le recul je discerne mieux ce que le souffle d'amour a déplacé en moi ce jour-là. Il ne m'a en aucun cas « donné une bonne leçon ». Ni envoyé un modèle de personne aimante pour que je m'améliore. D'ailleurs, cet homme ne faisait peut-être là qu'obéir à une prescription religieuse, un peu ou beaucoup par automatisme : cela n'avait probablement rien à voir avec l'amour tel que je l'entendais à l'époque. En effet, je n'avais aucune expérience personnelle du souffle d'amour. Mais, rétrospectivement, je le vois tenter de provoquer ainsi une brèche dans mon mur de protection.

Je retrouve là les caractéristiques de sa manière d'agir. Il suppléait au moment précis où j'avais perdu la bienveillance et l'amour gratuit dont je me croyais habitée. Ensuite, il permettait à deux humains de se comprendre sans le moindre échange verbal, lui ne parlant ni français ni anglais, moi n'ayant aucune connaissance du hindi. Ce qui s'est alors gravé en moi, c'est que l'amour est d'abord un acte, comme dans la Bible. Et puis je reconnais maintenant dans la gratuité du geste la marque délicate du souffle d'amour : si une joie presque palpable se répandait dans le wagon, c'est qu'elle était puisée à la Source. Elle débordait… et je n'avais rien fait pour mériter d'être aimée ainsi, bien au contraire.

Comment le souffle d'amour a-t-il pu m'« atteindre » en un éclair ? Je dirais que le point d'impact est à chercher dans ma « part de feu ». C'est là qu'il m'a touchée, me mettant instantanément en contact avec celle de cet Indien assoiffé de Dieu comme moi. En quelques secondes, le Souffle abolissait les frontières religieuses, culturelles et sociales : je ne serais plus étrangère sur la terre. Dans des circonstances banales et même triviales, c'est moi qu'il cherchait à mettre au diapason de tout être humain. C'est à moi qu'il commençait à apprendre le langage universel de l'amour, en « gémissements inexprimables » : il lui fallait trouver comment tisser du lien entre un hindou pauvre, sans instruction, et une jeune femme blanche, chrétienne et cultivée. Sans le secours des mots !

C'est beaucoup plus tard que j'ai pu nommer le souffle d'amour, le repérer comme un trait d'union incandescent entre deux êtres que tout séparait. L'expérience de jadis porte encore du fruit. Elle m'est essentielle dans l'approche des personnes qui se réclament d'autres religions. Mais aussi de celles qui se disent incroyantes, agnostiques ou athées. Quand nous nous imaginons incapables de trouver un langage commun, quand les argumentations aggravent l'incompréhension au sein même des familles et des couples, nous pouvons toujours nous concentrer sur le dynamisme inépuisable de notre entre-deux. Lui faire confiance comme on s'en remet à un Tiers sans cesse attentif à préserver l'altérité de chacun. Aller jusqu'au bout de notre différenciation et désirer ardemment la proximité, l'entre-deux de feu. Qui adviendra à coup sûr.

Enfin, mon aventure indienne me fait penser au souffle d'amour dans l'étable de Noël : à cause du dénuement, qui est son milieu naturel. Occidentale à l'abri du besoin, je m'étais brusquement sentie bien plus pauvre que ces villageois d'entre les plus pauvres · ils m'avaient incluse sans discussion, fait bénéficier spontanément de leur richesse de cœur. Aujourd'hui j'entends autrement la première des Béatitudes : « Heureux les pauvres en souffle ! Le royaume de (l'Amour) est à eux ! » Heureux ceux qui se reconnaissent le souffle court ! C'est-à-dire nous tous quand nous sommes honnêtes. Quand nous consentons à notre dénuement, ce vaste espace que parcourt inlassablement le souffle d'amour faiseur de liens vivants.

Notes

Introduction

1. Fromm, p. 18 *sq.*
2. Lys (1967), p. 10.
3. Chevallier, p. 25.
4. Targoum Neofiti I (*ibid.*, p. 46).
5. *Ibid.*, p. 217-234.
6. Brown, p. 127.
7. Gabriel Widmer, *in* Leenhardt *et al.*, p. 46, 114.
8. Augustin, vol. 16, p. 513.
9. Bobrinskoy (1992), p. 378.
10. Boulgakov, p. 49, 69, 74 *sq.*
11. Rm 5,5b-6a ; note (e) de la *Traduction œcuménique de la Bible* (*TOB*).
12. Ga 5,22 *sq.*
13. Mt 12,28.
14. Mc 10,18.
15. Jn 3,8.
16. Bobrinskoy (1992), p. 363.
17. Kaufmann (2009), p. 9, 13, 46, 54 *sq.*
18. *NVB*, art. « Amour » [agapè], p. 258.
19. *DSAM*, art. « Charité », col. 512.
20. Combet-Galland, p. 195 *sq.*, note 4.
21. Durel, p. 70.
22. Fromm, p. 74.

23. Davy, p. 330 *sq*.
24. Leloup, p. 56, 58.
25. Cyrulnik (2004), p. 111 *sq*.
26. Leloup, p 63.
27. Corneau, p. 142, chap. 5, parole d'un participant dans un séminaire.
28. Olivier, p. 29, 55.
29. Lc 17,21.

I. L'anesthésie des sentiments

1. *VTCP*, p. 46.
2. Barth, p. 5.
3. Lys (1967), p. 68.
4. Jn 8, 37 ; 40 ; 42 ; 43 ; 46.
5. Jn 8, 44 et 38.
6. Davy, p. 344 *sq*.
7. Bellet (2009), p. 10 *sq*., 52.
8. Es 53,8.
9. Lc 15,12 et 29. Cf. mon interprétation de ce texte dans *La joie imprenable*, Paris, Albin Michel, 2004 (1996).
10. Halmos, p. 23 *sq*.
11. Badinter, p. 9 *sq*.
12. *Ibid*., p. 136 *sq*., 358.
13. Alain, « Les sentiments familiaux », *Cahiers de la Quinzaine*, n° 18, série 8, 1927, cité par Badinter, p. 282.
14. Légasse (1977/2), p. 142, 156 *sq*.
15. Bellet (1968), p. 307 *sq*.
16. Bellet (2009), p. 16 *sq*.
17. Dt 6,4.
18. Halmos, p. 47.
19. Lv 19, 17 *sq*.
20. *DSAM*, art. « Amitié », col. 506.
21. Marion, p. 96. C'est moi qui souligne.
22. *Ibid*., p. 98.
23. *Ibid*., p. 99 *sq*.
24. Jeammet (1989), p. 133.

25. Bellet (1983), p. 273.
26. Ex 20,12.
27. *NVB*, art. « Éclat, gloire », p. 154.
28 Mc 3,20-35.
29 Mc 3,21.
30. Mc 3,31-34. Traduction André Chouraqui.
31. Quéré, p. 117.
32. Lc 11,7 *sq.* ; cf. aussi 9,59 *sq.* ; 14,20 ; Mt 23,8.
33. Lc 12,41-52.
34. Jn 19,26 *sq.*
35. Singly, p. 195.
36. Lc 17,20b-21.
37. Os 11,9.
38. Zundel, p. 55.
39. Cité par Zundel, p. 82. C'est moi qui souligne.
40. *DSAM*, art. « Charité », col. 678.
41. Syméon le Nouveau Théologien, p. 263. C'est moi qui souligne.
42. Ap 3,20.
43. *Œuvres de Maître Eckhart, Sermons-Traités*, Paris, Gallimard, coll. « Tel », 1987 (1942), p. 310 *sq.*
44. Ct 3,5. Traduction André Chouraqui.
45. Nédoncelle, p. 22.
46. Jr 31,33 b.
47. Ez 11,19.
48. Chalier, p. 81, 83

II. La traversée de la haine

1. *Philocalie…*, Maxime le Confesseur, Centurie IV sur l'amour, § 29, p. 67.
2. Bellet (2009), p. 38 *sq*
3. Jeammet (1989), p. 20.
4. Cassiers, p. 110.
5. Corneau, p. 32.
6. Pohier, p. 298.

7. Sur cet interdit, cf. Lytta Basset, *Sainte colère. Jacob, Job, Jésus*, Paris-Genève, Bayard-Labor et Fides, 2006 (2002).
8. Cyrulnik (2001), p. 175 *sq.*
9. Corneau, p. 164 *sq.*
10. Bellet (2009), p. 47.
11. *Ibid.*, p. 29 *sq.*
12. Cyrulnik (2004), p. 84-87.
13. Todorov, p. 89. Cf. aussi Halmos, p. 37.
14. Corneau, p. 121-125.
15. Cité par Corneau, p. 125.
16. Bellet (2009), p. 44.
17. Hurni et Stoll (1996), p. 63.
18. Ps 55,13 *sq.* et 22.
19. Gn 12,1.
20. Corneau, p. 15.
21. J.D. Lichtenberg, *Psychoanalysis and Infant Research*, Hillsdale, N.J. Analytic Press, 1933, cité par Corneau, p. 141.
22. L'expression est de Bellet (2009).
23. J'ai raconté ce cheminement dans *Ce lien qui ne meurt jamais*, Paris, Albin Michel, 2007.
24. Ps 139,22.
25. Bobin (1997), p. 28.
26. Banon, p. 168.
27. Mt 10,34 *sq.*// Lc 12,51 *sq.*
28. Jeammet (1989), p. 103, 130.
29. Hurni et Stoll (2002), p. 75 *sq.*
30. Rousseau, p. 168.
31. Cf. Badinter, p. 161 *sq.*
32. Beauchamp, p. 268, 149 *sq.*, 8.
33. Lc 14,26 *sq.*
34. Lc 14,28. Traduction de François Bovon, *L'Évangile selon saint Luc (9,51-14,35)*, Genève, Labor et Fides, 1996, p. 463.
35. Lc 14 ; 26 ; 27 ; 28 ; 33 ; 35.
36. Lc 9,23.
37. Viallaneix, p. 207 *sq.*
38. Cité par Viallaneix, *ibid.*, p. 207.
39. Gn 2,24.
40. Drewermann, p. 22, 40.

41. Bobin (1992), p. 108.
42. Drewermann, p. 22, 67.
43. Halmos, p. 35.
44. He 4,12 *sq.*
45. Bellet (1988), p. 68.
46. Beauchamp, p. 8.
47. Grégoire de Nysse, *Œuvres*, PG 44, 1269 c, Paris, Migne éd., 1861, cité par Durel, p. 127.
48. Durel, p. 140.
49. *DSAM*, art. « Charité », col. 551 *sq.*
50. Mantzaridis, *in* Grégoire Palamas, p. 93.
51. Jb 16.
52. Thomas Römer, *Dieu obscur. Le sexe, la cruauté et la violence dans l'Ancien Testament*, Genève, Labor et Fides, 2009 (1996), p. 73.
53. Jb 19,10 *sq.* ; 16,2.
54. Jb 13,15. Traduction de Jean Lévèque, *Job et son Dieu*, t. 1, Paris, Gabalda, 1970, p. 364.
55. Jb 42,7 et 8
56. Mt 5,44.
57. Mt 5,45.
58. Lv 19,17.
59. Mt 18,15
60. Mt 11,12.
61. Lc 16,16

III. Qui me le fera connaître ?

1. Barth, p. 7 *sq*
2. Ac 2,13.
3. Bellet (1989), p. 298, 302.
4. Lc 24,34.
5. Ac 2,3.
6. Ex 34,29
7. Ac 2,11.
8. Boulgakov, p. 257.
9. *Ibid.*, p. 168.
10. Jn 13,1-17.

11. Ac 2,4.
12. Chalier, *in* Le Rabbi de Gur, p. 138.
13. *Ibid.*, p. 163.
14. Ph 2,6 *sq.*
15. Boulgakov, p. 335 *sq.*
16. *Ibid.*, p. 336.
17. Lc 15,12.
18. Bobrinskoy (2000), p. 186.
19. Lc 10,38-42.
20. *Philocalie...*, Marc l'Ascète, p. 163 *sq.*
21. Cf. Lc 12,49-53.
22. Lc 12,53.
23. Traduction adoptée par François Bovon, *L'Évangile selon saint Luc (9,51-14,35)*, *op. cit.*, p. 306.
24. Pr 25,21 *sq.* ; Rm 12,20. Dans la *TOB* : « des charbons ardents ».
25. Par exemple en Dt 4,24 ; Ps 18,9.
26. Grégoire Palamas, § 20, p. 29.
27. 1 Co 13,6.
28. Ps 85,11 *sq.*
29. Traité *Shabbat* 55.
30. Ex 20,2 // Dt 5,6.
31. Jn 14,6.
32. Jn 15,9 ; 13,34 (repris en 15,12).
33. Cf. Lv 15,25-27.
34. Cf. Mt 12,28.
35. Jn 17,17.
36. Bobrinskoy (1992), p. 374.
37. Cf. *VTCP*, p. 1199.
38. *NVB*, art. « Bonté » [*h*esed], p. 152.
39. Brown, p. 122 *sq.*, 126.
40 Mt 5,14 ; Jn 8,12 ; 9,5.
41. Zundel, p. 74, 148.
42. Jr 10,10.
43. Heschel, p. 76, 89, 112.
44. Jn 16,13.
45. Heschel, p. 69, 40, 207.
46. *Ibid.*, p. 40.

47. Chalier, p. 139 *sq.*, 160, 176.

48. Jn 7,38.

49. Rm 8,21. Cf. aussi Jn 1,12.

50. Jn 17,17.

51. Basile le Grand, § 36, p. 86 ; § 46, p. 103.

52. Cf. Jn 8,32.

53. Bellet (2009), p. 174.

54. Václav Havel, *Lettres à Olga*, Paris, Éd. de l'Aube, 1990 (1983).

55. Václav Havel, *Audience, vernissage et pétition*, Paris, Gallimard, 1980, p. 220 *sq.* C'est moi qui souligne la deuxième fois en pensant au récit de l'évangile.

56. Václav Havel, *Essais politiques*, Paris, Calmann-Lévy, 1989, p. 57.

57. Fromm, p. 152 *sq.* C'est moi qui souligne.

58. Kaufmann (2009), p. 72 *sq.*, 76, 193.

59. Viallaneix, p. 211 *sq.*

60. Jn 16,12 *sq.*

61. Jn 16,7.

62. Cyrulnik (1989), p. 197.

63. Mt 19,16-26.

64. Mc 10,17-31.

65. Mc 10,26 *sq.*

66. Maurice Bellet, *L'extase de la vie*, Paris, DDB, 1995, p. 136 *sq.*

67. Jn 1,18.

68. Bellet (1988). Ce « tout petit livre de la divine douceur » est pour moi un livre immense !

69. 1 Jn 4,8 et 16.

70. Rm 8,23.

71. Jn 5,42 ; 5,38 ; 16,33 ; 17,13 ; 8,12 et 12,35 *sq.* ; 1 Jn 1,6.

72. 1 Jn 4,8 et 16 ; Jn 4,24 ; 1 Jn 1,5.

73. Cf. Moltmann, p. 218-221.

74. 1 Jn 4,18.

75. François de La Rochefoucauld, *Réflexions ou sentences et maximes morales*, Maxime LXIX, in *Œuvres*, t. 1, Paris, Librairie Hachette, 1868, p. 61.

IV. Un partenariat qui a du souffle

1. Cyrulnik (1989), p. 144.
2. Kristeva, p. 11 *sq.*
3. Emmanuel Lévinas, *Éthique et infini*, Paris, Fayard, 1982, p. 68.
4. Françoise Dolto, *Tout est langage*, Paris, Gallimard, coll. « Folio Essais », 1994, p. 93, 97 *sq.*
5. Françoise Dolto, *L'Image inconsciente du corps*, Paris, Le Seuil, 1984, p. 166, 172, 174.
6. Wiesel, p. 66.
7. Corneau, p. 54.
8. Bellet (1988), p. 82.
9. Gn 2,18.
10. Madeleine Delbrêl, *La joie de croire*, Paris, Le Seuil, 1968, p. 98.
11. Syméon le Nouveau Théologien, « Invocation au Saint-Esprit », lignes 19-22, p. 151 et 153.
12. Gn 2,21 *sq.*
13. Gn 3,10.
14. Jeammet (1989), p. 95.
15. Rougemont, p. 329.
16. *Philocalie...*, Théodore d'Édesse, p. 243.
17. Pelletier, p. 70-72.
18. Gn 2,21.
19. L'expression est de l'apôtre Paul en 1 Co 6,19.
20. Ricœur (1990), p. 219, 218.
21. Todorov, p. 79 *sq.*, 107.
22. Chmakoff, p. 47 *sq.*
23. *Ibid.*, p. 48.
24. Banon, p. 159.
25. Ps 130,6.
26. 1 Co 13,4-8 a.
27. Trigano, p. 79. C'est moi qui souligne.
28. Kierkegaard, IX, 188, p. 150.
29. Leloup, p. 104.
30. Corneau, p. 39.
31. Gn 3,12.
32. Bellet (2009), p. 27.

33. Ricœur (1990), p. 224.
34. Bellet (1975), p. 11 *sq.*
35. Mt 19,14 et parallèles.
36. Gn 2,21.
37. Simone Weil, *Attente de Dieu*, Paris, Fayard, 1966, p. 207.
38. Cyrulnik (2004), p. 124 *sq.*
39. Cyrulnik (1989), p. 222.
40. Corneau, p. 247 *sq.*
41. Jeammet (1996), p. 70-72.
42. Guillebaud, p. 29 *sq.*
43. Rougemont, p. 318 *sq.*, 332.
44. Gabriel Marcel, *Être et avoir*, Paris, Aubier, 1935, p. 56.
45. Corneau, p. 236.
46. Gn 2,18 b.
47. Jean Calvin, *Commentaires sur l'Ancien Testament*, Genève, Labor et Fides, 1961, p. 56.
48. Kierkegaard, IX, 164, p. 129 *sq.*
49. Lévinas, p. 133.
50. Singly, p. 25 *sq.*, 28, 41, 70.
51. *Ibid.*, p. 74. C'est moi qui souligne.
52. *Ibid.*, p. 104. C'est encore moi qui souligne.
53. Kaufmann (2007), p. 35, 146.
54. Leloup, p. 94 *sq.*
55. Ware, p. 179, 182 *sq.*
56. Rm 8,26.
57. Bellet (2009), p. 53 *sq.*
58. Singly, p. 12.
59. *DSAM*, art. « Amitié », col. 501 *sq.* Aristote développe ces idées dans le livre VIII de son *Éthique à Nicomaque*.
60. *Ibid.*, col. 503.
61. Todorov, p. 168 *sq.*
62. Os 2,21 *sq.*
63. *DEB*, art. « Amour », p. 52.
64. *NVB*, art. [*H*esed], p. 151 *sq.*
65. Bobin (1995), p. 100.
66. Filliozat, p. 220.
67. Lc 15,20.
68. Corneau, p. 260.

69. Gn 2,24.

70. Lys (1967) : ainsi la Septante (traduction grecque), Peschitto (syriaque), Vulgate (latine), Targoum (araméenne).

71. Leloup, p. 97.

72. Grégoire Palamas, *Homélies*, 56,7, cité par Mantzaridis, in Grégoire Palamas, p. 150.

73. Jn 15,15.

V. Devoir aimer ?

1. Todorov, p. 78, 84, 87. Voir aussi Cyrulnik, en particulier dans *Sous le signe du lien.*

2. *DSAM*, art. « Amitié », col. 506.

3. Cf. Lc 13,30.

4. Vladimir Jankélévitch, *Traité des vertus*, vol. 3, *L'Innocence et la méchanceté*, Paris, Flammarion, 1986, p. 364.

5. Kierkegaard, IX 247, p. 201 ; IX 250, p. 204 ; IX 255, p. 206.

6. Lys (1962), p. 15-23, 294.

7. Moltmann, p. 224, 246 *sq.*

8. Rm 8,22-30.

9. Rm 8,22.

10. Rm 8,28.

11. Saint Macaire, *Homélies*, 46, 6, p. 341. C'est moi qui souligne

12. *Ibid.*, 24, 5, p. 240.

13. Ps 139,14.

14. Cf. Todorov, p. 43, 55.

15. Daniel Goleman, *L'Intelligence émotionnelle. Comment transformer ses émotions en intelligence*, chap. 7, « Les racines de l'empathie », Paris, Robert Laffont, 1997.

16. *TWOT*, p. 841. C'est moi qui souligne.

17. *Testament de Zabulon*, 8, 1-3, in *DCTh*, p. 743.

18. *DTh*, p. 32.

19. Chalier, p. 27. Pour les cabbalistes, l'aspect féminin de Dieu se dit *Chekhina*, la « Présence ».

20. Jr 13,17.

21. Talmud Babli, *Sanhédrin* 104 b, cité par Chalier, p. 105 *sq.*

22. Rm 8,22 et 19.

23. Cf. Jn 14,16 et 26 ; 15,26 ; 16,7 ; 1 Jn 2,1.
24. Cf. les nombreuses références tirées des *Papirer* par Viallaneix, p. 195 *sq.*
25. Gagnebin, p. 72 *sq.*
26. Jn 14,15-17.
27. Brown, p. 118.
28. Mc 13,11. Traduction *TOB*
29. Jn 14,23 et 26.
30. Dattas, p. 85.
31. Bobrinskoy (1992), p. 368 *sq.* pour l'ensemble des citations.
32. Jn 4,23 *sq.*
33. Cf. Boulgakov, p. 151.
34. *Ibid.*, p. 206 *sq.*, 213, 215. J'ai remplacé « esprit » par « souffle »
35. Jn 14,15 sq.
36. 1 Jn 4,7 *sq.* ; 4,16.
37. *In Ps.*, 99, n° 5, *Patrologia Latina* (*PL*) 36, 1274, cité in *DSAM*, art. « Charité », col. 556.
38. Gabriel Widmer, « Saint Esprit er théologie trinitaire », in Leenhardt, p. 116 *sq.*
39. Rm 8,15 *sq.* Cf. aussi Ga 4,6.
40. Jn 13,34.
41. *VB*, p. 15 *sq.*
42. Nygren, t. III, 2e partie, livre second, p. 211 *sq.*
43. Bernard de Clairvaux, IV 15, VI 16, p. 97, 99, 101. C'est moi qui souligne.
44. André Godin, *Psychologie des expériences religieuses, le désir et la réalité*, Paris, Le Centurion, 1986, p. 197.
45. Lc 7,36-50.
46. Mt 6,33.
47. *DVS*, art. « Charité », p. 133.
48. Bobin (1999), p. 51.
49. *DSAM*, art. « Charité », col. 617.
50. Cf. Davy, p. 337.
51. Cyrulnik (1989), p. 248 *sq.*
52. *Ibid.*, p. 251. Cf. l'enquête réalisée par Anne Landers pour *Paris-Match* (1987).
53. Nygren, t. III, 2e partie, livre second, p 104, 115.

54. *Expositio altera super Cantico canticorum*, C 516 A, *PL*, cité par Davy, p. 342.
55. *Dialogue*, chap. 24, in *DSAM*, art. « Charité », col. 661.
56. Moltmann, p. 336.
57. Lys (1962), p. 348-350.
58. *Ibid.*, p. 358.
59. Cf. Nygren, t. III, 2e partie, livre second, p. 257-286.
60. *DSAM*, art. « Charité », col. 540, 542, 573, 595.
61. Jn 3,8.
62. Mc 4,26 *sq.*
63. Bobin (1992), p. 45.
64. *DSAM*, art. « Charité », col. 664.
65. Kierkegaard, p. 162, 165, 173, 164.

VI. L'amour fort comme la mort

1. Ct 8,6b-7.
2. Lys (1968), p. 284. Les citations suivantes viennent du même ouvrage (p. 285-289).
3. Ct 8,5.
4. Ct 8,5.
5. Karl Barth, *Dogmatique*, Genève, Labor et Fides, 1961 (éd. fr. 11), vol. 3, t. 2, p. 318 et 317.
6. Lys (1968), p. 290.
7. *Ibid.*
8. Pope, p. 671.
9. Rougemont, p. 15 *sq.*, 21, 55.
10. Lys (1968), p. 289.
11. Cyrulnik (1989), p. 170, 244.
12. *NVB*, art. « Aimer », p. 53 *sq.*, 55.
13. Gollwitzer, p. 45.
14. *Ibid.*, p. 80.
15. *Ibid.*, p. 53-57.
16. Rougemont, p. 70 *sq.*
17. Dietrich Bonhoeffer, *Résistance et soumission. Lettres et notes de captivité*, Genève, Labor et Fides, 2006, p. 357.
18. Lys (1967), p. 114.

19. Pope, p. 673.
20. Lys (1968), p. 191.
21. *Ibid.*, p. 55.
22. Guillaume de Saint-Thierry (1943), p. 239. J'ai remplacé « esprit » par « souffle ».
23. *Ibid.*, p. 237.
24. Moltmann, p. 359.
25. Boulgakov, p. 219, 338.
26. Es 43,2a et 4a.
27. Moltmann, p. 7, 61 et 139 *sq.*
28. Cf. Mt 26,30-35 // Mc 14,16-31 // Lc 22,31-34 // Jn 13, 36-38.
29. Jn 13,37b.
30. Jn 13,1.
31. Mt 26,31 ; Mc 14,27.
32. Jn 13,37.
33. Lc 22, 32
34. Jn 13, 36.
35. Mt 16,18.
36. Jn 21,15-19.
37. Jn 21,17b.
38. Mt 26,75 ; Lc 22,62.
39. Kristeva, p. 13.
40. Lc 22,61.
41. Bobin (1999), p. 62.
42. Lc 19,41.
43. Kierkegaard, IX, 272 *sq.* et 276, p. 221 et 223.
44. Jn 21,18 *sq.*
45. Lys (1962), p. 359 *sq.*
46. Pour les citations de ce paragraphe, cf. Durel, p. 102, 85, 87 165.
47. Pour les citations de ce paragraphe, cf. Trigano, p. 47 *sq.*, 40 *sq.*, 44, 52.
48. Lc 11,9-13. Traduction André Chouraqui.
49. Cf. Mt 9,36 // Mc 6,34 ; Mt 14,14 // Mc 8,2.
50. Cf. *De divinis nominibus*, chap. I, § I, p. 588 B et § VI, p. 596, cité par Nygren, t. III, 2e partie, livre second.
51. Bobrinskoy (1992), p. 381, 384.

52. 1 Co 13.
53. Maillot, p. 63, 87, 92.
54. Nédoncelle, p. 282.
55. Jn 20,19-29.
56. Mc 3,22-30 // Mt 12,24-32 // Lc 11,15-23 ; 12,10.
57. Mc 3,30.
58. Mc 3,31-35.
59. Lc 11,27.
60. *Didachè* 11,7 cité par Chevallier, p. 130.
61. Les citations de ce paragraphe sont tirées de Chalier, *in* Le Rabbi de Gur, p. 120 et 127.
62. Mt 12,28. Même phrase, mêmes mots en Lc 11,20.
63. Chalier, *in* Le Rabbi de Gur, p. 148 *sq.*
64. Mc 3,29 // Lc 12,10 ; Mc 13,11 // Lc 12,12.
65. Jankélévitch, p. 134.

VII. Chérir la relation

1. Dostoïevski, p. 21 *sq.*, 34 *sq.*, 41 *sq.*, 45 *sq.*, 57 ; *sq.* C'est moi qui souligne.
2. Guillaume de Saint-Thierry (1985), § 9, p. 57 *sq.* ; § 10, p. 58 *sq.*
3. Ps 33,6. Traduction *Le Psautier*, Paris, Le Cerf, 1998.
4. Col 3,14.
5. Kallistos Ware, *L'Île au-delà du monde*, Paris, Le Cerf, coll. « Le sel de la terre », 2005, p. 38.
6. Richard de Saint-Victor, p. 179.
7. Ware, *L'Île au-delà du monde*, *op. cit.*, p. 39.
8. Guillaume de Saint-Thierry (1985), § 12 *sq.*, p. 61 *sq.*
9. Guillaume de Saint-Thierry (1953), § 25, p. 101, 103. C'est moi qui souligne.
10. *Ibid.*, § 33, p. 113 ; § 23, p. 101.
11. *DSAM*, art. « Charité », col. 592 *sq.*
12. Lc 24,13-35.
13. Lc 24,32.
14. Lc 24,45.
15. Guillaume de Saint-Thierry (1985), § 14, p. 63.
16. Banon, p. 166 *sq.*, 174.

17. Rougemont, p. 335
18. Cf. chap. IV, IIe partie, § 4.
19. Ex 24,7.
20. *Asseret Hadibrot, Les Dix Commandements*, Paris, Le Sceptre, coll. « Le rituel commenté », 2003, p. XVI *sq*.
21. Fromm, p. 48.
22. Cf. Bellet (1991), p. 419.
23. Saint Hilaire de Poitiers, *De la Trinité*, III, 1, § 2, cité par Bobrinskoy (2000), p. 164.
24. *NVB*, art. « Bonté » [*h*esed], p. 151, 153.
25. Trigano, p. 57.
26. *Philocalie*…, Maxime le Confesseur, *Centuries*, § 69, p. 72.
27. *DPCC*, art. « Love », p. 666.
28. Ps 139,7 et 8b. Traduction *TOB*.
29. *NVB*, art. « Aimer » ['ahab], p. 54 *sq*.
30. 1 Co 13,3. Traduction Combet-Galland, p. 189.
31. Jn 15,10
32. Mt 5,43-47 ; Lc 6,27 *sq*.
33. Cf. Ex 33,4 *sq*. ; Pr 25,21 *sq*., in Légasse (1977/2), p. 154-156.
34. Légasse (1989), p. 99, 122.
35. Mt 5,44 *sq*.
36. *Philocalie*…, Maxime le Confesseur, *Centuries*, III, § 90, p. 62.
37. Mantzaridis, *in* Grégoire Palamas, p. 101 *sq*.
38. Koder, *in* Syméon le Nouveau Théologien, note 2, p. 227.
39. Cf. Chevallier, p. 206, note 6.
40. Mt 17,21.
41. Mc 9,29 et 17
42. Mc 17,16.
43. Mc 17,20.
44. Freud (1971), p. 61 *sq*., 53, 63.
45. 1 Co 13,7.
46. *NVB*, art. « Amour » [agapè], p. 256, 259, 261.
47. Fromm, p. 58 *sq*., 62.
48. *Ibid*., p. 68 *sq*.
49. *Ibid*., p. 60.
50. *DSAM*, art. « Charité », col. 586 *sq*.
51. Bernard de Clairvaux, VII, 17, p. 103.

52. 1 *Clem.* 50,5, cité par Nygren, t. II, 2e partie, livre premier, p. 24. C'est moi qui souligne.

53. *Adversus Marcionem,* I, 25, p. 325, 6 *sq.* CSEL, 47, cité par Nygren, p. 130.

54. Cf. Ep 5 ; Col 3,9.

55. Ricœur (2008), p. 25.

56. Légasse (1989), p. 34 *sq.*

57. Légasse (1977/1), p. 146, 152, 159

58. Cité par Ware, p. 26

59. Mt 5,48.

60. Mt 19,21.

Bibliographie

Dictionnaires

DCTh : *Dictionnaire critique de théologie,* sous la dir. de J.-Y. Lacoste, Paris, PUF, coll. « Quadrige », 2002, art. « Miséricorde », p. 742 *sq.*

DEB : *Dictionnaire encyclopédique de la Bible,* Montréal, Iris Diffusion Inc., 1987, art. « Amour », p. 51 *sq.* ; art. « Grâce », p. 541 *sq.* ; art. « Miséricorde », p. 847 ; art. « Piété », p. 1027 *sq.*

DPCC : *Dictionary of Pastoral Care and Counseling*, sous la dir. de Rodney J. Hunter, Nashville, Abingdon Press, 2005, art. « Love », p. 666-669.

DSAM : *Dictionnaire de spiritualité ascétique et mystique : doctrine et histoire*, sous la dir. de Ch. Baumgartner, Paris, Beauchesne, 1937-1995, art. « Amitié », t. 1, 1937, col. 500-544 ; art. « Charité », t. 2/1, 1953, col. 507-691.

DTh : Bouyer Louis, *Dictionnaire théologique,* Paris, Desclée de Brouwer, 1990, art. « Amour », p. 32-35.

DVS : *Dictionnaire de la vie spirituelle*, sous la dir. de S. de Fiores et T. Goffi, adaptation française par F. Vial, Paris, Le Cerf, 1983, art. « Amitié », p. 11-24 ; art. « Charité », p. 130-141.

NVB : *Nouveau vocabulaire biblique*, sous la dir. de J.-P. Prévost, Paris-Montréal, Bayard-Médiaspaul, 2004, art. « Aimer » ['ahab], p. 51-57 ; art. « Bonté » [*h*esed] », p. 151 *sq.* ; art. « Éclat, gloire » [kabôd], p. 154 *sq.* ; art. « Amour » [agapè], p. 256-262.

TDNT : *Theological Dictionary of the New Testament*, sous la dir. de G. Kittel, Grand Rapids, Michigan, W. Eerdmans Pub. Co., 1967, art. « Pneuma, pneumatikos, etc. », vol. 6, p. 332-455.

TWOT : *Theological Wordbook of the Old Testament*, sous la dir. de R. Laird Harris, Chicago, Moody Press, 1980, art. [ra*h*am], vol. 2, p. 841 *sq.*

VB : *Vocabulaire biblique*, sous la dir. de J.-J. von Allmen, Neuchâtel, Delachaux et Niestlé, 1964, art. « Amour », p. 14-16.

VTCP : *Vocabulaire technique et critique de la philosophie*, sous la dir. de A. Lalande, Paris, PUF, 1968, art. « Amour », p. 46-49 ; art. « Vérité », p. 1197 *sq.*

Monographies et articles

Augustin saint, *La Trinité I. Le mystère (Livres I à VII), Œuvres de saint Augustin,* Paris, Desclée de Brouwer, 1955, vol. 15.

Augustin saint, *La Trinité II. Les images (Livres VIII à XV), Œuvres de saint Augustin,* Paris, Desclée de Brouwer, 1955, vol. 16.

Badinter Élisabeth, *L'amour en plus. Histoire de l'amour maternel, XVIIe-XXe siècle,* Paris, Flammarion, 1980.

Banon David, *La lecture infinie. Les voies de l'interprétation midrachique,* Paris, Le Seuil, 1987, en particulier p. 156-174.

Barth Karl, *Dogmatique,* Genève, Labor et Fides, 1967 (éd. fr. 19), vol. 4, t. 1.

Basile le Grand, *Le traité du Saint Esprit,* Paris, Desclée de Brouwer, coll. « Les Pères de la foi », 1979.

Beauchamp Paul, *Création et séparation. Étude exégétique du chapitre premier de la Genèse,* Paris, Desclée de Brouwer, coll. « Bibliothèque des sciences religieuses », 1969.

Bellet Maurice, « Falsifications de la charité », *Christus,* n° 59, 1968, p. 306-319.

Bellet Maurice, « Si tu veux être parfait… », *Christus,* n° 85, janv. 1975, p. 5-15.

Bellet Maurice, « D'abord être aimé », *Christus,* Paris, n° 189, juillet 1983, p. 268-277.

Bellet Maurice, *L'épreuve ou le tout petit livre de la divine douceur,* Paris, Desclée de Brouwer, 1988.

Bellet Maurice, « Passer par le feu », *Christus,* n° 143, juillet 1989, p. 294-305.

Bellet Maurice, *L'amour déchiré,* Paris, Desclée de Brouwer, 2009 (2000).

Bernard de Clairvaux saint, *L'amour de Dieu. La Grâce et le libre-arbitre, Œuvres complètes XXIX,* Paris, Le Cerf, coll. « Sources chrétiennes », n° 393, 1993.

Bobin Christian, *Le Très-Bas,* Paris, Gallimard, coll. « L'un et l'autre », 1992.

Bobin Christian, *La folle allure,* Paris, Gallimard, 1995.

Bobin Christian, *Mozart et la pluie. Un désordre de pétales rouges,* Paris, Lettres vives, 1997.

Bobin Christian, *La présence pure,* Paris, Le Temps qu'il fait, 1999.

Bobrinskoy Boris, *Communion du Saint-Esprit,* Bégrolles-en-Mauges, Abbaye de Bellefontaine, coll. « Spiritualité orientale », n° 56, 1992.

Bobrinskoy Boris, *La compassion du Père,* Paris, Le Cerf, 2000.

Bonhoeffer Dietrich, *Si je n'ai pas l'amour,* Genève, Labor et Fides, 1972.

Boulgakov Serge, *Le paraclet,* Lausanne, L'Âge d'homme, 1996.

Brown Raymond E., « The Paraclete in the Fourth Gospel », *New Testament Studies,* n° 13, 1967/2, p. 113-132.

Cassiers Léon, « Aimer ses ennemis », *in* Marie-Ghislaine Pincetti (dir.), *Le loup de Gubbio : aimer mes ennemis ?,* Bruxelles-Namur, Racine et Fidélité, 2001, p. 107-116.

Chalier Catherine, *Traité des larmes. Fragilité de Dieu, fragilité de l'âme,* Paris, Albin Michel, 2008.

Chevallier Max-Alain, *Souffle de Dieu. Le Saint-Esprit dans le Nouveau Testament,* Paris, Beauchesne, coll. « Le point théologique », nº 26, 1978.

Chmakoff Macha, « Comment la religion peut renforcer les mécanismes de défense », *La chair et le souffle,* vol. 5, nº 1, 2010, p. 36-48.

Combet-Galland Corina, « L'intrigue amoureuse d'une ode à l'amour (1 Corinthiens 13) », *in* Daniel Marguerat (dir.), *Quand la Bible se raconte,* Paris, Le Cerf, 2003, p. 189-208.

Corneau Guy, *N'y a-t-il pas d'amour heureux ? Comment les liens père-fille et mère-fils conditionnent nos amours,* Paris, Robert Laffont, 1997.

Cyrulnik Boris, *Sous le signe du lien. Une histoire naturelle de l'attachement,* Paris, Hachette Littératures, 1989.

Cyrulnik Boris, *Les vilains petits canards,* Paris, Odile Jacob, 2001.

Cyrulnik Boris, *Parler d'amour au bord du gouffre,* Paris, Odile Jacob, 2004.

Dattas Lydie, *L'expérience de bonté,* Paris, Arfuyen, 1999.

Davy Marie-Madeleine, « L'amour de Dieu d'après Guillaume de Saint-Thierry », *Revue des sciences religieuses,* vol. 18, 1938, p. 319-346.

Dostoïevski Fédor, *Le rêve d'un homme ridicule : un récit fantastique,* Arles-Vevey, Actes Sud-L'Aire, 1993.

Drewermann Eugen, *L'amour et la réconciliation. Psychanalyse et théologie morale,* t. 2, Paris, Le Cerf, 1992, éd. allemande 1983.

Durel Alain, *Éros transfiguré. Variations sur Grégoire de Nysse,* Paris, Le Cerf, 2007.

Filliozat Isabelle, *L'intelligence du cœur,* Paris, JC Lattès, 1997.

Freud Sigmund, *Malaise dans la civilisation,* Paris, PUF, 1971.

Fromm Erich, *L'art d'aimer,* Paris, Desclée de Brouwer, 1995 (1968).

Gardner Howard, *Les formes de l'intelligence,* Paris, Odile Jacob 1997 (éd. anglaise 1983).

Gollwitzer Helmut, in G. Casalis, H. Gollwitzer, R. de Pury, *Un chant d'amour insolite : le Cantique des cantiques,* Paris, Desclée de Brouwer, 1984 (éd. allemande 1978).

Grégoire Palamas, *De la déification de l'être humain,* suivi de Georges I. Mantzaridis, *La doctrine de saint Grégoire Palamas sur la déification de l'être humain,* Lausanne, L'Âge d'homme, 1990.

Guigui Albert, « Aimer son ennemi », *in* Marie-Ghislaine Pincetti (dir.), *Le Loup de Gubbio : aimer mes ennemis ?,* Bruxelles-Namur, Racine et Fidélité, 2001, p. 57-79.

Guillaume de Saint-Thierry, *Œuvres choisies. Sur le Cantique des cantiques (extraits),* Paris, Aubier-Montaigne, 1943.

Guillaume de Saint-Thierry, *Deux traités de l'amour de Dieu : De la contemplation de Dieu, De la nature et de la dignité de l'amour,* textes, notes et traduction de M.-M. Davy, Paris, Vrin, 1953.

Guillaume de Saint-Thierry, *Méditations et prières,* Paris, ŒIL, 1985.

Guillebaud Jean-Claude, « La révolution sexuelle en question », *Christus,* n° 213, « Amour et sexualité », janv. 2007, p. 23-30.

Halmos Claude, *Pourquoi l'amour ne suffit pas. Aider l'enfant à se construire,* Paris, Nil, 2006.

Heschel Abraham Joshua, *Le tourment de la vérité,* Paris, Le Cerf, 1976 (éd. américaine 1973).

Hurni Maurice et Stoll Giovanna, *La haine de l'amour. La perversion du lien,* Paris, L'Harmattan, 1996.

Hurni Maurice et Stoll Giovanna, *Saccages psychiques au quotidien. Perversion narcissique dans les familles,* Paris, L'Harmattan, 2002.

Jankélévitch Vladimir, *Traité des vertus,* vol. 2, *Les vertus et l'amour,* Paris, Flammarion, 1986.

Jeammet Nicole, *La haine nécessaire,* Paris, PUF, 1989.

Jeammet Nicole, « Sincérité et fidélité », *Christus,* n° 169, janv. 1996, p. 63-72.

Kaufmann Jean-Claude, *L'étrange histoire de l'amour heureux,* Paris, Armand Colin, 2009.

Kierkegaard Søren, *Les œuvres de l'amour, Œuvres complètes,* t. 14, Paris, L'Orante, 1980 (1847).

Klein Mélanie et Rivière Joan, *L'Amour et la Haine, le besoin de réparation. Étude psychanalytique,* Paris, Payot, 1982.

Kristeva Julia, *Histoires d'amour,* Paris, Denoël, coll. « Folio essais », 1983.

Le Rabbi de Gur, *Sfat Emet. La langue de la vérité,* suivi de Catherine Chalier, *Penser avec les versets*, Paris, Albin Michel, 2004.

Leenhardt Franz *et al., Le Saint-Esprit,* Genève, Labor et Fides, 1963.

Légasse Simon, « L'étendue de l'amour interhumain d'après le Nouveau Testament : limites et promesses », *Revue théologique de Louvain,* 1977/2, p. 137-159.

Légasse Simon, *« Et qui est mon prochain ? ». Étude sur l'agapè dans le Nouveau Testament,* Paris, Le Cerf, coll. « Lectio divina », n° 136, 1989.

Leloup Jean-Yves, *Aimer… malgré tout. Rencontre avec Marie de Solemne,* Paris, Dervy, 1999 (1995).

Lévinas Emmanuel, *Du sacré au saint. Cinq nouvelles lectures talmudiques,* Paris, Minuit, 1977.

Lys Daniel, *« Rûach ». Le souffle dans l'Ancien Testament,* Paris, PUF, 1962.

Lys Daniel, *La Chair dans l'Ancien Testament : « Bâsâr »,* Paris, Éditions universitaires, 1967.

Lys Daniel, *Le plus beau chant de la création : commentaire du Cantique des cantiques,* Paris, Le Cerf, 1968.

Macaire saint, *Les homélies spirituelles de saint Macaire. Le Saint-Esprit et le chrétien,* Bégrolles-en-Mauges, Abbaye de Bellefontaine, coll. « Spiritualité orientale », 1984.

Maillot Alphonse, *L'hymne à l'amour. Éloge de la vie ordinaire selon 1 Co 13,* Aubonne, Le Moulin, 1990.

Marion Jean-Luc, *Prolégomènes à la charité,* Paris, La Différence, 1991 (1986).

Moltmann Jürgen, *L'Esprit qui donne la vie. Une pneumatologie intégrale,* Paris, Le Cerf, 1999 (éd. allemande 1991).

Nédoncelle Maurice, *La réciprocité des consciences. Essai sur la nature de la personne,* Paris, Aubier-Montaigne, 1942.

Nygren Anders, *Erôs et agapè. La notion chrétienne de l'amour et ses transformations,* Paris, Aubier-Montaigne, 1944-1952, 3 vol.

Olivier Christiane, *Quand amour ne rime plus avec toujours,* Paris, Albin Michel, 2004.

Pelletier Anne-Marie, « Vus du jardin du *Cantique des cantiques,* l'homme et la femme », *Foi et vie, Cahiers bibliques,* n° 39, sept. 2000, p. 67-76.

Philocalie des Pères neptiques, Maxime le Confesseur, *Centuries sur l'amour,* fascicule 6, Bégrolles-en-Mauges, Abbaye de Bellefontaine, 1985.

Philocalie des Pères neptiques, Théodore d'Edesse, fascicule 9, Bégrolles-en-Mauges, Abbaye de Bellefontaine, 1989.

Philocalie des Pères neptiques, Marc l'Ascète, fascicule 9, Bégrolles-en-Mauges, Abbaye de Bellefontaine, 1989.

Pope Marvin H., *Song of songs. A new translation* *vith introduction and commentary,* New York-London-Toronto-Sydney-Aukland, The Anchor Bible, Doubleday, 1977.

Quéré France, *Si je n'ai pas la charité,* Paris, Desclée de Brouwer, 1994.

Richard de Saint-Victor, *De Trinitate,* livre III, Paris, Le Cerf, coll. « Sources chrétiennes », n° 63, 1999.

Ricœur Paul, *Soi-même comme un autre,* Paris, Le Seuil, 1990.

Ricœur Paul, *Amour et justice,* Paris, Le Seuil, coll. « Points », 2008.

Rougemont Denis de, *L'amour et l'Occident,* Paris, Plon, coll. « 10/18 », 1972.

Rousseau Jean-Jacques, *Discours sur l'origine et les fondements de l'inégalité parmi les hommes,* in *Œuvres complètes*, t. 3, Paris, Gallimard-NRF, coll. « Bibliothèque de la Pléiade », 1964.

Singly François de, *Le soi, le couple et la famille,* nouvelle préface de l'auteur, Paris, Nathan, 2005 (1996).

Syméon le Nouveau Théologien, *Hymnes et invocation au Saint-Esprit,* introduction, texte critique et notes par Johannes Koder, t. 1, Paris, Le Cerf, 1969.

Todorov Tzvétan, *La Vie commune. Essai d'anthropologie générale,* Paris, Le Seuil, 1995.

Trigano Shmuel, *La Séparation d'amour : une éthique d'alliance,* Paris, Arléa, 1998.

Viallaneix Nelly, *Écoute, Kierkegaard. Essai sur la communication de la parole*, t. 2, chap. 3, « La parole réconciliatrice : à l'écoute de l'Esprit », Paris, Le Cerf, 1979.

Ware Kallistos, *Tout ce qui vit est saint,* Paris, Le Cerf, coll. « Le sel de la terre », 2003.

Wiesel Élie, *Paroles d'étranger*, chap. 7, « Célébration de l'amitié », Paris, Le Seuil, coll. « Points », 1982.

Zundel Maurice, *Ta Parole comme une source. 85 sermons inédits.* Québec, Anne Sigier, 1996 (1987).

Table

DU MÊME AUTEUR

Le désir de tourner la page. Au-delà du pardon,
Albin Michel, « Spiritualités vivantes », 2011.

Ce lien qui ne meurt jamais,
Albin Michel, 2007, rééd. Livre de Poche, 2010.

Au-delà du pardon. Le désir de tourner la page,
Presses de la Renaissance, 2006.

La joie imprenable,
Albin Michel, 2004.

Aube, méditations bibliques I,
Bayard/Labor et Fides, 2004.

Paroles matinales,
Derrière les mots convenus,
Labor et Fides, 2003.

Culpabilité, paralysie du cœur,
Labor et Fides, 2003.

Sainte colère,
Jacob, Job, Jésus,
Bayard/Labor et Fides, 2002, rééd. poche 2006.

La fermeture à l'amour,
Un défi pratique posé à la théologie,
Labor et Fides, 2000.

Guérir du malheur,
Albin Michel/Labor et Fides, 1999.

Le pouvoir de pardonner,
Albin Michel/Labor et Fides, 1999.

Moi je ne juge personne :
L'Évangile au-delà de la morale,
Albin Michel, 1998,
rééd. « Spiritualités vivantes Poche », 2003.

Traces vives,
Paroles liturgiques pour aujourd'hui,
(en collaboration avec Francine Carrillo et Suzanne Schell),
Labor et Fides, 1997, rééd. 2006.

Le pardon originel,
De l'abîme du mal au pouvoir de pardonner,
Labor et Fides, 1995, rééd. 2003.

Composition IGS-CP
Impression CPI Bussière, septembre 2011
à Saint-Amand-Montrond (Cher,
Éditions Albin Michel
22, rue Huyghens, 75014 Paris
www.albin-michel.fr

ISBN 978-2-226-21557-4
N° d'édition : 19438/08. – N° d'impression : 113038/4.
Dépôt légal : octobre 2010.
Imprimé en France.